Johan Hendrik Gallée

**Altsächsische Sprachdenkmäler**

Johan Hendrik Gallée

**Altsächsische Sprachdenkmäler**

ISBN/EAN: 9783742894670

Hergestellt in Europa, USA, Kanada, Australien, Japan

Cover: Foto ©Thomas Meinert / pixelio.de

Manufactured and distributed by brebook publishing software (www.brebook.com)

Johan Hendrik Gallée

**Altsächsische Sprachdenkmäler**

# ALTSAECHSISCHE SPRACHDENKMAELER,

HERAUSGEGEBEN

VON

J. H. GALLÉE.

Von der Mönche Hand geschrieben
Blatt auf Blatt mit Müh' und Sorgen,
In den Truhen der Abteien
Lag es liebevoll geborgen.

Zärtlich ward der Schatz betrachtet,
Mit bescheidnem Stolz gepriesen,
Und als Klosterhort dem fremden
Schrifterfahrnen Mann gewiesen.

Roth und blau und grün und golden
Schimmerten die Anfangslettern,
Reich umrankt von Blumendolden
Und von traumhaft bunten Blättern.

Rührend bat der fromme Schreiber
An des langen Werkes Ende,
Dass man seiner armen Seele
Des Gebets Almosen spende.

F. W. WEBER Dreizehnlinden, Paderborn, 1889, s. 14

# VORWORT.

Die vorarbeiten für die herstellung eines geplanten altsächsischen wörterbuchs nebst grammatik veranlassten mich 1878 die altsächsischen denkmäler einer genauen prüfung zu unterziehen. Da sich diese musterung als nicht überflüssig herausstellte und sich ausserdem noch einige bisher nicht herausgegeben quellen von wichtigkeit vorfanden, erschien es mir wünschenswert, eine auf genaue vergleichung der handschriften gestüzte ausgabe aller mir bekannten kleineren as. denkmäler zu veranstalten.

Anfangs, bevor mir die erlaubniss gewährt wurde, im Düsseldorfer staatsarchiv zu arbeiten, beabsichtigte ich die älteste Werdener heberolle mit aufzunehmen. Nachdem ich jedoch auch die anderen heberollen aus Werden hatte kennen lernen, schien es mir besser jene weg zu lassen, da ich sonst auch diese hätte mit aufnehmen müssen, wodurch die ausgabe sich über die gesteckten grenzen ausgedehnt haben würde. Ich durfte mich um so eher dazu entschliessen, als sich andere wichtige denkmäler fanden, welche mir erst nach dem erscheinen des prospektes bekannt wurden, nl. die namen der hörigen von Corvey und die glossen des Carlsruher codex aus S. Peter, so wie die Brüsseler und Pariser Prudentiusglossen [1]).

Falls der buchhändlerische erfolg dieser ausgabe es möglich machen sollte, gedenke ich die altsächsischen heberollen, Traditiones und Necrologia, worunter mehrere aus Werden, Corvey u. a. ö., zusammen mit einzelnen lateinischen denkmälern, welche altsächsische namen und wörter enthalten, als eine zweite serie der altsächsischen Texte herauszugeben; das material dazu, sowie das namen- und wortregister, liegt im grossen und ganzen fertig vor.

Der verlust einiger hss., wie z. b. der des Strassburger codex c. IV, 15, lässt das bedürfniss an einem, wenn auch unvollkommenen, bilde der handschrift um so fühlbarer erscheinen, das ein urteil über einrichtung und schreibweise bis zu einem gewissen gerade ermöglicht. Aus diesem grunde sind der ausgabe

---

[1]) Das bei Boxhorn abgedruckte Glaubensbekenntniss ist nach näherer untersuchung fortgelassen werden, da es wortformen enthält, welche nicht sächsisch sind.

phototypische aufnahmen einzelner seiten der betreffenden handschriften beigegeben. So viel wie möglich sind dazu die für die schrift charakteristischten seiten gewählt; nur von einer handschrift, die sich durch hohen kunstwert auszeichnet, und deren ornamente vielleicht zur näheren bestimmung von zeit und herkunft beitragen können, dem Essener evangeliar, sind einige seiten mit abbildungen der darin vorkommenden ornamente gewählt.

Obwohl sie eigentlich ausserhalb des rahmens dieser ausgabe liegen, schien es mir wünschenswert den schriftproben der anderen altsächsischen denkmäler auch facsimile's der drei Heliand-handschriften beizufügen. Dies gab dann auch veranlassung einen kurzen abschnitt über diese handschriften einzuschalten. Bei der behandlung der Heliandhss. habe ich mich jedoch so viel wie möglich beschränkt; vielleicht wäre dieses weniger der fall gewesen, wenn die letzten aufsätze Jostes', Kögels und Kauffmanns schon erschienen gewesen wären, als dieser abschnitt abgeschlossen wurde. Auch in den einleitungen zu den einzelnen denkmälern hielt ich beschränkung für geboten. Ein wirkliches urteil über die literarischen verhältnisse wird ja doch erst abgegeben werden können, wenn die ganze glossenlitteratur gründlich untersucht sein wird, und die formen der heberollen, necrologien und der anderen localen urkunden gehörig verwertet werden können. Dies gilt besonders von den Essener und Lindauer glossensammlungen. Auch der feststellung der herkunft der as. beichte stellen sich noch erhebliche schwierigkeiten entgegen. So wird noch vieles näherer untersuchung bedürfen, bevor wir ein genaues bild der altsächsischen litteratur entwerfen können.

Von der ansicht ausgehend dass die individuelle sprache das hauptobject der grammatische untersuchungen zu bilden hat, wäre es das ideal, eine genaue beschreibung der sprache eines jeden autors zu liefern. Allein gar zu viele ursachen machen es unmöglich genau zu untscheiden zwischen den eigenthümlichkeiten des verfassers und denen des abschreibers. So viel mir möglich war, habe ich in den einleitungen in hauptzügen auseinandergesetzt, was in den einzelnen denkmäler in grammatischer und graphischer hinsicht als das charakteristischte zu betrachten ist; auch ist, wo ich zwischen verschiedenen handen unterscheiden zu können meinte, dies angegeben. Irgendwelche vollständigkeit aber beanspruchen diese angaben nicht.

Bei der behandlung der texte bin ich so conservativ wie möglich verfahren; nur an einigen stellen bin ich von der überlieferung abgewichen, in welchen fällen die noten darüber das nötige bemerken. Die in den glossen getrennt geschriebenen glieder von compositis sind hier zusammengeschrieben, was mir für das verständniss wünschenswert erschien. Erklärung und rectificierung der altsächsischen worte, so weit nötig, werden im glossar sich finden.

Der zustand der handschrift und der schrift ist meist verzeichnet, während der text genau revidiert ist (in die lateinischen glossen der Essener hs. haben sich leider einige fehler eingeschlichen, da diese zum teil erst bei der revision der alts. glossen eingefügt sind).

Zu lebhaftestem danke bin ich, was die Essener und Lindauer Evangeliaria anbetrifft, den H. H. Prof. Dr. E. Steinmeyer in Erlangen, Dr. A. Holder in Carlsruhe und G. Humann in Essen verpflichtet, sowie für seine stets bereitwillige und hochgeschätzte hülfe bei der herausgabe der Bernburg-Dessauer fragmente dem herrn Prof. Dr. F. Kindscher zu Zerbst. Durch seine verwendung geruhte S. H. der Herzog von Anhalt-Dessau zu genehmigen dass die fragmente aus der Herzoglichen Gypskammer zu Dessau für die ausgabe zur verfügung gestellt wurden, wofür der dank des verfassers hier ehrerbietigst wiederholt sei.

Dass es mir möglich war, einen textgetreuen abdruck mit benutzung aller handschriftlichen und gedruckten quellen zu geben, verdanke ich der grossen bereitwilligkeit, mit welcher ich allseitig unterstützt wurde, sowie der freundlichen hülfe vieler, welche sich bemüht haben mir die arbeit so viel wie möglich zu erleichtern.

Vor allem ist es mir eine angenehme pflicht, Seiner Excellenz dem deutschen Reichskanzler Grafen von Caprivi meinen ergebensten dank auszusprechen für die mir gütigst erteilte erlaubniss, untersuchungen anstellen zu dürfen in den Preussischen archiven zu Düsseldorf und Münster, ferner den früheren Gesandten des deutschen Reichs im Haag, Seiner Excellenz Baron von Saurma-Jeltsch, und Herrn Geheimrath Dr. F. von Sybel, Director der K. Preussischen Staatsarchive, welcher mit grosser bereitwilligkeit sich erhebende schwierigkeiten bei der benutzung der hss. zu beseitigen wusste.

In angenehmer erinnerung sind mir die im K. K. Staatsarchiv zu Düsseldorf verlebten stunden, wo ich nicht nur der stets bereitwilligen unterstützung, sondern auch der freundlichen aufnahme des verehrten Direktors Herrn Geheimrath Dr. W. Harless mich erfreuen durfte.

Und wo ich diesen namen nenne, gedenke ich zugleich in wehmüthiger erinnerung seines freundes Prof. Dr. Crecelius, der mich beim anfang der arbeit in der ihm eigenen kräftigen weise ermutigte und mir mit rat und that seine sympathie bezeugte. Seine ausgabe der Essener glossen, auf das Evangelium des Matthaeus beschränkt (Jahrbuch des Ver. f. Nd. Sprachf. IV, 44), war eben erschienen, als ich mit meiner abschrift der Essener glossen zu ihm kam. Mit seltener uneigennützigkeit überliess er mir, sobald er meine abschrift gesehen hatte, die ganze ausgabe. Hätte er die vollendung erleben dürfen, so würde sie aus dem grossen schatz seiner kenntnisse gewiss manche bereicherung gezogen haben.

Die Vorstände der Landesbibliothek zu Düsseldorf, der Stiftskirche zu Essen, der bibliotheken in Berlin, Carlsruhe, Göttingen, London (British Museum), Münster, München, Paris, Wolfenbüttel und Wien, der bibliotheca Vaticana, sowie der büchersammlungen des Domcapitels in Merseburg und der stiftsbibliothek von S. Gallen stellten mit beispieloser liberalität alle gewünschten hülfsmittel zu meiner verfügung.

Zu lebhaftestem danke bin ich ferner verpflichtet den H. H. Dr. G. Brom, Groningen, Prof. Dr. S. Bugge, Cristiania, Jüngling Pfarrer, früher kapellan in Essen, Dr. A. Goldlin von Tiefenau, Wien, Dr. O. von Heinemann und Dr. G. Milchsack, Wolfenbüttel, Prof. Dr. A. Jansen, Rysenburg, Prof. Dr. F. Jostes, Freiburg, Prof. Dr. Kauffmann, Jena, Dr. Max Keuffer, Trier, Dr. K. Kraus, Wien, Dr. Keller und Dr. Hoogeweg, Münster, Dr. E. F. Kossmann im Haag (der die güte hatte, einen teil der einleitung für mich ins Deutsche zu übertragen), M. Freiherrn Lochner von Hüttenbach in Lindau, Prof. Dr. I. B. Nordhoff, Münster, Ouverleaux und Prof. Dr. J. J. Vollgraff, Brüssel, H. Omont Paris, E. Maunde Thomson und G. F. Warner, British Museum London, Dr. W. Seelmann in Berlin, welche mir bereitwilligst aufschluss und rat zu teil werden liessen.

Meinen freunden E. Sievers in Leipzig und H. Kern Jr. in Leiden bin ich zu besonderem danke verpflichtet für die güte, womit sie die correktur der letzten bogen mit mir geteilt haben.

Endlich gebührt noch der firma Emrik und Binger zu Haarlem ein wort der anerkennung für die gelungene ausführung der facsimiles.

Utrecht, November 1893.  J. H. GALLÉE.

# EINLEITUNG.

# EINLEITUNG.

Die meisten handschriften aus denen uns die altsächsische sprache bekannt geworden ist, datieren aus dem neunten und zehnten jahrhundert, einzelne aus dem elften.
Die alten völkernamen waren damals schon verschwunden. Ein einziger name, der eines früher kleinen volksstammes, der Sachsen, diente für die gesammtmasse der verwandten völkerstämme, die sich im kriege gegen die Franken enger aneinander geschlossen hatten. Zu ende des achten jahrhunderts, als diese kriege sich ihrem ende zuneigten, wurden sie, wie aus den capitularien erhellt, in drei oder besser in vier grosse gruppen eingeteilt [1]: Die „Westfalahi, Ostfalahi, Angarii" und „Northalbingii". Für die Ostfalahi findet sich auch wohl die benennung „populi orientales" und „Northliudi" für die Northalbingii [2]).
Bei den verwandten stämmen in Brittanien hatten diese völker den namen Aldsahson; so z. b. Vet. Ann. Northumbr. MG. SS. 13, 154: „eodem tempore Aluberht ad Ealdsexos ordinatus est episcopus (a° 767)" und Ann. Anglosax. MG. 13, 103 berichten, dass im jahre 779 „Aldseaxe and Francan gefuhton". Auch Alcuin in einem brief a° 790 nennt sie „Antiqui Saxones" [3]).
Das von den Westfalahi bewohnte Westfalen umfasste das westliche Sachsenland nebst den damit vereinigten gauen der Boructrer, das Süderland und Hamaland.

---

1) *Capit d. j.* 797 *Lex Saxonum* Pertz *MG. Leges* I, 75.
2) Adam. Brem. II, 15 (p 310) MG. VII. Transalbianorum Saxonum populi sunt tres: primi ad oceanum sunt Tedmarsgoi (Thiatmarsgoi, Thiedmarsgoi) et eorum ecclesia mater in (Mildinthorp) Melindorp; secundi Holcetae, dicti a silvis quas accolunt; eos Sturia flumen interfluit, ecclesia Scanafeld; tercii et nobiliores Sturmarii dicuntur, eo quod seditionibus ea gens frequens agitur.
3) Jaffé, *Bibl.* 6, 166, n°. 14.

Im westen reichte die sprachgrenze über die politische grenze oder die der diöcesen hinaus bis über die Ysel. Der gau Boructra bildete die südgrenze. Die ostgrenze ging eben noch östlich von Brilon, darauf westlich von Bielefeld bis zur Hunte, welche bis Oldenburg die grenze bildete. Die nordgrenze ging von Oldenburg in westlicher richtung etwas nördlich von Aschendorf, und trennte das land von dem der Friesen.

Angrien oder Engern erstreckte sich vom zusammenfluss der Fulda und Werra bei Münden und den ufern der Diemel als südlichstem punkt bis zur mündung der Elbe nördlich. Die ostgrenze lief zwischen Unter- und Oberharz, hierauf in nördlicher richtung, zum teil der Leine entlang, dann östlich bis zur Elbe, welche es im osten weiter begrenzt [1]).

Zu Ostfalen gehörte die östlich von Hannover gelegene gegend sowie der Unterharz: die ostgrenze wurde von der Elbe, die südgrenze teilweise von der Unstrut gebildet. Nicht mit unrecht spricht Widukind I, 14 von „orientales populi" statt „Ostfalahi": bestand doch Ostfalen aus zwei teilen, dem eigentlichen Ostfalen, dem westen, und dem von den Sachsen eroberten Nordthüringen, dem osten. In diesem östlichen teile wohnten verschiedene stämme: Angeln, Warnen und Friesen, wozu nach der eroberung im jahre 531 noch die Sachsen gekommen waren [2]).

Erst in der späteren Karolingerzeit wird zu den genannten eine vierte völkergruppe im Norden erwähnt: Die Nordalbinger oder Northliudi, welche die nordwärts der Elbe gelegenen gegenden bewohnten; unter ihnen werden die „Thiedmarsi, Holsati" und „Sturmarii" genannt.

In all diesen gegenden wurde eine sprache gesprochen, die zwar in dialecte zerfiel, aber in den hauptsachen übereinstimmte und sich sehr deutlich von der sprache der mitteldeutschen stämme im süden und der fränkischen stämme im westen unterschied.

Auch galt bei allen dasselbe recht, das sächsische, wodurch sie sich wiederum von den umliegenden völkerschaften unterschieden.

---

1) Für genauere grenzbestimmung verweise ich auf v. Spruner—Menke *Hist. Handatlas* Gotha Perthes N°. 33; Tümpel *Nieder-Saechs. Mundarten, Beitr.* VII, 1; Haushalter *Die Sprachgrenze zwischen Mittel- und Niederdeutsch* Halle a. S. 1884; Babucke *Sprach- und Gaugrenzen* Königsberg 1886 und meine *Alts. Grammatik* (Niemeyer Halle) s. 2.

2) Seelmann, *Jahrbuch des Nd. Sprachvereins* XII, 5, 23 ff.

Sogar im bau der wohnungen findet sich grosse übereinstimmung zwischen den westlichen und den östlichen gegenden der Sachsen (nur im südosten zeigen sich abweichungen im sinne des süddeutschen hauses). Das sächsische bauernhaus unterscheidet sich deutlich von dem fränkischen, friesischen und anglo-dänischen [1]).

Nach der unterjochung durch Karl den Grossen wurde fränkische verwaltung bei den Sachsen eingeführt; sie wurden gezwungen ihrem glauben zu entsagen und sich der christlichen kirche zu unterwerfen. Noch vor dem beginn des neunten jahrhunderts hatten der heilige Cunibert im süden, der heilige Lebuinus (Liafwin) im norden [2]), und wahrscheinlich auch andere ausser ihnen, es versucht die westfälischen Sachsen für die christliche lehre zu gewinnen; doch waren meist alle diese versuche an dem unüberwindlichen widerstande der Sachsen gescheitert.

Als die herrschaft der Franken über das ganze land den geistlichen sicherheit verschaffte, wurde es unter dem schutz der waffen und den strafandrohungen der capitularien möglich kirchen zu bauen und missionsanstalten zu errichten.

Als nun Karl die fränkische verwaltung auf sächsischen boden übertrug, kam auch die kirchliche einteilung zu stande, und die missionssprengel wurden in bistümer verwandelt.

Während die geistlichkeit in capiteln und klöstern sehr grossen einfluss auf die entwicklung der künste und wissenschaften bei den mit der südlichen cultur noch unbekannten Sachsen hatte, war sie es auch, welche uns die dürftigen berichte über gottesdienst und sprache aufzeichnete.

Verfasst in einer zeit, wo die bekehrung des volkes die hauptsache war, sind die denkmäler der altsächsischen sprache meist specifisch christlicher art und von geistlicher hand geschrieben. Ehe daher zur orts- und zeitbestimmung dieser monumente übergegangen werden kann, erscheint es notwendig in kurzen zügen die kirchliche einteilung des sächsischen gebietes darzulegen, die stätten, wo hauptsächlich für die Sachsenmission

---

1) R. Henning, *Das deutsche Haus*, Strassburg 1882. id. *Die deutschen Haustypen*, Strassburg 1886.
2) Tibus, *Gründungsgeschichte der Stiftspfarrkirchen, Klöster und Kapellen im alten Bisthum Münster*. Münster 1867, s. 9; Nordhoff, *Hist. Jahrb.* 1890, s. 290.

gearbeitet worden ist, die mittelpunkte der gelehrsamheit und
bildung hervorzuheben, dem wesen der dort gepflegten arbeit
und den etwa bekannt gewordenen autoren dieses zeitraumes
(anfang 10.—ende 11. jh.) nachzuspüren.

Schon vor der kirchlichen einteilung unter Karl dem Grossen
waren einzelne gegenden des Sachsengebietes zum christentum
übergegangen und unter die verwaltung der bestehenden älteren
bistümer gekommen. Solches war der fall im westen in Hamaland, im südwesten von Westfalen, im süden von Engern und
im süden von Nordthüringen.

Im westen hatte die in Deventer von Liudger neu aufgebaute
kirche [1]), welche dem bistum von Utrecht angehörte, so wie auch
das kapitel von Oldenzaal (aus dem 8$^{en}$ jh.) wahrscheinlich einen
grossen einfluss auf die östlich davon liegenden gegenden [2]).
Der hauptort, von welchem die missionsthätigkeit im norden
und westen ausging, war aber Utrecht. Hier, wo die iroschot-
tischen geistlichen und angelsächsischen missionäre auf ihrer
reise nach dem Rhein einkehrten, bildete sich eine angesehene
missionsschule. Von Utrecht aus, von Willebrord, wurde um
das jahr 700 in Emmerich eine canonicatkirche gestiftet [3]), so
wie 967 unter Graf Wichman von Geldern die dem S. Veit
gewidmete abtei Elten (1055, ein stift mit weltlichen canonissin-
nen und mit 4 priester-canonicis und 4 vicaren) [4]). Von Utrecht
aus ging Willehad nach Drente, später nach Bremen, wo er
der erste bischof war. Von hier ging auch Lebuinus nach Wilpe
und Deventer, später nach Ootmarsum und Heemse (im norden
von Overijsel) und zog bis Marclo an der Weser. Von Utrecht
aus zog der hl. Liudger, in Swehsnon in der nähe von Utrecht
geboren, erst schüler des berühmten scholasticus Gregorius abbas S. Martini in Utrecht, später schüler der bekannten schola in
York. Anfangs in Deventer und Friesland, begab er, nachdem er in
Wichmond an der Ysel bei Zütfen eine kirche gestiftet hatte, sich
südwärts nach Diapanbeci, wo er 796 die bekannte abtei Werden

---

1) Altfrid, *Vita S. Liudgeri* Pertz. *MG.* II, 408.
2) Moll, *Kerkgesch.* I, 317.
3) A. Tibus, *Alter der Kirchen in Emmerich.* Münster 1876. *Der Gau Leomerike.* Münster 1877.
4) Kist, *Nieuw Archief* II, 16. *Necrologium v. Hoog-Elten.*

gründete; der hauptplatz seiner missionstätigkeit wurde aber Münster, wo er von 805 bis zu seinem tode den bischofssitz innehatte ¹).

Von Utrecht ging der verkehrsweg über Elten und Emmerich nach Xanten und Werden und weiter nach Köln. Hier war schon unter Karl dem Grossen christliches leben und cultur. Von hier wird auch die christianisierung und die cultur der süd-westlichen sächsischen gegenden ausgegangen sein.

Das südliche Westfalen stand denn auch unter der suprematie des bistums Köln; unter dieser standen auch das Süderland, die Lippe- und Ruhrgegenden und der alte gau Boructra. In dieser gegend befanden sich sehr alte kirchen, z. b. die von Soest und Dortmund; erstere, die pfarrei des hl. Petrus, wird auf S. Cunibert zurückgeführt ²). Eines der ältesten klöster war die im jahre 796 vom heiligen Liudger gegründete Benedictinerabtei Werden ³); der ort hiess Diapanbeci, vertauschte jedoch seinen namen mit dem des klosters. Hier muss ein sehr reges geistliches leben gewesen sein. Die nachbarschaft des Rheines —: der grosse weg von England über Utrecht nach Süd-Deutschland veranlasste wohl mehrere reisende geistliche hier einzukehren, viele bücher wurden hier geschrieben und gesammelt, wie uns die in Düsseldorf und Berlin bewahrten überbleibsel beweisen. Die verhältnisse von Werden zu Elten, Xanten, Utrecht und Köln verdienen eine genaue untersuchung. Viele geistliche sind von Werden ausgegangen, manche auf den bischofsstuhl berufen, manche um neue klöster (z. b. das zu Helmstedt) zu gründen ⁴).

---

1) Behrends, *Leben des H. Ludgerus* 1843, p. 77 e. v.
2) Nordhoff, *Hist. Jahrb.* 1890, s. 293.
3) *Fundatio monasterii Werthinensis.* Pertz, *MG. SS.* XV, 1.
4) Die äbte von Werden bis 1150, so weit sie durch die Urkunden bekannt sind, sind: Liudger bis 809, Hildigrim 827, Gerfrid 839, dann Thiadgrim und Altfrid, Hildigrim II, 888, Andulf 888, Hembil bis 891, Adaldag 891, Odo 898, Hoger 911, Adalbrand 918, Weris 930, Wigger 943, Wigo 945, Reinher 962, Engelbert 971, Folkmar 974, Lindolf 983?, Werinbraht 1002, Ralbald 1015, Heithanrich 103?, Bardo 1031, Gerold 1050, Gero 1052—1066, Adalwig 1081, Otto 1105, Adolphus 1105—1106, Liudbert 1115, Berngozus 1122, Bernhard 1125—1138, Lambert 1145—1150, v. Lacombl. *Urkb.*
Series abbatum Werthinensium. *MG. SS.* XIII, 288.
Codex Berolinensis Lat. fol. n°. 322 aus dem 12. jh. f. 127ᵃ.
Andullus abbas 1 (die 6 äbte welche äbte von Münster oder Halberstadt waren, sind nicht erwähnt). Hembil abbas 2, Athaldagus abbas 3, Odo abbas 4, Hogerus abbas 5,

In geringer entfernung von Werden gründete Altfrid, der bischof von Hildesheim, auf seinem hof Asinde, später Essen, zwischen 851 und 863 ein jungfrauenstift. Im jahre 851 nämlich wurde Altfrid „monachus Corbeiensis" bischof von Hildesheim, und aus einer urkunde Otto's I. dd. 15 Jan. 947 (Lacombl. I, N°. 97) erhellt, dass erzbischof Günther mit zustimmung des papstes Nicolaus dem kloster einige zehnten geschenkt hat. Dieser Günther wurde 863 abgesetzt, papst Nicolaus wurde 858 erwählt. Das jungfrauenstift war nach der Chronica Episcoporum Hildesheimensium [1]) ein „nobilium ac illustrium puellarum coenobium (quae sub abbatissa illic honeste educari, postea prodire et nubere solent) in quod hac nostra aetate non nisi principissae, commitissae et baronissae accipi solent". In der nähe von Düsseldorf wurde circa 870 das nonnenkloster Gerresheim gestiftet.

Das älteste bistum von Westfalen war das von Osnabrück[2]), das im jahre 853 gegründet wurde; hier soll schon 783 eine kirche gegründet sein [3]). Angeblich war schon 772 Wiho bischof geweiht, Osnbr. Urkb. I, 1. Unter dieses bistum gehörten die gaue Agredingo, Leri, Hasugo, Dersaburg, Farngoa, Fenkiga, Threcwiti und Grainga. Darin befanden sich die vor 814 errichtete zelle Visbeck (von 955 ab kloster), die Ludwig der Deutsche im jahre 855 der abtei Corvey schenkte, das 1073 unter bischof

---

Hildibrandus abbas 6, Adalbrandus abbas 7, Weris abbas 8, Wiggerus abbas 9, Wigo abbas 10, Reinherus abbas 11, Engilbertus abbas 12, Folemarus abbas 13, Liudolfus abbas 14, Werinbertus abbas 15, Ratbaldus abbas 16, Heithanricus abbas 17, (a. r. obiit a° 1051) von anderer hand, Bardo abbas 18, Geroldus abbas 19, Gero abbas 20, Giselbertus abbas 21, Adalwigus abbas 22, Otto abbas 23, Routholfus (I. Adolphus) abbas 24, Routholfus abbas 25, Liudbertus abbas 26, Beringozus abbas 27, Bernhardus abbas 28 (*Vergessen sind*: Werinbertus II, 1138—1143, Volmarus 1143—1144), Lambertus abbas 29, Willehelmus abbas 30, Adolfus abbas 31 (a. r. obiit a. d. 1184, Wolframmes abbas 32, Heribertus abbas 33 (a. r. obiit circa annum domini 1197).
1) *Scriptores Brunsvicenses* II, 785.
2) v. Heinemann, *Geschichte von Braunschweig und Hannover* I, 59.
Bischöfe von Osnabrück.
Wiho 772—804, Meingoz 804—833, Gebwin 833—835, Gozbert 845, 868, Egibert 870—885, Engilmar 889—918, Dodo I 918—952 (?), Drogo 952—968 (?), Ludolphus 968—978, Dodo II 978—996, Guntharius 996—998, Wuothilolfus 998—1003, Thiedmarus 1003—1023, Meginherus 1023—1027, Gozmarus 1027—1037, Albericus 1037—1052, Benno 1052—1067, Benno II 1067—1088, Marewardus 1088—1093, Wido 1093—1101.
3) Erhard *R.* 173, Dickamp *Suppl.* 81.

Benno gegründete kloster Iburg¹), die Benedictinerpropstei Meppen (814) und das kloster Wildeshausen (872) ²).

Einen grösseren ruf als Osnabrück erwarb sich der bischofssitz, der in Mimigerdaford, dem hauptort des späteren bistums Münster, errichtet wurde³). Der grosse Sachsenbekehrer Liudger, der stifter von „Werthen" wurde daselbst im jahre 805 der erste bischof. Er errichtete hier, nach dem zeugnis seines biographen Altfrid⁴) ein „honestum monasterium sub regula canonica domino famulantium" (die einrichtung des kapitels war nach der regel des heiligen Chrodegang). Nach diesem monasterium erhielt der ort den namen Münster.

Die macht des bistums erstreckte sich über die gaue Bursibant, Scopingun, Sudergo (wie die Vita Liudgeri c. 20, oder Stevergau, wie Tibus l. c. schreibt), Dreini und sächsisch Hameland, das sich bis in die gegend der Ysel ausdehnte. Zu diesem bistum gehörten die frauenklöster Notteln (vor 834), Herzfeld (815), Freckenhorst (kurz vor 857), Herzebrock (früher Hrossobrock, 860⁵), Borghorst und die abteien Vreden (839; Fredenna)⁶) und Liesborn (815). Ob mit diesen klöstern schon sofort congregationen von presbytern und diakonen verbunden wurden (famulantium deo congregationes, Tibus l. c. 449) ist nicht sicher.

Im süden von Engern stand ein ziemlich grosses gebiet unter dem schutz des erzbistums Mainz, nämlich ein teil des südlich der Diemel gelegenen sächsischen Hessengaues und am rechten ufer der Weser die gaue Lochne, Lisgo und Swilberge. Dieses blieb unter Mainz. Die gaue Nethersi, Almunga, Patherga, Waizagawi, Auga, Netga und ein teil des Hessengaues⁷), welche vor 810 unter Mainz und Würzburg⁸) standen, wurden

---

1) Pertz. *MG. XII*, 58, *XVI*, 434.
2) *Osn. Urk.* I, 46. Wilmans *Kaiser-Urk.* I, 388.
3) Tibus, *Gründungsgeschichte des Bisthums Münster*, und v. Heinemann l. c. 59. Bischöfe von Münster, s. Erh *Reg. z. Westf. Urkb.*
Liudger —809, Gerfrid —839, Altfrid —849, Liudbert —871, Holdolf —874 Berthold —875, Wulfhelm —900, Nithard —924, Rumold —941, Hildebald —969, Dodo —993, Swidger, —1011, Theodricus —1022, Sigfrid —1032, Hermannus I, —1042, Ruodbertes —1063, Fredericus —1094, Erpho —1097.
4) *Vita Ludgeri* I, c. 20, Pertz *MG.* II, 411.
5) Stiftungsurk. nach abschrift des 15. jh. in *Westf. Urkb. suppl.* n°. 267.
6) Graf von Landsberg. Gemen in Z. 20, 336.
7) v. Heinemann *l. c.* 60.
8) Hauck *KG.* II, 371.

in diesem jahre zu einem bistum Paderborn[1]) vereinigt; sein erster bischof war Hathumar, der seine bildung als geistlicher in Würzburg erhalten hatte. Die ursache der grossen gebietsausdehnung von Mainz im südlichen Engern liegt wahrscheinlich in der thatsache dass dieses gebiet, vor Karls eroberung, besonders durch den einfluss des unter Mainz stehenden klosters Fulda, bekehrt worden war.

Vor allen war es der abt Sturm[2]) der bis ungefähr 780 hier so kräftig wirkte dass er den ehrennamen des Sachsenapostels erhielt. Die mission begann im jahre 772[3]); 777 bestand in Paderborn schon eine dem heiligen Salvator geweihte kirche, die von den Sachsen zerstört wurde. Der reichstag des jahres 777 und der später wiederholte aufenthalt des kaisers in Paderborn trugen wahrscheinlich erheblich dazu bei dem christentum hier früher eingang zu verschaffen[4]).

Die verbindung dieses gebietes mit Fulda und Würzburg blieb auch nach der errichtung des bistums Paderborn bestehen; wenigstens wird uns gemeldet, dass die 785 von Sturm erbaute basilica in Eresburg an der Diemel im jahre 826 der abtei Corvey geschenkt wurde[5]). Nicht weit von der Paderborner kathedrale lag die abtei Abdinghoff, welche bischof Meinwerk im jahre 1015 gegründet hatte, von 868 datirt die stiftung des nonnenklosters Neuenheerse (Herisi)[6]), von 815 o. 860 Bödekken, 939 Schildesche und 1036 Bussdorf. In Engern war das Monasterium Angeri, gegründet 948[7]).

---

1) *Zs. f. Vaterl. Gesch. u. Alterthumsk.* N. F. X, 94.
Series Episcopum Paderbornensium. *MG. SS.* 13, 342.
*Cod. Berolinensis Theol.* 4°. n°. 141 a. d., 15. jh.
Hatumarus a. dom. incarn. 795 regnavit et gubernavit 8 annis (—815 v. Hauck II, 722), Bathuradus 48 (—159 oder 60 II, 722), Luthardus 27 (Erh. Liuthardus) (— 886 oder 87 Hauck II, 723), Biso 25 (—908 Hauck II, 723), Theodericus 9 (—917 Hauck II, 723), Unvanus 30, Dudo 25, Volcmarus 25, Retharius 27 (Erh. Rutharius), Meynwercus de Rethem 27, Rotho 15, Ymadus de Plesse 25, Poppo 7, Henricus 44.
2) *Vita s. Sturmi* c. 22 Pertz. *MG.* II, 376, 577.
3) Richthofen *Zur Lex Saxonum* s. 152.
4) In Fulda war a° 999 ein Sachse Erkanbaldus abt, propinquus Bernwardi Hildeshem. episc.
5) *Vita Sturmi* c. 24, Seibertz *Gesch. Westfalens* I 3 p. 352.
6) *Westf. Urkb. Suppl.* n°. 275, 280.
7) Wilmans *Kaiser-Urk.* I, 439, 444.

Eine der vornehmsten und wichtigsten abteien Sachsens war
Corvey, „Corbeia nova". Anfänglich auf Mainzer gebiet, in
Hethi bei Sollinge im Gau Lochne, sesshaft, siedelte sie im
jahre 822 nach Höxter im Weserthal, in die diöcese Paderborn,
über (ohne indess einer andern hoheit als dem heiligen stuhle
selbst unterworfen zu sein) [1]. Im jahre 815 verlieh Ludwig der
Fromme einigen jungen Sachsen, die als geisel ihre erziehung
zu Corbie in der Picardie erhalten hatten, die erlaubnis zum
bau eines gleichartigen klosters an der Weser.

Unter dem abt Adalhard von Corbie wurde das kloster gegründet und mit mönchen aus Corbie besetzt [2]. Im jahre 822
fand die übersiedelung nach Höxter statt. Schnell kam es dann
zu ansehen, schon unter dem ersten abt Warin, besonders aber
unter dessen nachfolger Adalgar; im jahre 836 wurden die gebeine des heil. Vitus dahin verbracht; reiche schenkungen flossen dem kloster zu; es wurde ein sammelpunkt von gelehrsamkeit und frömmigkeit und ein ausgangspunkt für neue bekehrungen [3].

Von Corvey wurden viele mönche auf den bischofsstuhl berufen: so wurde Altfrid 851 bischof in Hildesheim, Thiadgrim
827 und Eginolfus 889 in Halberstadt, Thioddag(us) 998 in
Prag, Adelbert 959 in Magdeburg, Volkmar 983 in Paderborn,
Bruno 962 in Verden; auch Ansgarius, der gründer des erzbistums Hamburg, ein schüler von Corbie, war lange als vorsteher
der schule in Corvey thätig [4]. Neben Corvey stand das frauenstift Herford (823) [5].

---
1) Einzelnes über Corvey findet sich in den Annales Corbeienses MG. III, 1 ff.

2) Die ganze gründungsgeschichte findet sich ausführlich in der *Translatio S. Viti*,
ed. Jaffé *Bibl.* I, p. 7 § s. *MG. SS.* XV, 1043, *Catalogus Abbatum et nomina
fratrum Corbeiensium MG. SS.* XIII, 274.

3) v. Heinemann *l. c.* 66; Trithem, *Chron. Hirsaug.* I, 13: „Nova Corbeja monasterium in Saxonia cuius monachi plures numero eruditione et sanctitate gloriosi
totam Saxoniam, Marchiam, Bohemiam et Austriam cum provinciis adjacentibus
suis praedicationibus et exemplis ad fidem veritatis converterunt".

4) Die geschichten, die zu Corvey's ruhm in den sogenannten Annales Corbeienses
und dem Chronicon (*Scriptores rerum Brunsv.* II, 296—319) erzählt werden, so wie
das Registrum Sarachonis, sind unecht; das erste ist ein machwerk Paullini's (Wattenbach, *Geschichtsquellen* II, 472), das letzte von Falcke erdichtet.

5) *Zs. f. Vaterl. Gesch. u. Alterthumsk.* N. F. X, 23.
Series episcoporum Mindensium. Pertz. *MG. SS.* XIII, 289.
Codex redituum ecclesiae Mindensis im K. Archiv. z. Hannover n°. 133 hs. d.
13 jh. (*in klammern formen aus urkunden*):

Nördlich von Paderborn lag der sprengel Minden, der sich über die gaue Tilithi, Osterburge, Lidbekegouwe, Bucki, Maerstem, Derve und Lainga ausdehnte [1]). Die klöster Hameln (814), Wunstorf (871) und Mollenbeck (896) gehörten hierunter. Nordöstlich von der Aller über die gaue Sturmi, Waldrati, Unimoti, Mosidi, Bardanga, Osterwalde und Drevani erstreckte sich das bistum Verden, dessen erste bischöfe von schottischer abkunft waren [2]). Der erste, Patto (nach der legende war Erkambert der erste, Patto der zweite), war zugleich abt von Amorbach im Odenwald. Unter Verden gehörte Rammesloh (845).

Der norden von Engern gehörte dem bistum Bremen (787), das sich auch über einige friesische gaue erstreckte. Als später, nach 847, Hamburg mit Bremen zu einem erzbistum vereinigt ward, wurde Bremen hauptort desselben. In seinen bereich gehörten die klöster Brixnon (847), Bukkiun (871), Oldenstadt in Uelzen (960; ein Cistercienser-, später Benedictinerkloster), Heeslingen (988) und das S. Michaelskloster zu Lüneburg (969) [3]).

---

Hec sunt nomina episcoporum Mindensium.
Ercambertus episcopus 1 (803—813), Hathuwardus episcopus 2 (—853), Tiadericus (Thiadericus) episcopus 3 fundator monasterii Vuustorp (a° 871—880), Vulfarius episcopus 4 (—886), Drogo episcopus 5 (—902), Adalbertus episcopus 6 (—905), Beruharius episcopus 7 (—914), Luddarius episcopus 8 (—927), Ebergisus 9 (—950), Helmwardus episcopus 10 (—958), Lanwardus (Landwardus) episcopus 11 (—969), Milo episcopus 12 (986), Rainwardus episcopus 13 (—1002), Tiadricus (Thiadricus) episcopus 14 (—1022), Sigebertus episcopus 15 qui dedit plenaria, calices, thuribula. Vigilie magne dicentur. (—1036), Bruno episcopus 16 (—1055), Egilbertus episcopus 17 (—1080), Reynhardus (Reginhardus) episcopus 18 (—1080), (*vergessen ist* Folcmar) Odalricus episcopus 19 (1089—1096) Wittilo episcopus 20 u. s. w.
1) v. Heinemann l. c. 60.
2) *Scriptores Brunsv.* II, 211.
S. Michaelis Luneburgensis abbates.
(S. Arch. Hannover I, 39 s. 103 hs. d. 13 jh. in 1071 zusammengestellt).
Liudericus abbas, Brun, Gerdagus, Rittagus, Herimannus, Albevinus, Berthericus, Aziko, Bertholdus.
3) *Vita Willebradi* Pertz. *MG.* II, 378.
Series Episcoporum Verdensium. *MG. SS.* 13, 343.
Codex mon. s. Michaelis Luneburgensis (Hannover Ms. I, 39) v. h. d. 13 jh. (Swibertus), Spatto (Hauck KG. II, 724 Patto + 788), Tagko (Hauck l. c. Tanko + 808), Nortila, Leyiulo, Rotila, Hysenger, Haruth (+ 829), Herluf, Helmgath (Hauck l. c. Helmgand ± 839), Walterus (Hauck l. c. Waldgar ± 849), Wiebertus (Hauck l. c. Gerolf ± 873 Wigbert ± 895), Bernarius, Adelwardus, Amelgundus, Bruno, Bernarius, Wicherus, Thitmarus, Bruno, Syebertus, Riebertus, Hartwinus, Mazo u. s. w.

Der norden von Ostfalen bildete einen teil des bistums Verden; der süden war auf politischem sowohl als auf kirchlichem gebiete in zwei bistümer eingeteilt. Das eine, welches das eigentliche Ostfalen umfasste, hatte Hildesheim (Hildenesheim) [1]) als hauptsitz. Als Karl der Grosse dieses bistum gründete, bestimmte er Elze an der Leine zum hauptort und liess 796 daselbst eine kirche erbauen, Ludwig der Fromme jedoch verlegte den sitz desselben 814 nach Hildesheim. Die ostgrenze bildete die Ocker, die nordgrenze die Aller. Innerhalb dieser grenzen lagen die beiden, in der ersten hälfte des 11. jh. gegründeten klöster Lammspringe (mönche) und das 856 nach Gandersheim verlegte nonnenkloster, das 852 zu Brunshausen gestiftet war.

Das andre, östliche bistum, welches Nordthüringen und die rechts von der Ocker gelegenen gaue, darunter den Hassagau „umfasste, hatte den bischofssitz zu Halberstadt (Haluerstad). Nach einer vielfach angezweifelten, aber von von Heinemann in der hauptsache als echt anerkannten urkunde des jahres 814 [2]) ist dieses bistum schon von Karl dem Grossen errichtet worden. Auch das frauenkloster Wendhausen (Windinhusen) stammt vielleicht aus der zeit Karls des Grossen, die nonnenkloster Hornburg und Ridigippi aus der letzten hälfte des 9. jh.; ob das jungfrauenstift Drübeck am nordrande des Harzes aus derselben zeit datiert, wird bezweifelt; Walbeck wurde in der zweiten hälfte des 10. jh. ein Chorherrenstift, ursprünglich war es

---

1) Series Episcoporum Hildesheimensium. *MG.* 13, 342 vergl. s. 747 hs. d. 13 jhs. Cod. Guelferbytanus Ms. Aug. 4 f. 129 v. c. h. d 12. jh.
Guntharius primus episcopus, Reinbertus episcopus obiit 825, Ebo tertius, qui prius Remensis archiepiscopus, sedit 12 annos, Altfridus quartus ep. 847—875 Salingenstad et Asnede deo offerens — Marewardus, Wigbertus 880, Walbertus, Sehardus 926, Thiethardus 928, Otwinus (Othwinus), Osdagus, Gerdagus, Bernwardus —1037, Godehardus —1042, Thietmarus —1052, Ezelinus—1062, Ettilo (Hetzilo + 1079), Udo (Undo + 1115), Bertoldus 19 ep. + 1130 u. s w.

2) v. Heinemann l. c. 62: „Dass das bistum bereits von Karl dem Grossen errich„tet worden sei, besagt eine urkunde Ludwigs des Frommen vom 2. september 814 „deren echtheit in ihrem wesentlichen inhalte mit unrecht angezweifelt worden ist: „nur einzelne angaben, darunter die auch hier wiederkehrende über den bischof Hil„degrim erweisen sich als einschiebsel einer späteren zeit".

Bischöfe von Halberstadt.
Hildigrimus —827, Thietgrimus —840, Haimo —853, Hildigrimus II —888, Aiulfus —894, Sigismundus —923, Bernhardus —968, Hildewardus —995, Arnulfus —1023, Brantogus —1036, Burchardus —1059, Burchardus II (Buggo) —1088.

eine sühnstiftung des grafen Liuthar ¹). Etwa aus derselben zeit stammen die abteien Ilsenburg und Gröningen und die nonnenklöster Quedlinburg und Gernrode (960). Unter Halberstadt gehörte auch das von Werden aus gestiftete Liudgerikloster in Helmstedt, dessen errichtung in das ende des 8. jh. zurückreicht. Anfangs gehörte auch Merseburg zum bistum Halberstadt: seit 968 machte es jedoch, wie auch Magdeburg ²), ein besondres bistum aus, dessen sprengel sich über die im osten gelegenen slavischen länder erstreckte.

Nordalbingien hatte als hauptort Hamburg, wo Karl der Grosse im jahre 804 eine kirche erbaut haben soll. 831 hatte Ansgarius hier noch mit grossen beschwerden zu kämpfen, und wahrscheinlich hat das christentum vor Ansgarius hier keinen eingang gefunden ³). Nachdem Ansgarius von Ludwig dem Frommen 831 zum erzbischof von Hamburg ernannt war, wurde von ihm daselbst eine kirche erbaut. Diese wurde aber bei einem raubzuge der Normannen zerstört und Ansgarius musste fliehen. Er verliess die gegend, welche dem erzbischof so wenig sicherheit bot, das erzbistum wurde nach Bremen ⁴) verlegt und Ansgar vereinigte beide bistümer zu einem erzstift Bremen und Hamburg. Die gegend nördlich der Elbe bis weit über die grenzen der Sachsen hinaus nach norden gehörte zu diesem bistum Hamburg, östlich zu Schleswig ⁵).

---

1) v. Heinemann l. c. I, 88.
2) Von mönchen aus St. Maximin bei Trier gegründet.
3) *Vita Anskarii* Pertz *MG*. II, 683. Siehe auch v. Heinemann l. c. 67.
4) Series archiepiseoporum Bremensium. *MG. SS.* 13, 345.
Cod. S. Mariae in Rastede. — Arch. Oldenburg. VI A, l. V. 14. jh.
f. 6ᵇ. Archiepiscopi Bremenses.
S. Willehadus sedit annos tres (—789), S. Willericus sedit annos 50 (+ 838), S. Liudgericus sedit annos 10 (+ 945), S. Anscharius sedit annos 34 (834—865), S. Reymbertus sedit annos 23 (—888), Adalgarius sedit annos 21 (—909), Hoyerus sedit annos 8 (—917), Reynwardus sedit annos unum (—918), Unno sedit annos 19 (—936), Adaldagus sedit annos 54 (936—988), Libentius sedit annos 25 (—1013), Unwanus sedit annos 11 (—1029), Libentius secundus sedit annos 4 (—1033), Hermanus sedit annos 3 (—1036), Alebrandus sedit annos 10 (—1045), Albertus Magnus 28 (—1072), Limarus sedit annos 20 (—1101), Umbertus sedit annos 3, Fredericus sedit annos 8 (1104—1123) u s. w. (die jahreszalen sind aus Erhard Reg. s 16).
5) *MG*. VII, 392.
Ordo et nomina Sleswicensium episcoporum.
Horedus episcopus 11 Kal. Maii sedit annos 24 (948—972), Adaldagus episcopus 4 Non. Maii sedit annos 12 (—984), Folcbertus episcopus 19 Kal. Jan. sedit annos

Seit dem ende des 11. jh.'s sind viele klöster verschiedener orden hinzugekommen; bis dahin gehörten die meisten zum orden des heiligen Benedict, einzelne zu dem hieraus abgezweigten orden der Cistercienser [1]).

Wenn so das Sachsenland zum grössten teile von missionären aus den Frankenlanden, aus Fulda, Köln, Mainz, aus nord-fränkischen klöstern, wie Corbie in Picardie, christianisiert worden war und der einfluss Karls des Grossen und seiner nachfolger auf jedem gebiete sehr wirksam war, so müssen doch auch die Angelsachsen oder in englischen klöstern erzogene mönche, wie Liafwin, der Niederfranke Liudger u. a. [2]), in der kunst, der litteratur und der sprache spuren ihrer tätigkeit hinterlassen haben. War der einfluss der Angelsachsen am hofe Karls des Grossen und im ganzen fränkischen reiche damals sehr gross, so wird es um so schwieriger zu bestimmen woher kirchliche gebräuche und sitten, welche wir auf englischem boden in grosser entwicklung sehen und auch bei den Sachsen antreffen, zu letzteren gekommen sind. Während einerseits vieles in ritus und kirchensprache durch die einführung des christentums bei den Sachsen durch die Franken fränkischen ursprungs sein und noch mehr durch die klöster verbreitet sein wird, welche in dauernder engster verbindung mit den mutterklöstern im Frankenlande standen, so wird man andererseits annehmen dürfen, dass durch den einfluss von Werden und Münster, wo (besonders in Werden) viele Angelsachsen und in England gebildete Friesen arbeiteten, angelsächsische eigentümlichkeiten eingedrungen sind.

Eine genaue untersuchung über die beziehungen der kirche im Sachsenlande zu der angelsächsischen und der fränkischen kirche liegt ausserhalb des rahmens einer einleitung; doch schien es mir nicht ohne nutzen, und wäre es auch nur um anzudeuten in welcher richtung vielleicht weiter zu untersuchen sei,

---

7 (—990), Marco episcopus 3 Id. Nov. sedit annos 20 (—1010), Poppo episcopus 14 Kal. Aug. sedit annos 5 (—1015), Esico episcopus 2 Id. Februarii sedit annos 11 (—1026), Rodulfus episcopus 2 Non. Nov. sedit annos 19 (—1045), Ratolfus episcopus (—1071).

1) *Germania sacra* herausg. v. C. J. Böttcher. Leipzig 1874, p. 500.

2) Auch in Fulda waren Angelsachsen für die Sachsenmission wirksam, s. *Ep. Bonif.* 79, Hauck, *Kircheng.* I, 533 f.

diejenigen altsächsischen wörter zusammenzustellen, die einen
überblick über das material, welches für eine vergleichung der
kirchlichen zustände unentbehrlich ist, ermöglichen. Bei dieser
zusammenstellung habe ich mich, um die vergleichung zu erleichtern, der anordnung angeschlossen, welche B. Kahle (Die
altnordische Sprache im Dienste des Christentums) befolgt hat.
Nicht berücksichtigt ist dabei was in lateinischen urkunden, in
kircheninventaren und anderswo noch wissenswertes für die geschichte der altsächsischen kirchensprache zu finden ist, nur
die altsächsischen worte sind verzeichnet mit gelegentlicher be-
rücksichtigung der übereinstimmenden angelsächsischen.

Die gentes oder pagani werden im altsächsischen *hethin man**[1]),
*hethina liudi**, *thia hethinon* genannt, das heidentum ist *hethin-
nussia*. Christlich hiess *Cristin**, *Cristen*, die christenheit *al
cristinfolc**, die kirche *thiu kerika* (*kirica*), auch *samanunga* (ecclesia); eine secte *bigengitha*. Unter den vielen namen für Maria,
die mutter Gottes (s. Sievers Heliand s. 434), sind einige, welche
mit ags. namen übereinstimmen: *idisco sconiost** (*idesa scenost*),
*uses drohtines moder** (*drihtnes modor*), *ellero uuibo uulitigost**
(*wifa wlitegost*) u. a. Maria und Martha heissen *thia gisuester
tuua**, Lazarus, Maria und Martha *thiu gisustrithi*.

Namen für die propheten sind: *vuis uuarsago**, *uuitig uuarsago**,
*glauua gumon**, *uuisa man**, *spaha man**, *frode folcuueros**, während ihre prophezeiung *uuarsagono uuord** heisst (ags. *witega*,
*witegung*). Der patriarch ist *the altfader**, *fader Abraham** (ags.
*ealdfæder*); *Dauid the mario**, *the aðalcuning**, *Dauid the godo**
(vgl. Denkm. XIII, 1, ps. 138,1 *Dauid der guoto*). Johannes der
Täufer heist *diurlic dopari**, *drohtines bodo**, *forabodo frahon
sines**; die jünger sind *erlos**, *friund**, *helithos**, *gumon**, *lind-
uueros**, *uuordspaha uueros**, *gisithos**, *iungron**, *druhtingos**, jünger sein *iungardom bestian** (ags. *geongyrdom lestan*); das dem lat.
apostolus im hd. ae. und an. entsprechende *postul*, *postol* findet
sich nicht. *Martyr* ist unverändert übernommen aus dem lateinischen: Hom. 6 *Cristes martiro*. Die heiligen sind *thia heligon*.

Von den geistlichen ämtern sind zu nennen: *hed*, *helag hed**
für sacerdotalis gradus; der papst wird *pauos* genannt; für lat.
episcopus as. *biscop*, *the furisto thes folkes** *the biscop thero liudeo**

---

1) Die wörter, welche mit einem stern bezeichnet sind, finden sich im Heliand.

(i. e. Kaiphas, vgl. ags. *bisceop thara leoda*, *leoda bisccop*); der priester ist *prester*, *godes man*; in der beichte übt er das *githingi*, die fürsprache. Der einsiedler ist *ensedlio*.

Das convent wird *samnunga* genannt. Die namen für abbas, praepositus u. a. finden sich nicht übersetzt, nur *abdisca*. Von den dienern in kloster werden genannt der *bathere*, *ketilare*, *timmero*. Nur für toga *drembil*, oberkleid *lotho*, philacteria *hovidbandos* sind altsächsische namen bekannt.

Die einkünfte der kirche heissen *thiu asna*, *ofliges*, *deymo*; *gambra\**, *eins\**; die zehnten des weins *uuinscat*, und die reise zur einnahme derselben *thiu uuinfard*.

Geistliches einkommen war *prebende*, *prevende*, *pravendi*. Als steuern, welche von den gütern zu entrichten waren, werden *herimaldr*, *heriscilling*, *heribann*, *heristiura* und *landsculd* genannt. Alte namen für gotteshäuser sind: *alah\**, *godeshus\**, *seli\**, *stennuerco mest\**, *unih\**, *fridunuih\**; auch *racud\** (ags. *reerd*) eigentlich 'haus'. Speciell christlich sind *kirika*, *kerika*, *hebancuninges hus\**. Für die altheidnischen götter finden sich die namen *afgod*, *idole*, *hemgod*.

Auf dem altar, *altari\**, und auf dem hauptaltar, *te themu heroston altare*, wird geopfert, in christlichem sinne; das opfern wird genannt *geld frummian\**, *unaldandes geld helag bihuueruan\**, *geld lestian\**, *te them godes altare geban*.

Das kreuz wird bezeichnet als *cruci\**, *galgo\** und *ruoda\** (ags. *gealga*, *rod* und *beam*) s. u.

Für *cantharus* findet sich *beckin*, für becher *kelik\**, *bikeri* und *staupa*. Die schale heisst *bacweya* und *scala*, die reliquien sind *wihetha*.

Heilige tage und kirchenfeste. Die festtage heissen im allgemeinen *unihdagos\**, *wihtidi*, *hogetidi*, *haldan thea helagon tid(i)\**, *helaga tidi\**, während die „dies dominica" *the sunnunday* war. Von den grossen festtagen wird das weihnachtsfest nicht so stark hervorgehoben, weder im Heliand, noch in den heberollen und anderen denkmälern, wie im norden von Europa; ein altsächsischer name wie das julfest findet sich nicht für *Xristi nativitas*, nur wird geredet von *Kristas giburd\** und *thes helagan auandes*. Für ostern wird gebraucht *pascha\**, *paschadag\** oder *the helago dag\**, *thiu helaga tid\**, *unihdagos\** (ags. *seo halige tid*), dabei *cena domini* der grüne donnerstag, *cruceuuikon* die zweite woche vor pfingsten.

*b*

„Dies ascensionis" oder pfingsten hat den namen *pinkoston*, *pinkieston*. Von den sonstigen festen und heiligen tagen verzeichne ich hier nur diejenigen, welche in den heberollen und den kleineren denkmälern vorkommen; eine vergleichung der martyrologien und kalendarien in der art und weise wie F. Piper es für die angelsächsischen und Taranger, Den angels. Kirkes Indflydelse paa den norske s. 353 ff. für die altnordischen gethan hat, würde hier zu weit führen.

Genannt werden: 1 Jan. *te nigemo gera*, *Octava Domini*, 6 Jan. *Epiphania*, 21 Jan. *Meinhardes geresday*, 30 Jan. *anniv. S. Thiedhilde* (*to geresdage S. Thiedhildae*), 2 Febr. *Purificatio Marie*, as. *lichtmissa*, *Quinquagesima*, 22 Febr. *in cathedra S. Petri*, 2 März *S. Pinnose*, 17 *S. Gerthrudis*, 25 *festum annunciationis S. Marion missa*, 26 *S. Liudgeri*, 3 Mai *inventio S. crucis*, 5 Juni *S. Bonifacii*, 15 *S. Viti*, 31 *S. Petronellae missa*, 24 Juni *S. Joh. bapt.*, 29 Juni *Petri et Pauli ap.*, 8 Juli *S. Kiliani*, 25 *S. Jacobi*, 10 Aug. *S. Laurentii*, 15 Aug. *Assumpt. S. Marie*, 24 Aug. *S. Bartholomei*, 29 Aug. *S. Joh. bapt. decoll.*, 8 Sept. *S. Marie Nativ.*, 17 *S. Lamberti*, 21 *S. Matthei*, 27 *S. Cosmae et Damiani* (*te usaro herano misso*), 29 *S. Michaelis*, 1 Oct. *S. Remigii*, 1 Nov. *Omnium Sanctorum*, as. *thiu gehugd allera godes heligono*, 11 Nov. *S. Martini*, 18 *S. Maximi*, 30 *S. Andreæ*, 24 Dec. *thes helegon avandes*, 26 Dec. *S. Stephani*, 27 Dec. *S. Johan apostoli*.

Vollkommene übereinstimmung mit den ags. kalendarien findet sich nicht, was sich auch dadurch erklärt dass die verschiedenen kalendarien nicht unter einander übereinstimmen; so weist z. b. das Merseburger Necrologium u. a. die feste des S. Benedict, S. Patricii und S. Paul auf, wie das Kalendarium Beda's und Aelfrics, oder des S. Nicolaus, wie As. Chron. a° 1067, während man in den Essener Necrologien diese namen vermisst.

Die monatsnamen sind meist die lateinischen, nur im Essener Necrolog. A. findet sich für September *halegmanoth*, zu November die bemerkung „apud Thiudiscos" *blotmanoth*, welche bezeichnungen allem anschein nach dem ags. *halegmonath* und *blotmonath* nachgebildet sind; nur das zweite wort ist sächsisch, vgl. Hickes, Thes. I, 219; Beda De temp. rat. c. 13. Der erste tag des monats trägt den aus dem lateinischen entlehnten namen *kalend*.

Der gottesdienst heist *that godlika thianust*, *godes thionost*[*], für

deum colere begegnet *bigangan*, *thianon*; *thia helagun missa firion*.
    Die alts. namen der messen sind bei den festtagen verzeichnet.
Zu der messe, *thia helaga missa*, gehört das singen: *ahebbian helagan sang\**, *hlud stemna ahebbian helagon uuordon\** (ags. *song ahebban* etc.), und das beten: *bedon\**, *biddian gibedas*, *bedon up te them alomahtigon gode\**, *an thero bedu uuexan\**, *te bedu fallan\**, *-hnigan\** oder *-gangan\** (ags. *to gebede feallan*), *god grotian\**, *-mid uuordon\** (ags. *god gretan*); auch *agleto biddian mid uuordon\**, *drohtin biddian\**, *gibed gihaldan*; das zeichen des kreuzes machen ist *segnon\**. Predigen war *seggian spel godes\**, *ahebbean godspell that guoda\**. Die lectionen des tages werden gelesen: *lesan*, die lesung ist *thia helaga leccia*. Die anderen ausdrücke, sowie die namen der bücher u. s. w., sind, so weit sie mir vorgekommen sind, nur lateinisch.
    Von den sacramenten sind zu nennen die taufe, *thia dopi\**, oder *dopisli\**, in der beichte *cristinhed* genannt (*uuithar mineru cristinhedi* contra baptismum meum, vgl. MS. Denkm.² 595) — die dabei genannten *fillulos* sind wohl nicht eigentliche patenkinder gewesen, wie Heyne angibt, sondern täuflinge und klosterschüler. Weihen, sacrare ist *uuihian*; auch das sacrificium, *uses drohtinas likhamon endi is blod*, wofür ae. an. *husl*, wird hiernach *giuuihid mos* genannt (*giuuihid mos endi drank*). Keine as. ausdrücke finden sich für firmung und priesterweihe, wohl aber für die ehe: heirathen = *gimehlian*, coniugium *gisithscepi*, das ehepaar *hiun* (*Adam endi Eua sinhiun tue\**, vgl. ags. *sinhiwan twa*); die hochzeit wird *brudloht* genannt.
    Das evangelium ist *godspell that guoda\** (ags. *godspell*), *godes arundi\**, *helag uuord godes\**, *spell godes\**; predigen *seggian spell godes\**, die lehre *helay lera\**, *lioblic lera\** etc. (s. o.) Von den biblischen ausdrücken verzeichne ich *thiu flod\**, *thes flodes farm\** für die Sündflut; für cognoscere (Luthers erkennen) *walkian*. Die parabeln sind *bilithiu* (*be bilithion\**).
    Die Lehre. Die fides ist as. *thia treuua\** (ags. *halige treowa*), *uninitreuua\** (ags. *winetreowe*), der glaube *the gilobo\**, *thie tubigo gilobo\**. Der act des glaubens *getruoian uuel\** (ags. *getruwian wel*), *uuordon gitruoian\** (*wordum truwian*), *gilobian\**, *gilobon hebbian\** (*wordum gelyfan*); sperare *hopan*; bekennen heisst *bikennan*. Die lehre ist *helag lera\**, testimonium *giuuitscepi\**, das gesetz ist *godes eo\**, das alte testament *the aldo eo\**, *aldrono eo\**. Die vernei-

nung des christlichen glaubens ist *the ungilovo*, die ketzerei ist *errislo* oder *irrislo*, der ketzer *the heretikere*; die heiden sind *hethina liudi\**, sg. *hethin man\**. Dem begriff des christlichen Gottes stehen noch oft altheidnische vorstellungen gegenüber, wie *metodo giscapu\**, *regano giscapu\**, *godes giscapu\**, *thia berhtun giscapu\**, *thiu uurth\**, *uurðigiscapu\**, *gilagu\**, *urlag\**, *orlaghuila\** u. a., s. Vilmar s. 14.

Für Gott findet sich *the godo\**, *the helago\**, *the rikeo\** u. s. w., *the alouualdo\**, *alomahtig god\**, *fader alomahtig*, *himilfader\** etc. *drohtin*, *sigidrohtin\**, *herro\**, *hebancuning\**, *himilcuning\**, *mundburd\**, *radgebo\**, *uualdand\**, *hebanes uuard\**, *aðulordfrumo alomahtig\** u. a. s. Sievers Hel. 415 ff. (viele finden sich auch im ags.). Als adjectiv *godlik* und *godcunniklik*, aeternus *euuig\**, *euuin\**. Seine würde ist *heriscepi* principatus, die herrlichkeit *heritha*; die gnade ist *anst godes\**, *natha godes\**, *huldi godes\** (ags. *hyldo godes*), der schutz *mundburd\**, solatium *vullist*, das heil *hel*, helfen ist *vullistian*, schenken *tuithon*.

Die Dreieinigkeit wird nicht genannt. Der heilige Geist *helag gest\**, *helag gest fan hebanuuange\**. Der Sohn ist *godes egan sunu\**, *uualdandes barn\**, *barn drohtines\**, *Dauides sunu\** u. s. w., s. Sievers 401 f., *Crist\**, *the rikeo Crist\**, *heliand\**, *heliandi Crist\**, *managero mundboro\**, *neriand\**, *neriendero best\**, *alouualdo\**, *drohtin\**, *herro\** etc. *the leriand\**, *thiodcuning\**, *barn\**, *frithubarn\**, *kind\**, *thiodgumo\**, *helire*, *that lamb godes\**, *licht mikil\**, u. a. Die dornenkrone ist *hobidband harduro thorno* (ags. *se thyrnene helm*), das kreuz *craftag cruci\**, *galgo\**, *bom\**, *niuui ruoda\**, *bomin treo\**, *uuaragtreo\** (ags. *rod, gealga, beam*; *cross* tritt im engl. erst in späterer zeit auf), *quelmiunga* (poena *crucis*), kreuzigen ist *hahan\**, *an cruci slahan\**, *an thena galgon hebbian\**, *an that cruci*. Auferstehn ist *astandan\**, gen himmel fahren *up geuuitan\**, *uuindan thuru thiu uuolkan\** (ags. *vindan on wolcne*).

Der unterschied zwischen m u n d u s und s a e c u l u m, e r d e und w e l t wird im altsächsischen, obwohl nicht immer ganz genau, festgehalten: während *ertha\**, *thit breda buland\**, *beuuo bredost\**, *folda\**, *gardos\**, *middilgard\**, *erthriki\**, *uuid uueroldstol\** für m u n d u s gebraucht werden, finden sich für s a e c u l u m *uuerold\**, *uueroldriki\**, *manno drom\**; *liudio lioht\**, etc.; terrestris *erthlik*, saecularis *uuerolddlik* (ags. *brad eorðe*, *folde*, *middengeard*, *theos vide weoruld*). Der himmel wird genannt *thiu berahtun bu\**, *uppodes hem\*, diurlic drom\*, himil\*, heban\*, hebanunang\*, himilriki\*, fader odil\*, uuara godes\*, aldarlang tir\*, sinlif\*, euuig lioht\** (ags. *uplic eðel, heah heofon, faedereðel, ece leoht, ece rice, ealdorlang tir* etc.). Angelus ist *bodo drohtines\*, drohtines engil\*, helaga hebanuuardos\*, fagar folc godes\*, helag heriscipi fan hebanuuange\*, engilo craft\** (ags. *drihtnes bodu, engel drihtnes, godes engel*).

Mannigfach sind namen für den teufel: nach dem lateinischen *diuvil* oder *diobol, diubal\**; dann *the baluwiso\*, the dernio\*, the fiond\*, the gramo\*, the hatulo\*, hettiand\*, the letho\*, menscatho\*, thiodscatho\*, uuamscatho\*, unholdo, costond\*; godes antsacon, gramono barn, Satanases iungiron\*, dernia uuihti, thia uurethun* (ags. *deoful, feond se groma, hettend heorogrim, leodsceaða, womsceaða, se wraða, godes andsaca, feondes bearn, werige wihte* etc.).

Die sünde ist *sundia\*, bittar dad\*, derbea dadi\*, firinuuerc\*, harmuuerc\*, menuuerc\** (ags. *syn, sinn, manweorc* etc.), *fecan endi firinuuerc\** (*facen and fyrene*), sündigen ist *sundion\*, sik faruuerkon\**, ärgern *merrian\**. Unter den sünden werden genannt: *horuuillio, unreht helsian* für carnis concupiscentia, *kelgirithi*, overat *endi overdrank* für gula et ebrietas; occisio *slegi*, homicidium *manslahta*, der homicida ist *man thero bluodo*, verfolgung *uuraka*, schande *honithia*, bellecken ist *unsubron*, maligna suggestio *gispanst*; leumund *bispraki*, blasphemia *lastar, heti endi harmquidi\*, liagan, flokan, meneth*, peinrare ist *hardo swerian*, vanitas ist *idalnussi*, neid *avunst, heti, nið*; ira *abolganhed endi gistridi*, furor *abulht*.

Die versuchung des teufels ist *freson\*, coston\*, fandon\**. Venia *garehtnesse*, remittere *fargeban\*, lethes alatan\**, damnare ist *domos adelian\*, adomian\** (ags. *domas deman*), *nuiti adelian\**.

Für conscientia ist kein wort bekannt, bekehren wird *bikerian* genannt.

Dass besonders die *quadragesima* vor ostern der busse gewidmet war, wird wol auch in der Sachsenlanden der fall gewesen sein. Eine nähere untersuchung der auf sächsischem boden gefundenen poenitentialia wird entscheiden müssen in wie weit sich die sächsische kirche mehr der angelsächsischen oder der fränkischen angeschlossen hatte. Der gebrauch der bussbücher des Pseudo-Beda spricht für einfluss der römisch-fränkischen kirche. Bussbücher des Pseudo-Beda finden sich in handschriften des 9. jh. aus Essen und Corvey, jetzt in Düsseldorf und Paderborn. Durch die vorfügung des ordo ad dandam poenitentiam, unterscheiden sie sich von den eigentlich angelsächsischen bussbüchern, welche diese nicht haben. Zu ende des 8. und anfang des 9. jh. sind viele bussbücher mit willkürlich abweichenden satzungen in die fränkische kirche gekommen, die durch eine mischung der Theodorischen und Pseudo-Bedaischen Poenitentialien, welchen oft ein ordo ad dandam poenitentiam, i. e. eine anweisung für den priester vorgefügt wurde. So und in dieser zeit wird auch die s. 120 ff. mitgeteilte altsächsische beichtformel entstanden sein, welche weder den rein römischen ordo der vergehen, der mit homicidium anfängt, aufweist, noch die sündenfolge der angelsächsischen poenitentialien hat [1]) und den genannten ordo ad dandam poenitentiam vor sich hat.

Der bussact des pönitenten bestand überall aus drei teilen: Reue, beichte und genugthuung: poenitentia oder contritio, confessio, und pacificatio oder expiatio. Das erste, poenitentiam agere ist as. *hreuuon*, *hreuuan*, *an innan mod thrimman*\* (ags. *hreowan*), für confessio findet sich nicht das ags. nord. *scrift*, *script*, sondern wie im deutschen *bigihto*, für pacificare *gisuonan*, während für expiatio *hrenunga* gebraucht wird. Das auflegen der strafe, corripere ist *uuitnon*, die ersatzleistung durch erfüllung der strafe, das busse thun, lat. corrigere, wird *botian*, *gibotian*, *sundia botian*, *sundia aleskian*\*, *dad angeldan*\* (ags. *betan*, *gebetan*, *dæd ongyldan*) genannt.

Von den tugenden werden genannt: die liebe, amor und dilectio, *minnia*, *liubi*, devotio *geruihed*, die demut war *odmodi*, milde sein *mildean hugi beran*\*, patientia *githuld*. Die guten werke waren *alamosna geban*\*, *fastunnia*\* jejunium, *thia fasta* jejunium in quadragesima.

Des lebens ende ist der tod, as. *doth*\*; für sterben findet sich *sterban*\*, *doian*\*, *sueltan*\*, *ansuebbian*\*, *ferah-* oder *lif farlatan*\*, *lif ageban*\*, *athom latan*\*, *forlatan manno drom*\*, oder *thesa uuerold*\*, *sokian lioht othar*\*, *uuerold uuehslon*\* u. a. (ags. *sweltan*, *feorh agifan*, *lif alætan*, *lif ofgifan*, *woruld forlætan*, *ceosan him oðer leóht* u. a.). Zum tode gehörte in der heidni-

---

[1]) Vgl. II. J. Schmitz *die Bussbücher*, Mainz 1883, s. 118, 119 u. a. A. Hauck *Kirchengeschichte Deutschlands* I, 214, II, 223 ff. Wasserschleben *Bussordnungen* 251, 437.

schen zeit der scheiterhaufen, as. *ed* (ags. *ad*), später die sepultura, *bigraft*. Nach dem tode kommt am ende der tage der jüngste tag: *the domes dag\*, thiu maria tid than the lazto dag liudiun nahid\*, mudspelles megin obar men ferid\*, thesaro uueroldes giuuand\** (ags. *domesdag, se mara dæg*); Hel. vs. 2591 ff., 4310 ff. geben eine ausführliche beschreibung dieses tages, noch mit vielen heidnischen vorstellungen vermischt. Auferstehn nach dem tode ist *fan doðe astandan\*, arisan fan rastu\*, uuerthan fon doðe quic\** (ags. *of deaðe arisan* etc.). Dann wird der himmel *hebanriki\*, hoh himilriki\*, uppodes hem\*, odas hem\*, godes groni uuang\** der guten seele zu teil, d. i. das ewige leben *sinlif\*, drohtines drom\*, lioht euuig\*, fader odil\*, uuara godes\*, uuelono the mesto\**, vgl. Sievers s. 423 f.

Die böse aber geht zur hölle: *hellia\*, dalu thiustri\*, diop doðes dalu\*, fern that heta\*, the heto hell\*, helligithuuing\*, gramono hem\*, helligrund\*, letharo drom\** (ags. *helle, theostre ham, deop deað, deop dalu, seo hate hell, helle grund* u. a.), wo *bred balouuiti\*, ubil arbedi\*, hard harmscara\** (plaga), *clapunga* (*stridor dentium*), *bred logna\*, helli fiur*, sie erwartet.

Findet sich in diesen ausdrücken öfter übereinstimmung zwischen angelsächsischen und altsächsischen wörtern, so beweist dies noch nichts für entlehnung. So weit eine so flüchtige vergleichung überhaupt etwas beweisen kann, ergibt sich daraus nur, dass sich im altsächsischen keine wörter finden, welche aus dem angelsächsischen entlehnt sein müssen, wie z. b. bei altn. *script* u. a. der fall ist. Vielmehr ist manchmal eine ganz bestimmte abweichung wahrzunehmen. Wahrscheinlich ist die ursache davon in dem grossen einfluss zu suchen, welchen die fränkische kirche und der fränkische staat auf die bekehrung, besonders auf die kirchliche einrichtung im Sachsenlande ausgeübt haben.

Im jahre 787 hatte Karl der Grosse in einem schreiben an den abt Baugulfus von Fulda auf die notwendigkeit hingewiesen schulen zu den kathedralkirchen und klöstern zu errichten. Dieser befehl war in den meisten gegenden seines fränkischen reiches befolgt, und so gab es in den fränkischen klöstern eine grosse anzahl gelehrter mönche, deren streben nicht nur darauf ausging bücher zu schreiben, sondern auch die ungebildeten

novizen (*oblati*) und laien in die geheimnisse des lesens und
schreibens einzuweihen. Die in den capitularien öfter wiederholten
verordnungen und der einfluss von Alcuins schule zu Tours,
welche männer wie Hrabanus Maurus von Fulda und Haymo
von Halberstadt zu ihren schülern zählte, haben kräftig zur
hebung des unterrichts im ganzen reiche Karls und seiner nachfolger beigetragen. Sobald, nach errichtung der bistümer auf
sächsischem gebiete, kathedralkirchen mit kapiteln gegründet
waren und die verschiedenen ordensklöster ihre gebäude hatten
erstehen sehen, arbeitete man auch hier an der bekehrung und
bildung der Sachsen und an der heranbildung einer zur Sachsenmission tüchtigen geistlichkeit. Dies geschah auf zweierlei
weise. Erstens indem man für die im lande zerstreuten priester
kleinere und grössere werke schrieb und abschrieb, wodurch
jene in stand gesetzt wurden ihre theologischen kenntnisse wach
zu halten und sich in ihrem predigtamte zu vervollkommnen.
Zweitens indem man mit den kathedralen schulen verband, wo
sowohl junge laien als geistliche unterricht geniessen konnten [1]).

In diesen schulen mussten die angehenden geistlichen, nach
Karls bestimmung auf einem Aachener concil des jahres 802,
folgendes lernen: Das Athanasianische glaubensbekenntniss und
was sich auf den glauben bezieht, das apostolische symbolum,
eingehendes verständnis des vaterunsers, das buch der sacra-
mente ganz, sowohl den messcanon als die speciellen messen,
die exorcismen, das versehen mit den sterbesacramenten, das
poenitentialbuch, die berechnung der christlichen feste, die nacht-
gesänge, die messgesänge, das evangelium oder die pericopen
(die zum predigttext vorgeschriebenen abschnitte aus den evangelien und episteln), die homilien für sonn- und festtagspredigten,
die bücher über das hirtenamt (seelsorge), den pastoralbrief des
Gelasius und endlich die fähigkeit, urkunden und briefe auf-
zusetzen [2]).

---

1) F. Cramer, *Geschichte der Erziehung und des Unterrichts in den Niederlanden
während des Mittelalters*, Stralsund 1843, 3,31 §. R. von Raumer, *Die Einwirkung
des Christenthums auf die althochdeutsche Sprache*, Stuttgart 1845, s. 196.

2) Pertz. *Leges* 1, 107 "Haec sunt quae jussa sunt discere omnes ecclesiasticos:
1) Fidem catholicam s. Athanasii et cetera quacumque de fide; 2) Symbolum etiam
apostolicum; 3) Orationum dominicam ad intelligendum pleniter cum expositione
sua (zwei fragmente von lat. predigten aus Karol. zeit sind abgedruckt von W. Scherer

Schon im jahre 789 wurde in einem capitular vorgeschrieben: „non solum servilis conditionis infantes, sed etiam ingenuorum „filios canonici et monachi adgregent sibique societ. Et ut scolae „legentium puerorum fiant. Psalmos, notas, cantus, comptum, „grammaticam per singula monasteria vel episcopia discant et „libros catholicos bene emendatos; quia saepe dum bene aliqui „Deum rogare cupiunt sed per inemendatos libros male rogant". Die capitula examinationis generalis von 802 drücken die notwendigkeit des schulbesuches noch stärker aus: „ut unusquique „filium suum litteras ad discendum mittat, et ibi cum omni „sollicitudine permaneat, usque dum bene instructus perveniat". Diese bestimmungen galten nicht nur für kathedralschulen, sondern auch für klosterschulen. Der orden des heil. Benedict, zu welchem alle klöster dieser zeit gehörten, liess seinen angehörigen in mancher hinsicht sehr freie bewegung [1]. Praktische thätigkeit zum nutzen des christentums und der menschheit war sein hauptgrundsatz. Diese praktische thätigkeit fanden die Benedictiner in der heidenbekehrung und in der jugenderziehung. Viele klöster dieses ordens besassen schulen für junge laien, die weit und breit berühmt waren; andre hatten nur schulen für die oblati des ordens, die angehenden geistlichen. Einige dieser klöster waren mehr durch die werke bekannt, die daselbst mit kunstfertiger hand geschrieben wurden, andre mehr durch die gelehrsamkeit oder die frömmigkeit ihrer mönche. Auch konnte es geschehen dass in einem kloster, je nach der vorliebe der patres, entweder die wissenschaft oder die missionsthätigkeit oder der unterricht in den vordergrund trat. So herrschte z. b. in Fulda in den tagen des Hrabanus Maurus eine etwas andre richtung vor als zur zeit Sturm's [2] und später, während der regie-

---

in ZfdA. XII, 436); 5) Librum sacramentorum pleniter tam canonem missasque speciales ad commutandum pleniter; 5) Exorcismum super caticumium sive super demoniacos; 6) Commendationem animae; 7) Paenitentialem; 8) Computum; 9) Cantum Romanorum in nocte; 10) Et ad missa similiter; 11) Euangelium intellegere seu lectiones libri comitis; 12) Omelias dominicis diebus et solemnitatibus dierum ad praedicandum canonem monachi regulam similiter et canonem firmiter; 13) Librum pastoralem canonici atque librum officiorum; 14) Epistulam Gelasii pastoralem; 15) Scribere cartes et epistulas".

1) Vgl. Pertz *Leges* I 201 § wo sich sehr ausführliche vorschriften für das klosterleben finden.
2) Candidus, *Vita Eigeli*, Pertz *MG*. II.

rung Heinrichs IV, kam unter dem einfluss der Cluniacenserregeneration die askese mehr zur geltung.

Der anstoss zur entwicklung der klosterschulen auf sächsischem boden, nach der unterwerfung der Sachsen durch Karl und nach der errichtung von bistümern, ging hauptsächlich von fränkischen klöstern aus. Auf der einen seite scheint die abtei Fulda grossen einfluss in Ostfalen, Nordthüringen und im südlichen Engern gehabt zu haben, auf der andern bestanden enge beziehungen zwischen Corbie in der Picardie und Corvey an der Weser [1]), während Werden unter dem einfluss des regen verkehrs stand, welchen der benachbarte Rhein ununterbrochen lebendig erhielt sowohl mit Mainz und Köln [2]), wie mit Utrecht [3]). Auch finden sich in Corvey und Werden — ebensowohl wie in den klöstern Frankreichs — spuren der thätigkeit angelsächsischer klosterbrüder.

Anfangs wurde kein unterschied im unterricht angehender geistlichen und junger laien gemacht. Das änderte sich im jahre 817: in dem auf einer synode zu Aachen (817) gegebenen capitular [4]) wurde festgesetzt dass in einem monasterium nur *oblati* (zu mönchen oder priestern bestimmte knaben) unterrichtet werden dürften. Von nun an wurden die schulen eingeteilt in „*scholae exteriores*", ausserhalb der claustralität und „*scholae interiores*", innerhalb des verschlusses [5]). In den scholae exteriores bestanden die schüler meist aus laien oder solchen die weltgeistliche werden wollten, die scholae interiores waren für solche die das gelübde schon abgelegt hatten [6]).

---

1) Wiederholt werden junge Sachsen unter den schülern von Corbie genannt und werden bücher erwähnt, die von den in Sachsen lebenden brüdern geschrieben waren, vgl. Pertz II 537—538, Migne *Patrologie* 120, Delisle *Cabinet des Manuscrits* II 122. Vgl. H. Finke *Zs. f. Vaterl. Gesch. u. Alterth.* Münster 1889, s. 213.

2) Die Kölner schule hatte ihre blütezeit in der mitte des 10. jh. unter erzbischof Bruno. Thietmar *Chronic.* Pertz V. 777.

3) In der zeit von Gregorius abbas (753—781) besuchten viele schüler aus Sachsen, Frankreich und England die schule zu Utrecht, Liudger *Vita S. Greg.* Mabillon *Saec.* III, 2, p. 298. Auch im anfang des 11. jh. unter Wolbodo, der in 1018 bischof in Lüttich wurde, war die schule so berühmt das Bruno der sohn Heinrichs I dahin kam, Ruotgeri *Vita Brunonis* Pertz VI, 256.

4) Pertz *Leges* 1 p. 202 n°. 45.

5) E. Köhler, *Hrabanus Maurus und die schule zu Fulda* p. 7 und 37.

6) Ueber die zeit die der unterricht in anspruch nahm, über die seniores oder lehrer etc. s. Köhler l. c. p. 37. Trithem *Chron. Hirs.* c. 12.

Nicht alle schulen haben berühmtheit erlangt, nicht alle welche berühmt geworden sind, waren es zur selben zeit; einige hatten in den ersten jahrhunderten, andere im 11. oder 12. jh. ihre blütezeit. Bekannt waren vor allem die kathedralschulen von Paderborn unter Meinwerk (1009) [1]), Hildesheim [2]), Halberstadt und Magdeburg (diese schule blühte besonders unter erzbischof Adalbert [968—981] mit dem scholasticus Otrich) und im 11. jh. die von Bremen und Münster. Der schulen von Verden und Minden [3]) wird in den Chroniken dieser bistümer keine erwähnung gethan. Dass in Minden eine solche bestand, erhellt aus der nennung eines „magister scolarum Godebaldus" in den briefen des Wibaldus von Corvey [4]). Die urkunde über die *scholae latinae et graecae* zu Osnabrück wird für unecht gehalten [5]).

Von den klosterschulen stand an berühmtheit die von Corvey obenan. Schon in den ersten jahren der abtei blühte sie unter Ansgarius, der hier geraume zeit „*scholarum magister*" war [6]). Viele gelehrte und geistliche lebten damals in dieser abtei oder haben in dieser schule ihre erziehung genossen. Einige haben später ihrem lehrmeister bei der bekehrung der Northliudi beigestanden [7]). In der zeit da Widukind seine *Res gestae Saxonicae* schrieb, strömten von weit und breit schüler nach Corvey. In späterer zeit stellt Tritheim, der bekannte abt von Hirsau, „*Corbeia nova*" neben Fulda und Weissenburg. Und zwar stand die *schola interior* in nicht geringerem ansehen als die laienschule [8]).

Auch für einige andre klöster lässt sich das bestehen einer

---

1) s. Bessen, *Gesch. des Bisthums Paderborn* I, 85.
2) Hier genoss im 10. jh. Otto II seine erziehung; scholastici vor dem 11. jh. waren hier Thangmarus, Tassilo und Benno; letzterer war aus Strassburg nach Speier, und dort (1054) als magister scholarum nach Hildesheim berufen worden und wurde später bischof von Osnabrück.
3) v. Heinemann l. c. 149 nennt die kapitelschule von Minden als eine im 11. jh. berühmte schule.
4) Jaffé, *Bibl.* I, 510.
5) Eichhorn, *Gesch. d. Lit.* I, 383.
6) *Vita Anscarii* c. 6. Pertz *Mon. G.* II, 694.
7) Trith. l. c. cap. 11 multi in eodem coenobio viri sancti et doctissimi claruerunt. Collegit in eo multitudinem monachorum per quos cum tempore gentem illam omnem ad christi fidem convertit.
8) Trithem *Chr. Hirs.* 12: In omnibus enim monasteriis ordinis nostri antiquis per totam Germaniam ... scholastici habebantur monachorum ex monachis doctissimi, quorum informatione fratres iuniores ingenio valentes in omni doctrina erudirentur scripturarum.

schule feststellen durch nachrichten über personen, die daselbst ihre erziehung erhielten, so z. b. für das S. Michaelskloster in Lüneburg, für Werden (Werd. Heber. II f. 10ᵃ, wo de officio ad scolam die rede ist), Ilsenburg, Bergen bei Magdeburg und für frauenklöster wie Quedlinburg, vielleicht auch Freckenhorst (hier war wenigstens im 15. jh. eine schule [1]).

Hatte im allgemeinen jedes Benedictinerkloster eine bibliothek, so war in jedem kloster, das eine schule unterhielt, zweifelsohne eine bücherei von bedeutenderem umfang zu finden. Die bücher waren teils im kloster selbst geschrieben, teils durch von auswärts kommende mönche herbeigebracht, teils geschenke andrer klöster.

In einigen klöstern beschäftigte man sich vorzugsweise mit der herstellung von handschriften; in andern ging das hauptbestreben auf die sammlung eines reichen bücherschatzes. Hierbei hing, wie unten dargethan werden wird, viel von dem zeitweiligen abte und der geschicklichkeit der zur zeit anwesenden mönche ab. In bezug auf viele orte wird eine genaue untersuchung der handschriften in bibliotheken, klöstern und archiven feststellen müssen, ob die mönche daselbst geschrieben haben. In einigen klöstern wurden die bücher und schriftstücke wohl nicht von den einwohnern des klosters, sondern von den mit dem convente verbundenen kanonikern verfasst. Schriftstellerische thätigkeit lässt sich mit einiger sicherheit annehmen in den klöstern Werden [2]), Corvey (die handschriften sind 1811 an die univ.-bibliothek zu Marburg gekommen, einige sind in Münster und Berlin), Paderborn, Iburg [3]), Münster, Hildesheim, Gandersheim, Lammspringe, (Quedlinburg [4]), Halber-

---

Et quamvis in singulis coenobiis haberentur scholastici, moribus et scientia potiores, quorum institutione juniores ad optima quaeque proficerent, in certis tamen monasteriis insignibus ubi et numerus monachorum exstitit copiosior et rerum temporalium abundantia maior generalia tenebantur monachorum gymnasia, ad quae monachos mittebant quos altioribus voluissunt erudiri doctrinis. Et quicunque ex his famam maioris acquisivisset eruditionis plures etiam habebat discipulos.

1) Friedländer, *Codex Traditionum Westfalicarum* I, 174.

2) *Altfridi Vita Liudgeri* II, c. 3¹². In der reichen bibliothek von Werden befand sich auch einmal der Codex Argenteus des Ulfilas; die handschriften sind meist in der Düsseldorfer landesbibliothek, einige in Berlin und Münster. Einen katalog. der Werdener hss., welche 1805 nach Münster gebracht sind, gab H. A. Grimm. Von 20 darin genannten sind 12 nach Berlin gekommen, 3 noch in Münster, 5 sind verloren, Staender *Chirogr. i. reg. bibl. Paul.* p. IX.

3) v. Heinemann l. c. 154.    4) v. Heinemann l. c. 159.

stadt, Merseburg und Bremen. Von Helmstedt, Abdinghoff und
Ilsenburg weiss man, dass sie bedeutende büchereien besassen,
aber es fehlen, soweit mir bekannt, sichere beweise dass kostbare
bücher daselbst geschrieben worden sind.

Administrative schriften, wie die heberollen von Essen, Freckenhorst und Herzebrock (Hrossobrok) sind wahrscheinlich von
den geistlichen herren geschrieben worden, die mit diesen frauenstiften verbunden waren.

Wie schon bemerkt, war der besitz einer kleineren oder grösseren bibliothek für jedes kloster ein erfordernis [1]). Erstens wegen
des den jüngeren mönchen und novizen zu gebenden unterrichtes,
zweitens wegen der verpflichtung zum lesen.

Während der mahlzeiten im besonderen hatte der lector vorzulesen, das übrige lesepensum hatten die fratres in ihrer zelle
zu bewältigen. *Post horam sextam* durfte nur noch im bett oder
in der kirche gelesen werden [2]). Grosse bibliotheken waren daher
notwendig, wo die anzahl der klosterbrüder gross war.

Nicht allein die klöster, auch die domkapitel [3]) und collegiatstifte hatten ihre bibliotheken, das beweisen einzeichnungen
wie „*liber canonicorum*" u. ä. Auch für sich stehende kirchen
waren bisweilen wohl im besitz von handschriften, u. a. die kirche
von Enger, wovon in einem evangeliar des 11. jh. berichtet
wird, dass sie ausser einer anzahl reliquien besass: „*II missales
libri, unum euangelium, unum vero euangelium et lectionarium in
uno uolumine unam omeliam*" [4]). Auch das S. Michaelikloster in
Lüneburg war im besitz dreier prachtvollen codices aus der zeit
Riedags (des vierten abtes), wovon das eine von dem abte selbst
(*Abbas scripsit*) [5]); die kathedrale zu Minden erhielt im 11. jh.
von bischof Sigebertus viele kostbare handschriften, reich ausgestattet und in prachtvollen einbänden [6]).

Verzeichnisse der bücher, welche sich in diesen alten bibliothe-

---

1) In den *Capitula Monachorum* (Pertz *Leges* I 201) c. 19 wird der besitz einer bibliothek vorausgesetzt: „*libris de bibliotheca secundum prioris dispositionem acceptis*".
2) Cap. Mon. (Pertz *Leges* I 202) c. 38 ut quando fratres post sextam dormiunt; si quis eorum voluerit legere, in ecclesia aut in lecto suo legat.
3) u. a. zu Münster. Wattenbach *Schriftwesen* ² 499.
4) Diekamp, *Reg. Westf.* N°. 571.
5) s. Krause, *Allgem. Deutsche Biographie* 28, 410.
6) Sehr ausführliche beschreibung in *Script. rer. Brunsv.* II, 169; jetzt sind diese handschriften in Berlin.

ken befanden, finden sich nur sehr spärlich. Ein *indicium librorum*, wie das von S. Gallen vom 9. jh. oder das von Egmond in der diöcese Utrecht, welches mit dem ende des 10. jh. anfängt [1]), habe ich von keinem der sächsischen klöstern gefunden.

Diese bibliotheken entstanden durch schenkungen, durch ankauf [2]) und durch die abschreibethätigkeit der klosterbrüder. Während man sich in einigen klöstern fast auschliesslich mit der praxis, mit handarbeiten, mit der bekehrung und ausübung der religiösen pflichten beschäftigte, befleissigten sich andere — zumal da wo sich des unterrichts halber gelehrte mönche aufhielten — ihrem eigenen bücherbedürfnis und dem andrer klöster entgegenzukommen. Man vermehrte eifrig den bücherschatz durch vervielfältigung der vorhandenen handschriften, welche doubletten dann gegen andre schriften oder bedürfnisgegenstände weltlicherer art eingetauscht wurden [3]), oder durch abschreiben von handschriften andrer klöster, die sie oft jedoch nur gegen ein unterpfand ausliehen. So lieh abt Willebald von Corvey von bischof Reinald von Hildesheim die werke des Cicero, musste aber dafür zwei kostbare handschriften als pfand geben [4]).

In den mutterklöstern wurde meistens für die bibliotheken der filialen gesorgt, so lange es die dortigen brüder selbst noch nicht genügend konnten, auch weiterhin blieben solche in dauerndem verkehr, der auch auf den bücherschatz seinen einfluss hatte. So sorgte z. b. Corbie in der Picardie, das mutterkloster von Corvey [5]), dafür dass für die brüder die den heidnischen Sachsen das evangelium brachten, genügender lesestoff vorhanden sei [6]), während andererseits auch in Deutschland gefertigte

---

1) H. G. Kleyn, *De Catalogus der boeken van de abdy te Egmond*, *Archief voor Ned. Kerkgesch.* II, 2, 127.

2) Wattenbach, *Schriftwesen* ² 459—487.

3) Wattenbach, *Schriftwesen* ² 402. Einige mönche schrieben auch um selbst geld zu verdienen s. Wattenbach l. c. 398. Dass man ein buch gegen reliquien eintauschte, wird auch wohl nicht ungewöhnlich gewesen sein. Labbe *Nova Bibl. MSS.* I 682.

4) Jaffé, *Bibl.* I 326 § „*non est consuetudinis apud nos ut sine bonis monimentis aliqui alicui concedantur. Mittite igitur nobis A. Gellium Noctium Atticarum et Originem super cantica canticorum. Nostros* (ipsius Regnaldi) *quos nunc adduximus de Francia, si qui vobis placent, vobis mittemus*". Ebenso steht in einer handschrift des Marianus Scotus: „*Numquam tribuatur ad transcribendum extra monasterium, nisi pro eo congruum relinquatur vadimonium*". Wattenbach *Schriftw.* 258.

5) Pertz SS. II 507.

6) Dickamp (*Reg.* N°. 272) a° 860 erwähnt die sendung einer handschrift aus Corbie nach Corvey und Bremen.

handschriften sich in der bibliothek von Corbie in der Picardie vorgefunden haben [1]).

Ob „Corbeia nova" so wie Corbie ein eigenes scriptorium besass, ist nicht bekannt. Dass aber daselbst viel geschrieben worden ist, beweisen die nach allen richtungen zerstreuten hss. deren abkunft von Corvey nachzuweisen ist; wieviel die dortige bibliothek einmal besessen, lässt sich aus den briefen erraten, die abt Willibald an den canonicus Manegold von Paderborn schrieb, in welchen er allerlei lesenswerte schriftsteller aufführt [2]).

Gerade unter diesem abte wurde besonders viel geschrieben und fehlendes ergänzt [3]). Von all diesen schätzen ist im 15. und 16. jh. nur wenig an seiner stelle geblieben; die bände dieser bibliothek zerstoben in alle windrichtungen [4]).

Was Corbie für Corvey, und Corvey wiederum für Bremen war, leistete die abtei Fulda in der ersten zeit für Paderborn und umgebung. Diese abtei hatte sich noch vor der errichtung der bistümer durch Karl den Grossen um die bekehrung der Sachsen in Süd-Engern bemüht und behielt hier grossen einfluss [5]).

Obwohl Werden a. d. Ruhr durch seine schule (deren auf fol. 31[b], des alten registers der probstei erwähnung gethan wird) nicht so berühmt war wie Corvey, stand es doch, was seine bibliothek und die wissenschaftliche thätigkeit seiner mönche betrifft, nicht hinter der abtei an der Weser zurück.

Es besass eine reiche bibliothek, deren hss. jetzt zum teil in Düsseldorf auf der landesbibliothek, zum teil auf der kgl. bibliothek zu Berlin bewahrt werden. Eine der wichtigsten hss., den Codex argenteus des Ulfilas, sollte es in den unruhigen zeiten des 17. jh.'s verlieren [6]). Dass die Prager handschrift des

---

1) Deslisle, *Cabinet des manuscrits* II, 122, 124.
2) Jaffé, *Bibl.* I, 276 § 280—281.
3) S. oben p. XXXIV Jaffé, *Bibl.* I, 326, 327. Wigand, *Die Corvey'schen Gesch. quellen. Nachtrag* (1841) s. 10.
4) Die unter abt Willibald vollendete abschrift von Cicero's werken befindet sich auf der Kgl. Bibl. zu Berlin; über die andern handschriften von Korvey vgl. Pertz *Archiv* 8, 627 ff. s. o. s. XXX.
5) J. Bessen, *Gesch. des bisthums Paderborn* I, 52—53. Ueber das verhältnis von Fulda zu Sachsen vgl. F. Kunstmann *Hrab. Maurus* s. 257 f.
6) Im jahre 1569 besass Werden den codex noch, nach dem zeugnis des Goropius Becanus, *Origines Antwerp.* VII, 739.

Heliand wie der Codex argenteus, aus Werden nach Prag gekommen ist, lässt sich nur vermuten.

Im Westen können von Utrecht und Köln her viele handschriften nach sächsischen gegenden gelangt sein. In Utrecht wurde im 9. jahrhundert viel geschrieben [1]), namentlich zur zeit des bischofs Friedrich I, des freundes von Hrabanus Maurus [2]). Dorthin kamen viele handschriften aus Brittannien. Von Liudger wird u. a. bezeugt, dass er nach Utrecht zurückkehrte „*habens secum copiam librorum.*"

Sowohl über Deventer und Oldenzaal, wo schon im 8. jahrhundert ein kapitel war [3]), als über Elten, Emmerich und von hier über das nahegelegene Essen und Werden können handschriften von Utrecht nach dem sächsischen gebiete gelangt sein.

Köln, das, wie noch heute die dombibliothek beweist, im besitz einer reichen kapitelbibliothek war dürfte im süden einen noch directeren einfluss ausgeübt haben, während höchst wahrscheinlich auch das am Rhein gelegene Xanten in geistigem verkehr mit Werden und Elten gestanden haben wird.

Im osten des landes waren Hildesheim (in der zweiten hälfte des 10. jh.'s), Gandersheim, Lammspringe [4]), Ilsenburg, Helmstedt (S. Liudgerikloster, im 10. jh.) und vor allen Halberstadt orte, wo grosse büchereien gesammelt wurden und wo man viel schrieb [5]).

In Magdeburg und Merseburg wurden von den bischöfen in den bibliotheken des domkapitels handschriften gesammelt, die grösstenteils noch jetzt erhalten sind. Die handschriften des klosters Walbeck, meist evangeliarien, sind der gymnasialbibliothek zu Magdeburg einverleibt worden. Dass sich in der dombibliothek zu Trier so viele handschriften aus Hildesheim und Magdeburg befinden, ist gewiss den engen beziehungen, die zwischen S. Maximin in Trier und Magdeburg bestanden, zuzuschreiben. Hier im osten Ostfalens machte sich ausserdem ein

---

1) Moll, *Kerkgesch.* I, 1, 260.
2) Mabillon, Sacc. IV, 2, 41.
3) s. o. p. X.
4) Den englischen Benedictinern dieses klosters gehörte die im 11. jh. in England geschriebene berühmte handschrift L des afrz. St. Alexis, die sich jetzt in Hildesheim befindet.
5) Vgl. E. Jacobs, *Schriftthum und Bücherwesen in der Grafschaft Wernigerode*, Zs. d. Harz-Vereins 1873, s. 96 f.

unverkennbarer einfluss von Fulda geltend [1]), das in Nordthüringen und in „terminis Merseburgensibus" viele besitzungen hatte [2]), während Halberstadt und Hildesheim noch in engerer beziehung zu Mainz standen, von dessen erzbischöflichem stuhle diese bischöfe suffraganen waren.

Die handschriften, die für die bibliotheken und kirchen abgeschrieben wurden und in den klöstern die lectüre der mönche ausmachten, waren vor allem handschriften der bibel, evangeliarien, lectionarien, missalien und andere für den kirchendienst bestimmte bücher; weiterhin die schriften der kirchenväter, worunter an erster stelle die werke des Augustinus, Hieronymus, Gregorius, Orosius, Hilarius, Ambrosius; commentare und homilien von Beda, Haymo und Alcuin, die werke des Hrabanus Maurus, Isidorus, Cassiodorus u. a.; die dichtungen der christlichen latinität, wie die des Prudentius und Sedulius, grammatische werke, wie die des Priscian und Donat, ev. in der umarbeitung des Smaragdus. Die classischen lateinischen schriftsteller wurden in den ersten jahrhunderten nicht soviel abgeschrieben wie die genannten, aber es gab doch zeiten wo man an einigen orten die classiker nicht nur fleissig las, sondern auch eifrig daran arbeitete das studium derselben durch vervielfältigung der handschriften zu fördern, und sehr bestrebt war die lücken auszufüllen, welche die werke der grossen heidnischen autoren in den bibliotheken aufwiesen [3]). Das erhellt u. a. aus den briefen Willibalds von Corvey und aus den in den bibliotheken von Münster und Wolfenbüttel aufbewahrten handschriften. Von einigen, z. b. von Vergil, haben sich handschriften erhalten, deren glossen beweisen dass sie für den unterricht gebraucht worden sind [4]).

Von den „dubiae narrationes" oder „pseudographiae", vor denen in den Capit. Ansegisi 73 gewarnt wird, sind, soweit mir be-

---

[1] Schannat, Vind. s. 309 f. Viele mitglieder der hohen geistlichkeit dieser gegend hatten ihre erziehung in Fulda genossen.
[2] Alvundesleve u. a; vgl. Zs. des Harzvereins VI (1873) s 28. Trithem, Chron. Hirs. 20.
[3] Vgl. Hrabanus Maurus de Instit. Cleric. II, 18 und den brief des Servatius Lupus an Einhart, s. Kindlinger in Welle's Buchonia I, 2.
[4] Vgl. Jaffé, Bibl. Rer. Germ. VI, 24.

kannt, keine überreste erhalten ¹). Während nun viele und mannigfaltige handschriften in der sprache der kirche und der wissenschaft auf uns gekommen sind, ist die zahl der schriften in altsächsischer sprache verhaltnismässig gering.

Obgleich 813 schon bestimmt, 847 wiederholt worden war „quislibet episcopus habeat homilias continentes necessarias „admonitiones quibus subjecti erudiantur. Et ut easdem homilias „quisque aperte transferre studeat in rusticam Romanam lin- „guam aut Theotiscam, quo facilius cuncti possint intelligere „quae dicuntur": und man daher annehmen darf, dass ziemlich allgemein in der volkssprache gepredigt ²) wurde, ist uns doch nur eine übersetzung einer homilie von Beda, die vielleicht nicht einmal zur predigt gedient hat, und ein predigtfragment über psalm 4 und 5 bewahrt geblieben ³). Auch das confiteor und das credo (beichte und glaubensbekenntnis), die in der volkssprache vorgesprochen wurden, sind uns nur in je einer handschrift überliefert. Das ist alles was sich von der predigt und dem ritus jener zeit in der volkssprache aus so vielen kirchen und klöstern erhalten hat. Einzelne wörter des Indiculus superstitionum et paganiarum nebst zwei segensprüchen liefern uns noch einiges aus der heidnischen zeit. Ein christliches heldengedicht von grösserem umfang, ursprünglich *liber evangeliorum*, von Schmeller Heliand benannt, das von bedeutender kunstfertigkeit und gelehrsamkeit seines unbekannten verfassers zeugt, ist uns in zwei handschriften und dem fragment einer dritten verlorenen überliefert. Diese handschriften tragen deutliche anzeichen dass sie nicht erste abschriften des archetypus sind. In keiner findet sich eine notiz, wo sie verfertigt sei oder welchem kloster sie angehört habe.

Die meinungen über den enstehungsort des Heliand selber und die dieser handschriften sind sehr verschieden. Während F. Kauffmann⁴) und I. B. Nordhoff geneigt sind Corvey für

---

1) Pertz, *Leges* I 281.
2) *Gesta Abbatum Orti S. Marie* ed. Aem. W. Wybrands, Leeuwarden, 1879, Vita Iarici, s. 181: In eodem libro (Explanacionum) inscripti habentur sermones annales, quorum quidem quosdam in materna ad populum profundens lingua, post in Latinam translatos ad utilitatem legentium conscripsit ac studencium.
3) Heyne, *Altndd. Denkm.*, nennt es einen psalmcommentar; vergl. aber zu s. 219 ff.
4) Beitr. 12,356.

den entstehungsort des gedichts zu halten, sprechen F. Jostes¹)
und R. Kögel²) sich sehr stark für Werden aus.
In 1720 hatte noch ein dritter ort seinen verteidiger: J. G.
Eccard³) glaubte nl. dass die dichtung in Paderborn durch

---

1) Hist. Jahrb. 12,76.
2) Grundriss II, 200; Anz. f. D. A. 19, 237.
3) *Veterum Monumentorum Quaternio. I. Agii Vita Hathumodae abb. Gandershemensis. II. Electio Lotharii Ducis Saxoniae in imperatorem. III. Fragmentum Poematii in Laudem Henrici. IV. Varia cantica in Ottones, Henricum Sanctum, Conradum II, Henricum III aliosque; ed. et not. ill. Joh. Georg Eccard. Lipsia s. N. Foersteri MDCCXX.* Da der Quaternio ziemlich selten ist lasse ich den wörtlichen inhalt hier nochmal folgen.

Nachdem er die Praefatio nach Quercetanus (du Chesne) mitgeteilt hat und einige bemerkungen über den inhalt, u. a. über das darin vorkommende wort vitteas, gegeben hat, fährt Eccard s. 42 fort: Extat in Bibliotheca Cottoniana codex vetustus Evangelicam historiam poetice conscriptam complectens, quem ego partem operis suspicor a poëta Saxone compositi. Differt enim sermo in eo expressus a dialecto [*Comm.* lingua] Anglo-Saxonica, et Francica dialectus ubique Saxonicae intermixta invenitur, ut facile appareat, opus compositum esse a Saxone inter Francos educato. Suspicionem hanc confirmat quod Harmonia illa Evangeliorum, uti ab Hickesio communiter appeltur, non solum in Anglia extet, sed etiam in Germania inveniatur. Id enim me docuit specimen, ex vetustissimo codice Würtzburgensi mihi a M. R. P. Pezio transmissum. [*In Comment. Rerum Franciae o. folgt noch:* Codicem illum viderat p. m. Georgius Conradus Sieglerus Fuldensis primum Archivarius et deinde Academiae Wirceburgensis Bibliothecarius et Consilii Ecclesiastici Secretarius. Sed cum inter codices Bibliothecae Ecclesiae cathedralis non amplius extet, nec ubi cum invenerit, ante mortem detexerit Sieglerus, ingenti reipublicae literariae damno nondum hactenus detectus est. Cum tamen certum sit, eundem apud Wirceburgenses repertum aut certe in vicinia, ego inde coniicio, confectum illum esse a Saxone Wirceburgensi instituto, et forte Baduradi Episcopi instinctu, qui etiam, Saxo origine, Wirceburgi in virum perfectum moribus et eruditione profecerat et praeclarae morum nobilitatis, magnanimitatis et industriae merito familiaritatem regiam, dignitatemque Episcopalem, ut Ido in Translatione S. Liborii testatur, consecutus erat.] *Im Quat. folgt:* Quod autem Würtzburgi codex hic inventus sit, in aliam me conjecturam veluti trahit. Notum est ex Idonis Translatione S. Liborii et Vita Meinwerci Episcopi, Ecclesiam Paderbornensem prima sua initia Würtzburgo debere, unde et in honore S. Kiliani Wurtzburgensis Patroni extructa est. Cum Carolus M. Saxones subigeret, tertium quemque Saxonum per Franciam et alias regiones dispergebat, obsidesque in monasteria instruendos transmittebat. Hathumarus primus Episcopus Paderbornensis, Idone teste, de gente Saxonica oriundus, cum adhuc puer esset, belli tempore Carolo imperatori obses datus, Wirtziburgi servari jussus est, ubi et postea tonsuratus ac studiis litterarum traditus, in virum perfectum moribus et eruditione profecit. Hathumaro defuncto, successit Baduradus, qui et ipse ex hac regione, nobili ortus prosapia, ex ejusdem Ecclesiae, Herbipolensis videlicet, clero electus est. Qui praeclarae morum nobilitatis, magnanimitatis et industriae merito familiaritatem regiam intime consecutus, tantae dignitatis locum promeruit etc." Quid si igitur, qui industriae suae merito familiaritatem

oder unter Badurad den zweiten bischof verfasst sei. Diese vermutung hängt zusammen mit der frage ob es noch eine vierte handschrift des Heliand in oder in der nähe von Würzburg gegeben habe. Eccard hatte von M. R. P. Pez eine textprobe aus einer alten Würzburger handschrift bekommen, die mit der von Hickes veröffentlichten evangelien-harmonie übereinstimmte. In seinen Commentarii de Rebus Franciae Orientalis, wo er dasselbe mitteilte, fügte er hinzu dass G. K. Siegler, erst archivar in Fulda, später universitätsbibliothekar und „consilii ecclesiastici secretarius" zu Würzburg, die handschrift eingesehen habe. Bei dessen tod war die handschrift nicht mehr aufzufinden, und, da Siegler nicht angegeben hatte, wo er sie gesehen hatte, war sie noch nicht wieder entdeckt worden.

Da eine handschrift sich in Würzburg befunden hatte und da Badurad seine ausbildung als geistlicher in Würzburg erhalten hatte, war es, nach Eccards meinung, wohl wahrscheinlich, dass die handschrift von Badurad aus Paderborn nach Würzburg geschenkt sei, und lag die vermutung nicht fern dass er in irgendwelcher weise mit an der abfassung beteiligt sei.

Die frage ob es eine Würzburger handschrift gegeben habe, wurde von J. A. Schmeller im Prooemium (s. X) seiner Heliandausgabe II wieder besprochen. Er teilt das oben erzählte mit: „constat G. C. Siegler etc. a° 1717 de hoc ipso codice

---

Ludovici Pii et Episcopatum consecutus est, ipse paraphraseos S. Scripturae, unde Novum Testamentum solummodo hactenus inventum est, author fuisse dicatur? Certe si non ipse illam composuit, debuit id fecisse aliquis sub ipso et ab ipso Ludovico Pio Imperatori commendatus Opus postea ad Würtzburgensem ecclesiam, tamquam novellae in Saxonia ecclesiae matrem, in memoriam beneficiorum ibi acceptorum et grati animi erga praeceptores signum transmissum videtur, ubi post tot secula nuper iterum detectum est. [*Von hier in Comment. Rer. Franc. wieder derselbe text*]. In Angliam illud sine dubio transtulit Johannes [*Comm. R Fr.* intulisse videtur], genere Altsaxo sive Westphalus, quem Alfredus Rex Angliae accersivit et Abbatem Aethelingiensem fecit ob doctrinae eminentiam. Elogium ejus Mabillonius Sec. Benedictin. IV part. II. p. 506 seq. inseruit. Sed praeter translationem scripturae poeticam extitit jam seculo nono Harmonia Evangeliorum Tatiani in Theotiscam linguam translata, cujus editionem doctissimo Palthenio debemus. Eodem seculo sancta scriptura verbotenus ex Latino in Germanicum sermonem translata est ab authore nobis jam ignoto. Invenit interim M. P. R. Pezius folium inde deceptum et alii veteri codici agglutinatum, quod mihi benevole communicavit. Sed ipsum illud fragmentum Linguae nostrae cultoribus forte non ingratum addere lubet. Est autem illud ex Matthaei XII, 40 usque ad finem capitis depromptum et hujus tenoris, *Hiernach folgen einige zeilen aus dem Tatian.*

utpote Wirceburgi extante notitiam communicasse cum Bernardo Pezio Mellicensi, qui eandem cum specimine (lineam $3^{14}$ Editionis exhibente [nach Sievers 94, $95^a$]) Eccardo Hannoveram transmisit". Schmeller giebt nun als seine vermutung an dass der Bamberger codex wegen des Schwedischen krieges nach Würzburg geborgen sei und mit 170 handschriften [1]) in der geheimen kammer der kirche geblieben sei bis der bischof Chr. Fr. von Hutten sie da 1717 wiederfand, und dass der codex dann wieder nach Bamberg zurückgekehrt sei. Keine von den späteren untersuchern hat jedenfalls die Würzburger handschrift wieder gesehen.

Merkwürdig hierin ist dass das von Schmeller auf $3^{14}$ seiner ausgabe zurückgeführte specimen, welches Eccard empfangen hat, nicht im Quaternio und in den Commentarii zu finden ist. Wo Schmeller dasselbe gefunden hat ist mir nicht deutlich. Hatte er eine andere ausgabe des Quaternio? Seine titelangabe lautet: Joannis Georgii ab Eckhart Veterum monumentorum catecheticorum theotiscorum Quaternio; aber die jahreszahl 1720 ist dieselbe wie der

---

1) Schmeller l. c. hat folgende Anmerkung: Videtur operae pretium apponere notitiam huc spectantem, qualis inter alias a Francisco Victorio, celebris illius Petri Victorii progenie, Romae collectas habetur in Cod. ital. Monac. 188. N°. 550.

Erbipoli, volgarmente Wirzburgo in Franconia 15 Febraro 1718.
Il Sign. Barone d'Hutten, Decano del Capitolo di questo Vescovato, celebre di Dottrina e di nascita ha scoperto nell' inquisitione dell' antichità di questa Chiesa Cattedrale un grandissimo tesoro, e trovata, fra altro, in un volto della medesima un antichissima Libraria, statavi nascosta avanti la guerra suezzese nel secolo passato, la quale oltre a' libri stampati consiste in più di 170 manuscritti in pergamena et in carta, vedendosi fra questi ultimi li quattro Evangeliste scritti in tempo di Carlo Magno da Burcardo primo Vescovo di questa città, una Biblia vecchia al meno di 700 anni, et un Codice Teodosiano con alcune novelle, le Institutioni di Cajo, et li cinque Libri di Sentenze di Paolo IC° in forma quadrata e carattere semiunziale, essendo questo ultimo un rarissimo manuscritto, mediante il quale si potrà correggere in detto Codice diversi luoghi difettosi sull' esplicationi, de quali constrastano tuttavia i giuristi, giudicandosi scritto in tempo di Giustiniano Imperatore.

Oltre di questo inestimabile tesoro vi si sono trovati anco diversi manuscritti delli santi Padri a carattere Lombardo. E questo Sign. Decano ha commesso al Sign. Giorgio Corrado Scigler Bibliothecario dell' Academia di farne un indice, il quale per beneficio dei Litterati si stamparà.

Dieser index ist mir nicht unter den augen gekommen; vielleicht befindet sich hierin eine notiz die die sache zu klarheit bringen kann.

von mir citierten ausgabe. Möglich ist es dass es die Bamberger handschrift gewesen ist; sie muss dann nach 1611 hinübergebracht sein, da der einband aus diesem jahre stammt. Es ist aber nichts bewiesen, denn die übereinstimmung aus einer zeile zu erschliessen, wie Schmeller that, ist sehr gewagt [1]).

Ueber die schulen wo priester und ordensgeistliche erzogen wurden, geben uns einzelne berichte, meist jedoch nicht aus sächsischen klöstern, kunde. Es ist wahrscheinlich dass auch in Sachsen ebenso wie anderwärts [2]) die „scholae exteriores" sich nur im religionsunterricht von den „scholae interiores" unterschieden haben. Im den weltlichen wissenschaften bildete das „trivium" und „quadrivium" den kern des unterrichts [3]).

Der angebende geistliche musste vor allem die heilige schrift [4]) studieren und zwar beginnend mit den psalmen [5]), dann die evangelien mit den commentaren — weniger wurden die briefe studiert — weiterhin die canones apostolorum et conciliorum, den liber Pastoralis des heil. Gregrorius, die gedichte des Prudentius, Ambrosius, Prosper, Arator, Juvencus und andrer aus christlicher zeit [6]). Auch die heidnischen schriftsteller der classischen zeit wurden hie und da auf der schule gelesen. Aus den neunten und zehnten jahrhunderten ist uns auf sächsischem boden nichts hiervon bekannt, wohl aber wissen wir es von Fulda [7]). Erklärt doch Hrabanus Maurus in seinem werke die kenntnis dieser schriftsteller für unentbehrlich um die heilige schrift zu verstehen [8]);

---

1) Vergleich hierüber R. Kögel in *Grundriss* II, 200, der gründe angiebt, welche gegen die identität sprechen.
2) E. Köhler, *Hrabanus Maurus* s. 8., F. Kunstmann, *Hrabanus Maguentius Maurus*, Mainz 1841 s. 40 f., v. Raumer, *Einwirkung des Christenthums* s. 211 f.
3) Hrab. Maurus *de Instit. Cleric.* III.
4) Hrab. Maurus *de Instit. Cleric.* III, 7.
5) Scherer, *Leben Willirams* s. 263, *Vita Godehardi pr.* c. 2.
6) Liudger las zu Utrecht das Enchiridion Augustini, welche hs. Gregor ihm geschenkt hatte. Liudger. *Vita S. Gregorii* 14, Mabillon *Saec.* III, 2, p. 301.
7) Scherer, *Leben Willirams*, *Wiener Sitz.-ber.* 1869 p. 263. Trithemins, *Chron. Hirs* 12.
8) Auch Otfrid nennt dieselben in seinem briefe an bischof Liudbert von Mainz an erster stelle. *Otfrid* ed. Kelle I, 7.

und so waren denn auch in der bibliothek von Fulda, unter andern, die bekannten Vergilcodices und die commentare des Servius (jetzt in Cassel) [1]).

Wie hoch die classiker in Corvey geschätzt wurden, lässt sich aus Willibald's briefen entnehmen; gewiss hat man sich dort auch in der schule mit ihnen beschäftigt.

Ein Vergilcodex mit glossen und dem commentar des Servius, jetzt in Oxford, stammt aus Münster; ob er dort in der capitelschule benutzt worden ist, lässt sich nicht ausmachen. Auf der schule zu Paderborn las man, wie aus der Vita Meinwerci c. 52 erhellt, im 11. jh. Horaz, Vergil u. a. Auch in Hildesheim blühte, zumal in 11. jh., das studium der classiker; und von der capitelschule von Halberstadt „locus in saxonia ditissimus", wo berühmte scholastici wie Mauritius von Reims (um 1040) thätig waren, lässt sich dasselbe annehmen. Was Corvey betrifft, so berichtet Ziegelbauer [2]) dass dort sogar

---

[1]) Ueber den unterricht und das studium der classischen autoren in Friesland berichten die *Gesta Abbatum Orti S. Marie* (*Gedenkschriften van de Abdij Mariengaarde* d. Acm. W. Wybrands, Leeuwarden 1879), Vita Sibrandi cap. XVII: „Iste Frethericus (*der stifter der abtei*, 1163—1175), arcium Magister quas liberales appellant, inter eruditos existens eruditus, gramatice — que prima ex septem et dicitur et est — cruditorum erudicior tunc temporis ab omnibus magistris habebatur, ita ut circumquaque de omnibus Fresie partibus, ubicunque fuerant, clerici litterati vel arcium periti ad ipsum sepius confluerent, nodosas seu intricatas questiones, quas forte diucius excogitando sive legendo adinvenire poterant, deferendo proponerent; quas omnes ipse facilius quam credi potest explicatas solvebat et complanabat. Auctoristam ipsi similem Fresia vix habebat; Persium, Juvenalem, Virgilianos, Oracianos, Ovidianos, quos habebat pro multa parte corde tenus, et sciebat et legebat; in quibus legendis et relegendis iuvenis existens quam plurimum iocundabatur et delectabatur. Etate vero succedente, certe non sic. Nam libris istis gentilium sepositis, in libris catholicis, videlicet Boccio, Prudencio, Aurora, Aratore, Sedulio, Florido aspectu, Job et Thobie libris de ceteris quos longum est enarrare, suorum scolarium ingenia exercebat. Insuper in dictatura, versificatura, in declinacionibus, in parcium regiminibus sollerter eosdem insistere curabat. Ipse vero in libris Veteris scilicet ac Nove Legis frequenter intentus, psalmorum David precipue ruminacionibus ac dulcioribus super mel et favum meditacionibus invigilabat. Et ut breviter concludam, omnium librorum sacre pagine, quos vel habuit vel habere potuit, videlicet Gregorii, Ambrosii, Augustini, Ieronimi, Bernardi ac aliorum sancte ecclesie doctorum, vix aliquem a se reliquit indiscussum," etc.
*Sibrandus Leo, ed Matthaeus Analecta V*, 260, *erzählt:* Ante meridiem ethnicorum poetarum, historicorum audita lectione, sumpto prandio Ambrosium, Augustinum et Hieronymum illis praelegit, ut omni doctrina exculti verae Theologiae notitiam haberent.

[2]) *Hist. ord. Benedict.* 1, 223—225.

ein lehrer für das griechische gewesen sei [1]). Einer der äbte, Boso (900—916), war im stande König Konrad eine griechische schrift auszulegen [2]).

Für den unterricht in der grammatik und in den anfangsgründen des Latein bediente man sich der auszüge aus Priscian und Donat von Hrabanus Maurus [3]), oder des Alcuinschen werkes „De Grammatica", während man sich den wortschatz aus vocabularien, z. b. dem des Hrabanus Maurus, anzueignen suchte. Derartige vocabularien zu allerlei schriftstellern scheinen die runde durch die klöster gemacht zu haben. Sie sind manchmal in den text der autoren eingefügt, z. b. im Oxforder Vergil; sehr oft sind sie nachträglich wieder aufs neue glossiert worden. Zwischen vocabularium und glossiertem text hat wahrscheinlich öfters wechselwirkung stattgefunden. Einerseits wurden nämlich, zumal in späterer zeit, wörter aus dem vocabularium genommen und als glossen in den text oder neben andre glossen gesetzt; so erklärt sich das vorkommen mehrerer glossen zu einem und demselben worte. Anderseits sind solche vocabularien zum teil aus interlinear- und marginalglossen entstanden, die erst gesammelt, dann alphabetisch oder sachlich geordnet wurden. In den texten vielgebrauchter handschriften wurden nämlich schwierige stellen mit erklärenden notizen versehen. Diese notizen — interlinear- wie marginalglossen — wurden, wenn es sich einzig um die erklärung der betreffenden stelle handelte, meist ebenfalls auf lateinisch geschrieben, man bediente sich aber wohl der landessprache wenn sie das übersetzen erleichtern sollten.

Häufig — in unsern sächsischen handschriften jedoch nur einmal — findet sich auch geheimschrift angewandt; diese war nach v. Raumers ansicht [4]) besonders für den lehrer berechnet, so dass dem schüler die bedeutung der glosse verborgen blieb.

---

1) Auch anderwärts scheint dies der fall gewesen zu sein: Ermanricus von Ellwangen (11. jh.) spricht in einem briefe an abt Grimoald wiederholt von dem grossen Homer und in einem prologus in vitam S. Sole: Et dum usque hodie Maronis ac Homeri inutiles fabulae a christianis viris lectitantur. *Mitth. der Antiq. Ges. in Zürich* XII, 210.
2) Widuk. III, 2 (Cod. Steinveld).
3) Hrab. Maurus *de computo* c. 2.
4) l. c. p. 217.

Es haben sich dieselben glossen in handschriften gefunden die sehr weit von einander entstanden sind, oder dasselbe wort in der einen handschrift auf hochdeutsch in der andern auf niederdeutsch, und in andern handschriften wieder hochdeutsche zwischen niederdeutschen glossemen. Derartigen erscheinungen können sehr verschiedenartige ursachen zu grunde liegen [1]. Zum teil wird der grund in der verleihung von büchern behufs copierung [2] zu finden sein, wodurch glossen ihren weg in entfernte klöster fanden, woselbst neue glossen im dortigen dialect hinzugefügt wurden. Manchmal siedelten auch die mönche von einem kloster in ein anderes über, sie nahmen ihre handschriften mit, welche im ersten kloster mit bemerkungen von ihnen und ihren freunden versehen worden waren. Diese handschriften hinterliessen sie nach ihrem tode dem kloster, wo sie starben. Solche handschriften wurden von neuem glossiert und so kamen in die handschriften glosseme aus allen dialecten. Ein Schwabe Benno z. b. war in Strassburg erzogen, arbeitete als scholaster an einer schule zu Speier und starb als bischof in Osnabrück [3]. Ein anderer, Maurilius von Reims, war, nachdem er längere zeit in Lüttich verweilt hatte, domscholasticus in Halberstadt, von wo er nach Fécamp zog, um in Rouen sein leben zu beschliessen. So zogen in die abtei Hohorst in Amersfoort mönche aus München-Gladbach ein.

Bei der klosterstiftung in noch heidnischen gebieten waren meist mönche beteiligt, welche nicht der gegend der ansiedelung angehörten; so waren unter den geistlichen die Corvey gründeten wohl meist Franken aus Corbie, neben den daselbst erzogenen Sachsen; so ist es wahrscheinlich dass Liudger, als er die abtei Werden stiftete, wohl meist friesische und fränkische missionäre, welche ihre bildung in Utrecht erhalten hatten, als gesellen mit sich brachte, möglich ist es sogar dass der name Werden, den die abtei in Diapanbeci (s. XI) erhielt, in beziehung

---

[1] Die ganze geschichte der glossen bedarf noch einer näheren untersuchung, welche erst möglich wird wenn die sammlung der Ahd. glossen von Steinmeyer-Sievers zum abschluss gekommen ist. Erst dann wird es möglich sein einigermassen zu urteilen wie die norddeutsche gelehrtheit sich zu der so viel älteren des südens, u. a. in Reichenau, St. Gallen, Weissenburg, Fulda, u. s. w. verhielt.

[2] Cat. de Manuscr. II, 124; Kunstmann, Hrabanus Maurus s. 100.

[3] Scherer, Leben Willirams p. 262.

steht zu den namen des ortes Wierum in Friesland, wo Liudger *in loco qui vocatur Uerthina* [1]) anfänglich seine missionstätigkeit hatte [2]) und ein kloster gründen wollte.

In manchem kloster [3]) waren mönche aus verschiedenen gegenden beisammen, und es konnte jeder für sich seine erläuterungen in solche handschrifte schreiben. Waren in handschriften, die durch kauf oder schenkung in andre klöster übergingen, schon glossen vorhanden, so wurden manchmal neue glossen, vielleicht wiederum aus andern handschriften oder vocabularien derselben art, oder von denselben schreibern, hinzugefügt. Auf derlei weisen sind so verschiedenartige glossen in die handschriften gekommen; so kommt es auch dass sie bei verschiedenheit der sprache einmal verschiedenheit der hände, ein andermal alle kennzeichen derselben hand aufweisen. Dass diese glossierten handschriften auch beim unterricht in der muttersprache gedient haben, ist wohl zu vermuten, aber nicht sicher zu sagen.

Ueber den unterricht in der muttersprache ist wenig oder nichts bekannt. Es lässt sich nur mutmassen dass an einigen orten wirklicher unterricht gegeben wurde [4]). Doch lässt sich aus der festheit der orthographie in den altsächsischen schriften und aus der thatsache dass der priester und der bischof im stande sein mussten in der landessprache zu predigen, entnehmen, dass ein solcher unterricht doch allgemeiner gewesen sein wird.

Die handschriften wurden von mönchen geschrieben um ein Gott wohlgefälliges werk zu verrichten. Auch wurde wohl einem mönche aus diesem grunde der auftrag zum schreiben gegeben, z. b. in Corbie: „Isaac indignus monachus „propter dei amorem et propter compendium le-„gentium hoc volumen fieri jussit" [5]). Oder zum ge-

---

1) Vgl. F. Jostes, *Histor. Jahrb.* XII, 77.
2) S. p. X.
3) Vgl. auch F. Wrede *Fuldisch und Hochfränkisch*, *ZfdA.* 36, 141. In Utrecht war dieses auch der fall: als Liudger die schule daselbst besuchte, wie er in der vita Gregorii erzählt, quidam eorum erant de nobili stirpe Francorum, quidam autem et de reliqua gente Anglorum, quidam vero et de novella Dei plantatione, diebus nostris inchoata, Fresonum et Saxonum, quidam de Baiuariis et Suevis.
4) E. Köhler, *Hrab. Maurus* s. 16. Trithem l. c. 12.
5) *Cat. d. Man.* II 116, wo sich viele notizen von abschreibern und correctoren zeichnet finden.

brauch in kloster und schule, oder um die wissenschaft zu fördern — oder sie wurden von kalligraphen verfertigt, d. h. solchen mönchen, deren hauptthätigkeit darin bestand schöne handschriften sauber abzuschreiben [1]). Diese copisten arbeiteten in den grösseren schreibeklöstern in einem raum, in Tours das „museum", in Corbie [2]), Fulda, St. Gallen [3]) das „scriptorium" genannt (ob in Corvey auch, wie in Corbie, ein solches scriptorium bestand, ist nicht bekannt). Allerlei inschriften auf den wänden erinnerten hier die schreiber an ihre pflichten, wie es in den cap. Ansegisi heisst „ut non vitiose scribant", oder wie Alcuin ermahnt „correctosque sibi quaerant studiose libellos". Wenn der abschreiber seine arbeit verrichtet hatte, dann musste — wie sich aus notizen am ende einiger handschriften ergiebt — der emendator oder corrector das werk durchlesen, vergleichen und die nötigen verbesserungen anbringen [4]). Manchmal wurde diese arbeit von dem scholaster, der mit der aufsicht über die abschreiber betraut war, verrichtet [5]). Für liturgische bücher, bei denen es ja ganz besonders auf genauigkeit der copie ankam, war strenge durchsicht natürlich ein erstes erfordernis.

Dass derartige arbeit nicht ausschliesslich in mönchsklöstern, sondern ausnahmsweise auch hie und da in nonnenklöstern verrichtet wurde, beweist die zahl der handschriften aus einem frauenkloster wie Gandersheim [6]).

Uebrigens lässt sich aus der thatsache dass im 8. und 9. jh. diesen „autores oder scriptores feminini generis" ausserordentliches lob gezollt wurde, wohl schliessen, dass dies nicht sehr häufig vorkam [7]).

Einen grossen einfluss auf die kunst der herstellung schöner handschriften hatten die arbeiten der Iren und Angelsachsen [8]).

---

1) Ueber die handschriften und abschreiber vgl. Wattenbach, *Schriftwesen* [2] 350.
2) *Cat. d. Man* II 111 §. Wattenbach, *Schriftwesen* [2] 481.
3) Keller, *Mittheil. der Antiqu. Ges. zu Zürich* VII, 63.
4) Relegi Augustini episcopi de concordia euangelistarum, finit liber III per gratia Christi". Delisle, *Cat. d. Manuscr* II, 112 §.
5) *Statutae ecclesiae Lichefeldensis*, Trithem. *Chron. Hirsaug.* 12.
6) Wattenbach, *Schriftwesen* [2] 374 ff.
7) Im 9. jh. wird von den nonnen von Maaseijk, die handschriften verfertigten, gesagt: *quod nostris temporibus valde mirum est*. Wattenbach l. c. 375.
8) Wattenbach, *Schriftwesen* [2] 313; Humann, *Zs. d. Bergischen Gesch.-vereins* XVII 11.

Die geistlichen aus diesen ländern, die auf das festland kamen, brachten ihre kunst dahin mit, und viele prächtig verzierte handschriften verdanken wir ihrer hand. Auf dem continent haben sie die iro-schottische schrift sehr oft modificirt nach der hier üblichen minuskel; so sind z. b. viele irische handschriften, welche in S. Gallen geschrieben sind, von Iren mit irischen ornamenten und initialen verziert, während sie nicht deren schriftzüge haben [1]: in S. Gallen wurde schon im 8. jh. durch Waldo (782), dann durch Wolfram und Abbo [2]) und im anfang des 9. jhs. durch Moengal und Marcellus viel geschrieben [3]).

Auf die schreiber der Karolingerzeit haben diese kalligraphen einen unverkennbaren einfluss ausgeübt, sowohl was die form der minuskel als was den ornamentalen schmuck der mss. betrifft [4]). Dass Iren und Angelsachsen sich für kürzere oder längere zeit auch in den sächsischen landen, in Werden und Corvey [5]), aufgehalten haben, erhellt aus den Jahrbüchern [6]) und aus den in ihrer schrift geschriebenen werken.

Noch im 12. jh. war ein Engländer, ein gewisser „Richardus Anglicus natione" [7]) als schreiber im kloster Wedinghausen bei Arnsberg berühmt. Er schrieb: *in Canonem missae librum unum, de computu ecclesiastico librum unum, de mysteriis sacris librum unum, de Vita S. Ursulae virginis et martyris librum unum* [8]).

Die bedeutendsten arbeitsstätten, wo die prachthandschriften hergestellt wurden, die wir in sächsischen bibliotheken finden, lagen ausserhalb der sächsischen grenzen.

Von diesen klöstern mit schreibschulen, die in enger verbindung mit den sächsischen klöstern standen, verdienen an erster stelle Corbie und Fulda genannt zu werden. In beiden abteien befanden sich öfter angelsächsische geistliche, in den handschriften aus der schule von Corbie ist sowohl der angel-

---

1) Waagen, *Kunstwerke und Künstler in England und Paris.*
2) Ildef. v. Arx, *Gesch. v. St. Gallen.*
3) Keller, *Mittheil. der Antiqu. Ges. in Zürich* VII, 67.
4) Wattenbach, *Anleitung zur lat. Palaeographie* s. 33.
5) Pertz. *Archiv* 8, 841.
6) Pertz, *M G. S. S.* III 1. Jaffé, *Bibl.* I.
7) *Caes. Heisterb lib.* XII c. XLVII.
8) Wieviel ein fleissiger mönch in seinem leben schrieb, lehrt uns eine Traditio bei Schannat p. 90, worin ein gewisser Liobold die von ihm geschriebenen bücher nennt und dem kloster Fulda überlässt.

sächsische einfluss nachweisbar wie der von der schola regia
Alcuins zu Tours [1]).
Die art wie das abschreiben der handschriften bewerkstelligt
wurde, ist wahrscheinlich nicht überall und nicht für jede
handschrift dieselbe gewesen. In den meisten fällen darf man
wohl annehmen dass unmittelbar nach der vorlage gearbeitet
wurde. Nicht ganz unwahrscheinlich kommt mir vor dass auch
schon in frühester zeit handschriften mehreren mönchen zugleich
dictiert worden seien. Besonders bei handschriften die für die
bei der heidenbekehrung thätigen priester bestimmt waren, und
von welchen deshalb viele in kurzer zeit zur verfügung stehen
mussten, scheint es mir der fall gewesen zu sein. Auch mag
es in der schule von Tours, die so grossen einfluss ansübte,
sitte gewesen sein: wenigstens klagt Alcuin: error scriben-
tis quodammodo dictanti [2]) deputabitur [3]). Viele beweise dass handschriften auch dictiert wurden, giebt es freilich
nicht, und so läugnen es in der that auch einige autoritäten
auf dem gebiete der paläographie [4]) und nehmen es nur für
das spätere mittelalter an [5]). Doch sind in mehreren handschriften — auch in einigen sächsischen — fehler nachzuweisen die
sich nur aus einer aufzeichnung nach dictat erklären lassen [6]).

Vielleicht ist in diesen fällen nicht mehreren dictiert worden,
sondern man hat sich vorzustellen. dass ein mönch dem andern
zur erleichterung und beschleunigung seiner arbeit vorlas.

Noch eine andere art gab es in kurzer zeit die abschrift
einer handschrift zu liefern; diese war jedoch nur möglich
wenn die vorlage nicht gebunden war oder sich mehrere exem-
plare desselben werkes in der bibliothek befanden. Man verteilte
nämlich die lagen oder quaternionen der abzuschreibenden
handschrift unter mehrere abschreiber. Natürlich aber erhielt
man so nicht immer die schönsten, sicher keine gleichmässig

---

1) *Die Trierer Ada-Handschrift*, Leipzig 1889 p. 103.
2) Andere meinen dass hiermit der verfasser der schrift gemeint sei.
3) Jaffé, *Bibl.* VI, 426.
4) Wattenbach, *Schriftwesen* ² 368; dagegen Merryweater, *Bibliom.* p. 20.
5) *Vita Milicii in Balbius miscell.* Dec. I l. IV p. 54: *et sic coepit ea scribentibus pronunciare* u. a.
6) H. v. Herwerden fand in handschriften italienischer bibliotheken dieser zeit ebensolche spuren.

geschriebenen handschriften. Nicht allein, dass sich oft ein
grosser unterschied der schrift zeigt, häufig ist auch am ende
eines quaternio ein teil der seite oder eine ganze seite unbe-
schrieben geblieben, oder die letzte seite ist enger geschrieben
und zählt wohl auch eine zeile mehr [1]). Der Cod. 42 des
Merseburger domcapitels u. a. zeigt spuren hiervon.

Wo von handschriften die rede ist, die von mehreren abschreibern hergestellt seien, wird jedoch durchaus nicht immer die
letztere art gemeint, sondern mindestens ebenso oft, dass verschiedene hände nach einander an einer handschrift beschäftigt
waren, was zumal bei den prachthandschriften, die ausseror-
dentlich viel zeit erforderten, der fall gewesen ist — sei es
dass verpflichtungen den schreiber anderswohin riefen, sei es
dass er vom tode der arbeit entrückt wurde.

Namen von abschreibern und emendatoren sind uns aus dem
Sachsenlande nicht so häufig, wie aus Corbie in der Picardie
überliefert. Von den altsächsischen handschriften findet sich
nur in dem Vergilcodex aus Oxford der name eines Tiberius
als abschreiber genannt. Unter der namen der schreiber der
lateinischen handschriften findet sich u. a. in ms. theol. lat. fol.
366 der k. bibliothek zu Berlin „S. Liudgerius dignus episcopus
scripsit hunc librum".

Sind uns von vielen lateinischen werken, welche in sächsischen klöstern verfasst wurden, die namen der autoren
erhalten, die namen der verfasser der uns bekannten altsächsischen schriften sind uns nicht überliefert. Von einem sächsischen
schriftsteller des 8. jh., wenn wir nämlich der quelle glauben
dürfen, wird uns zwar der name genannt, nicht aber seine werke,
nicht einmal die geringste andeutung über namen und inhalt
derselben. Schmeller Heliand II, xv annot. *** schreibt:
Johannes Ego Prior Augiae divitis (Reichenau) in
libro quem a° 1630 conscripsit de viris illustribus
dicti monasterii (Pez thes. anecd. tom I part. III. col.
645) sequentia tradit: „Edelfridum primae nobilitatis virum e Saxonia oriundum monachum in
Augia factum Annales nostri memorant. Is cum

---

1) Vgl. Wattenbach l. c. 369.

praeter caeteras animi dotes singulari etiam eruditione nobilitaretur, libris aliquot saxonico sermone a se conscriptis famam ad posteros nomenque celebre misit. Quales tamen ii libri fuerint qualesque materias tractaverint, praedicti annales non aperiunt. Floruit sub Petro († 786) et Waldone abbatibus circa annum Domini 790". Schmeller sucht seine werke unter den „tria carminum theodiscorum volumina" die ein Reichenauer catalog des 9. jhs anführt, aber es liegt kein beweis vor dass es gedichte gewesen sind. Es ist sogar wahrscheinlich dass diese Carmina theodisce glossierte hymnen waren [1]).

Die geschichte des altsächsichen litteratur beschränkt sich also auf einen schriftsteller, dessen name uns überliefert ist aber dessen werk wir nicht kennen und auf die hier folgenden monumente, wovon die namen der verfasser uns nicht erhalten sind.

Bildete Sachsen beim beginn der hier behandelten periode zu den andern teilen Deutschlands einen gegensatz, so änderte sich dies bald unter dem einfluss der einigermassen kosmopolitischen geistlichkeit, und am ende der periode, im 11. jh., hat Sachsen sich den andern germanischen völkern angeschlossen und fängt an mit dem grossen deutschen reiche mehr und mehr politisch zusammenzuwachsen. Der Altsache wird Niederdeutscher, das Altsächsische zum Mittelniederdeutschen.

---

[1]) Vgl. E. Sievers, *Die Murbacher Hymnen*, Halle 1874, s. 4.

# I.
## HELIAND-HANDSCHRIFTEN.

# HELIAND-HANDSCHRIFTEN.

Der Heliand ist in zwei handschriften und einem fragment erhalten.

1. Handschrift *M* (codex Monacensis).

*M* ist die hs. Cgm. 25, Cim. III, 4, a, klein folio aus dem 9 jh. welche in der Hof- und Staatsbibliothek zu München aufbewahrt wird. Jetzt sind noch 75 blätter von ihr vorhanden. Das erste blatt ist ausgeschnitten, ebenso fehlt je ein blatt nach bl. 33, 37, 50, 57, 67, während sich zwischen 74 und 75 oder nach der zählung wobei blatt 1 mitgezählt wird, zwischen 75 und 76 eine grosse lücke von mehreren quaternionen befindet.

„Auf die einzelnen quaternionen der hs. verteilen sich die übrigen lücken der hs. so, das vom ersten quaternio das erste, vom vierten das zweite und siebente (zusammen ein doppelblatt bildend), vom sechsten und siebenten das fünfte, vom achten das achte blatt fehlt. Ausser durch diese verstümmelungen hat die hs. noch an verschiedenen stellen durch rasuren gelitten, die insbesondere seitenanfänge und schlüsse betroffen haben. Hierdurch fehlen z. b. vom bl. 2ᵃ die ersten sieben, von 2ᵇ die ersten vier, von bl. 76ᵃ die letzten vier zeilen (und damit der schluss des ganzen). Sonst ist der text durchaus wol erhalten, so dass ein zweifel über die lesung nirgends entstehen kann" (Sievers).

„Was die einrichtung der hs. im einzelnen betrifft, so ist sie zunächst von anfang bis zu ende von ein und derselben sauberen und deutlichen hand geschrieben. Von dieser rühren auch die meisten der, übrigens nicht gerade zahlreichen, correcturen her, welche durch kleine schreibversehen des im ganzen sehr sorgfältigen schreibers veranlasst wurden. Eine zweite correctorhand tritt nur an wenigen stellen in grösserem umfange hervor;

sie begnügt sich aber meistens, durch zwischengesetzte punkte einzelne worte deutlicher von einander zu trennen als dies vorher in der hs. geschehen war, und hie und da vocale mit accentzeichen und haken zu verzieren" (Sievers); vgl. das facsimile.
Mitteilungen über das vorhandensein dieser handschrift wurden zu anfang des vorigen jahrhunderts gemacht durch J. G. Eccard Comm. de rebus Franciae orient. Wirceb. 1729. Wo die handschrift sich befand, blieb unbekannt, bis G. Gley sie am 2 Oct. 1794 in der bibliothek des domcapitels von Bamberg entdeckte. Schon im jahre 1611 muss sie dieser bibliothek angehört haben, da der einband die wappen des probstes Johanis Christophori Neustetter dicti Sturmer und des decanes Hectoris a Kotzau aufweist, welche beiden im jahre 1611 den bücherschatz dieser bibliothek neu einbinden liessen. Aus dem auf der vorderseite des bandes befindlichen bilde kaiser Heinrichs II ist vielleicht zu schliessen dass die hs. 1012 von diesem kaiser dem capitel geschenkt wurde, wie Jaeck in seiner beschreibung der Bamberger bibliothek mitteilt. Im jahre 1804 wurden alle bairischen klosterbibliotheken nach München gebracht und so erlangte auch die hs. ihren platz in der Münchener Hof- und Staatsbibliothek; seitdem ist sie unter dem namen Monacensis bekannt.

Ein genaues verzeichnis der ausgaben und übersetzungen findet sich in Sievers' ausgabe des Heliand (Halle 1878), worauf zu verweisen ist, da fast alle anderen ausgaben sich auf beide handschriften zugleich stützen und mehr auf eine ausgabe des Heliand im ganzen als auf eine genaue wiedergabe der einzelnen handschriften zielen. Nur die erste vollständige durch J. A. Schmeller besorgte ausgabe, welche besonders auf dem Monacensis beruht mit heranziehung der abweichenden lesungen des Cottonianus, verdient hier besondere erwähnung. Diese arbeit, für ihre zeit eine musterausgabe, hatte den titel: Heliand. Poema Saxonicum seculi noni. Accurate expressum ad exemplar Monacense insertis e Cottoniano Londinensi supplementis nec non adjecta lectionum varietate nunc primum edidit J. Andreas Schmeller. Monachii, Stuttgartiae et Tubingae, Sumtibus J. G. Cotta, 4°. Zehn jahre später erschien das Glossarium Saxonicum e poemate Heliand inscripto et minoribus quibusdam priscae linguae monumentis collectum cum vocabulario latinosaxonico et synopsi grammatica. Ein verzeichnis der grammatischen formen und eine syntax (in vorbereitung) findet sich in O. Behaghel und J. H. Gallée, Altsächsische Grammatik. Halle Max Niemeyer 1891.

Der entstehungsort der handschrift ist unbekannt. Heyne hält in der Vorrede zur Heliandausgabe und Zs. f.d. Ph. I, 288 ff. den Monacensis für eine originalhandschrift und meint dass diese hs. im Münsterlande geschrieben sein müsse. Dafür sollen die wenigen sprachlichen formen der Freckenhorster heberolle die beweise liefern. Der Monacensis lässt aber den der heberolle und dem ganzen Münsterer dialecte eigenthümlichen übergang von *e* in *ie* wie in *kietel* vermissen, vgl. J. Kaumann Entwurf einer Laut- und Flexionslehre der Münsterischen Mundart § 7 und 8. Auch ein kenner der Münsterischen mundart wie F. Jostes zweifelt daran, vgl. Jahrbuch des Ver. f. ndd. Sprachf. XI, 86: „Ob die Münchener handschrift, wie Heyne hat nachweisen wollen, dem Münsterlande entstammt, mag dahingestellt bleiben, für mich ist sein beweis nicht überzeugend".

Die grösste schwierigkeit für die dialectvergleichung liegt aber im Monacensis selbst. Behaghel hat zuerst Germania XXXI, 380 sich dahin ausgesprochen dass mehrere schreiber an der vorlage thätig gewesen sein müssen. Hieraus, und bei einigen lauten vielleicht auch aus unsicherer lautbezeichnung, ist die verschiedenheit der schreibung derselben vocale (wie z. b. *ia* und *ie*, neben *eo*, *ie* und *i* neben *é*, etc.) zu erklären so wie unregelmässigkeiten beim übergang von lauten wie z. b. umlauts-*e* und *a* in demselben worte, wie *orleg* und *urlag* etc. Behaghel nimmt nun an dass die vorlage von mehreren schreibern bearbeitet war; richtiger aber, glaube ich, ist es von mehreren schreibern zu reden, die die vorlagen schrieben. Mir scheint es dass man sich die sache so denken muss, dass der originalcodex von einem schreiber abgeschrieben wurde, der eigentümlichkeiten seiner sprache in seine abschrift brachte, während ein folgender, der diese hs. wieder abschrieb, wieder neue hineinbrachte, u. s. w. Daraus sind verschiedene fehler des Cottonianus und Monacensis zu erklären, wenn wenigstens die erstere hs. von derselben abschrift herstammt wie der Monacensis. Hierfür sprechen z. b. gemeinsame fehler wie der metrisch unrichtige bau von vs. 1322 und 1554 und das fehlen des zweiten halbverses in vs. 4264 2426 *al cristenfolc*. Nur vor *i*, *e* steht in guten älteren hss. *k*, vor *a*, *o*, *u* immer *c*: fehler wie *spraka* (3131), *kaflon* (3204), *-kunnies* (3255), *karon* (4018) weisen also auf eine gemeinsame vorlage, welche schon diese unregelmässigkeiten hatte. Aus dem fehler C 2901 *rikost*, wo *e* ausgelassen *k* aber behalten ist, (M *rikeost*), M 3329 *sinkas* (C *sinkes*) ist zu schliessen, dass diese vorlage *rikost*, *sinkes* hatte und dass also die einführung der endung *as* von einem spätern abschreiber herrührt. Behaghel hat in seiner ausgabe s. VIII die meisten verse, welche gemeinsame fehler aufweisen, verzeichnet.

2. Handschrift *C* (codex Cottonianus).

*C* befindet sich in der hs. Cotton. Caligula A. VII der bibliothek des Britischen Museums zu London. Diese handschrift enthält:

1⁰. zwei leere, ungezählte blätter.
2⁰. pag. 1 ein blatt, worauf von der hand Sir Robert Cottons: Bind this book vppon doble bande very ... in Lether and gilt uppon the Egges. And my Arms lett it be don presently And past thos leaues together I have crossed.
3⁰. zwei ungezählte blätter.
4⁰. pag. 2 inhaltsangabe: Catalogus Tractatuum in isto volumine 1 Quatuor Evangelia in lingua Danica cum picturis deauratis. Liber quondam Canuti regis.

2 (von anderer hand) Exorcismi sacri ad reddendos agros fertiles.
5⁰. pag. 3—10, picturae deauratae (1. Die verkündigung Mariae, 2. die begegnung Maria's und Elisabeths, 3. die geburt Christi, 4. die erscheinung der engel, 5. der kindermord, 6. Christi empfang durch Simeon, 7. die anbetung der Magier, 8. die taufe des Heilands. Diese bilder sind wahrscheinlich aus dem 12 jh. und sollen deutsche arbeit sein, Wanley, Catal. 225. Sievers, Heliand XIII. Auf der rückseite befinden sich die kreuzstriche von Rob. Cotton.).
6⁰. der Heliand. Dieser fängt an auf S. 10ᵃ, oder nach einer älteren zählung, welche nur die bilder und zwar zu je zwei beziffert, auf S. 5ᵃ.
7⁰. S. 171ᵃ—173 die angelsächsischen Segenssprüche, veröffentlicht in Nyerup, Symbolae ad literaturam teutonicam antiquiorem; Havniae 1787, p. 147 ff.; Thorpe, Analecta

S. 179 und J. Grimm, Mythologie CXXVII, Cockayne Leechdoms.
Diese sprüche sind wohl wie die bilder erst von Sir R. Cotton mit dem Heliand vereinigt worden.

Die handschrift ist von einer hand geschrieben, sauber und deutlich in ziemlich grossen characteren. Die hand scheint aus dem 10. jh. zu sein (vgl. auch Sievers ZfDA. 19, 40). Auf jeder seite befinden sich 24 zeilen.
Die correcturen rühren teils von der ersten hand, teils von einer zweiten her. Zahlreiche durchstreichungen der oberen schäfte der *b* und *d* scheinen dieser zweiten hand anzugehören. Die unterscheidung der querstriche nach erster und zweiter hand war mir in vielen fällen, wo sie Sievers nach genauer untersuchung angegeben hat, nicht möglich. Nicht in allen correcturen war der corrector glücklich, (so z. b. 5105 *dódes*). Eine dritte hand schrieb auf p. 8b und 106b in ags. schrift eine kurze glosse an den rand, s. Sievers S. XIV und 258.

Der schreiber des Heliand hat die verse unabgesetzt geschrieben; die anfänge sind meist durch initialen bezeichnet. Interpunction und worttrennung ist willkürlich. Die capiteleinteilung ist durch grössere oder kleinere absätze und der anfang eines verses so wie der eines neuen capitels durch eine grösseren initiale bezeichnet. Manchmal findet sich diese einteilung und die zählung des capitels mitten in einem [1]) satze.

Der letzte abschreiber war wohl kein Angelsachse; hiergegen spricht das initial- M in *Manega waron* und die schrift. Das vorkommen von ags. formen, wie *môdor*, *dohtor*, *drihtnes*, *sseall*, *steorra* u. a. (v. Sievers, Heliand XV) beweist nur dass einer der abschreiber ein Angelsachse war. In einigen punkten glaubt man annäherung an das fränkische sehen zu dürfen, hauptsächlich in der diphthongierung von *é* zu *ie* und *ô* zu *uo*. Daher wird der Cottonianus meist dem dialecte von Werden zugewiesen. Da in Werdener und Essener urkunden intervocalisches $f = b$ erscheint und viermal ein solches *f* im Cott. sich findet, da ferner ausl. *b*, und *c* vor hellen vocalen nur im Cott. und den genannten denkmälern gefunden wer-

---

1) Vgl. Hel. s. 14.

den sollen, hält Kögel Grundriss II, 200 Werden als heimat
von C für gesichert, ja er hält es für wahrscheinlich „dass wir
das gedicht überhaupt einem mönche dieses klosters verdanken".
Dagegen lässt sich einwenden dass die diphthongierung von *é* zu
*ie* nicht consequent durchgeführt ist und auch C noch viele *é*
hat. Das *uo* gebraucht der schreiber von C nicht bloss für *ó*,
sondern auch für *o*, daneben hat er für *o* auch *u* (5239 und
5613), *ou* (5284) und *oo* (2883). Auch in anderen as. hss. findet sich *uo* für *ó*. Vielleicht würde dieses auf rechnung einer
fränkischen schule, wo die abschreiber ihre ausbildung bekommen, zu setzen sein. Der abschreiber hat mechanisch *uo* für *ó* geschrieben und öfter fehlgegriffen. Jetzt hat die Werdener sprache,
soweit ich sie kenne, nur einen langen geschlossenen *u*-laut ohne
diphthongierung. Auch in namen aus Korvey findet sich *uo*.

Aus dem viermaligen *f* für *b* in *dúfun* u. s. w. lässt sich nichts
für den dialect ermitteln, ebensowenig aus *c* vor *i*, denn dieses
findet sich nicht ausschlieslich im Cottonianus. Vielleicht können
von anderswo her noch gründe für Werdener herkunft beige-
bracht werden.

Kauffmann, Beitr. XII, 356 meint auf grund des *mik*
neben *mi* und der zahlreichen vocaleinschaltungen, welche nicht
in Werden gehört werden, den Cottonianus dem grenzgebiete des
Ost- und Westfälischen zuweisen zu müssen. (Dieses *mik* findet
sich aber auch einmal (4783) im Monacensis). Nicht zu läugnen
ist dass sich fränkische formen in der flexion, nämlich in der
3 pl. ind. praes. vorfinden, *seggient* u. a., alle am ende des
gedichts. Es ist aber nicht möglich zu entscheiden ob diese von
demselben schreiber herrühren, der auch die *ó* so mechanisch in
*uo* umgesetzt hat. Sicherlich sind sie nicht von dem angelsächsischen abschreiber hineingebracht.

Auch für den Cottonianus müssen wir wohl mehrmalige abschrift annehmen; es wird daher schwer zu bestimmen, welches
die laut- und flexionsformen des archetypus waren.

Um so mehr leuchtet dies ein, wenn man, wie Sievers
ZfDA. 19, 1 ff. gethan hat, die beiden hss. einer genauen vergleichung unterzieht. Aus dieser untersuchung ergab sich folgendes:
„Schon in der gemeinsamen einheitlichen quelle beider hss.
„müssen etwaige interpolationen des ursprünglichen gedichtes
„vorgelegen haben. C hat den schlechteren text: in C etwa 90

„entschieden sichere, 95 unwichtigere, in M 47 sichere, 40
„unwichtigere auslassungen; in C 19 sichere, 11 zweifelhaftere,
„in M 7 sichere und 4 unsichere interpolationen. Bezüglich der
„wortstellung steht C entschieden höher als M: an 13 stellen
„gebührt C der vorzug. Im ganzen übertrifft die zahl der
„fehler in C die von M: in C sind etwa 460, in M etwa 205
„fehler zu statuieren".

In metrischer beziehung hat aber — wie von Kauffmann,
Beitr. XII, 286, nachgewiesen ist — C die strengere metrische
regel besser gewahrt. Aus metrischen gründen wird von Kauffmann geschlossen, dass auch die -mu-formen im dat. sing. m. n.
des pronomens und adjectivs, welche sich in M und vereinzelt
in C finden, dem ursprünglichen gedichte abzusprechen seien.

Die vorlage von M und C war also in wortstellung und
metrik dem originale noch ziemlich getreu geblieben; wahrscheinlich hatte sie schon die -mu-formen, da diese sich in beiden hss. finden. Der schreiber von C oder ein früherer abschreiber
hat sie aber, vielleicht aus metrischen gründen, grösstenteils
wieder beseitigt. (Beitr. XII, 378). Auch die *uo* werden wohl
nicht vom letzten abschreiber herrühren, sondern sich in einer
abschrift der vorlage von C und M befunden haben, einer abschrift, welcher auch die folgende hs. P ihre *uo* verdankt. Da
dieses fragment klein ist und nicht mit dem ende des Cottonianus zusammenfällt, so können wir nicht entscheiden ob die
flexionsformen des pl. praes. ind. auf -*ent* schon in dieser vorlage
standen und vielleicht demselben abschreiber zugewiesen werden müssen.

### 3. Handschrift P.

Von Herrn Jos. Truhlař, scriptor an der Prager Universi-
tätsbibliothek, wurde im jahre 1880 auf dem einbande von Marcus
Hassaeus Ecclesiastes Humanarum rerum actionumque summa
Salomone colligente subducta et metrica paraphrasi secundum
Ebraicam veritatem in Sapphicum carmen conversa (Rostochii,
typis Stephani Myliandri, anno MDIIC. 12°) ein fragment des
Heliand entdeckt.

Die herausgabe, deren vorrede obige mitteilung entnommen
ist, verdanken wir H. Lambel im jahrgange 1880 der Sit-
zungsberichte der phil.-hist. classe der kais. Akademie der Wissen-

schaften zu Wien (XCVII, 2. heft, s. 613 ff.), vgl. Germ. 26, 256. Das fragment, jetzt aufbewahrt unter der signatur 16. D. 42, umfasst ein vollständiges blatt, 24,1 cm. × 17 cm., worauf vs. 958—1006. Durch das umbiegen am rande des einbandes wurde das pergament abgerieben und so entstand eine lücke, wodurch ein teil der verse 960 und 985 verloren gieng. Die zeilen 11—16 der vorderseite sind mehr oder weniger verblichen und abgerieben.

Die schrift scheint dem 9. jh. anzugehören. Zu der ganz sauber gehaltenen karolingischen minuskel gesellt sich noch das semiunciale $\mathcal{N}$, abwechselnd mit $n$, wie im Monacensis, im Essener Evangeliar und in den Werdener Heberollen. Wie in den genannten handschriften und in M und C finden sich auch hier $b$ und $\eth$.

Die verse sind fortlaufend geschrieben, zusammengesetzte wörter sind nicht in ihre einzelnen bestandteile aufgelöst, soweit sich aus dem fragmente ersehen lässt. Versanfänge sind durch initialen in halbuncialschrift angezeigt. Von späterer hand rührt das semicolon her, das sich einige male findet.

Wo der Rostocker druck gebunden wurde, woher das buch an die Prager bibliothek gekommen ist, lässt sich nicht ermitteln. Vielleicht werden sich in irgend einem kloster noch andere fragmente davon befinden; vielleicht sind auch die andern blätter schon längst zermalmt und zernagt. Nicht unmöglich ist es dass diese hs. einst, wie der codex des Ulfila, aus Werden nach Prag gekommen ist; beweise dafür giebt es aber nicht.

P behauptet eine ganz selbständige stellung gegenüber C und M. Wie C hat es *uu* für *ó*, *ie* für *é*; wie M hat es *z* vor *t* in *bezt* (C *best*), *alo* 986 in *alouualdon* (C *alwaldan*), u. a. In den lauten der stammsilben und flexionsendungen stimmt es 82 mal mit C, 22 mal mit M überein, 72 mal weicht es von beiden ab.

An einigen stellen bietet es auch eine andere lesart und wortstellung als C und M, so 959, 969, 970, 996 und 1004. Vs. 970 *suuido god gumo Johannes te Kriste* fehlt in P ganz; haben wir in diesen worten eine interpolation von C M zu erblicken oder sind sie in P übersehen?

Die lücken von M (961 und 962, 1002—1006) finden sich nicht in P, so wenig wie in C. Wo der abschreiber in M (987) *iungres* statt *lungras*, wie in C, schrieb, bietet P die richtige lesung *lungras* und fügt oberhalb *lungras* hinzu: *gibulus*.

In den casusendungen erscheint nur *a*, *i* und *o*, selten *u*: *himilas*, *usas*, *drohtinas*, *diurlicaro*, *minaro*, *herran*, *selban* neben *herron*, *bezton* u. a. Auch in ableitungssilben *craftay*, *craftagost*; ebenso im praet. ind. *dopta*, *muosta*, *nuelda* u. a. Nur zweimal findet sich auslautendes *e* in der flexion: *dope* (961) neben *dopi* (971) und *gisauue* (1001 C *gisauni* M *gisahi*) neben fünf optativen auf-*i*.

Im dativ sing. der adjectiva findet sich ausl. *m*: *sinum*, in schw. form *them hohom radura* (990), *them beztom* (981). Auch im dativ plur. findet sich *m* in *mannom* (996), *sinom* (980) neben *unordun* (969), *handon* (980).

Ein dativ sg. fem. *beda* (981) steht dem bessern *bedu* in C und M gegenüber.

Wie M hat P 996 *mahtigna* gegen C *mahtina*, die endung -*ana* findet sich auch 966 *langana*, C M *langan*.

Beim pronomen begegnet *thana* (990, 1002, 1006, auch C 1006 *thana*, aber 990, 1002 *thena*, M 1002 *thana*, 990 *thane*).

In stammsilben steht *o* neben *a* in *fon* (986) gegen 6 mal *fan*, M hat hier *fon*, C *fan*. Wo C (984) *ofstuop* hat, liest P *afstuop*, wie M *afstop*: *u* findet sich in *uunnoda* (989 C M *unonoda*), *o* in *dorn* 985 wie M (C *duru*).

Nur einmal findet sich *iu* in *diurlicaro* (988), sonst immer *io*, auch wenn es vor *i* steht: *diorlic(o)* (961, 967, 1005), *liodi(o)* (966, 984). In *thiodgumono* (972) folgt P der besseren lesart, die auch M hat, gegen C *thiedgumo*.

Bei den consonanten verdient beachtung dass P das anlautende *j* vor *o* durch *gi* bezeichnet: *Giordana*, *Giohannes*, abweichend von den beiden andern hss., die hier nur *I* haben. Inlautend vor vocalen steht meist *e*, seltener *i*.

Sorgfältig sind *b* und *h*, *d* und *đ* geschieden. Nur in *liobost* (993) und *habdi* (963, 991), *habdun* (997) steht *b*, wie in M, gegenüber *h* in C; in diesen *b* in C rührt der querstrich jedoch vom corrector her. Neben *mid* (969) findet sich einmal *miđ* (963), wie 989 *unalđandas* für *unaldandes*. In *quađ* steht überall auslautendes *đ*, wie auch M 991 *quađ* (sonst *quad*); die schreibung *quat*, wie in C, findet sich nicht. Auch in der 3 pers. sg. praes. ind. *girisiđ* (975) steht *đ* gegen *d* in M, *t* in C. Wie C hat P 968 *bliđi*, 983 *friđu* (*đ* in C vom corrector), wie M 981 *bađo* (C *bethuo*).

Für die durch flüchtigkeit entstandenen fehler in C finden sich in P meist die besseren lesarten.

Aus alledem erhellt, dass der Schreiber von P eine bessere handschrift benutzt hat, als C ist; dass diese handschrift vollständiger war als M; dass seine vorlage schon die *uo* und *ie* hatte, die auch C bietet; an einigen stellen giebt P aber eine schlechtere lesart als C oder M, und in der flexion hat P das *a* in alle casusendungen übertragen. Aus den vielen abweichungen der beiden handschriften des 9. jh. (M und P) ergiebt sich dass der Heliand schon früh vielfach abgeschrieben sein muss.

Vor kurzem hat Jellinghaus [*Jahrbuch des Vereins für ndd. Sprachf.* XV, 61] den beweis zu erbringen versucht, dass der Heliand westlich von Deventer, also wahrscheinlich in Utrecht gedichtet worden sei. Der Monacensis stelle einen dialect dar, welcher südlich von der Zuyderzee und im westen von Oberysel und Gelderland gesprochen worden sei. Wenn es nun gewiss von wert ist darauf aufmerksam zu machen, dass der einfluss Utrechts auf die literarische bildung der Sachsen und auf die entstehung eines gedichtes wie des Heliand sehr bedeutend gewesen sein kann, so haben doch die sprachlichen beweisgründe mich in betreff der entstehung des Heliand nicht überzeugen können.

Längs der küste der Zuyderzee hört man friesische dialecte, welche südlicher in der Veluwe allmählich in francofriesische, östlich in saxofriesische übergehen: in Utrecht wird fränkisch gesprochen; ungefähr zwei stunden westlich von Deventer fangen die sächsischen dialecte an, deren nördlichster punkt an der Ysel Hattem ist, während die südgrenze ungefähr eine stunde südlich von Deventer über die Ysel geht und sich dann nach südost in den richtung von Wichmond und Doetinchem richtet (vgl. auch J. Winkler Dialecticon I, 325, 335, 336: II, 100).

Auf grund der behauptung dass *a* für *ô* aus *au* nicht vorkomme, meint J. (s. 64) dass M nicht in Westfalen geschrieben sein könne — aber M zeigt ja *a* statt *ô* (vgl. *Gramm.* § 43). Ebensowenig liefert *thea half*, *thea nuon* einen beweis für den niederländisch-sächsischen (oder friesischen wie J. s. 65 es nennt) charakter, denn gerade in diesen wörtern findet sich die lautgesetzliche nominativform (vgl. *Gr.* § 168, anm. 1), die nach

langer silbe verlust des endvocals fordert. Die erhaltung des
*ft*, das später in einigen dialecten in *ht* übergegangen ist,
würde ich nicht als beweis dafür gelten lassen dass das friesisch-
holländische Utrecht der entstehungsort des Heliand sei. In
vielen niederländischen dialecten — auch im mittelniederländi-
schen, vgl. v. Helten Middelned. Spraakkunst S. 153) —
findet sich das *ft* bewahrt, daneben erscheint aber öfter *cht*. In
den friesischen dialecten von Holland und in den francofrie-
sischen dialecten findet sich schon frühe *cht* neben *ft*, auch
bei Vondel findet sich *graft* und *gracht* (v. Helten Vondel's Taal
I, 18). In den späteren und jetzigen dialecten herrscht überall *cht*.
In der zeit des Heliand kann hier *ft* noch überwiegend gewesen
sein, aber dieses kann auch der fall gewesen sein im altwest-
fälischen. Die form *craht* im Cott. 38 kann die neben *craft* auf-
kommende jüngere form gewesen sein, welche vielleicht dem
dialecte des abschreibers angehörte — ob sie im original gestanden hat, ist nicht zu entscheiden, da der betreffende abschnitt in M fehlt. Auch in den echt sächsischen gegenden
(z. b. Winterswyk) hat sich *ft* erhalten, aber nur in einigen
worten, z. b. *verkoft* — nicht aber *luft*, *suft*: diese lauten *lucht*,
*sucht*, *achter* etc.; *ht* neben *ft* findet sich schon ziemlich früh
im südlichen Westfalen z. b. in den Essener glossen *haht*, und,
da *ht* (wie in Fr. H. M. 544 *retton* u. a., *Gramm.* § 132) zu *t*
wird, *nodthurt*; in den Prud.-glossen *kraht*, *thruhtig*; Homilie
13 *ahter*, auch in der Freck. Ueberolle *cht*, hierneben aber
überall wörter mit *ft*. Da nun der Monacensis ein älteres sprach-
stadium repräsentiert, so ist es ganz natürlich dass sich in ihm
*ft* für späteres *ht* findet. Ebenso steht es mit dem aus *gi* entstandenen *i* und *e* im particip. praet. Was nun das charakteristicum
der drei personen des plur. praes. indic. auf -*ed* betrifft, so findet sich diese form in der Veluwe nicht westlich von der
oben angegebenen linie (Hattem, Eepe, Vaassen, Teuge, Wilp).
Weder im heutigen dialect noch in älteren schriften aus diesen
gegenden ist eine spur von dieser mehrzahlbildung zu entdecken.
Oestlich von dieser linie ist es dagegen die gewöhnliche form
des praes. ind. plural.

Die von J. als specifisch niederländisch aufgeführten wörter
können m. e. ebenso gut in den sächsischen dialecten existiert
haben, speciell niederländische eigentümlichkeiten besitzen sie

nicht. Kommen sie auch nicht in schriften oder in den lebenden dialecten vor, so können sie doch früher bestanden haben, wie auch das mittelniederländische viele worte enthält, welche die jetzige sprache nicht mehr kennt. Einige der von J. genannten worte sind auch im niederländischen spurlos verschwunden.

Oestlich von Deventer in der grafschaft Zütphen nähert sich die mundart sehr der sprache des Heliand, aber um entscheiden zu können ob der Heliand einem dieser oder einem westfälischen dialect zuzuweisen sei, muss erst einigermassen bestimmt werden, welche die formen des archetypus gewesen sind, auch müssen die älteren sprachformen dieser dialecte viel genauer untersucht und beschrieben worden sein als bisher geschehen.

Die frage, welche laute dem archetypus eigentümlich waren, lässt sich aber noch nicht mit sicherheit beantworten, und somit ist es nicht möglich den dialect des dichters festzustellen. Ebensowenig scheint es mir möglich, wo so viele hände spuren ihrer thätigkeit hinterlassen haben, genau zu bestimmen, welche laute dem dialecte des letzten abschreibers zugewiesen werden müssen.

Ueber das verhältnis der handschriften vgl. Sievers ZfDA. 19, 1 ff., Kauffmann Beitr. 12, 283 ff., Gallée Beitr. 13, 376; 15, 337, Max. H. Jellinek Beitr. 14, 159; 15, 435. R. Kögel Grundriss II, 198 ff.

Ueber die ausgaben und die auf den Heliand und die grammatischen formen des Heliand bezüglichen schriften s. Behaghel Heliand, (Halle 1882) VIII und IX. ff.; über das verhältnis zur praefatio s. Sievers, Heliand XXIV, A. Wagner, ZfDA. 25, 173: Ueber die quellen des Heliand s. Windisch, Der Heliand und seine Quellen, Leipzig 1868, und Grein Die Quellen des Heliand, Cassel 1869, sowie Zarnckes beachtenswerthe recension im Litt. Centrbl. 1869, 209 ff., worin auf die notwendigkeit einer minutiösen vergleichung aller commentare hingewiesen wird, welche für die zusammenstellung benutzt sein können, um so mehr da nicht genügend beachtet ist dass diese commentatoren wiederholt die kirchenväter und einander abschrieben.

## II.

## ESSENER UND LINDAUER HANDSCHRIFT.

# ESSENER EVANGELIAR.

Handschrift jetzt in der schatzkammer, früher in der pfarrbibliothek der stiftskirche zu Essen. In einem alten mit eichenem deckel versehenen einband, der seines ehemaligen schmuckes gänzlich beraubt ist, befindet sich ein in vielen hinsichten interessantes Evangeliar aus dem anfang des 9. jhs.[1]). Dieses ist zu schliessen aus dem factum dass im kalendarium das Allerheiligenfest nicht aufgeführt ist. Dieses fest datiert nämlich in dem Fränkischen reiche erst vom jahre 835; die handschrift ist also vor 835 geschrieben. Für ihr hohes alter spricht auch dass die bilder des Christus und des Matthaeus hier noch bartlos erscheinen, was fast kennzeichnend ist für karolingische zeit[2]).

Der codex ist 34 cm. × 23 cm., enthält 171 pergamentblätter und einen zusatz von 16 blättern aus späterer zeit. Die 171 blätter sind geheftet in lagen von meist vier, einige male 1, 2 oder 3 doppelblättern. Ein blatt ist eingefügt, aber in derselben zeit. Jede seite zählt 30, das kalendarium 38 zeilen. Die abstände der zeilen sind mit der spitze eines feinen instruments angegeben, während die zeilen zum teil auf eingeritzten linien, zum teil aus freier hand geschrieben wurden.

Drei schreiber haben an der handschrift gearbeitet, wohl gleichzeitig. Der eine schrieb die praefatio Hieronymi, die einleitung zu den Evangelien, die vorrede zu Marcus und das Matthaeus-Evangelium und hat von den Canones 1, 2, 5, 6 und 8 eingetragen. Auch hat er den text der beiden andern corrigiert. Der zweite schreiber schrieb Marcus, die zweite hälfte des Johannes, die letzte seite von Matthaeus und von den Canones 3, 4, 7, 9—14. Der dritte schrieb das kalendarium, Lucas und die erste hälfte des Johannes. Er unterscheidet sich durch den gebrauch

---

1) Nur eine genaue palaeographische vergleichung mit anderen Evangeliaren in der art wie in der vorrede zur ausgabe der Ada-handschrift zu Trier und der Hs. des kaisers Otto zu Aachen (v. S. Beissel S. 1.) geschehen ist, kann ausweisen ob diese hs. aus noch älterer zeit stammt.
2) Didron, *Iconogr. Chrétienne*, p. 101.

des N in der minuskelschrift. Der erste und zweite schreiber unterscheiden sich von einander durch grössere rundung und körper der buchstaben bei dem zweiten.

Die ornamentierung ist sehr mannichfaltig und interessant. In vieler hinsicht nähert sie sich sehr dem Merovingischen stile [1]). Bandverschlingungen und eigentümliche contouren von tierfiguren finden sich oft. Die tierfiguren sind hunde, vögel und auf einer seite eine verbindung beider, bisweilen verbunden mit flechtwerk. Spiralen werden nur gebraucht als ausläufer von blatt- und flügelspitzen an dem kreuze, und an majuskelverzierungen. Die flächen sind mit roten punkten verziert, ausnahmsweise finden sich hie und da zwischen buchstaben auch punkte von grüner, gelber und violetter farbe. Bisweilen treten auch parallelstriche statt der punkte auf. Blattwerk: einmal ein rankenzug im anfang des Matthaeus-Evangeliums und einmal auf zwei seiten einer canontafel.

Sehr merkwürdig sind auch die umrahmungen der Canones. Auf vier seiten sieht man stumpfwinklig zusammenstossende borten; auf zweien finden sich halbkreisbogen, wie sie in den ältesten zeiten häufig vorkommen. Acht seiten zeigen hufeisenbogen, wie sie im 9. jh. öfter gefunden werden, aber schon im 8. jh. vorkommen, u. a. in einer handschrift aus Corbie [2]).

Die kapitalschrift, die sich auf einigen seiten befindet, ist von sehr verschiedener form; zum teil werden die buchstaben durch vogelfiguren gebildet, an anderen stellen sind es lange, dünne kapitalbuchstaben, abwechselnd mit kleineren, welche in die anderen hineingeschrieben sind, wenn der vorhandene raum nicht genügend war für grosse initialen. Aehnliche buchstaben kann man sehen auf pl. 23 von Ewald und Loewe, Exempla Scripturae Visi-Goticae.

Ein ornament, welches sich am anfang des Evangeliums Matthaei befindet, stimmt in vieler hinsicht überein mit einem ornament aus einer handschrift im British Museum, (*add. ms.*

---

[1]) Wie G. Humann Zf. d. BG. XVII, 1 bemerkt hat, zeigt die hs. den fränkischen stil, der vor Karl d gr. geltend war, mit Röm, altchristl., Merov. und Irischen elementen verbunden. Irisch im eigentliche sinne ist sie nicht, wie genaue vergleichung der hss. in Dublin und London ergab. Den Herren M. Thomson und Warner vom Brit. Museum verdanke ich viele wichtige anweisungen.

[2]) Bastard, *Peintures et Ornements* XIII.

25.600) welche in S. Pedro de Cardeña bei Burgos in Spanien geschrieben ist [1]), während auch in Paris auf p. 1 einer handschrift (Lat. 6, Evangelium in IV vol.) der Bibliothèque Nationale eine conceptzeichnung gefunden wird, welche ähnlichkeit hat mit dem ornament aus dem Essener codex. Diese handschrift der Bibliothèque Nationale war früher im besitz von de Noailles, in älterer zeit gehörte sie Diodatus Abbas Monasterii de Rodis welcher um 1130 lebte.

In einer anderen handschrift der Bibliothèque Nationale, 13159, (ms. de St. Germain des Prés e. f. Harley [2]), welche zwischen 788 und 795 geschrieben ist, finden sich auf $1^b$ und $2^a$ zwei ornamente, deren abbildungen im anhang der facsimile-sammlung aufgenommen sind, von welchen das eine grosse ähnlichkeit hat mit dem oben genannten ornamente, das andere mit einem verzierten initial-M des Essener codex, im atlas in einem farbenbilde wiedergegeben. Auch das anfangs-M des *Manega waron* in der Londener handschrift des Heliand ist einigermassen in demselben stil.

Ob diese ähnlichkeit bloss zufällig ist, oder in welchem verhältnisse diese handschriften unter einander stehen, wage ich nicht zu entscheiden. Nur will ich darauf hinweisen dass, wenn man annehmen dürfte, dass der Cottonianus in Werden geschrieben sei (wofür vielleicht sprechen könnte das häufige vorkommen des $b$ und $ð$ in Werdener schriftstücken, wie Kögel [3]) gezeigt hat; vergleiche unter den Werdener Heberollen), die übereinstimmung in dem stil der ornamente des Evangeliars und des Heliand erklärlich wäre. Der hand nach scheint der Cottonianus dem 10. jh. anzugehören, also wohl derselben zeit, wie auch die meisten glossen im Essener Evangeliar, in welchen sich vom querstrich versehene $b$ und $ð$ befinden.

Da das Evangeliar vor 835 geschrieben ist (s. o.), kann es nicht im stift Essen hergestellt sein, das um 851 gegründet ist. Wo war die handschrift bevor sie nach Essen kam? Die vermutung liegt nahe, dass sie in der nähe des Rheins und in der sächsischen gegend gewesen ist: die glossen, welche, da der commentar von Hrabanus Maurus (s. u.) benutzt ist, nach 822

---

1) *Palaeographic Society, Facsimiles of ancient manuscripts*, pl. 95, 1874.
2) Deslisle, *Cab. des Man.* II, 100.
3) *Grundriss* II, 200 ff.

und, den ältesten händen nach, aus dem 9.—10. jh. datieren, zeigen verwantschaft mit glossen in hss. aus Mainz und St. Victor zu Xanten. Dies weist also auf ein altes kloster, welches regen verkehr mit den genannten abteien hatte.

Eine andere handschrift, welche in vielen glossen übereinstimmt, ist ein codex der sich jetzt in Lindau befindet, früher in Elten war. Dieser codex stammt aus dem anfang des 10. jh., ist also älter als die Eltener abtei, welche im jahre 967 gestiftet wurde. Auch dieser codex enthält sächsische glossen, und zwar solche, welche mit den Essener glossen übereinstimmen. Man würde auch hierbei geneigt sein, an das im jahre 796 gegründete Werden zu denken, das am ende des 9. oder im anfang des 10. jh. wohl schon eine gute bibliothek hatte — die Düsseldorfer Landesbibliothek besitzt mehrere bände aus dieser zeit, die von Werden herrühren — ein kloster in dem sehr schön geschrieben wurde, wie die schrift in den Heberollen und im Cartularium beweist. Hier hat Liudger wohl von seinen aus England mitgebrachten handschriften zurückgelassen, wie z. b. die Werdener codices welche jetzt in Berlin sind; hier waren kostbare handschriften wie der Codex Argenteus, der später nach Prag kam — vielleicht auch die handschrift des Heliand wovon das in Prag gefundene fragment ein teil ist? Dass der band zwischen Essen und Werden ziemlich eng war, beweist auch folgende clausel im testament der äbtissin Theophanu vom jahre 1054 „triginta presbiteris todidem denarios... Si autem hic tot presbiteri non conveniunt, fratribus meis de S. Liudgero mittantur. Lacomblet Urkundenbuch N°. 190.

G. Humann meint, sich gründend auf Sylvestre und Bastard [1]), dass unser codex vielleicht von Corbie nach Corbeia nova, Corvey an der Weser, gekommen und dann der Stiftskirche in Essen geschenkt sei von Altfrid, der mönch war in Corvey und Fulda, wo er zum schülerkreise des Hrabanus gehört haben soll, und später als vierter bischof von Hildesheim das stift Essen gestiftet hat. Dagegen sind aber erhebliche bedenken, u. a. die verwandschaft der glossen mit denen der genannten handschriften, zweitens sind die von Humann s. 12 genannten reproductionen von Syl-

---

1) Zeitschrift des Berg. Gesch. Vereins XVII, 1 und Westd. Zs. f. Gesch. u. Kunst 1884. Abbildungen der hier nicht publicierten ornamente und illuminierten seiten werden von G. Humann in aussicht gestellt.

vestre, *Paléogr. Univ.* II und Bastard *Peintures* etc. XX nicht aus
Corbie, sondern aus der hs. von St. Germain des Prés c. f. Harlay[1]) und aus dem obengenannten Evangeliar, welches in 1130
dem Monasterium de Rodis gehörte. Wie dem auch sei, die frage
der herkunft verdient jedenfalls eine genauere untersuchung.

Verzeichnis der Seiten.

1ª blanco. 1ᵇ blatt mit federproben. 2ª *In assumptione sc Marie
debet legi ad collationem epistola* etc. *Simile est regnum celorum
decem virginibus.* 2ᵇ tagestexte von derselben hand wie die
glossen in margine. 3ª *incipit kapitulare euuangeliorum de circulo
anni.* 3ᵇ—12ᵇ kalendarium. 13ª leer. 13ᵇ kreuz mit der umschrift *crux almifica in Christo credentes beatifica.* 14ª *epistola
beati Hieronimi ad Damasum papam* (die erste seite in majuskeln
bis *exemplaria*). 14ᵇ *Indicandum.* 15ª *translatam docent.* 15ᵇ *Matthaeus, Lucas.* 16ª *explicit epistola Hieronimi; incipit prologus
quattuor evangeliorum: Plures fuisse que evangelia scripserunt* etc.
18ª—24ᵇ die Canones des Eusebius. 25ª blanco. 25ᵇ *In nomine
Domini nostri Jesu Christi incipit prefatio sancti Evangelii sec.
Matthaeum*, in majuskelcompositionen. 26ª Der anfang der praefatio ebenso. 26ᵇ *explicit prephatio.* 27ª *incipit brevis eiusdem.*
28ᵇ *explicit brevis eiusdem.* 29ª blanco. 29ᵇ kreuz mit dem brustbilde Christi und den Symbolen der Evangelisten. 30ª *Incipit
liber sancti Evangelii sec. Matthaeum*, in majuskelcompositionen.
68ª *Explicit ev. sec. Matth.* 68ᵇ *Incipit prologus Marci evangelistae*, in majuskelcompositionen. 69ª *Marcus Evangelista* ebenso.
70ª *Brevis evangelium.* 71ᵇ Anfang des Marcus-Evangeliums. 95ᵇ
ende desselben. 96ª Majuskeln, einleitung des Lucas-Evangeliums.
96ᵇ, 97ª prologus. 97ᵇ blanco. 98ª Anfang des Lucas-Evangeliums.
138ª Anfang des prologs des Johannes-Evangeliums mit kleineren
majuskeln. 139ª Brevis Evangelium des Johannes. 140ª Anfang des
Johannes-Evangeliums in majuskelcompositionen. 170ª Ende desselben. 170ᵇ Capittelvergleichung von späterer hand, hierbei eingeheftet 16 blätter mit lateinischen commentaren aus dem 11. oder 12. (?)
jh. 171ª fortsetzung der capittelvergleichung 171ᵇ federproben.

---

1) *Cabinet des Man.* II, 100. d'Harlay war president des parlements (1689—1707). Die reiche büchersammlung war ihm vererbt und stammte von seinem urgrossvater Christophe d'Harlay, ambassadeur in England.

## Die Glossen.

Am rande dieses textes und zwischen den zeilen befinden sich viele glossen, die meisten in lateinischer, einige in altsächsischer sprache, bisweilen ist die ganze glosse in lateinischer sprache abgefasst, bisweilen ist sie zum teil lateinisch, zum teil altsächsisch, oder nur einige worte der lateinischen glosse sind mit einer altsächsischen übersetzung versehen, welche im context steht oder über dem worte geschrieben ist. Nicht unmöglich ist es, dass die glossen, wo das altsächsische wort im context steht, aus einer andern handschrift entlehnt sind, wo das altsächsische wort noch als interlinearglosse vorkam.

Hierauf weist z. b. Mt. 2, 18 wo *te samna gimerkte* und *biquamun* im texte stehen, während diese worte in dem Evangeliar aus Elten (L.) noch interlinear stehen, ebenso Mt. 5, 19 *Hoc capitulo suggillat et damnat phariseos*, wo *damnat* eingefügt ist wie das Eltener Evangeliar lehrt: *hoc c. suggillat (i. damnat) phariseos*. Bei andern stimmen beide handschriften überein, z. b. Mt. 5, 17 ende: *intelligenda i. farnomana*, 19 ende: *destruerent-farbrakin*, 39 *nec illud rependas-ne uurekas*.

Die glossen der Essener handschrift und die der jetzt in Lindau befindlichen Eltener zeigen in vielen hinsichten verwantschaft, jedoch nicht derart, dass die glossen der einen handschrift aus der andern abgeschrieben wären. In beiden handschriften finden sich glossen, welche die andere handschrift nicht aufweist; auch die altsächsischen glossen unterscheiden sich in dialectischen formen z. b. Mt. I, 25 E. *iru*, L. *iro*, II, 18 E. *gimerkte*, L. *emerkta*; auch in den worten bisweilen: Mt. II, 18 E. *biquamun*, L. *bikuman*.

Einige glossen dieser codices findet man auch in den von Steinmeyer-Sievers Althochdeutsche glossen I, 708 ff. angeführten handschriften *a, c, d, f*. Von diesen hss. ist *a* ein codex aus Mainz (*non signatus*), *c* eine hs. aus Xanten, jetzt in Brüssel (18725), *d* eine Carlsruher handschrift (Aug. 178), *f* ein fragment eines evangeliars aus Hamburg (17). Hiervon bieten *a, d, f* nur hochdeutsche, *c* niederdeutsche (rheinische) und hochdeutsche wörter. In den lateinischen glossen ist wenig übereinstimmung; hie und da finden sich dieselben glossen, was wohl nicht anders möglich war, da für alle handschriften commentare wie die des Augustinus, Hieronymus, Beda und Hrabanus Maurus benutzt wurden, für die Brüsseler handschrift auch vielfach die glosa ordinaria.

Wo entweder ganze oder nur teilweise übereinstimmung sich vorfand, ist dies angegeben, indem die siglen a, c, d, f und e (die Lindauer hs.) hinter das übereinstimmende altsächsische wort gestellt sind.

Mit dem ende des evangeliums Matthaei hört die übereinstimmung mit den oben genannten handschriften ganz auf.

In den altsächsischen glossen sind 8 hände zu unterscheiden. Die erste und zweite hand gehen in bezug auf die bildung der buchstaben nicht sehr aus einander, doch ist die erste regelmässiger als die zweite, welche auch etwas grössere charaktere schreibt. Die dritte kommt in vielen hinsichten mit der zweiten überein, bildet aber z. b das *h* zierlicher; sie scheint jünger als 1 und 2. Dasselbe scheint der fall zu sein mit den grösseren gröberen händen 4 und 5; diese haben einige ähnlichkeit mit der hand, welche die Essener heberolle schrieb. Sie kommen einander sehr nahe, doch hat 5 mehrmals den zweiten strich des *h* unter die linie durchgezogen und *v* für *u*. Die 6e hand ist blass und kleiner, hat mehr ähnlichkeit mit den ersten händen. Die 7e hand schreibt ebenso blass, aber sehr grob, während die 8e sehr dicke charaktere hat. Die letzte hand scheint späterer zeit, vielleicht dem 11. oder 12. jh., anzugehören.

Von der 1en und 2en hand sind auch die lateinischen glossen; manchmal sind die altsächsischen wörter oder übersetzungen in den context aufgenommen.

Einundfünfzig glossen der ersten hand finden sich nicht in den übrigen handschriften, 3 finden sich nur in *a*, 3 nur in *c*, 2 nur in *d*, 14 nur in *e* wieder, 12 stimmen überein mit *a c d*, 5 mit *a c*, 1 mit *a d*. Die übereinstimmung betrifft meist nur die wörter, nicht die grammatische form; einige male ist nur ein teil der glosse altsächsisch, der andere hochdeutsch. Vor Lucas stammen von dieser hand 5 hochdeutsche glossen, nach Lucas nur zwei.

Die zweite hand hat ungefähr 45 glossen, welche sich nicht in den anderen hss. finden, 6 nur in *a*, 4 in *c*, 1 in *d* vorkommend, 12 in *a c d*, 1 *a c d f*, 5 in *a c*, 1 in *a d*, 1 *a c e*, 1 *a f*, 1 *d f*. Hochdeutsche glossen von dieser hand giebt es nur vier (vor Lucas eine).

Von der 6en hand sind nur 2 glossen, welche nur in dieser handschrift gefunden werden; 1 nur in *a*, 2 nur in *c*, 1 in *a c*, 4 in *a d*, 2 in *a c d*, keine aus *e*.

Die 8e hand hat eine (Mt. IV, 21) glosse, welche sich in *c d e* wiederfindet.

Bemerkenswert ist dass die buchstaben, welche über dem textworte nach randglossen von 1er oder 2er hand verweisen, grosse ähnlichkeit haben mit der schrift der Evangelien. Dies kann aber nachahmung sein. Wahrscheinlich sind diese glossen aber aus nicht viel späterer zeit, spätestens aus dem 10. jh.

Die schreiber 1, 2 und 6 (vielleicht auch 8) scheinen zu einer zeit gearbeitet zu haben, wo sie noch andere hss. zur vergleichung benutzen konnten. Die anderen 3, 4, 5 haben dies vielleicht nicht gethan. Die 7e hand hat 7mal hochdeutsche glossen aufgenommen: wahrscheinlich arbeitete der schreiber nach einem uns noch unbekannten hochdeutsch glossierten Evangeliar.

Auch in der sprache zeigen sich unterschiede. Bei allen ist altes *é (é)* schon zu *á* geworden. Da dies aber in Fulda seit 750 geschah, in Werden seit 793, in Paderborn seit 794, in Corvey seit 810, in Münster seit 820 (vielleicht schon seit 803) so ist hieraus für den dialect oder die zeit nichts zu schliessen. Wie der Monacensis des Heliand vielfach und der Cottonianus vereinzelt haben die glossen von 1, 2 und 4 *ia* für *eo*, 2 hat einmal *ie* (*farliesan*). In 1, 2 und 4 finden sich für *ó* die schreibungen *o* und *uo*, in 3 *ö*, in 6 nur *uo*. Von 1 und 2 ist belegt das part. prt. *furnoman* (Heliand *M binumane C binomana*).

Die erste hand hat z. b. umlaut in *gimehlida*, wie im Lindauer codex, sie hat keinen umlaut in *hatilina*; *i* aus *e* vor *i* in *wirpit*, *irristou* etc.; *u* vor *i*: *bundilin*, *samuurdig*; langes *a* für *é*: *furbrakin*, *namun*, *ófarságia*, *gitamun*; langes *e* (ahd. *ie*) ist *e*: *he* oder *ei*: *geing*; langes *o* in *bocherion*, *suor* (iuraverat), *uo* in *suona*; langes *u*: *hrunoda*, *sprutit*, langes *e* (urgerm. *ai*): *escodun*, *letha* etc.; langes *o* (urgerm. *au*): *frono*, *cop*, *houid*, *nodago*; *iu* (*eu*) *fartheuuid*, *aftiuhid*, *liubi*; io ist *ia*: *niatanna*; *h* blieb im *anlaut*: *hrunoda*, *hliuning*, *hwetius*, *hwar*; vor *s* in *mehs*; fiel aus in *bifólana*. *ht* ist zu *t* geworden: *slata* (*slahta*), *norta* (*forhta*), so auch das aus *ft* entstandene *ht*: *nodthurt*, *krataya*, *nodthurti*, *thortin*. *g* ist wahrscheinlich weiche spirans: *gimehlida gimerkta*, *angein* (*angegin*), media: *leggia*, *leggid*; steht für *j* in *ófar-*

*ságiu* und *gedun* (jäten); *th* bleibt unverändert: *uuerthan*, *letha*, *gisustrithi* etc. *bd* wurde zu *dd: hadda*; einmal $b = u$ (*b*) in *liubi*, sonst *u* auch für *f*. Die andern laute geben zu keiner bemerkung veranlassung. Das pron. hat im dat. sg. *imo*, *thesemo*, gen. pl. *iro*, acc. pl. *unsik*.

Die zweite hand hat umlaut in *stedi*, *gikelcton*; *ę* in *nemad*, *afbrekan*; auch vor *i: erristo*; *u* vor *i* in *bruki*, *giburid*, *hrenkurni*; *é* ist *a* in *gibáron*, *naist*; *ó* wird geschrieben *o*, *uo* und *ŏ: sokian*, *duoma*, *muosti*, *gisuondi*, *gibŏt*; *ú* findet sich als *u* und *uo: sufroð*, *ruonadun*. Urgerm. *ai* und *au* sind *e* und *o: lehnon*, *escodun*, *goma*, *gnodor*; *eo* (*io*) ist *ia* in *githiánodi*, *driagundun*, *thianust*, *ie* in *farliesan*. *H* ist im anlaut vor sonanten und im inlaut geschwunden: *riuliko*, *lustar*, *uuat*, *naist*, ausser in *hreunod*; *ht* blieb meist: *bibrahta*, *tuht*, *tuhti*, *bithahti*, nicht in *giwarta*, *farwarta* und *obult*; *ft* ist erhalten in *fercoft*, *giscaft*, und *ht* geworden in *cht*, *hahta*. Anlautendes *g* bleibt unverändert; für *k* steht *g* in *suliy*. *Th* ist zum teil geblieben: *uuerthad*, *scuthod*; daneben *ð* im auslaut: *sufroð*, *forð*, *uuarð*, und $ht = th: forht$, *giseeht*, *leht*, *gisihtscepi* (coniugium), *manuhtwendig*; *t* für *th* in *ensellion*. Für *bd* steht *dd: haddi*; *bn* wurde zu *mn: emnia* (aequalia). Der dat. sg. des pr. pers. ist *mi*, *imo*; der acc. sg. *mi*, *thi*.

Die dritte hand hat umlaut in *gremi*, *a* für *é* in *látun*, $o = ó$ in *dŏma*, *dŏmian*, *uo* für *ú* in *suoginda*, $e = $ alts. *é: lefdi*, *heda* (gradu), *gienoda*, *lehno*; *iu* in *sliumo*. Anlautendes *h* steht oft unrichtig: *hui* (wir) *gihuuahsan*, *gihuuitscepi* (testimonio); *ht* aus *ft* erscheint als *t* in *hata*, daneben steht *ft* in *uncraft*, *crefti*; *k* für explosiv *g* in *sleka*; auslautendes *th* steht als *t* in *wart*.

4 hat umlaut in *segina*, *gibeldure*; *uo* für *ó* in *gibuotta*, *uerduo*, *heriduom*, neben *tho*, *grotta*, langes *u* in *sluk*, *hud*; *ia* für *io* in *hriapun*, *thiadono*. Anl. *h* ist geblieben in *huuilik*, nicht in *nues*, *uuar*, im inlaut *h* in *sihis*, daneben *fleondu* (blandiendo); im auslaut ist *h* abgefallen in *thuru*, und *thur*, als *g* geschrieben in *fag*; *ht* steht in *uáht*-,aus *ft* in *hahtono*, daneben *chaftu*. Für *ku* steht *gu* in *tegnidda*. *Th* steht in *náhtselitha*, *ð* in *uuarð*; *bd* ist zu *dd* geworden: *hádda*. Dat. sg. pron. dem. ist *thémo*.

5 hat das anl. *h* bewahrt: *hrenia*, *hwi*. Von der 6$^{en}$ hand ist bemerkenswert *uo* für *ó: tuo*, *duon*, und für *ó* (urgerm. *au*) *mulbuoma*, *guoma*. *Ht* in *nicht* neben *ft* in *hahtan*, *tuohehtan*, *bigraft*. Die 7$^{e}$ hand hat langes *o* in *hodda*, langes *a* in *fra* (gavisus).

Ein acc. sg. *sih* findet sich Mt. 27, 27. 8 hat *h* in *gihwilik*, *ht* in *giwrohta*, *th* in *wertha*.

Dem acut, der hie und da sowol über kurzen als über langen vocalen steht, ist wohl kein grossen gewicht beizumessen; zu bemerken ist dass er auch im Monacensis, in den Werdener Prud. gl. und einige male in den Heberollen gefunden werd.

Bei fast allen händen sind die endsilben ziemlich fest; *i*, und auch vereinzelt *u*, sind unverändert: die syncopierung ist regelmässig (*gimerkte*, *biuuerida*), einmal abweichend *gimehlidun*. Die abschwächung der endsilbenvocale datiert vom 10. jh. Die meisten glossen datieren aus dem 10. jh., einige vielleicht aus der letzten hälfte des 9. jh., andere (z. b. die welche anlautendes *h* vor *l*, *n*, *r*, *w* verloren haben) aus späterer zeit. Aus dem charakter der schrift lässt sich, wenn man sie vergleicht mit der schrift des Monacensis, der Hamburger (Corveyer) glossen und der Essener und Werdener Heberollen, ein ähnlicher schluss ziehen.

Die hauptmasse der glossen kann, soweit die redaction in betracht kommt, nicht älter sein als die erste hälfte des 9. jh., da in manchen glossen die redaction der erklärung — sie sei ursprünglich aus Augustinus oder Hieronymus — diejenige ist welche sich in dem commentar zum Evangelium Matthaei des Hrabanus Maurus findet. Diese sind von derselben hand, welche die erklärungen des Beda, Hieronymus, Gregorius, Augustinus und Alcuin schrieb. Am meisten ist entlehnt aus den commentaren zu den Evangelien von Beda; doch ist es schwierig, zu entscheiden, ob sie unmittelbar aus Beda, oder vielleicht aus Hrabanus Maurus, der öfter die erklärungen der älteren commentatoren unter die seinigen aufnahm, stammen. Möglich ist es auch, wie oben gesagt, dass sie einer älteren sammlung und nicht den autoren selbst entnommen worden sind. Die von den glossatoren gebrauchten commentare sind: die des Hieronymus, Augustini *de Consensu Evangelistarum* und *Tractatus in Joannis Evangelium*, Gregorii Magni *Homiliae*, Walahfrid Strabo's *Glosa ordinaria*, besonders Beda's *Expositio in Evangelia*, Alcuin's *Commentarium in Joannis Evangelium*, Die *Expositio in Matthaeum* des Hrabanus Maurus. In den commentaren von Remigius von Auxerre, Druhtmarus, Paulus Diaconus habe ich keine übereinstimmenden erklärungen gefunden. Doch müssen die glossatoren noch andere commentare gebraucht haben — es

ist nicht wahrscheinlich dass alle diese unbekannten glossen von dem glossator herrühren — einige wenigstens findet man auch in dem Brüsseler codex aus Xanten, z. b. Mt. II, 1 zu *magi: oriter stella in oriente, vel nos in oriente positi, vel de oriente in occidentem stellam vidimus ortam* u. s. w.
An einigen stellen finden sich erklärungen, welche, obwohl sie beinahe in den worten des Hrabanus oder Augustinus abgefasst sind, gerade das entgegengesetzte sagen; so: zu Mt. 5, 13, wo Hrabanus hat *salis natura infoecunditatem terrae facit*, haben die glossen im Essener und im Lindauer Evangeliar *salis natura terram efficit fructuosam*.

Wo die gebrauchten fontes übereinstimmen, da wird man im ausdruck übereinstimmung finden, ohne dass indess die eine schrift von der andern abhängig zu sein braucht. Da, wie Windisch [1]) nachgewiesen hat, der Helianddichter sich hauptsächlich auf Hrabanus Maurus, Beda und Alcuin neben dem Tatian stützt, so ist es natürlich, dass auch in den diesen autoren entlehnten glossen unserer handschrift und im Heliand stellen gefunden werden, die denselben gedanken enthalten, z. b. Mt. I, 17 *ne quasi adultera lapidaretur* etc. und Hel. 306; Mt. II, 8 gl. a. Greg. Hom. z. Hel. 641 f.; Mt. III, 11, Hel. 882; Mt. V, 5, 6 Hrab. und Hel. 1306—12; Mt. V, 29, Hier. Hrab. z. Hel. 1484—1498; Mt. V, 39 Hel. 1533 f.; Mt. XVI, 23 Hrab. u. Hel. 3101, Mt. XVII, 6 Hrab. u. Hel. 3151; Mt. XX, 34 Rgl. *Caeci isti genus humanum significant, quod in parente primo a paradysi gaudiis expulsus claritatem supernae lucis perdidit* etc. wie in Beda ad Luc. XVIII, 35 wo *caecus*, vgl. Hel. 3588 f.; ebenso *Turba quae clamantes caecos increpavit desideriorum carnalium turbas tumultusque vitiorum designat .... et post perpetrata nicia ad dominum converti et perpetrata plangere volumus occurrunt cordi fantasmata malorum que fecimus et mentis nostre intentionem conturbant et sollertiam orationis premunt. Quia quanto gravius carnalium tumultu cogitationum premimur, tanto ardentius orationi insistere debemus, quatenus domini misericordia cogitationes malas superet et veniam quam precamur accipiat* etc. Mt. XXV, 40 Hrab. u. Hel. 4408 ff.; Mt. XXVI, 39 Hrab. u. Hel. 4760—68, Mt.

---

1) Dr. E. Windisch, Der Heliand und seine Quellen. Leipzig 1868, S. 79.

XXVII, 12 u. 14 glosse aus Hrab. M. und Beda, Hel. 5379 f.; Mt. XXVIII, 2 rgl. *Ad hoc fecit quod lapidem de sepulchro revolvit ut eius resurrectio hominibus manifestaretur*, vergl. Beda u. Hel. 5764 ff.; Luc. II, 4 *superna dispensatione* etc. wie Beda, vgl. Hel. 528; Luc. XXII, 32 vgl. Beda und Hel. 4657—63; Luc. XXIII, 28 gl. a. Beda, Hel. 5518 ff.; zu Joh. I, 33 steht eine glosse, welche den inhalt von Mt. III, 14 giebt, vgl. Hel. 967; Joh. XVIII, 28 gl. a. Aug. Tract. CXIV, 2 und Hel. 5178 f.; Joh. XVIII, 35 *quid fecisti ut traderes mihi* in Beda und Hel. 5215. Joh. XVIII, 15 gl. aus Alcuin, s. Hel. 4938; Joh. XVIII, 31 gl. a. Alcuin, Hel. 5198; u. a. Viele von Sievers und Windisch angeführten stellen sind wieder nicht nachweisbar. Merkwürdig ist die übereinstimmung bei Joh. XX, 16 wo, im Casseler Codex der Pseudo-Tatianischen Evangelienharmonie *occurrit ut tangeret eum*, hier im texte die worte stehen *et cucurrit tangere eum*, vgl. Hel. 5929 *siu geng im thuo nahor sniumo*, 5931 *uuelda ina mid iro mundon gripan* (hs. uuordon).

Dem Helianddichter kann eine in ähnlicher weise wie dieses Evangeliar commentierte Evangelienharmonie des Tatian vorgelegen haben, oder er kann neben dem Tatian ein Evangeliar mit ähnlicher glossensammlung benutzt haben. Aus dem angeführten einen schluss zu ziehen würde voreilig sein. Die geschichte der glossen bedarf noch einer genaueren untersuchung bevor es möglich ist über das verhältniss der glossierten bibelhandschriften zum Heliand mit sicherheit zu urteilen.

In dem folgenden sind zuerst diejenigen glossen verzeichnet, welche altsächsische wörter enthalten. Dann folgen alle lateinischen glossen, welche sich nicht in dem Lindauer Evangeliar vorfinden. Während bei diesem alle glossen verzeichnet sind mit angabe derjenigen, welche beide Evangeliare gemein haben, ist die sammlung der Essener glossen nur bis Mt. X vollständig. Die ganze masse der lateinischen glossen der Essener handschrift abdrucken zu lassen würde zu viel raum beanspruchen.

# ESSENER EVANGELIAR.

**Matthaeus.**

31ᵃ I, 17. R.*) credimus ex IIII causis esse gestum quod Xristus ex illa uirgine nasci uoluit, quae uiro desponsata erat. Primum fuit hoc quando Maria ad Egyptum fugeret filium secum ducens solatium ministerii haberet ex Joseph. Alterum fuit hoc ne quasi adultera lapidaretur cum filium haberet et uirum non haberet. Tercium erat hoc quia genus domini ex Joseph (.....**) computari debuit nam ab Abraham usque ad Joseph numerabitur (tellian scal***) quia Joseph propinquus erat Mariae. Quartum ut diabolum Xristi natiuitas lateret qui Xristum de Joseph semine natum aestimauit.

I, 18. in utero. R. s. a Joseph quia ille eam curiosius (niutlikor ¹)ᵉ aliis seruauit.

31ᵇ I, 20. coniugem (gimehlidun ¹)ᵉ.

I, 25. non cognoscebat eam. (..post eam cognoscebat ita ut cum ea esset) R. neuuas mit iru ne ualetimo sia ᵃᶜᵉ.

II, 16. iratus est ualde. R. Sanctus Augustinus dicit: postquam magi nihil renuntiauerunt Herodi putauit eos fallace stelle uisione deceptos et non inuento rege ad se erubuisse reuerti et it timore depulso (alet.¹) quem habuit de natiuitate Christi aliquot dies requieuit de persequendo puero.

32ᵃ II, 18. Vox. R. De Rachel natus est Beniamin, in cuius tribu non est Betleem sed quia Jude et Beniamin tribus coniuncte erant — te samna gimerkte ᶫᵉ — addendum est quando

---

I, 17. Beda in Luc.   I, 18. Hrab.   I, 25. Hrab.   II, 16. Aug. III 1305.
II, 18. Hieron. Hrab.

---

\*) R. bedeutet randglosse; zwischen klammern stehen die interlinearglossen.
\*\*) Unlesbare glosse.
\*\*\*) Die ziffern geben die hand an.

iussum est pueros occidi in finibus Bethleem, persecutionem etiam in tribum Iude peruenisse — b i q u a m u n. Rachel que ouis domini siue uidens dicitur sanctam ecclesiam designat, Rachel plorans filios suos quia non sunt, etc. *(das weitere unlesbar)*ᶜ.

32ᵇ III, 2. penitentiam agite (h r e u u o d i n u a s u n d i a ²)ᶜ.

III, 4. R. Congruus habitatori solitudinis — e n s e t l i o n — est cibus, ut non delicias ciborum (ni g e r o d a ³) sed tantum necessitatem humane carnis expleret. — (g i l a u o d i ³)ᶜ.

Locuste modum digiti tenent et bone ad manducandum, paruum habent uolatum, sed cito decidunt, sed a uento rapte (u u e r t h a d g i d r i v a n a ³) in campum sparse. He significant doctrinam Johannis bonam esse obedientibus etc.

III, 11. R. Sanctus Johannes nulli remissionem peccatorum dare potuit sed baptizauit ut crederent (a n t h i u u u o r d ¹) in illum qui post eum uenturus est i. e. in Iesumᶜ.

33ᵇ IV, 13. R. He due tribus Zabulon et Neptalim primo ab Assiriis in captiuitatem ducte sunt ad Babyloniam et Galilea deserta est (u u a r đ g i u u o s t i d ²).

IV, 21. reficientes retia (colligentes. i. te s a m n a l e - s e n d a ²)ᶜᶜᵈ.

IV, 22. R. Regnum celorum nulli pecunie potest comparari iam tanti ualet quantum habet. — i t m a g t h o g i u u n i a n u u é r t h a n s o m i d m í n n e r o n s o m i d m é r o n s o m a n h a u i d ¹ ᶜ.

R. ne mag | giuuer | herid | uuerthan ¹ *zu* non potest comparari.

34ᵃ V, 2. R. Apertio oris longitudinem sermonis siue manifestationem doctrine (t h a t h e i m s o b a r o t u o s p r a k ²) significatᶜ.

V, 5—7. R. Pro suis aliorumque peccatis, pro penitentia peccatorum uel eciam pro eterne damnationis metu, uel pro amore celestium desideriorum, seu eciam per compassionem (e r b a r m u n g a ⁴) proximorum.

V, 17. soluere (b r e k a n) sed adimplere. R. Quasi diceret:

---

III, 4. *Vgl. Lind. gl.* — *Der erste teil dieser glosse findet sich in* Hierou. B. Hrab., *der zweite teil in* Beda. IV, 13. Hrab. IV, 22. Greg. Hom. I, V, 2. V, 2. Beda. V, 7. Beda. V, 17. Hrab.

Ueni ad hoc ut omnia implerem que de humanitate mea prophetata sunt et ea predicare que propter infirmitatem auditorum adhuc inperfecte erant et carnaliter intellegenda — farnomana ᵉ.

V, 18. Apex (strikko ᵉ).

34ᵇ V, 19. R. Hoc capitulo suggilat i damnat Phariseos, qui dei precepta spreuerunt et traditionem ipsorum preposuerunt, et dixit quod illorum doctrina nihil proficeret in populis, si uel minimum preceptum in lege destruerent — farbrakin ¹ᵉ.

V, 33. non perjurabis (hardo suerian ni scalt ¹): reddes autem domino juramenta tua (thu scalt bi goda suerian ¹)ᵉ.

35ᵃ V, 38. oculum pro oculo (ut steca ᵉ) et dentem pro dente (utslaha ᵉ).

V, 39. R. Si quis tibi unum malum irrogat ut nec illud rependas — ni uurekas ¹ᵉ — nec ei resistas.

V, 40. qui uult tecum iudicio contendere: R. endi thi | an is duoma | bithuindan | uuillia *).

V, 42. et uolenti mutuari (léhnon ²) a te ᵃᶜ.

V, 44. calumniantibus (in rebus scathod ²)ᵃᶜᵈ.

V, 46. R. publicani dicuntur qui uectigalia et publica lucra sectantur — the then frono tins éscodun endi toln námun ¹.

36ᵃ VI, 16. tristes demoliuntur (exterminant) enim (gibariod so) facies suas. R. sparsis capillis ambulant et inlote ² — gibariod so riuliko ²ᵉ.

VI, 17. tu autem (fht thx ²**).

38ᵃ VIII, 12. stridor (clapunga ¹). R. id est Iudei (tho nenda he ***) in quibus ante regnauerat deus in noctem eterne damnationis eicientur ¹.

VIII, 17. R. Ad hoc filius dei incarnatus est ut corporum infirmitates curaret per potentiam diuinitatis et egrotationis et mortem animarum per carnis passionem excluderet — fardriui ¹.

---

V, 19. Hieron. Hrab.      V, 39. Hrab.      V, 46. Beda Hrab.
VIII, 12 Hrab. 50. und Beda.

---

*) l. *bithuingan*.      **) *eht thu*.      ***) l. *menda*.

VIII, 18. jussit ire trans fretum (forte ob hoc fecit quia tantam populi multitudinem (et githring¹) ncn sustinere potuit).

39ᵃ IX, 12. non est opus sanis (vuelmehttigon¹) medicus.

„ 15. R. insinuauit (meinda¹) quando tempus sue passionis ueniret et corporaliter ab eis discederet quod apostoli tunc ieiunare deberent.

IX, 16. commissuram (plescilin²)... scissura (bruki²).

40ᵃ „ 33. Numquam sic apparuit in Israhel. R. s. talis homo in hoc populo — an thesemo lante ¹ᶜ.

40ᵇ X, 16. R. Prudentia est serpentis cum incantatores illam querunt ad tollenda in capitibus eorum uenena ad medicandum bona, quod unam aurem petrę opponit — alteram uero cauda protegit ne audiat incantationem — ita omnis apostolicus uir fidem suam que est caput uirtutum ad Xristum debet inclinare, quod est petra, et subtili documento sanctarum scripturarum tegere aduersus hereticos. Item prudentia est serpentis, cum uetus est, per angustum foramen petre ingrediens squamas (sluk. hud⁴) deponere ueteres et inde nouus exiit. Sic debet Xristianus per stricturam poenitentie uitam ueteris hominis i. adę deponere et uitam noui hominis i. Xristum induere.

X, 16. prudentęs (glauua²)ⁿᶜ.

„ 17. in conciliis (thingon\*).

41ᵃ X, 22. et eritis odio (letha¹) (hatilina¹) omnibus.

„ 23. non consumabitis (ne farfarad¹)ᵇᵃ.

„ 25. R. ac si diceret si (sithon⁵\*\*) ego dominus et magister uester peresecutionem patior necesse est ut uos discipuli et puri homines hanc gloriam sequamini.

X, 26. R. Nolite persecutorum seuitiam timere, quia in die iudicii et uirtus (guddi⁴) uestra et eorum monstrabitur nequitia.

X, 27. quod in aure auditis (tuo hrunoda¹ in paruo loco ludeę).

X, 27. R. Palestino more supra tecta predicare iubet quod

---

X, 16. Beda.    X, 25. Beda.    X, 26. Hrab. Hieron.    X, 27. Beda.

\*) Blasse tinte.    \*\*) Sehr grob.

ipsi non more nostro sed plano scemate faciunt tecta equalia (omnia giuuarta¹).

X, 29. passeres (hliuningos ¹) asse (helflinga) venount.

41ᵇ „ 37. non est me dignus (min uuirthig¹)ᵃ.

„ 38. R. Ille accipit crucem et sequitur dominum qui abstinentiam carnis vel compassionem (erbarmunga⁴) habet proximi propter studium eterne beatitudinis.

X, 42. R. leuissimo precepto deleuit vitium inhospitalitatis, potum suadens ei dari frigidę aquę, nam, si preciperet calidam aquam dare, penuriam lignorum quererentur-clagodin ¹).

42ᵃ XI, 14. qui abet aures audiendi (endihe farnemat that scs iohannes gestlico is helias³).

42ᵇ XI, 21. in Tyro et Sydone: R. civitates phenicis (thes landscepias¹).

XII, 1. vellere (afbrekan²).

43ᵃ XII, 16. ne manifestum eum facerent (ne gibarodin¹).

„ 18. R. Jhesus ideo puer dei est dictus, quia formam servilem accepit. Electus a deo erat eo quod in illud opus electus est, quod nemo alius fecit, ut redimeret genus humanum sanguine suo et hunc mundum pacificaret deo — gisuondi².

43ᵇ XII, 30. R. Xristus predicat et congregat bonas virtutes, diabolus uero dispergit et destruet — teuuirpit ᴵᶜᵈ.

44ᵃ XII, 38. de scribis (scribe buocheria²).

44ᵇ „ 47. (hoc non simpliciter sed per insidias ei nunciat, scire volens utrum secularem familiaritatem (sibbia¹) predicationi preponeret).

45ᵇ XIII, 25. tritici (huuetias¹).

„ „ R. Hac sententia nos cautos esse admonet, ne si torpemus inertia, diabolus foeditatem vitiorum super semen bone voluntatis spargat — ófarságia¹.

XIII, 26. cum autem creuisset herba et fructum fecisset (the huueti te scotonnia¹), tunc aparuerunt et zizania (radan¹)ᵃᶜᵈ.

XIII, 28. visimus et colligimus ea (ut gedan¹ *zwei mal*ᶜ.

„ 30. R. Hic datur locus poenitentie quo fieri potest ut

malus hodie cras resipiscat. Inter triticum et zizaniam, quamdiu herba est, nulla vel difficilis est distantia, et hic ad monemur ne quod nobis ambiguum est et nescimus quo animo fiat, cito iudicialem sententiam preferamus, sed deo iudici terminum reservemus. t h a t  h u i [1]  it  s ǎ n  ni  d ō m i a n ,  n é u a n  t h a t  h u i [1]  it  te  g o d e s  d ō m a  l a t a n [3].

XIII, 30. fasciculas (b u n d i l i n o n [1])... horreum (k o r n h u s [1]).

46ᵃ XIII, 41. scandala (i r r i s l o n [1]).

46ᵇ „ 47. sagene (t h e m o  s e g i n a [1]).

„ 53. R. Admonet apostolos ut quicquid deinceps in evangelio predicarent ex lege et prophetis comprobarent- g i f a s t n o d i n [1].

XIV, 1. R. H e r o d e s  h e  h a d d a  it  h i r  g e l i c o  f a r- n o m a n [1].

47ᵃ XIV, 7. R. Ad hoc forte iuravit ut future occisioni (s l e- k a [3]) machinas prepararet.

47ᵇ XIV, 24. contrarius (a n g e i n [1]) uentus.

„ 26. clamauerunt (s c r i u n [1])ᵃ.

„ 30. R. Fides animi in eo ardebat sed humana fragilitas illum in profundum trahebat (s e n c t a [1]). Ad hoc scs. Petrus a domino relinquitur paululum ut fides augeatur.

48ᵃ XV, 2. traditionem (disciplinam e n d i  t u h't [3])ᵃᶜᵈ.

„ 3. propter tradicionem (g i s e t i t h a [1] *).

„ 4. honora (b i s o r g o [1])ᵃᶜᵈ **).

„ „ qui maledixerit patri uel matri (i. t h e  i m  i r o  n o d t h u r  a f t i u h i d [1] ***).

XV, 6. R. In lege illis erat preceptum, cum parentes eorum id aetatis haberent ut se ipsos procurare non possent, uictum et uestitum eis darent. Ideo pharisei iuuenes docebant haec parentibus dicere: munus quod pro me altari offerre debueram in tuos usus (t u h t i [2]) expendo, et si parentes ullum dei timorem habebant karius illis erat uitam suam in paupertate uiuere quam quod altari erat mancipatum (b i m e n i d [2])ᵃ comedere ****).

---

XIII, 53 Beda.   XIV, 7. Hieron. Beda.   XIV, 30. Hrab.
XV, 6. Hieron. *dem sinne nach.*

*) übergeschrieben.   **) übergeschrieben.   ***) l. *nodthurt*, übergeschrieben.
****) R. c u m  v e n i s t i  eingekratzt (vgl. Greg. gl.).

XV, 11. R. Cibi qui illis in lege prohibiti fuerunt — biuuerida¹ — et alie gentes liceant uti — niatanna¹ — ab illis communes nominantur et putabant, si quis eos comesserat, coinquinari sed dominus hic ostendit omnia munda ab eo esse creata².

XV, 12. scandalizati (giuuersoda ²)ᵃᶜᵈ sunt.

48ᵇ „ 17. omne quod in os intrat in uentrem uadit (uuerthid fertheuuid ¹)ᵃᶜᵈ.

XV, 21. R. Relictis illic (thar te stedi ⁸) insidiatoribus transgreditur in partes Tyri et Sidonis (ut) Tyrios et Sydonios sanaret.

XV, 27. etiam (it is also ²)ᵃᶜᵈ.

49ᵇ XVI. 4. faciem (farauui)ᵃᶜᵈ caeli.

„ 5. R. Hec obliuio, quod curam carnis sue non habebant, apostolis inde uenit quod dominum secum habebant, qui est panis uite, quo in corde reficiebantur et per eius dilectionem (liubi ¹)ᶜ non cogitabant de corporali cibo — biliuana ! *).

50ᵃ XVI, 19. solutum (los ¹).

„ 22. non erit tibi hoc (ne giburia thi nio sulig ²)ᵃᶜᵈ.

„ 23. scandalum mihi es (thu bist mi errislo ³)ᵃᶜᵈ. R. Mee uoluntatis est ut pro salute hominum moriar. Tu autem tuam considerans (sihis ⁴) uoluntatem non vis granum tritici in terram cadere *ut* multos fructus afferat.

XVI, 24. et sequatur me. R. Duobus modis Xristi crux tollitur, cum corpus per abstinentiam afficitur aut animus affligitur per proximi compassionem — erbarmunga.

XVI, 26. commutationem (retributionem cop ¹)ᵃᶜᵈ.

50ᵇ XVII, 3. R. Hic uero in monte Tabor ut apostolorum augeret fidem hoc signum dedit quod eis Helyam de celo uenientem, quem igneo raptum novimus curru ad celum, Moysen uero ab inferis resurgentem (.... stendit ¹ **).

XVII, 4. tabernacula (huttia ¹)ᶜ.

„ 10. R. quasi dicerent: uenisti (bist cuman ⁴) iam in gloria tua.

---

XV, 21. Hieron.   XVI, 23, Hieron Hrab   XVI, 24. Hrab.   XVI, 26. Hrab.   XVII, 3. Hieron.   XVII, 10. Beda.

---

*) Auch in c aber andere redaction.   **) Nicht mehr deutlich zu lesen, vielleicht *ostendit?*

XVII, 12. R. Herodes Xristum non crucifixit sed tamen Pilato in nece domini consensit — **samuurdig** [1].

51ᵃ XVII, 14. lunaticus (**manuhtuuendig** [2])ᵃᶜ.

„ 15. R. Non quod luna seruiet demonibus, sed quod demon observans cursum lunae homines corripit — **úuitnod** — quatenus, si ita fieri possit, creatorem infamet per creaturam.

XVII, 16. R. Hoc non propter apostolorum imbecillitatem (**uncrefti** [1]) euenit sed propter curandorum infidelitatem.

XVII, 17. Usque quo paciar uos (**fardragan scal**) — R. Quasi diceret quamdiu apud vos signa faciam et non creditis mihi, non quod mitis et mansuetus tedio superatus esset, sed fecit sicut medicus, si uiderit egrotum confra iussu et contra ipsius salutem favere, dicit illi quamdiu ad domum tuam ibo et industriam artis meę in te expendam — **farlésan** [2] — nulla ex his quę tibi dico conservet.

XVII, 23. didragma (**cins** [2]) accipiebant (**escodun** [2]). non soluit didragma (ne **giltit then cins** [2])ᵈᶠ *).

XVII, 23. accesserunt. R. Propter magnitudinem signorum non audent Jesum conuenire (**thuingen-noten** [2])ᵃᶠ.

XVII, 24. preuenit (**fore sprak** [2])ᵃᶜᵈᶠ. R. Antequam Petrus suggerat — **giuuegi** [1] — ne scandalizentur discipuli ad postulationem tributi etc.

XVII, 26. ut autem non scandalizemus eos (**an uns ne arfellian** [2])ᵃᶜᵈ.

51ᵇ XVIII, 6. ne contempnatis unum de pusillis his (qui vestro instruendi sunt magisterio — **ne giuuerson**)ᵃᶜᵈ.

52ᵃ XVIII, 15. lucratus eris (**gibcterodan** [1]) fratrem tuum.

„ 16. (ut eum cum illo aut corrigas aut vinces — **githuinges** [1]).

XVIII, 17. R. Facile contingere posset ut in corde suo contemptor (**overhoi**) frater diceret, si me condemnis et ego te condemno, et ut nullus ita dicere presumat dedit dominus apostolis potestatem, quicquid ligarent vel soluerent in terra, in celo esset similiter.

---

XVII, 15. Beda.   XVII, 24. Beda.   XVII, 25. Hieron., Beda.

*) Wie in d und f (a c *gildit*).

53ᵃ XIX', 9. R. Si tam grave est coniugium (gisihtsccpi ²*) uxorum.
54ᵃ XX, 18. scribis (bocherion ¹).
„ 20. adorans et petens aliquid ab eo (tuitho mi drohtin quad siu ¹).
54ᵇ XX, 24. et audientes decem indignati sunt de duobus fratribus (so mikilas thingas gerodun ¹).
55ᵃ XXI, 10. (et mirabantur quod ei tanta multitudo secuta est) R. that alla thia burg⁶.
XXI, 12. R. Hoc sacerdotes de semet ipsis per auariciam eorum cogitabant ut singulis annis ad Pascha et illis temporibus, quibus Iudei omnes communiter eo uenire debuerunt et illic sacrificium offerre, quod proprium pecus in templum induxerunt (dríuun⁴) et vendebant illud his Iudeis qui de longinquo uenerant et suum pecus illuc ferre non potuerunt, et cum ad altare sacrificabant simul pecunia et pecus pendebant sacerdotibus.
XXI, 17. R. Et relictis illis abiit foras extra civitatem in Bethaniam ibique docebat eos de regno domini: erat tam pauper ut in tota illa civitate unum hospitem inuenire non potuit et extra civitate exiit ad Bethaniam ad domum Lazari et Marthe et Marie et ibi mansit (nám thár náhtsélitha⁴).
56ᵃ XXI, 29. R. In adventu Xristi gentilis populus penitentia motus est et operatus est in uinea et contumeliau eius labore correxit — gibuotta⁴.
XXI, 33. locavit — bistadoda¹ **)ᵃᶜᵈ.
„ 33ᵃ. R. Deus pater, qui iudaicum populum locauit in terra promissionis et gentes eiecit, que antea in ea locate erant — gisetana uuarun¹.
XXI, 33ᵇ. R. Sepis signat murum urbis vel auxilia angelica — thé hé thémo fólca giscérid hádda ***).
XXI, 33ᶜ. R. Non ut locum dominus mutaret, qui in omni loco presens est, sed liberum eis dedit arbitrium utrum legem implerent — lestin.

---

XIX, 9. Beda.  XXI, 10. Hrab.  XXI, 12. Hieron. dem.
sinne nach, aber verkürzt.  XXI, 17. Hrab.  XXI, 29. Hrab.
XXI, 33ᵃ Hrab. Hieron.  XXI, 33ᵇ. Hrab.  XXI, 33ᶜ. Hrab.

*) 1. gisithscepi.  **) Von andrer hand, auf rasur.  ***) Auf rasur.

XXI, 41. locabit (bistadod²).

57ᵇ XXIII, 1. Postquam domini temptatores confusi et repudiati erant, conuertit Jhesus sermonem ad discipulos et ad turbas credentium, ut temptatorum confusio suis sectatoribus fieret ad disciplinam — endi te zuhti¹.

XXIII, 5. philacteria (houid bandos¹)ᶜ.

R. Preceperat eis Moyses ut in IIII angulis (lappon⁴) palliorum iacinctinas fimbrias suspenderent, ut quomodo in corporibus cum circumisione ita et in uestamento aliquam differentiam haberent, ceteris dissimiles essent, at illi grandes fimbrias (fiteri⁴)......

58ᵃ XXIII, 15. Ut faciatis unum prosilitum (advenam — nodago iudeiscan¹) et cum fuerit factus (uuerthid nodago iudeisk¹). R. Dum esset gentilis, semel erat filius gehenne, sed uidens magistros factis destruere quod verbis docebant, revertitur ad gentilitatem et maioris poene dignus est quod primo talem vitam aggressus est — anageing¹ᵃ.

XXIII, 16. R. Pharisei hanc stropham (unkust²)ᵃ invenerunt dicentes, si quis iurasset in auro vel in cetera pecunia que sacerdotibus in templo offerebatur, reus esset peiurii et mox in quo iurauerat cogebatur exoluere — that he sán fargéldan scóldi that selua thát hé hisuor¹ *).

XXIII, 23. qui decimatis mentam (mintun¹)ᵃᶜᵈ et anetum (dilli¹)ᵃᶜᵈ et ciminum (chumin¹)ᵃᶜᵈ et reliquistis quae grauiore sunt legis, iudicium (suona¹)ᵃᶜ et misericordiam et fidem.

XXIII. 24. excolantes (utflotiad¹)ᵃ culicem (muggiun¹)ᵃᵈ.

XXIII, 25. de foris (utana¹).

58ᵇ „ 26. R. Ac si diceret: munda prius conscientiam tuam de inmundicia et rapina ut opera sanctificentur (helaga uuérthan¹), que exterius apparent.

XXIII, 27. dealbatis (gikelcton²).

„ 31. testimonio estis nobismet ipsis (gi sindon giuuihton iu seluon¹).

59ᵃ XXIV, 5. R. Quorum Simo Magus primus fuit; extremus

---

XXIII, 1. Beda.   XXIII, 5. Hieron. Hrab.   XXIII, 15. Hrab. Beda.
XXIII, 16. Hrab. Beda.   XXIV, 5. Beda ad vs. 11.

*) d. i. *he gisuor*.

uero ille maior ceteris est Antixristus — he scal iro lesta uuesan also he iro uuirrista uuas².

XXIV, 6. R. Multa prelia debent fieri ante diem iudicii et ante excidium urbis Hierusalem multa fuerunt (giuurthun²) que prognostica futurorum sint malorum.

XXIV, 7. per loca (huar endi huar¹)ᵃᶜᵈ.

„ 10. scandalizabuntur (gisuikad¹)ⁿᶜᵈ.

59ᵇ XXIV, 18. R. Qui in agro, hoc est in sancta ecclesia non respiciat 'secularem rem et labentis vitę retinacula (gimeritha²) quibus renuntiauit.

XXIV, 19. pregnantibus (hahta²\*).

Eingefügtes blatt. XXIV, 20. orate R. Si de (thit) consumatione seculi intellegitur, hoc precepit ne fides nostra et caritas frigescat in Xristum, ne otiosi torpeamus -- ne firion¹) opere virtutum. Si vero de captiuitate romana hoc significat, si fuga eorum earum hieme contingeret, quod frigus eos prohiberet ad deserta fugere et in montibus latitare, si sabbato fugere uoluerint transgressi sanctam legem, aut si remanserint, non potuerunt euadere mortem ¹.

XXIV, 31. terminos (marka¹).

„ 32. cum iam ramus eius tener fuerit (ut sprutit¹).

62ᵃ XXV, 21. Euge (vuola² interiectio letantis¹).

63ᵃ XXVI, 2. post biduum (fon hiutu ufar zuena daga¹)ⁿᶜᵈ.

„ 6. R. Non fuit tunc leprosus quia dominus eum a lepra mundauerat, sed nomen pristinum habuit — lesta iemar the namo².

XXVI, 9. R. Si omnes discipuli hoc dixerunt, ob curam pauperum locuti, si autem ludas solus dixit, per avariciam fecit, volens precium sibi commendari quatenus inde aliquid furari possit — githiáuodí².

XXVI, 15. constituerunt (budun²).

63ᵇ „ 21. (omnes ad hoc nominat — binemda² — quatenus conscius (sculdigo²) se converterit (bithahti²).

XXVI, 25. R. Non uocat eum dominum sicut ceteri, sed

---

XXIV, 18. Beda.      XXIV, 20. Beda.      XXVI, 6. Beda.
XXVI, 25. Hieron. Beda Hrab

\*) XXIV 19. hs. c. *sunangeren*.

magistrum, quasi ei peccatum non esset magistrum prodere, si negarit principatum — herscepias ².

XXVI, 31. omnes vos scandalum paciemini (gisuikad ²)ᵃᵈ.

64ᵃ „ 39. R. i. si mundus aliter saluari possit ut aliter blandiendo (fleondu ⁴) dicit patri ut calix passionis sue transeat ab eo, non propter timorem mortis sed ut Iudeis misereri noluit.

XXVI, 41. infirma (unstark ²) R. Ne per suasionem diaboli in me scandalum patiamini — ne gisuikan ².

XXVI, 47. fustibus (stangvn ²)ᵃᶜᵈ.

64ᵇ „ 52. converte (duo).

„ 55. fustibus (stangun ²).

„ 56. (tunc verba Xristi impleta sunt que eis predixerat — that sia imo gisuikan scoldun ²).

65ᵃ XXVI, 64. amodo (nohuuanna ²)ᵃ.

„ 65. R. Propter furorem (obult ²) de solio exiliuit et vestimenta scindit, nam mos erat Iudeis, cum aliquid blasphemie contra dominum audierint, scindere uestimenta sua.

XXVI, 65. blasphemiam (laster ²)ᶜᵈ.

„ 73. R. In illa fuit regione ut in omni est: una queque prouincia aliquid habet proprietatis de quo (bi thiu ⁵) loquela eius cognosci valet, quamvis unius sint gentis.

XXVII, 1. consilium inierunt (anagengun ²)ᵃᶜ.

65ᵇ „ 4. quid ad nos? (uuat scal us the scat ²)ᵃ.

„ 7. figuli (eines leimbilidares ⁶)ᵃᶜ in sepulturam (bigraft ⁶)ᵃ.

XXVII, 10. constituit (pemeinta ⁶)ᵃᵈ.

„ 14. R. Ne crimen diluens (ne antsakodi ⁴) dimitteratur a preside et crucis utilitas differetur.

XXVII, 13. quanta adversum te dicunt testimonia (unliumenti ⁶)ᵃᶜᵈ.

XXVII, 15. vinctum (hahtan ⁶)ᵉ.

„ 19. nihil tibi et iusto illi (ne uerduo thi an thesamo guoden manna ²)ᵉ multa enim passa sum hodie per nisum propter eum (filu vunderes gisahik thuruina ²)ᵃᶜ.

66ᵃ XXVII, 25. sanguis eius super nos (thia sculd sines blnotes nemen uui ouer unsik ¹)ᵃᵈ.

---

XXVI, 56. Beda.  XXVI, 65. Hrab *bis* et, *dann* Beda.
XXVII, 14. Hieron. Beda, Hrab.

XXVII, 27. suscipientes (ce sih nemente 6)ad .... pretorium (sprakhus 4)acd.

XXVII, 29. plectentes (flohtente 6)acd.

66b XXVII, 36. seruabant eum (namun is guoma 6)acd.

„ 37. et inposuerunt super capud (tuo hehtun thar obena 6)ad.

67a XXVII, 65. ait illis Pilatus: habetis custodiam, ite, custodite, sicut scitis (ne duon ik mih der nieht mer ana6).

67b XXVIII, 2. R. ut ei officium et seruitium eius proberet quod ei debuit — scúldig unás 2.

XXVIII, 14. nos suadebimus ei (uui radad imo 2) et securos uos faciemus — R. thát iu nian scátha ni uuírthid 2.

## Marcus.

74a III, 3. Surge in medium (far forð ce gein uuardi 2)a.

„ 8. circa Tyrum (Tyrio landa 3) et (endi 1) Sydonem (Sidunio landa 3).

III, 9. turbam (githring 2).

74b „ 12. R. ne diuinitas eius manifestaretur (gibarod 2).

76a IV, 26—29. et (than 5) dicebat: sic est regnum dei quemadmodum si iaciat homo sementem in terram et (than is 4) dormiat, et exsurgat (R. hu san so uuirth...\*) nocte ac die, et semen germinet et increscat, dum nescit ille, ultro (uilliendi 4) enim terra fructificat (R. asth 5 \*\*), primum herbam deinde spicam, deinde plenum frumentum in spica et cum (mid thiu 4) se produxerit (gihuahsan is 3) fructus, statim (R. than — huan 3) mittit falcem, quia (R. bi themo 3) adest tempus messis.

IV, 31. R. Hec (thus 1) euuangelica predicatio philosophorum dogmatibus multo minor esse videtur, cui non creditur cum primum auditur quod dominus qui est auctor uite crucifixus mortuus et sepultus est.

76b V, 2. R. Quod S. Matheus dicit duos esse et S. Marcus et Lucas unum, hoc ita intellegere debemus unum famosiorem esse

---

XXVIII, 2. Beda.   IV, 31. Hrab. et Beda ad Mt. 13, 31.
V, 2. August. De cons. evang. II, 24

\*) *uuirthit, it* undeutlich.   \*\*) auf rasur.

in illa regione et alterum per sui dignitatem-b e r i t h a-taceri ².

V, 7. R. Hec confessio non ex uoluntate uenit sed ex necessitate quia tacere non potuit — e n d i n e m u o s t a ².

V, 15. et sanae mentis (h a d d a i s g i u u i t t i ²).

77ᵇ VI, 5. R. Ne plures faciens uirtutes ciues eius damnabiliores fierent. — e n d i t h e s c u l d i g e r u n ².

81ᵇ VIII, 23. R. ut a uita uulgari (g i m e n i o n ⁴) segregatus uoluntatem sequeretur sui conditoris.

86ᵇ XI, 16. R. Non uasa templo dicata prohibet sed que pertinebant ad mercationem eorum — t e í r o c ó p a ¹.

XI, 20. a radicibus (u p u u a r d a s ²).

„ 24. omnia quecumque (s o u u e s ⁴) orantes petitis, credite (s o ⁴) quia (t h a t ⁴) accipietis.

88ᵃ XII, 28. R. Cum Jhesus silentium imposuisset (g i s t í l d h á d d i ²) Saduceis, dicendo de resurrectione corporum, Pharisei eum per unum scribam temptare conati sunt, sic Herodes et Pilatus in nece domini conspirant, sic etiam nunc Pharisei faciunt ac Saducei, inter se contrarii sunt sed ad temptandum Jhesum pari mente consentiunt.

XII, 32. R. Ostendit ex hac responsione scriba sepe grauem inter scribas et phariseos esse controuersiam (s t r í d ²).

88ᵇ XII, 44. de penuria sua omnia que habuit misit (ex iusticia se presumebant g i b e l d u n ⁴).

89ᵃ XIII, 9. uidete autem uosmet ipsos (n e m a d i u u a r g o m a ²).

---

Lucas.

99ᵇ I, 5. R. ³Dominus precepit per Moysen ut Aaron summus sacerdos constitueretur et quod ille (sacerdotium) filio suo daret (l e f d i ³) et sic pontifex (s o f u o r ³) quisque primogenito suo et sic exstitit usque ad tempora David. Tunc ille omne sacerdotale genus diuisit in uiginti quattuor partes, eo tenore ut in parte qualibet unus pontifex esset, ceterique omnes illi subditi forent, sic nunc presbiteri sunt sacerdotibus, et ut unusquisque illorum in anno unam ebdomadan ad templum seruiret cum sibi subditis et quamuis omnes equales

---

VI, 5. Hrab.   VIII, 23. Beda   XII, 28. Beda   XII, 32. Beda.
I, 5. Beda bis David.

essent sacerdotali gradu (**heda** ³), tamen in his omnibus unus esse debuit tanto dignior ut ille solus dignus esset sacerdos nominari etc. ².

100ᵃ I, 7. et ambo processissent in diebus suis (**gialdaroda uuarun** ²).

100ᵇ I, 17. R. Johannes et Helias ambo erant in deserto, ambo erant frugi in alimento, ambo vestitu inculti (**ungiofda** ²), ambo passi sunt persecutionis regis.

I, 27. R. **uńel gizamun iró thía námun** — Maria Hebraice stella maris, Siriace domina dicitur, et merito, quia omnium seculorum dominum et lucem meruit generare ¹.

101ᵃ I, 46. R. Quod me tam inaudito (**seltaneru** ⁹) munere sublimavit.

102ᵃ II, 7. filium suum primogenitum R. **iro egan sun vuas he** secundum carnem ².

103ᵇ III, 1. anno autem (**tho** ¹).

„ 2. R. Liquet ergo quod Judea ad finem regni pervenerat que tot regibus divisa subiacebat, nam ipse dominus dicit quia omne regnum in se diuisum desolabitur — **that gihúuilik riki the innuardas giuuróhtid sí that ít útana testórid uuértha** — Herodes et Philippus Judea cum Pilato regebant. Filii Herodis fuerunt sub quo dominus natus est, inter quos et patrem Archelaus decem annis regnavit.

III, 3. et erunt praua (**so abuun**) in directa et aspera in uias planas. *Unter der linie*: **that ne givuart so** ³.

104ᵃ III, 7. R. Uentura ira est animaduersio (**gibelg** ³) R. fugere **sithun** ⁴.

III, 11. R. Per hoc quod tunica plus necessaria est usui …*) nostro quam pallium.

III, 15. R. Mira cecitas Iudeorum quod in Johanne sponte credebant, hoc (**endi**) in saluatore tantis virtutibus, ipso Johanne attestante, non credere.

III, 16. ego quidem aqua (**mid** ⁴) baptizo. R. mihi immerito (**un**) non usurpo.

III, 18. multa quidem et alia (**thesa** ⁴) exhortans.

---

I, 27. Beda.   I, 46. Beda.   III, 2. Beda.   III, 7, 11, 15, 16. Beda.

---

*) *gesidon* oder *gerikon*, unsicher.

105b IV, 23. et ait illis R. In illo tempore cum Jhesus erat in Nazareht et ibi in sinagoge eorum ambulauit et ibi Esaiam prophetam legit, noluit propter incredulitatem eorum ibi signa facere quatenus vicini eius damnabiliores the sculdigerun- non essent.

IV, 24. R. sed ex patriam-ut lendes [3]-acceptior et honorabilior habetur quam in propria patria-landa [2].

IV, 26. R. ut illa eum nutriret-neridi.

106ᵃ IV, 39. magnis febribus (fefra [3]) .... ministrabat eis. R. Naturale est his qui de febris resurgunt (giuuendiad [2]), quod lassi sunt et imbecilles — unkrataga — sed de salute quam dedit dominus non fuit ita, quia ista simul uenit [1].

IV, 41. R. Ideo noluit eos hec dicere, quia propter metum non propter amorem eius dicebant et ob hoc etiam noluit illos dicere ut eius diuinitas et maiestas non manifestaretur gimarid vurthi et tunc martyrii passio non impediretur [2].

107ᵃ V, 20. R. Quando dominus infirmum curare voluit a paralysi, dimisit primo ei peccata ut ostenderet eum propter peccata sua esse debilitatum — bilemidan [2].

107b VI, 6. eius dextra erat arida (lam [2]). R. Si in sabbato curaret, arguerent eum ex transgressione legis, si non, ex crudelitate aut de imbecillitate-uncraft [3].

108ᵃ VI, 17. stetit in loco campestri (gifildi [4]).

„ 19. R. Ad omnes generaliter loquitur, qui mundum pro nihilo putant eiusque culmen (heriduom [4]) contempnunt tam quam altum videatur.

109b VII, 12. R. Legitur dominum tres mortuos suscitasse. Una erat puella filia archisinagogi, que in domo iacuit et non efferebatur. Alter fuit adolescentulus, vidue filius, de quo hodie legitur, qui extra portam civitatis portabatur. Tercius Lazarus, qui quattuor dies erat sepultus et iam putriuit. Hi tres mortui significant tres mortes anime, quibus genus humanum moritur cotidie. Puella filia archisinagogi, que adhuc in domo iacebat, significat hoc peccatum quod quisque cogitat in mente et voluntatem habet perficere et tamen non perfi-

---

IV, 39. Hieron. u. Hrab.    V, 20. Vgl. P. Diac (Migne XCV, p. 1351) Hominem Dominus paralysi curaturus etc.    VI, 6. Beda.    VII, 12. Aug. Tract. XLIX, 2 und 3.

cit — ne gifremid. Juvenis vero, qui extra portam iam efferebatur, significat illam mortem anime, qui cogitatione et operibus palam perficitur. Lazarus, qui tres dies erat sepultus et iam foetet, significat hanc mortem anime, que cogitatur et operibus perpetratur et etiam in consuetudine tenetur. Dicitur de Lazaro quod putresceret, nam peccatoris ita malum statim incipit habere rumorem ut ex operibus debet — gisculdid — *ab his* tribus anime mortibus Xristus cotidie genus humanum liberat: alium ex cogitationibus, alium ex operibus, alium vero ex consuetudine ².

110ᵃ VII, 15. R. Quasi mortuus sedere — upsittian ² *) — videtur, cum peccator interna compunctione et poenitentia reviviscit.

110ᵇ VII, 41. duo debitores erant cuidam feneratori (burion ¹).

113ᵃ IX, 5. puluerem pedum vestrorum excutite in testimonium super illos (thei te gihuuitscep..... ɗa ³ **).

115ᵃ IX, 51. et ipse suam faciem firmavit (gienoda ³).

„ 52. ut pararent illi (is notthurti ¹).

„ 53. quia facies eius (uuas gienod ³) erat euntis in Jeruzalem.

116ᵃ X, 18. Videbam Satanan sicut (so sliumo ³) fulgor.

117ᵃ XI, 5. Amice, commoda (an lehno ³) mihi.

„ 8. propter inportunitatem tamen eius (ungimak ³) surget.

XI, 17. omne regnum in se ipsum divisum (giuúrohtid ³).

117ᵇ „ 22. Interl. gl. Se ipsum significavit — ménda ³) — qui diabolum sua morte superavit.

118ᵇ XII, 3. et quod in aurem locuti estis (ruonodun ***²) in cubiculis, praedicabitur in tectis. R. Juxta morem Palestine provincie hic loquitur, ubi in tectis residebant, quod tecta eorum non nostro more culminibus sublimata sed plano sceniate faciunt equalia — iro hus sia ne uuarun up giuuarta neuan sia uuarun ala emnia ouana ².

119ᵃ XII, 7. R. hoc non in actu computationis (te thero gitalu ²) sed in facultate cognitionis dei accipi debetur quia cui cognita sunt cuncta quasi numerata sunt illi. Hic iumen-

---

VII, 15. Beda.   XII, 3. Beda, Hrab.   XII, 7. Beda.

*) *an* schwer zu unterscheiden.
**) B. pulvis excutitur de pedibus in testimonium laboris sui.   ***) *o* aus *u*.

sam dei erga homines ostendit prouidentiam quod nihil nostrum dominum lateat et et parua etiam ociosaque dicta eius scientiam non fugiant.

XII, 18. destruam (te briku) horrea mea et maiora faciam et illuc congregabo omnia quae nata (gihuuahsana[3]) sunt.

119[b] XII, 16. R. Diues ob hoc non reprehenditur non quod terram suam coluit et fructum in ea adquisiuit sed quia magnam fiduciam (te mikila) habuit in eius habundantia.

120[b] XIII, 6. R. Arbor fici et mulier inclinata (crumba uuif[2]) designant humanam naturam, que bene plantata est sicut ficus et bene creata sicut mulier, sed sponte propria in culpam dilapsa neque fructum servat operationis neque statum rectitudins.

121[a] XIII, 8. et mittam (leggia[3]) stercora. R. . . . quasi stercora mittantur — so is it samo so man thar mehs umbi leggia[1].

XIII, 15. sabbato non solvit (ne antsclid[8]) bovem suum.

121[b] „ 23. R. Quia necesse est ut per labores et ieiunia vincant inlecebras satani fallentis (driagundun[2]).

123[b] XV, 17. R. Mercennarii significant Iudeos, qui domino ob presentia tantum bona et temporalem mercedem (lon[2]) seruiebant.

XV, 14. ipse caepit egere R. i. omnibus virtutibus indigebat (thár fag uuárđ[4]).

XV, 18. pater peccaui (ik faruuarta mi[2]).

„ 21. Peccaui (ik faruuarta mi).

„ 25. audiuit symphoniam et chorum (spil[5]).

„ 26. R. Judaicus populus qui alium dominum non coluerit sed legem exterius impleveritun — léstun.

124[a] XV, 27. frater tuus uenit (is cuman[2]).

„ 31. R. Non illum intellegere debemus hoc dicere de angelis vel archangelis uel alia creatura, quod he proprie essent Judeis de lege . . , . . et prophetis et de diuinis preceptis the thémo fólka bifólana uuárun[1].

125[a] XVII, 3. (si quis fratrem suum peccare uiderit et tacuerit et eum non increpat, sic transgressor est (also sculdig[3]) diuini precepti, sicut ille, qui poenitenti fratri ueniam non uult dare).

---

XII, 16. Beda.   XIII, 6. Greg. Hom. XXXI, 2   XIII, 23. Beda.

XVII, 6. dicetis huic arbori (mulbuoma⁶).

„ 8. R. Ad hoc precingit se homo ne tractatus uestis (sulit'hes giuuadias¹) se in gressu impediat sic et nos mentem nostram debemus precingere i. e. debemus eam constringere a superfluis cogitationibus, que nos impediunt a bonis operibus.

125ᵇ XVII, 10. R. si homo a seruo tam multiplex ministerium (thianust³) exigit, qui homo est ut ille (the also man is so he²), quanto magis nos non debemus pensare merita nostrorum laborum in longitudine temporum sed magis priora semper nouis studiis debemus augere.

XVII, 22. R. Unus dies significat regnum dei; ideo unum appellat quia in eterne beatitudinis gloria nulla tenebrarum interruptio est — undarfard².

128ᵃ XIX, 13. minas (pund).

„ 15. iussit uocare seruos quibus dedit pecuniam ut sciret quantum quisque negociatus esset (giuuokrid endi giuunnian²).

XIX, 24. R. si inquit (. . . . *) durum et crudelem esse me cognoueras et aliena sectari, ibique metere ubi non seuerim, quare non tibi huius modi cogitatio incussit timorem ut scires me mea a te diligentius (gnodor²) quesiturum.

XIX, 20. quam habui repositam in sudario. Timui enim te R. ec hopada **).

130ᵃ XX, 32. R. Hanc turpem fabulam illi composuerunt, qui negarent veritatem resurrectionis, potuit tamen ita esse ut in gente eorum talis res (thing²) acciderit.

XX, 36. R. Erunt semper (iemar) sine ullo timore mortis et debent perfrui eterna dei visione.

XX, 37. R. Dominus potuit eis manifestius testimonium dicere de prophetis, de resurrectione, sed Saducei acceperant quinque libros Moysi, ideo dicebat eis de Moyse testimonium in quem maxime (best¹) confidebant.

130ᵇ XXI, 9. seditiones (fara²) R. Prelia ad hostes pertinent, seditiones vero (inuuardes¹) ad ciues, que utraque in tem-

XVII, 10. Beda.   XVII, 22. Beda.   XX, 32. Beda.
XX, 37. Beda.     XXI, 9. Beda.

*) unlesbare glosse.   **) da verblichen.

pore dominice passionis in populo Indeo satis constat habundasse etc.

XXI, 11. terre motus magni per loca (**erdon uuagi uar endi uar** [4]) R. Hec eodem tempore sunt complete, quisquis Josephi historiám legerit inveniat signa multa (**filu an**). Stella gladio similis apparuit per totum annum.

131ª XXI, 21. et qui in medio eius (**thes landes** [3]).

„ 23. vae autem praegnantibus (**hata sindun** [3]) et nutrientibus (**kind suoginda** [3]) in illis diebus, erit enim pressura magna super terram et ira (**godes gremi** [3]) populo huic.

XXI, 23. R. Actenus predixit que illis futura erant in quadraginta diebus priusquam desolatio fieret urbis Jherusalem, et nunc dicit quid futurum erat eis in ipso fine quando civitas a romano exercitu circumdata erat — **umbi bisetan** [1].

131ᵇ XXII, 1. qui dicitur (**endi**) Pascha.

132ª „ 6. et spopondit R. **he gihet im tho that he im gilesti** [5].

XXII, 7. R. Primo desiderabat typicum pascha (id est agnum — lamb) cum discipulis manducare.

XXII, 11. ubi est diuersorium (**en**) ubi (**thar ik**) pascha cum discipulis meis manducam.

XXII, 12. et ibi (**thar** [4]).

„ 14. duodecim (**thia** [2]).

132ᵇ XXII, 22. R. Ue homini illi hodie et in sempiternum qui ad mensam domini (R. **that is te themo altare** [3]) malignus accedit, qui in mente sua insidias habet conditas — **the the ange thes uues lif radid** — vel aliquo scelere est pollutus, non timuit sacramenta mysteriorum Xristi accipere quasi filium dei tradit (**far.**), non quidem Judeis peccatoribus sed membris ipsius [1].

XXII, 23. quis esset (**huilik** [5]).

„ 24. facta est autem contentio intereos, qui eorum esse uideretur maior (**endi thia furista** [4]) R .. tristes contendebant quis eos procuraret vel cui oboedirent, quis eorum in hoc videretur esse maior.

XXII, 26. sed qui maior (**eldista** [1]) est in vobis fiat

sicut minor et qui precessor (foraferdio ¹ R. i. princeps) sicut ministrator.

XXII, 27. Nam quis maior est, qui recumbit an qui ministrat? nonne qui recumbit (furthira ⁶).

XXII, 30. et sedeatis (that gi sittian ²) super thronos.

„ 31. Ait autem Dominus Simoni: Simon, ecce satanas expetivit vos ut cribraret sicut triticum R. that giu mid is costungu so undarsokian muosti also man that hrenkurni duod than man it sufrod². R. Satane est (froon proprium)bonos expetere ad temptandum.

XXII, 33. qui dixit ei (tho and. p.⁷ *).

133ᵃ „ 35. quando (thanna ²) misi vos.

„ 36. et qui non habet (the thes naihuit ⁵ **) uendat tunicam suam et emat gladium. R. Instante mortis periculo et tota gente pastorem simul ac gregem persequente pecuniam victui (biliuan ²) necessariam secum tollere permittit donec sopita persecutione tempus euangelizandi redeat.

XXII, 37. Dico enim uobis quoniam adhuc (nohio ¹) hoc quod scriptum est debet impleri.

XXII, 42. R. Ac si diceret: si ergo fieri potest ut sine interitu Judeorum sanctur gentium multitudo, passionem recuso, sin aliter (an thiu vuord ¹) illi excecandi sunt ut omnes gentes uideant, non mea voluntas sed tua fiat.

133ᵇ XXII, 47. et adpropinquauit Jhesu ut oscularetur eum. R. Hoc enim signum dederat illis (thus tegnidda he ina im ⁴), dicens quem osculatus fuero ipse est.

XXII, 49. Uidentes autem hi qui circa ipsum erant quod futurum erat (uas ⁴), dixerunt ei: Domine si vis percutiemus gladio (hvui vehtad ⁶).

XXII, 51. et cum (so ⁴) tetigisset auriculum eius.

„ 53. cum cotidie (than ik ³) vobiscum fuerim in templo non extendistis manus in me. Haec est hora vestra et potestas tenebrarum. R. Ideo aduersus me congregamini in tenebris, quia potestas uestra in tenebris est, qua contra (mid ³) lucem mundi armamini.

---

XXII, 31. Beda.   XXII, 36. Beda.   XXII, 42. Beda.
XXII, 47 Vgl. Mt. XXVI, 48.   XXII, 53. Beda.

*) l. *anduuorda Petrus*.        **) l. *ni hauit*.

XXII, 55. accenso autem igne (thar uuas tho en fiur gibŏt ²) in medio atrii et circumsedentibus (satun ⁵) illis.

XXII, 56. Quem cum uidisset ancilla quedam sedentem ad lumen (fiura ¹).

XXII, 58. et post pusillum (luoikeru stundu ¹) alius (en man ¹) uidens eum.

XXII, 59. alius quidem. R. iro en ¹.

„ 60. et ait Petrus (tho and. ⁵ *).

134ᵃ „ 61. et recordatus est Petrus verba domini sicut dixit (huo he imo beforan ²).

XXII, 64. et percutiebant faciem eius (R. farodun is ⁸) et interrogabant eum dicentes (spra ⁴ **).

XXII, 65. et alia multa blasphemantes (lastar ⁹) dicebant in eum.

XXII, 66. duxerunt eum in concilium (thing ²) suum.

„ 68. si autem et (hic is ²) interrogavero non respondetis mihi neque dimittetis R. that he imo thia ⁷ ⁴.

XXII, 69. Ex hoc autem (R. hinan forth ⁷ ᵒᵈᵉʳ ⁴) erit Filius hominis sedens a dextris virtutis Dei.

XXIII, 2. Hunc inuenimus subuertentem (farstur. ⁴) gentem nostram. R. iudeon ⁴.

XXIII, 3. interrogauit eum dicens (sprak ⁴).

„ 5. At illi innalescebant dicentes (hriapun contra eum ⁴): Commouit (giuuorran he ⁴ ***).

134ᵇ XXIII, 8. gavisus est ualde [R. uuarth is filo fra ⁷), erat enim cupiens ex multo tempore (filo managan dag ⁴) uidere eum.

XXIII, 9. Interrogabat autem illum (Herodes ² grotta ina ⁴) multis sermonibus (fi ma ****) thingo). At ipse nihil illi respondebat R. Justum profecto erat (R. that vuas lucilo rehtera ⁴) Pilato pauca respondere: Herodem vero ceterosque optimates suo sermone indignos ostendit, quia contra legis decreta condempnabant; nulla signa coram eo fecit, quia Herodis crudelitas diuina non merebatur uidere etc.

XXIII, 14. (Pilatus) dixit ad illos: obtulistis mihi hunc hominem quasi (en de sagdun ⁴) auertentem populum.

XXIII, 5. Vgl. Hel. 5239.    XXIII, 9. Vgl. Hel. 5341. Beda.    XXIII, 23. Beda.

*) l. *anduuorda*.    **) l. *sprakun*.    ***) l. *heuit*.    ****) i. e. *filo managero*.

XXIII, 15. sed neque Herodes (self⁴).

„ 17. dimittere eis per diem festum unum uinctum (thero hahtâno¹).

135ᵃ XXIII, 23. R. Ut nidebant totam accusationem, quem adversus Dominum detulerunt, nihil apud Pilatum prodesse, conuertunt se ad preces. R. thur thia uuraka⁴.

XXIII, 25. quem (the\*) petebant.

„ 28. nolite flere super me. R. Quasi diceret: ne me moriturum lamentamini cuius cita resurrectio soluere potest, cuius mors et omnem mortem et ipsum mortis destructura est auctorem. Vos ipsas vestramque progeniem potius flete ne per mee passionis ultionem dampnemini. Non ideo (bi the²) solus mulierum planctus eum sequebatur, quod cetus credentium virorum de morte eius non fuerit tristis, sed quia mulieres se adversus principes sacerdotum liberius ause sunt ostentare (gibáron dorstun²).

XXIII, 29. beatae steriles (uuif²).... et ubera que non lactauerunt (kind²).

XXIII, 30. Tunc incipient dicere montibus (bergon¹⁰): cadite (fallad⁵) super nos.

135ᵇ XXIII, 41. Et nos quidem iuste (tholod it²) nam digna factis recipimus R. uuerth*id* angeldi*d* unca sundia²\*\*).

XXIII, 47. centurio (sculthetio⁶).

136ᵃ „ 50. Et ecce uir nomine (he³) Joseph, qui (et) erat.

„ 53. posuit eum in monumento (that³) exciso in petra.

XXIV, 4. Et factum est dum mente consternate essent (seraga) de isto.

136ᵇ XXIV, 11. Et uisa sunt ante illos sicut deliramenta (dununga³) uerba ista.

---

Johannes.

140ᵇ I, 13. qui non ex sanguinibus neque ex uoluntate carnis.... nati sunt R. Omnium mortalium procreatio — gi-

---

XXIII, 28. Beda.        XXIII, 28. Non ideo, etc. Beda *ad vs.* 27.

---

\*) s ausradiert.        \*\*) *id* und *d* undeutlich.

scaft² — in hoc mundo ex concupiscentia fit et ab amplexu uiri et femine. Talis natiuitas filios deo minime gignit, quoniam unusquisque iniquitate concipitur et in delictis nascitur; sed uirgo sancta ecclesia fide et ex aqua baptismatis parit filios eterne vite per spiritus sancti gratiam².

141ᵇ I, 42. Tu es Simon filius Johanna. R. Johanna interpretatur columba; propter simplicitatem quam in eo sciuit, filium columbe eum uocauit et per robur fidei quod in eo futurum uidit Petrus eum uocauit. Non ex merito preterite servitutis tanta laude et honore eum sublimauit (gieroda³) sed talem laudat eum tunc in presenti (...te) qualem illum postea futurum uoluit facere.

I, 46. R. Nazareth interpretatur flos sive uirgultum. Nathanahel erat doctissimus legis et legebat sacras scripturas et sciebat quod saluator inde erat expectandus — uuanian sculun³.

142ᵃ II, 14. R. Hoc sacerdotes propter auariciam ipsorum cogitabant, quod ad Pascha et Pentecosten et ad Scenophia, quando Judei omnes debuerunt uenire et sacrificium ferre, proprium pecus in templum induxerunt — driuun² — et his Judeis uendebant, qui de longinquo uenerant, etc.

II, 15. R. Flagellum ex multis funibus coniunctum — te samna giflotan²*) — significat: cumulum peccatorum sibimet ipsis cumulant, quo merito de templo, i. e. de sancta ecclesia, eiciantur.

II, 15. R. Nam Dominus his maxime irascitur, qui aperte — barliko² — sine rubore terrenis lucris instant.

II, 16. domum negociationis (kopas²).

142ᵇ II, 21. R. Salomon primo hoc templum edificauit et quia nimium erat potens et, quia pax magna tempore suo erat, in octo annis hoc perfecit — bibrahta¹ — tunc Caldei hoc combusserunt etc.

III, 8. sed nescis unde ueniat aut quo uadat. R. Cum spiritus sanctus super aliquem sanctum hominem uenerat, uideri non potuit unde uenerit aut quo uadat quando ab illo recedit,

---

I, 42. Der anfang aus Beda.
II, 15. Aus Alcuin entlehnt.
I, 46. Beda in Mt. IV, 13.
II, 21 Beda Alcuin.

*) i. e. giflohtan.

sic est de uno quolibet, qui baptizatus est: non poterit corporalibus oculis videre quali modo (h u u i s u ⁶) deponat uitia veteris hominis adam vel qualiter induat uitam novi hominis Xristi. ...

143ᵃ III, 10. R. Hoc ideo non dixit quod illum de ignorantia sua irrideret, qui legis erat doctor, sed ad hoc dixit ut sollicite (n i u t l i c o r ² *) ad hoc cogitaret.

III, 14. R. Quando filii Israhel ab ignea serpente scissi (g i s l i t a n ⁶) sunt, precepit Dominus Moysi ut cream serpentem sublime poneret etc.

143ᵇ III, 29. R. Significauit (t h o m e i n d a h e ²) se ipsum, quod ipse esset amicus Xristi et multum gaudebat, qui audiebat quod Jhesus discipulis precepit: ite, docentes omnes gentes.

III, 36. sed ira Dei (g o d e s g r e m i ³) manet super eum. R. Quando Jacob filiis suis benedixit, Joseph dedit praedium (b i f o r a n d e l a ⁶) quod armis suis ab Amorreis adquisierat.

144ᵃ IV, 7. R. Samaria dicitur custodia et significat idolatriam. Quando Judei propter peccata eorum in captiuitatem sumpti sunt, gentes in illa regione posite sunt, ne regio fieret deserta, et quia regionem obseruare — u u a r o n — debuerunt Samaritani vocantur, et quot fuerunt generum — s l a t a ¹ **) —, tot idolorum culturas in regionem attulerunt ¹.

IV, 9. non enim coutuntur (n i a n a n g i m e n d u n ³) Judei Samaritanis.

IV, 18. R. Quinque uiri significant quinque sensus corporis, quibus homo in adolescentia regitur — g i r i h t i d ³ —, legitimus uir significat rationem et intellectum, quo homo regitur, postquam ad dies etatis ipsius peruenit.

144ᵇ IV, 25. R. Tunc legitimus eius uir uenit (c h a f t o c u m a n v u a s) i. e. sensus rationalis.

IV, 35. R. Significat (n e n d a ² ***) populum, qui iam paratus esset predicationem ad percipiendam.

145ᵇ V, 2. probatica (. . . . f e l i k ⁷ ****)ⁿᶜ.

„   3. expectantium aque motum (s e l f u u a g i)ᶜ.

„   4. post motionem aque (s e l f u u a g i t h e s u u a t a r e s⁷).

---

III, 10. *Nach* Aug. Tract XI.  III, 14. *Nach* Aug.
IV, 7. *Bis* quando *aus* Hieron.  IV, 18. Aug. Tract. XV, 21 *und* Alcuin.

*) undeutlich.   **) i. e. *slahta*.   ***) l. *menda*.   ****) Rasur des ersten teiles.

V. 6. R. Xristus uoluntatem languidi perquirit quia nemo a deo potest sanari, nisi ipse salutem desideret suam (g e r a g  s i ²).

V, 10. R. quasi (s a m a) diceret, succurre (h i l p) etc.

146ᵃ „ 19. nisi quod (s o) uiderit Patrem facientem.

„ 21. R. Non ut Pater alios suscitet aliosque Filius, sed eosdem — n e u a n  e n a  e n d i  t h i a  s e l u u n ².

148ᵃ VI, 38. qui misit me (et me incarnari destituit — g i m a r- c o d a ⁴).

149ᵃ VI, 65. R. Dominus tante erat mansuetudinis et tranquillitatis quod proditorem suum reprehendit et tamen illum non publicavit — n e  g i b a r o d a — quatenus etiam fideles terrerentur — a n  u o r t a  u u r t h i n ¹.

149ᵇ VI, 69. R. Quasi diceret si nos expulis a te, ostende nobis alterum te — a l  s u l i k a n  s o  t h u ².

VII, 4. in palam (b a r ²).

150ᵃ „ 18. R. significauit (t h o  m e n d a  h e ²) Antixristum.

„ 19. nemo ex uobis facit (l e s t i d ²) legem.

„ 20. R. Palus — f e n i  e n d i  t h a t  m ó r ² —, quamdiu est immota, fetorem non emittit, et statim ut mouetur, fetor qui intus erat prius, exit, sicut Judei statim ut irritati sunt eas sordes, quas intus habebant, emittebant.

VII, 24. nolite iudicare secundum faciem (t h e  g i  h i n a  m u n i n ³).

151ᵃ VII, 48. ex principibus (f u r i s t o n ⁵ *).

„ 49. R. Scriptum est in Deuteronomio: maledictus sit omnis qui non permanserit in omnibus uerbis legis ut faciat (g i l e s t i a ⁴) ea.

VII, 51. numquid lex nostra iudicat (f a r d u o m i a ⁴) hominem.

151ᵇ VIII, 6. R. Ob duas causas dominum temptabant; si eam lapidare iuberet, eum illudere possent, dicentes quod semper misericordiam predicaret et ipse seueritatem — g r i m n u s s i ² — ostenderet. Si uero eam dimitti preciperet, sic reprehendere vel accusare ualerent tamquam legis preuaricatorem, dicentes

---

V, 21. Aug. XIX, 5.   VI, 69. Beda.
VII, 18. Alcuin.      VIII, 6. Aug. XXXIII, 4, 5.

---

*) Zu homo loquitur *steht*: Verum dicebant nam nullus e n g ... homo et verus deus et verus homo fuit. eng *schwach zu erkennen, ausradirt*.

hostis es legis, contra Moysen respondes; imo contra eum, qui per Moysen legem dedit.

VIII, 6. R. Quod dominus digito in terra scribebat — **thia erthun ritta**² — significat: si fratrem nostrum ob aliquid delictum debemus iudicare, nostrum cor subtili prius cogitatione debemus perscrutari, si nos unquam tale delictum commiserimus, etc.

VIII, 11. R. Mulier magis timuit quando cum solo domino relicta est, quam cum omnes erga eam stabant, nam timuit ab eo se puniri — **angeldid uuerthan**² — qui solus sine peccato erat.

VIII, 12. R. Non quis arbitrari debet sic esse, ut heretici dicunt, quod Xristus illa sit lux, que oriente (**ostana**\*) oritur.

VIII, 15. Uos secundum carnem iudicatis (**uuiht thiu the gi ina mugin**\*) ego non iudico quemquam, sed illa est lux, que numquam obscurabitur, per quem lux uisibilis creata est.

153ᵃ VIII, 44. R. Primum hominem sua maligna suggestione — **gispensti**³ — necauit, ille non est gladio accinctus neque hasta neque aliis armis est armatus, armatus etiam est homicida etc.

153ᵇ IX, 8. et qui uiderant (**constun**²) eum prius.

154ᵃ „ 22. iam enim conspirauerunt (**gienoda**¹).

154ᵇ „ 32. a seculo (**an uuoroldi**¹) non est auditum.

„ 34. In peccatis natus es totus (**so it an thi scinid**²).

158ᵃ X, 22. hiems erat R. Per hiemem (**uuedar**²) euangeliste Judeorum incredulitatem designat¹.

X, 28. R. Lupus eas non deuorat (**fritid**²), fur non furatur, latro eas non occidit.

X, 33. facis (**mecis**²\*) te ipsum deum.

158ᵇ XI, 5. Diligebat autem Jhesus Martham et sororem cius Mariam et Lazarum (**thia thriu gisuttrithi**¹\*\*).

XI, 8. R. Discipuli adhuc erant carnales; ideo suadebant illum non mori, qui ad hoc in mundum uenit ut mortem acciperet, ne et ipsi cum eo mori deberent — **thortin**¹.

XI, 12. saluus erit (**ginesid**²).

---

VIII, 6. Aug. l. c.     VIII, 12. Aug. XXXIV, 2.
VIII, 44. Aug. XLII, 11.     XI, 8. Aug. XLIX, 8.

\*) c oder t.     \*\*) l. *gisustrithi*.

159ᵃ XI, 31. R. Naturale (hs. natulare) est mulieribus ut tristia (iro lehí t²) earum lacrimis consolentur.

159ᵇ XI, 47. collegerunt concilium et dicebant (iro thing redun²).

XI, 49. anni illius. R. In lege eis erat preceptum cum summus sacerdos moreretur filio suo sacerdotium daret (lefdi²), sed per dissensiones sacerdotum in multos diuisum est sacerdotium, ut hi plures uicissim (herdon²) illo fungerentur, unusquisque annum suum, sed hoc anno ordo uicis sue non erat, sed pecunia sua adquisierat.

156ᵃ XII, 5. quare hoc unguentum non ueniit (uuirthid ƒercóft²*).

XII, 6. R. Que credentes ei mittebant sibi ac discipulis ad uictum (te tuhti⁴).

156ᵇ XII, 20. R. Gentiles qui ibi in proximo erant (naist gisetana²) ad maxima festa ad templum uenerunt ut ibi orarent.

XII, 24. nisi granum frumenti cadens in terram mortuum fuerit (endi tekina⁵).

157ᵃ XII, 31. R. Non generale iudicium sed illud iudicium et illa discrecio (gisceht²), quod iusti a malis sequestrantur.

XII, 35. R. Significat (menda²) ut ipsi scirent, quia Xristus non moritur.

157ᵇ XII, 42. propter Phariseos non confitebantur (barlico⁵) R. Ideo non ausi sunt aperte eum confiteri, quia nondum erant tam fortes (so balda⁵) quod adhuc per Xristi amorem possent mori.

162ᵃ XIII, 12. et accepit uestimenta (te imo nam²).

162ᵇ „ 18. ego scio quos elegerim R. Hoc uerbo Judam excepit. Ad eternam beatitudinem electus fuit sed proditione, quod dominum tradidit, perdidit — farsćulda².

162ᵇ XIII, 19. amodo (nu).

„ 27. Quod facis, fac citius R. Non ita.... cupidus (gerag²) perditionis discipuli esset sed ostendit quam paratus ad passionem et ad nostram redemptionem fuit.

---

XI, 49. Beda in Luc. I, 5, vgl. Aug. XLIX, 27.   XII, 35. Alcuin.
XIII, 18. Alcuin.   XIII, 27. Aug. LXII, 62.

*) ƒ auf rasur von u.

163ᵃ XIV, 2. In domo patris mei mansiones multae sunt. R. also missilica⁷ quot diuersa merita sunt in hoc seculo tante remunerationes sunt in eterna beatitudine.

XIV, 7. et amodo (hinan forht²) cognoscetis eum.

160ᵃ XV, 2. Omnem palmitem, in me non ferentem fructum, tollit (angeldid⁵) eum.

XV, 3. Jam vos mundi (casti hrenia⁵) estis.

„ 6. Si quis in me non manserit, mittetur foras (endi of gi scidan⁵).

164ᵇ XVII, 24. R. Uolo quamdiu in mundo sunt, mecum sint per fidem et quando de hoc mundo transeunt, mecum sint uisibiliter — gisihtiglico.

XVIII, 2. Judas. R. Qui obseruabat (he is hodda⁷) competentem locum.

165ᵃ XVIII, 3. R. A pontificibus atque Phariseis ministros accepit fraudis meditande (the ina fecanaco\*) anquamin²).

XVIII, 10. R. Simon Petrus ualido mentis ardore dominum ulcisci desiderans eduxit gladium, quia adhuc carnaliter sapiens: uerum deum ut purum hominem defendere (n u rekan⁴\*\*) gestiuit.

XVIII, 16. et introduxit Petrum. R. that deda bi thiu.

165ᵇ „ 28. R. dies enim agi coeperant azimorum, quibus illis contaminatio erat (unsuuarnussi thuhta²) in alienigene habitaculum intrare etc.

166ᵃ XVIII, 31. R. Quid est quod dixerunt (haat\*\*\*) mendun sia⁸) non licet nobis interficere quemquam cum lex mandat homicidas et adulteros et aliorum criminum reos occidere uel lapidare nisi forte hoc ideo dixissent, quia non liceret eis in die festo secundum legem occidere hominem.

XVIII, 32. significans (tho the he im²) qua morte esset moriturus.

XVIII, 39. ut unum (hahtan²) dimittam nobis in Pascha. R. Non expectauit audire quid responderet ei Jhesus, quia forte dignus non erat audire. Credo enim (it mahti gibu ria⁴\*\*\*\*) cum hoc dixisset in mentem illi uenisse continuo Judeorum consuetudinem, qua solebat eis unum (hahtan¹)

---

XVIII, 28. Aug. CXIV, 2.     XVIII, 31. Alcuin.     XVIII, 39. CXV, 5.

\*) *eca* nicht deutlich     \*\*) unter der linie.     \*\*\*) l. *huat*.     \*\*\*\*) l. *giburian*.

dimittere in pascha, et ideo non expectauit quid responderet ei Jhesus quid esset ueritas, ne mora fieret cum recoluisset morem quo posset eis pascha dimitti etc.

166ᵇ XIX, 5. purpureum uestimentum (exiit itaque non clarus imperio (kuning duoma⁴) sed plenus obprobrio).

XIX, 7. R. Neutrum sibi Jhesus mendaciter finxit (gieknoda²) sed utrumque uerum est et unigenitus et dei filius et rex a deo constitutus super montem sanctum Syon — *) ne nuethar ne thena kunig duom ne that he godas sunu vuari².

XIX, 16. R. Ideo traditum illis dixit evangelista ut eos crimine implicatos esse (that sia thes menas filu sculdiga uuarun), a quo alieni esse uoluerant, ostenderet; tradidit illum eis ne contra Cesarem esse uideretur.

167ᵃ XIX, 19. Erat autem scriptum (thit): Jhesus Nazarenus.

„ 20. Hebraice, Graece et Latine. R. He tres lingue pre ceteris eminebant: hebrea, greca et latina. Hebrea propter Judeos in lege gloriantes; Greca propter gentium sapientiam, Latina propter Romanos multis ac pene omnibus gentibus inperantes — the thar herron vuarun allero thiadono⁴.

167ᵇ XIX, 29. R. Nec moueat quemquam quomodo spongiam ori eius potuerunt admouere, qui exaltatus est a terra in cruce. Sed licet hic pretermittatur, alius euangelista refert spongiam suppositam esse arundine (endi that man sia mid ysopo bilaggi²**) ut in spongia telis potus ad sublima crucis leuaretur.

XIX, 31. Judei ergo ut non remanerent in cruce corpora sabbato rogauerunt Pilatum R. te thiu bad imo⁴***).

XIX, 37. ubi (mid thius) promissus est Xristus in ea qua crucifixus est carne uenturus.

169ᵇ XXI, 15. R. Ideo sanctus Petrus Domino caucius interrogatione respondit, quia meminit quod in tempore passionis sue se ipsum maiori fiducie denouit — bihet³ — quam deberet.

---

XIX, 7. Aug. CXVI, 3.  XIX, 16. Aug. ibid. 9.
XIX, 20. Aug. CXVII, 4.  XIX, 29. Aug. CXIX, 5.

---

*) Das folgende unter der linie.  **) l. *bilagdi*.  ***) *bad* oder *that?* undeutlich.

# LATEINISCHE GLOSSEN IM ESSENER EVANGELIAR, WELCHE SICH NICHT IN DEM LINDAUER EVANGELIAR FINDEN.

MATTHAEUS.

31ᵃ I, 1. R. Notandum quod hos ideo prenominauit, quia his Xristus fuerat ex eorum semine nasci promissus, sed quod Dauid preponitur Abraham ordo preposterus est, sed necessario commutatur: alioquin Abraham nominato ac deinde Dauid necesse habuit Abraham iterum nominare ut eius filium Dauid esse ostenderet.

I, 13. Abiud (pater meus iste).

„ 14. Azor (electus) Eliud (Deus dicitur meus).

„ 18. (Id est hominem . . . . . *).

31ᵇ „ 20. R. Joseph fidelis erat uir, manifesta reuelatione non indigens, sed statim credidit que in somnis dicta sunt ei.

I, R. Ad hoc uocauit eum filium Dauid ut Maria de strirpe (sic) eius esse ostenderetur.

I, 23. (Ut Euangelista dicit hoc nomen Emmanuhel e. i. n. d.).

II, 6. in principibus (urbibus).

„ 13. R. Hoc factum est postquam Jhesus in templo presentatus est, postea fugit in Egyptum. Lucas praetermittit fugam Xristi in Egyptum et statim**) postea reversionem eius in Galileam factam pro purificatione narrat.

32ᵃ II, 18. in Rama (hoc est longe lateque dispersa).

II, 21. R. Non dixit accepit filium et uxorem, sed puerum et matrem, quasi nutricius non maritus fuit.

II, 22. in Judea (in tribu Juda) pro Herode patre suo (in uice patris sui Herodis).

II, 22. R. Galilea interpretatur transmigratio perpetrata, Nazareth uirgultum siue flos et significat ecclesiam, que ab in fidelitate ad fidem a uiciis ad uirtutes transmigrauerat et pullulat in perfectione bonorum operum, florescitque in uirtutibus.

---

I, 1. Hieron.     I, 20. R. 2. Hieron. Hrab.     II, 13. Aug. II, 1305. Beda.
II, 18. Hrab.     II, 22. Beda.

*) das weitere unlesbar.     **) *statim* über *et* geschrieben.

32ᵇ III, 2. (Quia ille appropinquabat qui coelestis regni reserabit aditum).

III, 3. (Scriptum dicit: qui uox erat domini per ipsum loquentis).

III, 9. R. Nolite de carnali prosapia patriarchę Habrahę gloriari, quia nemo in semine Habrahę estimatur nisi qui cum fide et operibus imitatur.

Lapides ethnicos (gentiles) uocat propter duriciam cordis uel quia lapides colebant.

III, 10. R. Arbor autem genus humanum significat, securis redemptorem. Nam sicut securis de manubrio constat et ferro, sic redemptor ex humanitate et diuinitate. Sed incidit de diuinitate quia in iudicio apparens abscindit prauis facultatem ultra peccandi.

III, 11. (Ac si diceret celestem eius naturam mihi usurpare non presumo, quia de uirili semine natus sum).

(Id est in gratiam spiritus sancti et in remissionem peccatorum).

33ᵃ III, 12. aream (ecclesiam) suam et congregabit triticum in horreum suum (id est sanctos suos conlocat in caeleste regnum) — igni inextinguibili (id est in ęterna damnatione).

III, 14. Xristus neminem baptizauit, baptizandi officium discipulis suis commisit, etsi potestatem baptismi nulli eorum tribuit etc.

III, 16. R. Non aliquis putare debuit tunc primum Xristo celestia archana paterent, cum triginta annos ętatis in se habuit, nam in ea ętate erat cum baptismum *percepit*, dum credere debemus, quando de cęlo ad terram descendit in diuinitate de patris sinu eum non recedere.

IV, 2. esuriit (sinit se esurire ut diabolo temptandi occasio daretur).

IV, 5, in sanctam ciuitatem (ideo sancta quia ibi unius dei erat cultura).

IV, 6. R. Permisit se a diabolo subleuari sed ad imperium eius deorsum mitti noluit. Hoc nobis etiam exemplum dedit, quia, si quis nos suadet uiam ueritatis scandere, illi obtempe

---

III, 2. Beda.   III, 3. Beda.   III, 9. 1. Beda. 2. Hieron.
III, 10. Hrab.   III, 12. Hrab.   III. 16. vgl. Hrab.
IV, 2. Hrab. Hieron.   IV, 5. Hieron.   IV, 6. Vgl. Beda Hrab.

remus, sed si uult ad ima cadere, cum non audiamus.

IV, 7. (scriptum est hominibus non diabolo).

„  „ R. Ne quis ita dominum temptare debet ut se ipsum in ignem siue in aquam uel in aliud aliquod periculum mittat et sic comprobat si deus eum liberare uelit.

IV, 8. R. Non quod mons tam altus sit a quo mundus omnis uideri possit, sed in aere assimilauit montem unde omnia mundi regna uidere potuit.

33ᵇ IV, 9. adoraueris me (hoc per superbiam dixit ut homines putarent eum cunctis terris dominari).

IV, 17. exinde coepit (Johanne tradito in carcere).

34ᵃ V, 7. misericordiam (eternam) ... consequentur (a misericorde iudice).

V, 11. uobis (homines) R. Apostrofam facit ad apostolos, predicens passiones, quas pro nomine eius passuri erant, dicens ...

35ᵃ V, 38. (s. eius qui tibi credere non uult sed te cogit iurare).

„ 47. (s. miliaria).

„ 42. ne aduertaris (i. ne inanem dimittas).

„ 43. dictum est (s. in ueteri lege). R. Ubi hoc in lege scriptum est non iustis iubetur sed infirmis licitum est, qui hoc aliter obseruare nequebant.

V, 45. R. Ubi in prophetis vel in psalmis orationes inueniuntur (s. maledicant), quasi sint maledictiones, non ita intelligere debemus, quod dictae sunt maledicendo sed prophetando.

„ „ qui facit (i. sinit).

„ „ R. Sol significat Xristum, qui in humanitate sua apparuit et malis et praedicauit iustis et iniustis.

V, 47. fratres uestros (i. cognatos et amicos) ... ethnici hoc faciunt (gentiles fratres tantum salutant).

V, 48. perfecti (in dilectione inimicorum).

36ᵃ VI, 9. Pater noster. (Nominat Dominum patrem nostrum ut sciamus nos omnes fratres esse et filios suos ... in sanctis caelis) nomen (Nomen quod a te in baptismo percepimus ut Xristiani nominemur ... bonis operibus .... quo per resurrectionem cum Xristo debemus regnare ut sicut angeli tibi ministrant in caele ita etiam in terra) panem (Da nobis in

---

IV, 9. vgl. Hieron.  V, 7. Beda.  V, 11. Beda.  V, 42. Beda.
V, 45. R. Sol. nach Beda.  V, 48. Beda.

praesenti tempore panem, qui est super omnem substantiam i. praeciosior cunctis opibus), (panis significat uictum, quo corpus nutritur, et verbum Dei, quo anima reficitur). (si hanc promissionem in oratione mentimur, non oratio nostra fructum habet, sed magis nosmet ipsos in oratione deuincimus). (Dominus nullum in temptationem inducit, sed si quem suo auxilio dimittit hunc in temptationem induci permittit). a malo (i. a diabolo et cunctis malis saecularibus).

37[b] VIII, 6. puer (i. servus).

„ 7. R. Potuit eum Dominus uerbo tantum sanare sed nobis exemplum humilitatis ostendit, quia non dedignatus est servum visitare.

VIII, 8. R. Licet centurio fidei et bonorum sibi esset operum conscius, tamen, quia gentilis erat, sciebat se non dignum Xristum hospitem suum esse.

VIII, 9. R. Quasi diceret: cum ego, qui sub alterius potestate sum, servis meis talia precipere valeo, quanto magis tu, qui sub nullius dicitione es, sed es super omnia, non tantum per corporalem aduentum, sed etiam per ministeria angelorum potes imperare infirmitati, ut recedat et recedet et sanitati ut ueniat et ueniet.

sub potestate (s. Cesaris vel tribuni).

VIII, 10. R. Non loquitur de retro patriarchis sed de presentibus Judeis.

38[a] VIII, 11. ab oriente (i. ex omnibus gentibus)... venient (s. ad fidem)... et recumbent (i. requiescent).

VIII, 12. R. Per fletum et stridorem dentium demonstratur gemina poena gehennę, nimium feruoris et intolerabilis frigoris.

VIII, 16. spiritus (immundos)...

„ 18. trans fretum (i. Galileę).

„ 19. R. Nam signorum uidens multidudinem ob hoc uoluit sequi salvatorem ut lucra ex operum miraculis quereret; hoc idem desiderans quod et Simo magus a Petro emere voluerat. Scriba iste simpliciter, si dixisset domine sequar te, non fuisset repulsus a domino, sed quia magistrum unum hominem estimabat (R. th ut alium Xrs.); ideo non habet locum in eo quo possit Jhesus reclinare suum caput.

---

VIII, 7, 8, 9, 10. Beda.    VIII, 11. Beda.    VIII, 19. Hieron.

38ᵃ VIII, 20. vulpes foucas (in corde tuo quia dolosus es), (quia elatus es, dolosus et elatus, me non sequeris).

VIII, 20. nidos R. Ac si dicat quid me propter diuitias seculi uis sequi, qui tante sim paupertatis ut ne hospiciolum quidam habeam; per uulpes astutia designari potest, per uolucres malignos spiritus, qui cor inhabitabant.

VIII, 22. R. Mortuus mortuum sepelit cum peccator peccatori adulatur.

VIII, 22. R. Quantum mali in illo tantum boni uidebat in isto. sequere me, dixit nolenti et alium reperiebat uolentem; fides cordis eius domino se ostendebat sed parentum pietas differebat. Honorandus est pater sed oboediendum est domino. Amandus est generator sed preponendus est creator. Ego, inquit, te ad Evangelium uoco, ad aliud opus mihi necessarius es, inane est hoc quod uis facere. Sine mortuos sepelire mortuos suos.

39ᵃ IX, 9. Id est imitatus est, bene sequebatur relinquens propria, qui ante rapere solebat aliena et quomodo sequendum sit docuit quod, contemnans negotia aliena humana, factus est fidelis dominicorum dispensator talentorum.

IX, 9. vidit (s. intuitu misericordiae)... Matheum (gentilis erat).

IX, 10. factum (accidit)... in domo (Matthei). R. uidentes Matheum publicani a peccatis conuersum et misericordiam a domino consecutum per poenitentiam etiam ipsi non desperant salutem.

39ᵃ IX, 12. R. Se ipsum dicit medicum, cuius cruore sanati sumus. Sanos autem et iustos appellat eos, qui sub lege erant, suaque iusticia presumentes euangelii gratiam non querunt. Eos vocat male habentes, qui conscii sue fragilitatis Xristi gratie penitendo colla submittunt.

IX, 13. R. Ac si dicat uos in offerendis sacrificiis nos iustos esse iactantes peccatorum consortia declinatis. Sed ego magis misericordiam uolo prestare peccatoribus per poenitentiam ad me conuersis. Unde mox subditur: non ueni uocare

---

VIII, 20. Beda.   VIII, 22. vlg. Beda.   IX, 9. Beda.
IX, 9. Beda.     IX, 10. Hieron. Hrab.  IX, 12. Beda.
IX, 13. Hrab. Beda.

iustos sed peccatores. Hac sententia suggillat phariseos qui se iustos estimabant. Ac si dicat non ueni ut extollerem falso se iustificantes sed ut poenitentes misericordia ad me colligerem.

Mt. IX, 14. R. Hoc ideo dixerunt quod discipuli Johannis cum Phariseis concordes fuerunt.

IX, 15. R. Xristus fuit sponsus, sancta ecclesia erat sponsa, filii autem sponsi erant apostoli.

39ᵇ Mt. IX, 17. R. Utres novi significant apostolos, uinum nouum significat spiritum sanctum, qui super eos uenit.

IX, 27. transeunte (de domo archisinagogi ubi filium sanauit).

IX, 28. ¹ R. Fidem interrogat ut fidem confessio promat, quia corde creditur ad iusticiam, ore autem promittitur confessio. „facere (ut oculos vestris inluminem" ²).

IX, 29. R. Quia iam mentem uestram fides inluminat, ipsa uobis lumen oculorum restituat.

IX, 30. ne quis sciat (nemini hoc dicite).

„ 31. R. Dominus causa humilitatis iactantię gloriam fugiebat, nam propter memoriam gratie non possent tacere beneficium et misericordiam, quam illis fecit.

40ᵃ IX, 34. R. Quia uirtutem negare non poterant eius opera calumniabantur.

IX, 35. languorem (s. corporum)... infirmitatem (s. animarum, ut quos sermo suadere non poterat, opera et uirtutes ad fidem persuaderent.

IX, 35. R. In urbibus videlicet et castellis, in magnis et parvis predicauerit evvangelium, non considerans potentiam nobilium sed salutem credentium.

X, 23. R. Non timendo passiones sed declinando ut seminarium euangelii per uos toto orbe dilatetur.

41ᵇ X, 34. R. Quia unaqueque domus et infideles et fideles habuit, ideo bonum bellum missum est ut pax separaretur gladio predicationis, sic uidelicet ut alii dimicent contra fidem, alii pro fide.

---

IX, 15. Hieron.  
IX, 29—31. Beda.  
X, 23. vgl. Beda.

IX, 17. vgl. Beda.  
IX, 34. Hieron.  
X, 34. Beda.

IX, 28. ¹ Beda, ² Hrab.  
IX, 35. R. Hieron.

X, 41. R. Licet indignus sit qui susceptus fuerit, susceptor tamen ipsam mercedem accipit quam si bonum prophetam susciperet.

42ᵇ XI, 23. R. Quia exaltata es usque ad cęlum, meo hospitio et meis signis, ideo maioribus plecteris suppliciis quod his credere noluisti.

XI, 25. R. Gratias egit patri, quod humilibus apostolis reuelauit sacramenta aduentus eius et quod ea abscondidit a scribis et a Phariseis, qui sibimet ipsis sapientes uidebantur.

43ᵃ XII, 6. R. Se ipsum dicit, qui tempus et sacerdotes et sabbata in sua potestate habuit.

XII, 7. R. Melius est homines de periculo famis liberare quam deo sacrificium offerre, salus hominum est deo placabilis hostia. R. (cum venisti \*).

43ᵇ XII, 46. R. Filii Marie *filii* matertere eius fuerunt, etiam alii eius cognati, qui ei seculari familiaritate fuerunt coniuncti.

44ᵇ XIII, 24. R. Homo qui seminauit semen bonum filius est hominis, bonum semen filii est regnum.

XIII, 28. R. Hic nobis exemplum patientie ut sicut paterfamilias in dolo inimici patiens fuit sic et nos si ab aliquo ledemur non statim ad uindictam sed magis ad tolerantiam recurramus.

45ᵃ XIII, 41. R. In presenti hoc seculo fulget lux sanctorum coram hominibus, post consomationem uero mundi ipsi iusti fulgebunt sic sol in regno patris eorum.

47ᵃ XIV, 19. R. Discumbere super foenum est flores et uoluptates huius seculi et illecebras carnis mentis despectu calcare.

XV, 14. R. Ob hoc dominus sanctum Petrum corripuit quod parabolice dictum putauit quod perspicue locutus est.

XV, 21. R. Ideo illum Dauid filium vocare nouerat.

„ 21. inde (de terra Genesareth).

„ 22. filia mea (filia huius Cananitidis significat animas credentium a demone uexaturas).

---

X, 41. vgl. Hieron.  XI, 23. Beda.  XI, 25. Beda.
XII, 6 vgl. Beda.  XII, 46. Hieron.  XIII, 24. Hieron.
XIII, 28. Beda.  XIII, 41. Hieron.  XIV, 19. Beda, Hieron.
XV, 14. Hieron.  XV, 21. Hieron.  XV, 21, 22. Beda, Hieron.

---

\*) eingekratzt.

XV, 23. Discipuli adhuc Xristi mysteria nesciebant.

„ 24. Non ideo dixit quod ad gentes missus sit etc.

„ 26. Per hanc Cananitidis fidem patientiamque humilitas ecclesiae declaratur.... Hoc non causa fecit superbie.

XV, 27. O mira rerum conversio.

Propter humilitatem matris et per fidem eius filia a demone liberata est.

49ᵇ XVI, 15. R. Ad hoc illos interrogat, ut confessionem eorum digna mercede remuneraret.

50ᵃ XVI, 23. (quia contraria loqueris uoluntati meae contrarius appellaris). R. Satanas interpretatur aduersarius siue contrarius: quia contraria, inquit, loqueris uoluntati meae debes adversarius appellari.

50ᵇ XVII, 2. R. Non solum facies eius sed et uestimenta mutantur quia, sicut alius euangelista testatur, in tantum alba essent facta, qualia fullo super terram non potest facere.

XVII, 3. Secundum alium euuangelistam narrabant ei quae Hierosolymis passurus erat. Scribis enim et Phariseis temptantibus se et de celo poscentibus signa dare noluit sed prauam postulationem eorum prudenti responsione confutauit. Hic uero in monte Tabor ut apostolorum augeret fidem hoc signum dedit, quod eis Helyam de celo uenientem, quem igneo raptum nouimus curru ad celum.... Moysen uero ab inferis resurgentem ostendit.

XVII, 6. R. Triplicem ob causam pauore terrentur, uel quia se errasse cognouerant, uel quia nubes lucida operuerat eos, aut quia dei patris uocem loquentis audierant; timuerunt siue uocem quam audierant, sive lumen quod uiderant.

51ᵇ XVIII, 1. R. Quia discipuli uiderant pro Petro et Domino equale tributum reddi, arbitrati sunt omnibus Petrum esse prelatum, ideoque interrogant quis celorum maior sit in regno celorum, hoc est in ecclesia.

53ᵇ XIX, 27. R. Ad hoc respondet quod adolescenti dicitur: uade et uende omnia que habes et da pauperibus; uel ad hoc respondet quod dixit: nullum divitem diuicias habentem in regnum celorum intrare non posse.

---

XV, 23. Hieron.      XV, 26. Beda.         XV, 27. Hieron, Beda.
XVI, 15. Beda.       XVI, 23. Beda, Hieron. XVII, 2. Beda.
XVII, 3. Hieron.     XVII, 6. Hieron.      XVIII, 1. Hieron.

54ᵃ XX, 19. R. Discipuli adhuc carnales erant et ministerium crucis ignorabant et quia uerum dominum eum esse cognoscebant, nequaquam eum mori posse uel uelle putabant, et quia in parabolis sepe illos allocutus est, existimabant, cum aperte de morte eius dixisset, in parabolis eos alloqui et aliud signare.

54ᵇ XX, 34. R.¹ Caeci isti genus humanum significant, quod in parente primo a paradysi gaudiis expulsus claritatem supernae lucis perdidit, sed dum filius dei nostrae carnis mortalitatem suscepit, humanum genus lumen, quod perdiderat, recepit.

Turba, quae clamantes caecos increpauit desideriorum carnalium turbas tumultusque uitiorum designat, quia cum instinctu diuinae gratie amor dei in cor nostrum uenerit et post perpetrata uicia ad dominum conuerti et perpetrata plangere uolumus, occurrunt cordi fantasmata malorum, que fecimus et mentis nostrae intentionem conturbant et sollertiam orationis premunt.

Quia quanto grauiori carnalium tumultu cogitationum premimur tanto ardentius orationi insistere debemus, quatenus domini misericordia cogitationes malas superet et ueniam quam precamur accipiamus.

R.² Horum cecorum, qui nihil a domino nisi lucem petebant, nos imitemur exemplum, ut nec falsas diuitias nec terrenos honores a domino sed lucem eternam queramus.

Item sequitur qui bonum quod intelligit operatur. R.³ Quia ergo corporali rerum delectatione a gaudio eterno cecidimus per penitentie amaritudinem illuc redeamus. Quid tam amarum est quod homo pro se ipso pati non debeat cum tam multas dominus pro hominibus pertulit iniurias; si ergo per penitentiam gaudium retributionis querimus sic fit ut non solum nostra in domini uirtute imbecillitas perficiatur sed etiam ad laudem dei alios accendat.

XXI, 12. R. Propter auariciam sacerdotum altaria mensas appellabat, quia nummi in his computabantur......

56ᵃ XXI, 32. R.. Sed iusticiam uestram prefeferentes, legem uos facere iactabistis.

58ᵃ XXIII, 23. In lege dominus precepit sacerdotibus omnium

---

XX, 19. vgl. Marcum IX, 32.  XX, 34. ¹ vgl. Beda in Luc 18, 35, 38.
² Beda in Mt. R.³ Beda in Marcum X, 52.  XXI, 12. Beda.
XXI, 32. Hieron.  XXIII, 23. Hieron.

rerum offerre decimas in templo et nunc arguit eos auaricie quod studiose uilium holerum decimas exigant et maiora precepta pretermittant.

60ᵃ XXIV, 29. R. ¹ Non diminutione sui luminis sed quod obscurentur superueniente claritate vere lucis.

XXIV, 29. R. ² i. multitudine angelorum terrebuntur nam tunc uisibiles cum Xristo apparent in iuditio.

XXIV, 31. In septima tuba septimi angeli cum dixerit: surge, surge, surge, omnes mortui resurgent.

61ᵃ XXIV, 36. R. Nam cum utique dixit: pater scit, ideo dixit hoc, quod in patre filius scit; quid enim in die illa quod per uerbum non factum sit, per quod factus est dies?

62ᵇ XXV, 40. (Hoc generaliter de omnibus pauperibus dicit qui egent victu vestimento solatio et etiam de his, qui sunt pauperes spiritu). R. Non mihi videtur generaliter dixisse de pauperibus sed de his, qui pauperes spiritu sunt.

XXV, 46. R. Hac sententia demonstrat quantum elemosina prevalet et quod peccata elemosinis redimenda. Iusti ob hoc tunc regnum celorum non accipiunt, quod numquam peccarunt, sed quia peccata elemosinis redimerunt. Perfidi uero ob hoc in Gehenna non mittuntur quia peccauerunt, sed quia peccata elemosinis redimere negligerunt.

Frustra Origenis diabolo et suis secutoribus promittit post iudicium liberationem, cum dominus ipse supplicium eternum esse predicat, quia cum supplicium perpetuum est, perpetualiter in hoc torquentur hi, qui tunc sunt ad hoc destinati.

63ᵇ XXVI, 17. In lege erat eis preceptum ut quarta decima die primi mensis, et dies appellatur pascha, manducarent uespere, hoc fuit ipse dies pascalis, et sequenti die azima coepissent manducare et septem dies manducassent.

XXVI, 23. Ceteri discipuli ita fuerunt contristati ut per tristiciam nihil gustare possent, sed Iudas infelix per temeritatem manum suam cum magistro misit in parapside, ut audacia malam eius conscienciam occultaret.

64ᵇ XXVI, 49. R. Dominus non per simulationem eum oscu-

---

XXIV, 29. R. ¹ Beda.  XXIV, 29. R. ² vlg. Beda.
XXV, 40. Beda.  XXV, 46. Beda bis *predicat*.
XXVI, 17. Exod. 12, 1—15, vgl. Beda Hist. eccl. V, 21.
XXVI, 23. vgl. Hieron. und Beda.  XXVI, 49. vgl. Beda.

latus est, sed ne perditionem fugere uideatur et ut prophetia inpleretur que dicit: cum his qui oderant pacem eram pacificus, et quasi diceret, aliis indulgere potius debemus quam nosmet ipsos ulcisci.

66ᵃ XXVII, 26. R. Barrabas latro et homicida a Iudeis dimissus est, i. diabolus, et qui usque hodie regnat in eis; et idcirco non mirum, si pacem Iudei habere nequeunt, quibus est dimissus. Seditionis auctor diabolus, qui iam olim patria lucis ob culpam superbie pulsus et in tenebrarum carcere fuerat missus, qui si nunc Barraban de filia . . . . .

67ᵇ XXVIII, 2. Ad hoc fecit quod lapidem de sepulchro reuoluit, ut eius resurrectio hominibus manifestaretur.

---

MARCUS.

74ᵃ III, 1. R. Hic homo genus humanum significat in fecunditate boni operis aridum . . . . .

III, 2. R. Si sabbatis curaret, calumniari eum uoluerunt transgressorem fore legis; si non curaret, crudelitatis aut imbecillitatis arguant.

III, 6. R. Milites Herodis ob hoc Xristum insidiabantur et persequebantur, quia Johannes illum predicabat, qui aduersus Herodem dominum eorum erat in hoc, quod cum de uxore fratris sui arguebat.

74ᵇ III, 14. R. Non sine certi causa mysterii fuit, quod XII erant, ut salutem mundi quam verbo predicarent suo numero ostenderent; ter enim quaterni XII sunt, nam per quadratas orbis plagas debuerunt predicare fidem sancte trinitatis.

76ᵃ V, 7. Demones sciebant sibimet ipsis certum exicium futurum in iudicio domini et quia tunc eum inter homines in terris uersari uiderunt, putabant eum uenisse illos ad torquendum.

77ᵇ VI, 4. R. Propemodum naturale est ciues ciuibus inuidere.

79ᵇ VII, 5. Labiis eum honorabant ubi dicebant: magister, sed cor eorum longe erat ab eo, ubi noluerunt eum capere in sermone dicentes: licet censum dare Cesari an non?

---

XXVII, 26. *dimissus* Hieron.   III, 1. Mc. Beda.   III, 2. Beda.
III, 6. vgl. Beda.   III, 14. vgl. Beda.   VI, 4. Beda.
VII, 5. Beda in Mt. 15, 2.

83ᵃ IX, 32. Discipuli adhuc carnales erant et ministerium crucis ignorabant.....

IX, 33. Disputatio discipulorum inde orta, quia dominus Petrum et Jacobum et Johannem secum in montem excelsum Thabor seorsum duxit ibique secretum aliquid eis ostendit, et quia Petro claues regni celorum promiserat, putabant hos tres esse ceteris omnibus prelaturos, sicut Petrum supremum eleuaturum.

86ᵇ XI, 17. R. Non solum in Iudea gente sed in omni loco per totum orbem non uocabitur dominus taurorum et hircorum et arietum sed dominus orationis.

88ᵇ XII, 40. R. Ad hoc pernoctant, ut pauperi nummum tollant: pro arreptis rebus uiduarum simulabant se longam orationem fundere.

Maiorem damnationem accipiunt, qui pecuniam et orationem querunt, quam hi, qui orant, ut laudentur ab hominibus.

90ᵇ XIV, 13. R. Pulchre homo laguenam portans occurrit, ut ostendatur hoc Pascha pro tocius mundi ablucione esse celebrandum, aqua lauachrum gratie, laguena eos *designat* per quos erat mundo ministranda.

95ᵃ XVI, 9. R. Sorori Marthe et Lazari et quam de septem criminalibus purgauit uiciis *).

---

LUCAE.

100ᵃ I, 10. R. In lege erat preceptum ut summus sacerdos septime mensis decimo die sanctum sanctorum intraret et incensum ferret, nam nullus hic intrabat, nisi summus sacerdos semel in anno. R. Beelzebub uir muscarum.

I, 14. multi (uicini et cognati tui).

102ᵃ II, 4. R. Superna dispensatione professio census ita descripta est ... ut dominus alibi natus insidiantis sibi Herodis furorem euaderet, qui, si Behtleemitis parentibus nasceretur, fugam eorum subitam callidus scrutator potuisset habere **)....

---

IX, 32. Beda.          IX, 33. Beda.          XI, 17. Beda.
XII, 40. Beda.          II, 4. Beda.

---

*) Von anderer hand.          **) Das weitere unleserlich.

105ᵇ IV, 16. R. Mos erat Iudeis, ut die, quo festa colebant, se ad hoc uacabant, ut sacras scripturas audirent vel legerent; ut quos noua signorum operatione conuertere non poterat prophetica lectione tamen corrigeret.

IV, 18. R. Cuius unctio in illo tempore adimpleta est, quando baptizatus est in Iordane et Spiritus super eum in specie columbe descendit.

IV, 19. R. Ut eos, qui legis pondere erant grauati in remissionem gratiae spiritalis admitteret.

108ᵃ VI, 11. R. Insipientia est eos qui salute indigebant, de nece saluatoris agere consilium.

VI, 21. R. Non Beati qui temporalium damna commodorum sed qui spiritualium flent detrimenta uirtutum, nam eterna beatitudine consolabuntur.

110ᵇ VII, 37. R. Sancti homines, qui diligentius inscrutantur voluta, dicunt hanc mulierem esse Mariam Magdalenam sororem Lazari.....

113ᵃ VIII, 53. R. Quia uerbum domini magis deridere nolebant quam credere, excluduntur et non erant digni uidere miraculum resurrectionis.

113ᵇ IX, 16. R. Dominus fregit panem et post discipulis dedit, ut ponerent ante turbas, nam patefecit illis clausa sacramenta legis et prophetarum, ut illa per totum mundum predicarent.

116ᵃ X, 20. R. Demones ex hominibus eicere interdum eius non est meriti, qui operatur, sed in uocatione nominis Xristi et sepe ad condemnationem illi fit qui facit.

XI, 21. (Atrium significat mundum, quo ille utebatur mala pace ante aduentum Xristi sine ulla contradictione).

XI, 27. (Ac si diceret non solum illa sola que genuit me corporaliter sed omnes, qui uerbum domini audiunt et custodiunt et spiritaliter in cordibus proximorum generant).

118ᵃ XI, 33. R. De se ipso dominus loquitur hoc, qui testam humane nature impleuit flamma sue diuinitatis, quam profecto lucernam nequaquam a credentibus abscondere uoluit.

Candelabro significat ecclesiam cui lucernam superposuit,

---

IV, 16—19. Beda.     VI, 11, 21. Beda.     VII, 37. vgl. Beda.
IX, 16. vgl. Beda.     X, 20 vgl. Beda.     XI, 21. Dasselbe anders in Beda.     XI, 27. Dasselbe anders in Beda.     XI, 33. Beda.

quia nostris in frontibus fidem sue incarnationis adfixit.
119ᵃ XII, 11. R. Quasi diceret uoluntatem uestram tantummodo date pro Xristo: qui in uobis manet, hoc est Xristus, loquetur pro se ipso.

XII, 13. R. Dominus negat se diuisorem hominum esse, qui ad hoc uenit ut homines cum se ipso et cum angelis pacificaret.

XII, 15. R. Nemo diutius ob hoc vivit, quantum possideat. Ex stulta prece, qua uir cum postulauit, dominus occasionem illam tulit quod admonuit eos aduersus pestem auaritie, in quibus multi mortales supra modum laborant.

121ᵃ XIII, 7. R. Per cultorem uinc̨e designantur apostoli et doctores alii qui presunt ecclesie et gerunt curam dominic̨e vinęe, quorum S. Petrus apostolus primus extitit.

XIII, 9. Futurum tempus inditium eterne damnationis signat.

122ᵃ XIV, 12. Non vetat quasi sit peccatum sed ne fiat nobis presens retributio.

XIV, 13. Qui pauperes uel alios amicos ad conuiuium propter dominum uocat, in futuro praemium percipiet; qui autem gulosos propter lasciuiam inuitauit, in futuro poena plectetur ęterna.

123ᵇ XV, 11. Id est dominus pater, qui duos populos, Iudaicum scilicet et gentilem condidit; senior filius figurat Iudaicum populum, iunior filius gentilem....

124ᵇ XVI, 19. Cunctas parabolas, quas dominus discipulis suis dixit, ita factas esse intellegere debemus ut predixerat, quamuis spiritaliter aliud designarent. Diues significat Iudeum populum, qui cultum uite exterius habuit. Lazarus uero significat gentilem populum.

XVI, 20. Canes cum lingunt ulcera, sanant ea et significant doctores et predicatores, qui per confessionem peccata purgant.

126ᵇ XVII, 32. Uxor Loht significat eos, qui in tribulatione respiciunt et ab spe diuine permissionis se auertunt.

XVIII, 1. Is semper orat, qui in canonicis horis cotidie dominum laudat et rogat. Justus numquam desistit orare nisi

---

XII, 13. Beda     XII, 15. vgl. Beda.     XIII, 7. Beda.     XIV, 12. Beda.
XIV, 13. Beda.    XV, 11. Beda.           XVIII, 1. vgl. Beda.

justus cesset esse, nam quicquid boni secuudum domiuum facit ad orationem illi deputabitur.

127ᵇ XIX, 3. (et non poterat per turbam, quia statura pusillus erat.

124ᵃ XIX, 16. R. Primus servus ordo doctorum est in circumcisionem missus ut unum deum, unam fidem, unum baptisma predicaret iussus est sed qui velut eadem mna x mnas adquisiuit, quando populum decem preceptis legis*) subiectum una fide sociauit.

128ᵃ XIX, 17. fidelis (in uerbo dei).

130ᵃ XX, 27. R. Saducei negant resurrectionem fieri corporum et dicunt animas cum corporibus interire, negant æciam angelos uel spiritus esse.

XX, 33. Quasi dicerent, si resurrectio corporis fit, illi septem fratres tunc turpiter rixabuntur de illa muliere una.

XX, 36. R. Hoc ita non est intellegendum quod electi soli resurgent et quod illi soli futuri sunt sine nuptiis, sed ita intellegi debet quod omnes homines boni et mali resurgent et quod manebunt in illo seculo sine nuptiis, sed dominus tamen fecit hic uerbum et solummodo de electis suis.

132ᵃ XXII, 16. R. Ac si diceret nequaquam ultra mosaycum pascha celebrabo donec in ecclesia spiritaliter intellectum compleam in regno dei.

133ᵃ XXII, 37. Scriptum est (in Isaia).

„ 32. R. Ac si diceret sicut ego tuam fidem orando protexi, ne Satana temptante deficiat, sic et tu infirmiores fratres exemplo confortare memento tue poenitentiae, ne de uenia forte desperent.

XXII, 48. (hoc est caritatis officio sanguinem effundis).

„ 50—51. unus (Petrus) sinite (progredi usque ad me).

„ 56. cum illo (cum Jhesu Nazareno).

133ᵇ XXII, 60. R. Sanctus Petrus eandem linguam quam Judei loquebatur, sed proprietatem habebat de qua loquela eius cognosci poterat.

---

XIX, 16. Beda.   XX, 27. vgl. Beda.   XX, 36. Beda.   XXII, 16. Beda.
XXII, 48. Beda.   XXII, 49. Beda.   XXII, 60. vgl. Beda.

---

*) über *legis* steht *ante*.

134ᵇ XXIII, 23. Ut uidebant totam accusationem, quam aduersus dominum detulerant, nihil apud Pilatum prodesse, conuertunt se ad preces.

XXIV, 1. R. Sexta .... aromata *) ......

„   3. Altare eorum dominic .... benedict **) .....

137ᵃ XXIV, 37. R. Apparuit oculis eorum talis qualem illum nouerant et non credebant tertio die ueram carnem potuisse de sepulchro resurgere et ideo putabant se spiritum uidere.

137ᵇ XXIV, 44. R. In mortali carne, in qua uos adhuc estis; resurrexerat in eadem carne, sed non erat in illa mortalitate, qua prius erat.

---

Johannes.

140ᵃ I, 6. Postquam hę tenebre quoque gentium crassare coeperunt, necesse erat ut is mitteretur, qui lumen adesse nunciaret.

141ᵃ I, 32. R. Sciebat tunc Johannes Xristum quis esset quando ad eum uenit ut baptizaretur ab eo et ei dixit: ego debeo a te baptizari et tu uenis ad me. Sciebat ergo ipsum esse agnum dei et iudicem totius mundi et priorem se; hoc uero nesciebat, priusquam spiritum sanctum in specie columbe super eum descendentem uidit, quod dominus filio potestatem baptismi usurpare uoluit, et nulli ministrorum dare, quamuis eis officium commendaret, quia siue bonus, siue sanctus, siue impius, siue impurus baptismum det, tamen si recte in nomine sancte trinitatis tribuat, baptismum est Xristi, non eius qui dat et ideo nemo bis potest baptizari. Baptizmum Johannis, quod Johannes in deserto *fecit*, fuit ipsius sancti Johanne. Ideo omnes, qui baptismum ceperant, si ad uitam eternam peruenire cupierunt, secundo in Xristi baptismo baptizari debuerunt, nisi Xristus solus, *qui* idcirco nullius baptismatis uel purificationis indiguit, quia solus sine peccato fuit.

142ᵃ II, 13. (ex illa pascha tres anni erant ad passionem domini).

---

XXIII, 23. vgl. Beda.  
XXIV, 44. Beda.

XXIV, 37. Beda.  
1, 32. vgl. August. in Joann.

---

*) undeutlich.   **) undeutlich.

II, 16. R. Qui columbas uendebant significant eos, qui dona spiritus sancti pecunie comparent, quorum Simo magus unus fuit, qui spiritum sanctum pecunia de sancto Petro emere uoluit, sic in actibus apostolorum legitur.

144ᵃ IV, 7. R. Non aquam desiderat bibere sed fidem mulieris totiusque sancte ecclesie, que per mulierem designata est.

IV, 9. R. Quinque libros Moysi acceptos habuerunt Samaritani et quia idola colebant, Judei communionem cum eis habere nolebant, quia unum deum coluerunt.

145ᵃ V, 3. R. Probata Grecum est et latine dicitur oues.

„ 4. Singulis annis uno tantum tempore angelus domini descendit in piscinam.

V, 4. R. Quisquis post Xristi martyrium fonte baptismatis in confessione unius fidei lauabatur ab omnibus delictis suis mundabatur.

V, 5. R. Defectus erat duorum annorum, quod quater decem non sunt; quaternarius numerus significat quattuor libros sancti euangelii, denarius numerus decem precepta legis. . . . .

149ᵃ VI, 58. patrem (in participatione diuinitatis) me (in participatione mei corporis).

VI, 59. panis (corpus meum) (non est it de isto pane sicut fuit de manna, que patres nostri manducauerunt).

149ᵇ VI, 72. Filio Symonis quem dicimus Scarioht, quia de villa erat, que dicitur Scarioht.

VII, 3. R. Qui ei de Sancta Maria matre eius seculari consanguinitate erant coniuncti.

150ᵃ VII, 14. (mediante). R. Soenophie eorum, nam septem diebus eos colebant.

VII, 15. R. Quomodo hic tam sapienter loquitur et respondet, cum litteras numquam didicerit.

VII, 18. R. Significat Antixristum, quia cum ille uenerit propriam gloriam querit, nam, sicut apostolus Paulus dicit, extollitur super omnes, quod pro domino nominatur uel colitur. (*non?*) a domino missus sed illi propter peccata uenire permissum est.

---

II, 16. vergl. Beda August. in Joann. 1796.  IV, 7. vgl. Aug in Joann.
V, 3. Beda.  V, 5. Glos. ord.  VI, 58. Beda.
VI, 59. Aug. in Joann.  VII, 3. vgl. Beda.  VII, 15. Aug. in Joann
VII, 18. vgl. Aug. Beda.

VII, 21. unum opus. R. Significat quod languidum curavit, qui xxx et octo annos infirmus fuit.

VII, 22. lex. R. Quia putatis ob hoc uos saluari.

150ᵇ „ 30. R. Frustra dominum occidere temptabant ante perfinitum tempus, nam potestas in suis erat manibus.

151ᵃ VII, 45. R. Qui ad hoc missi erant ut Jhesum apprehenderent et dixerunt *Pontifices* et Pharisei.

VII, 46. R. Uerum dicebant, nam nullus homo et uerus deus et uerus homo fuit.

VII, 50. R. Occulte discipulus Jhesu propter metum Judeorum.

„ 51. R. Uel morti damnet nisi ipse presens sit et sententia eius audiatur.

VII, 52. Quod seductus sis ab eo quia Galileus es). R. Si nullus propheta a Galilea non surgit, ille uero inde uenit, qui dominus est omnium prophetarum.

VIII, 1. R. Mons signat sublimitatem misericordie domini, oleum uero cuicumque liquori infunditur statim superfertur, et ideo misericordiam dei significat, quia est super omnia.

151ᵇ VIII, 8. Quod iterum se inclinat, significat si fratrem nostrum per necessitatem iudicare debemus, nosmet ipsos post iudicium inmite humiliemus; ad hoc eciam facit quod suis aduersariis locum dare uoluit sine rubore effugere posse.

VIII, 11. R. quia misericors fuit peccato ei indulsit...

„ 14. Cum dominus hoc in mundum uenit ac carnem humanam suscepit a patre, tunc ueniet iterum cum carnis triumphum retulit.

VIII, 15. Hoc ita eciam intellegi ualet, quia tunc ad hoc in mundum non uenit ut iudicaret, etc.

152ᵃ VIII, 19. Quasi dicant... nobis te patrem habere dicis, et quod tu et pater numquam segregamini et nos neminem, nisi te solum, uidemus; ostende nobis tuum patrem ut tibi credamus.

In tantum nulla est discretio inter patrem et filium, ut qui filium nouerunt eciam patrem cognoscent.

VIII, 21. Post Xristi passionem et resurrectionem duobus modis dominum querebant . . . . .

---

VII, 45. vgl. Aug.   VII, 46. vgl. Aug.   VII, 52. Aug. Alc.
VIII, 1. Beda, Alc.   VIII, 8. vgl. Glos. ord.   VIII, 11. Beda.   VIII, 15. Beda.

VIII, 22. Sententia eius stulta et nimis insipiens erat, si de morte sua hoc diceret......

VIII, 25. Deus dixit Moysi ego sum qui sum etc.

„ 26. In hoc potestatem iudicii se habere ostendit sed tamen tunc mundum non iudicare sed saluare uenit.

VIII, 28. Duobus modis Xristus in humanitate exaltatur, primo quod patri obediens erat usque ad mortem etc.....

152ᵇ VII, 32....... nam omnes erant maledicti, qui legem ita ut scriptum erat non implebant.

VIII, 33....... quia in cuius aduersarii eorum potestatem propter peccata eorum... mancipati sunt, illi seruiebant.

VIII, 38. Quasi diceret scio me consimilem et consubstantialem esse patri et hoc testor in hoc mundo.

VIII, 39. Ad hoc eum provocabant ut Abraham uituperaret, quatenus iniuriam tanti uiri in eo uindicare possent.

VIII, 42. Ego frater uester essem et me fraterno amore diligeretis.

153ᵃ VIII, 44. Non natura filii erant diaboli sed imitatione et officio.

Deus non creauit mendacium sed repertum est ab astuciis diaboli.....

153ᵇ IX, 2. Utrum suis an parentum peccatis illi euenerit ut cecus nasceretur. Cecus natus significat omne genus humanum, quod primi homines peccato erant cecatii.

IX, 3. Nec ipsum nec parentes eius innocentes dixit, sed ad interrogata respondit, quod nec ipsius nec parentum peccata cecitate luit.

IX, 4. Dies se ipsum significat, quamdiu in mundo esset hominem perditum restaurare ac recuperare.

Nox significat tempus post finem huius uitae, quia nil boni aliquis potest operari nec poenitentia illum adiuuat.

IX, 6. Lutum significat humanitatem, sputum significat diuinitatem.

154ᵃ IX, 14. Euangelista ideo diem, in quo factum est miraculum, narrat eo quod Judei legem male interpretabant et

---

VIII, 22. Alc. Glos. ord.　　VIII, 25. Beda in Joh. 8, 28, Aug. Alc.
VIII, 26. Alc.　　　　　　　VIII, 28. Beda.　　　　VIII, 39. Glos. ord.
VIII, 44. Beda. vgl. Aug. in J.　IX, 2. Alcuin, August.　IX, 3. Alc.
IX, 4. vgl. Aug. Beda.　　　IX, 6. vgl. Glos. ord.

male custodiebant; dominus sabbate eis precepit a seruilibus quiescere operibus, non a bonis uirtutibus.

IX, 17. Ex parte erat inluminatus et ex parte adhuc cecatus: ex parte, quia Xristum non cognouerat, adhuc cecus erat.

154[b] IX, 24. Quasi dicerent: lauda dominum celestem a quo inluminatus es, illum nega qui dicitur Xristus.

IX, 26. Non ideo sepius interrogauerunt ut in eum credere uellent, sed quod signa eius occultare uel uituperare uoluerunt.

IX, 28. Illi putabant ut maledicerent; magis est benedictio quam maledictio; omnes Xristiani optare debent hanc maledictionem super se ipsos et super filios eorum uenire.

IX, 31. Nondum perfecte inluminatus erat: si dominus peccatores non exaudiret etc. . . . . . .

155[a] X, 2. Qui doctrinam Xristi et uestigia Xristi sequitur, hic est uere pastor ouium.

X, 3. Ostiarius i. e. spiritus sanctus.

X, 8. Quid de prophetis et patriarchis dicimus.

158[a] X, 22. R. Non illa erat dedicatio cum Salomon templum dedicauit, cum primo edificatum erat, nec hec autumnali erat tempore, nec eciam illa, quando Zorobabel et Jhesus secundo templum edificabant . . . . .

X, 29. R. Manus patris et filii, una est manus ac potestas, etc.

158[b] XI, 1. R. Castellum hoc non fuit earum, sed mansionem et domum in eo habuerunt.

XI, 3. R. Non ause sunt illi mandare ut ueniret et ibi eum salnaret, uel eodem loco preciperet ut saluaretur, sed quasi dicerent satis illis in hoc esse si saltim sciret.

XI, 4. Hoc ideo dixit, quia tam cito eum resuscitare uoluit.

„ „ R. Nimium apud Judeos in hoc glorificatus est, quod Lazarum suscitauit a morte, nam multi ex eis tunc in eum crediderunt.

XI, 8. R. Discipuli adhuc carnales ideo suadebant eum non mori.

XI, 9. R. Dies significat se ipsum. Duodecim hore signifi-

---

IX, 24. vgl. Aug.     IX, 28. vgl. Aug.     IX, 31. Beda.
X, 3. Beda.     X, 22. vgl. Glos. ord.     X, 29. Beda, Alc.
XI, 3. vgl. Beda u. Aug.     XI, 9. Hieron, Beda.

cant xii discipulos, quasi diceret sic hore diem sequuntur, ita me sequi, mihique oboedire debetis.

XI, 11. R. Sororibus et hominibus erat mortuus, sed domino dormiit, quia nemo facilius aliquem de somno ualet resuscitare, quam dominus eum potuit de morte. Quattuor dies quibus Lazarus in sepulchro iacuit, significant quattuor mortes, quas genus humanum sibi peccatis adquisierat. . . . .

159ᵃ XI, 33. R. Sic propria uoluntate natus est et moritur, sic sponte propria turbatus est.

159ᵇ XI, 39. R. Quasi diceret auferte uetus testamentum et predicate euangelium.

XI, 41. R. In hoc quod oculos leuauit ubi nobis auxilium querendum esse ostendit.

XI, 43. R. Ideo eum uocauit ex nomine, nam si diceret: mortue surge, omnes mortui resurgerent.

XI, 44. R. Instite significant assidua peccata; Sudarium significat laborem inutilem.

XI, 50. R. Ignorans ob sacerdotalem dignitatem, *etc.*

156ᵃ XII, 1. Bethania non longe erat ab Jherusalem. Ob hoc ergo Jhesus ad Bethaniam uenit ante passionem, quatenus Judeorum perfidia in hoc ostenderetur, quia illum conati sunt interimere, quem sciebant uiuificatorem mortuorum esse.

XII, 2. Credendum est ad hoc cenam tunc ibi factam esse, ne emuli domini dicere possent, cum Lazarum manducantem et bibentem uiderent, ueraciter resuscitatum non esse, sed fantasma fuisse.

XII, 7. Quasi diceret: sinite illam uiuo facere quod mihi libenter mortuo faceret, si celeritas resurrectionis non impediret. In Palestinis et aliis prouinciis mos erat, quando dilectissimi eorum amici moriebantur, corpora eorum unguentis et aliis preciosis aromatibus unguerent ne putrescerent.

XII, 10. Quam stulti et ceci erant corde, eo quod putabant, quod illum interemptum resuscitare non posset, quem quattuor dies sepultum suscitauit.

156ᵇ XII, 13. Rami palmarum significant gloriam uictorie, qua principem huius mundi uicit.

---

XI, 11. Beda, Aug.  XI, 33. vgl. Aug.  XI, 39. vgl Aug.
XII, 2. vgl. Beda, ebenso Aug.  XII, 10. vgl. Beda.

XII, 16. Nam postquam spiritus sanctus super eos uenit dedit eis, ut omnes diuinas scripturas intellegere potuerint.

XII, 18. (honorifice accepit eum turba).

„ 25. Qui amat (in hoc mundo) (in futuro) (et uitam suam Xristo dat). Se ipsum significat per granum frumenti, nam si ille propter Judeorum incredulitatem non occideretur, tantum ex gentilitate fructus non multiplicaretur.

157ᵃ XII, 27. In humanitate ad patrem orauit et humanitate turbatus est, hoc uero fieri non posset si uerus homo non esset, ita propria uoluntate natus est, ita sponte sua turbatus est. Hoc nobis ad consolationem fecit, cum nos in nostra morte contristemur, de salute tamen nostra non desperemus.

XII, 28. Ob hoc de celo ad terram descendi ut passione mea omne genus humanum redimerem et nomen tuum in resurrectione mea in omnibus gentibus clarificetur.

Nam ante secula te genui ex me eternum, eciam clarificaui te in humanitate et in baptismate et in transfiguratione, que monstrata est in monte Thabor et multis modis signis.

XII, 30. Nil ei incognitum uox dicere potuit, sed his qui presentes erant manifestari debuit.

XII, 31. foras (significat diabolum, qui antea in mundo regnabat, quod ille a iustis expelleretur). R. Non generale iudicium et illa discrecio, qua iusti a malis sequestrantur.

XII, 32. ipsum (non omnes homines sed credentes cum anima et corpore ad se traxit).

XII, 34. filius (quem dicis filium hominis).

„ 36. R. Non ut Xristiana potestate priuatus sit . . . . ·

„ 38. Brachium dei filius est dei, per quem pater cuncta creauit.

XII, 40. R. Tum uidet dominus hominem indurare siue obcecare, etc.

157ᵇ XII, 45. (Qui cognoscit filium cognoscit et patrem, quia pater et filius unum sunt).

XII, 49. R. Mandatum patris erat redemptio humani generis, quam filius a patre suscepit.

---

XII, 25. Beda, Aug. dem sinne nach.     XII, 28. vgl. Aug.
XII, 38. Beda.     XII, 40. vgl Beda.

162ᵃ XIII, 3. R. Si ei pater omnia dedit non excepit sui perditorem, qui cum tradere debuit, si ut eo uteretur eodem modo quo uellet.

XIII, 4. (tunica nostre mortalitatis se induit).

„ 5. R. Aqua significat sanguinem suum, quem effundit in terram.

XIII, 8. R. Non putandum est quod aliorum pedes prius lauaret et postea ad sanctum Petrum ueniret, sed ab illo incipit, quia primus fuit, et, si ei non diceret quid significaret, nulli eorum pateret.

Quasi diceret si te a peccatis tuis non mundauero expers es uite eterne.

XIII, 10. Ac si diceret, qui baptizatur ab omnibus peccatis suis purgetur etc.

162ᵇ XIII, 21. R. Sic propria uoluntate natus est.

Unum uirum e numero non merito, non specie, non uirtute.

XIII, 23. (Ipse Johannes, qui hoc euangelium scripsit). R. Non putandum est quod diligeret eum plus ceteris, sed plus eum amauit, quam ullum eorum unum quemque, eo quod uirgo electus est et in uirginitate permansit.

163ᵃ XIII, 36. (per amorem interrogat quia magistrum sequi desiderat, sed dominus in responsione spem ei non abstulit sed dilationem ostendit).

XIV, 8. Philyppus putauit patrem maiorem esse filio.

163ᵇ „ 16. (Paraclitus consolator dicitur).

„ 17. In humanitate rogaui patrem . . . . .

Hoc significat: mundi amatores qui nihil aliud credere possunt nisi quod corporaliter cernunt.

Hoc significat: in hoc mundo consolatur eos et in futuro conducit eos ad contemplationem domini.

XIV, 18. Quasi diceret: uadam modo ad passionem et ueniam cito ad uos per meam resurrectionem.

XIV, 19. R. Nam post resurrectionem eius uiderunt cum solummodo electi eius.

---

XIII, 3. Aug.   XIII, 5. vgl. Beda, Alc.   XIII, 8. vgl. Aug., Alc. u. Beda.
XIII, 10. vgl. Aug. u. Beda.   XIII, 21.. Beda, Alc., Aug.
XIII, 21. Beda.   XIV, 8. vgl. Alc.
XIV, 16. Beda, Hom., Alc.   XIV, 17. Glos. ord.

160ᵃ XIV, 28. R. Secundum diuinitatem pater maior est.

„ 30. R. Non putandum est principem esse celi et terre.....

XIV, 31. R. Mandatum patris erat ut mundum morte sua redimeret.

XV, 6. R. Sic palmes erat siue in uite... siue in igne sic homines..... runt per iudic..

160ᵇ XV, 13. R. In hoc enim ostenditur perfectio caritatis.

In complentione ipsius mandatorum amicie ostenditur *).

164ᵇ XVII, 18. R. Ut purificati per baptismum predicarent remissionem et indulgentiam peccatorum.

156ᵃ XVIII, 4. Interrogauit non quasi inscius uoluntatis eorum, sed ut scirent ipsum esse quem quererent.

XVIII, 5. Non abscondit se ab eis sed ostendit, quia uenit hora eius.

XVIII, 8. Quare non apprehenditis......
Inimicos uidet et ipsi faciunt ut iubet.

XVIII, 9. Cur eos perderet, si tunc morerentur nisi, quia nondum in eum credebant......

XVIII, 11. R. Quasi dixisset, quare resistere uis uoluntati patris omnipotentis immo et saluti tue.

XVIII, 13. R. Talibus interpretatur regnaturus et significat Judaicum populum.....

Moyses iubente deo precepit ut unus pontifex princeps esset in populo.

XVIII, 15. R. Sequitur eum sanctus Petrus, uel amore magistri, uel humana curiositate scire uolens quid pontifex iudicaret de Jesu, utrum cum neci addiceret an flagellis caesum dimitteret.

XVIII, 16. ...... condiscipuli suum esse... **).

165ᵇ „ 18. R. Cum eis se calefecisse dicitur Petrus, quia necdum calore sancti Spiritus erat inflammatus, sed magis

---

| | | |
|---|---|---|
| XIV, 28. Beda. | XIV, 30. Aug., Alc. | XIV, 31. Beda. |
| XV, 6. vgl. Aug. | XV, 13. vgl. Beda. | XVII, 18. Alcuin. |
| XVIII, 4. Alcuin. | XVIII, 5. Alcuin. | XVIII, 8. Beda, Aug. |
| XVIII, 9. Beda, Aug., Alc. | XVIII, 11. Alcuin. | |
| XVIII, 13. Alcuin. | XVIII, 15. Alcuin. | |

---

\*) Das weitere verwischt und unleserlich.   \*\*) Verwischt.

propter cupiditatem temporalis uite se cupiebat protegere, quam caritate Xristi animam ponere.

XVIII, 19. R. Non cognoscende ueritatis amore interrogauit, sed ut causam inueniret, quia eum accusare potuissent et tradere romano presidi dampnandum.

XVIII, 21. R. Quasi dixisset: quid me interrogas atque ueritatem non desideras, sed quem damnare cupis . . . . .

XVIII, 24. R. Hi duo Annas et Caiphas principes sacerdotum fuerunt . . . . .

XVIII, 27. R. Ecce medici completa est predicatio et egroti presumptio conuicta est.

XVIII, 28. R. Pilatus in domo Caiphe pretorium habebat et tanta fuit amplitudo domus, ut utrosque capere posset et seorsum habitantem dominum et seorsum iudicem (Pilatus) ferret.

166ᵃ XVIII, 33. R. His uerbis ostendit Pilatus hoc Iudeos Jhesu obiecisse criminis, quod se regem Iudeorum esse diceret.

XVIII, 35. R. Tamquam diceret: si te regem negas, quid fecisti ut tradereris mihi.

XVIII, 36. R. Non ait: regnum meum non est hic, sed non est hinc.

XVIII, 40. R. Barrabas iste filius magistri eorum interpretatur i. diaboli, qui magister fuit olim huic latroni in scelere suo uel Iudeis impietate perfidie sue.

166ᵇ XIX, 5. R. Quasi diceret si regi inuidetis iam parcite quia deiectum uidetis etc.

XIX, 11. R. Ubi non respondebat ut ouis siluit, ubi respondebat sicut pastor docebat.

(Quia ille tue potestati traditur per inuidiam.

XIX, 12. R. ¹ Pilatus ergo studiosus deinde ad liberandum Jhesum cogitauit ne haberet peccatum occidendo sibi traditum innocentem

R. ² Maiorem timorem putauerunt Pilato ingerere terrendo de Cesare etc.

---

XVIII, 19. Alc.  XVIII, 21. Alc.  XVIII, 24. Beda, Aug., Alc
XVIII, 27. Beda, Aug., Alc.  XVIII, 28. Beda, Alc.  XVIII, 33. Alcuin.
XVIII, 35. Beda.  XVIII, 36. Beda.  XVIII, 36. Beda, Matth. 27
und 26; Alcuin.  XIX, 5. Beda, Alcuin.  XIX, 11. Beda.
XIX, 12. R.¹ Alc. Aug.  R.² Aug., Beda, Alc.

XIX, 14. R. Parasceue dicitur sexta hora, qua preparabant Iudei que eis in sabbato ad uictum uel ad aliud quodlibet necessaria erant.

XIX, 15. Ipse adhuc terrorem, quem de Cesare injecerant, superare conatur, ignominiam eorum uolens frangere dicendo: regem uestrum crucifigam?

167ᵃ XIX, 17. R. Hic queritur quomodo Johannes dicat ipsum Jhesum portasse crucem suam, cum Mattheus scribit Symonem Cyrenensem portasse pro Jhesu. Hoc intelligendum quod primitus Jhesus portabat crucem et postea Symon.

XIX, 18. R. Caluarie erat locus propter caluitiem hominis .... dictus ....

XIX, 20. R. Dominus extra portam crucifixus est: per euersionem uero Hierusalem ab Elio Adriano ipsa ciuitas ... murorum ambitu circumdata est.

XIX, 22. R. Si corrumpi non potest quod Pilatus dixit, corrumpi potest quod ueritas dixit: rex sum Judeorum.

XIX, 23. R. Quadripartita uestis figurat ecclesiam eius quadripartitam etc.

XIX, 25 R. Soror matris Jhesu Maria fuit et erat uxor Cleope, que genuit Jacobum et Joseph, ideoque nunc Maria Jacobi, nunc Maria Josephi ab euangelista appellatur. Maria Magdalena soror erat Lazari; de loco Magdala dicta est Magdalena. Salome uxor fuit Zebedei, que edidit Jacobum et Johannem.

167ᵇ XIX, 30. R. Quis ita dormit quando uoluerit sicut Jhesus mortuus est quando uoluit etc.

XIX, 31. R. Ne pendentes in crucibus magnum diem festum diuturni sui cruciatus horrore foedarent.

XIX, 34. R. Prima mulier facta de latere uiri dormientis et appellata est uita materque uiuorum.

R.² Uigilantissime loquitur euangelista; non dixit latus eius percussit aut uulnerauit, sed aperuit ut illac quodamodo uite ostium panderetur, unde sacramenta ecclesie manauerunt, sine quibus ad uitam eternam non peruenitur.

---

XIX, 14. vgl. Beda 19, 17 Aug.   XIX, 15. Beda.   XIX, 22. Beda.
XIX, 23. Beda.   XIX, 25. vgl. Beda u. Alc. XV, 42.   XIX, 30. Beda, Alc.
XIX, 31. Beda, Aug., Alc.   XIX, 34. Beda, Aug., Alc.   R.² Beda, Aug.

XIX, 38. R. Propter metum Iudeorum Joseph occulte discipulorum esse Xristi, quia adhuc habuit spem timoris et nondum uinebat in eo spiritus amoris.

XIX, 39. R. Hec p.... ideo ferebat sepulture eius officio ut his unicum corpus diutius maneret inputribile.

XIX, 41. R. Sic in Marie uirginis utero nemo ante illum uel post illum conceptus est, sic in hoc monumento nemo ante illum uel post illum sepultus est.

168ᵃ XX, 6. R. Duo discipuli significant duos populos, Judaicum scilicet et gentilis populus. Sanctus Johannes prior ad monumentum uenit, attamen non introire presumit, significat Synagogen Judeorum, que multa de surrectione et de adventu Xristi audierat et tamen in eum credere nolebant ...

XX, 8. R. Uidit inane ubi iacebat et credidit ita esse, ut mulier dixit, quod corpus furatum esset.

168ᵇ XX, 13 R. Non enim uocauit eum ideo ex nomine, quia putauit quemque scire quem quereret et quem maxime amaret.

XX, 14. R. Quamdiu eam ex communi nomine uocauit, eam dicens mulierem, non cognouit eum, ac statim ut proprio nomine eam nominauit ab ea cognitus est.

XX, 22. Discipulis spiritus sanctus bis datus etc.

169ᵃ XX, 29. R. Hoc uerbo significat nos omnes, qui eum numquam corporaliter uiderimus eciam in eum credimus.

XXI, 1. R. Decies uisus est dominus discipulis a prima die resurrectionis sue usque ad ascensionem eius. Primo apparuit Marie Magdalene flenti ad monumentum, secundo eidem Marie, matri Jacobi; tercio Symoni Petro, quamuis euangelista non dicat quomodo ei apparuisset, tamen scimus quod ei apparuit; quarto Cleope et socio eius apparuit euntibus in Emmaum; quinto apparuit discipulis cunctis ianuis clausis, quando Thomas non erat cum eis; septimo piscatoribus ad mare Tiberiadis, octauo in monte Galileo duodecim illis; nono ingredientibus; decimo uiderunt eum cum ..... *).

169ᵇ XXI, 15. R. Simon dicitur oboediens; hoc nomine dominus nominauit Petrum quatenus ostenderet illos dignos esse

---

XIX, 41. Beda, Alc.   XX, 6. Gregor. Hom. 22, 5, Alc.
XX, 8. Beda.          XX, 29. Alc., Greg.

*) Verwischt.

eius dilectione, qui maiori oboedientia eius mandatis obsequant. Id. Non ausus est dicere se illum plus ceteris amare.

XXI, 17. Meas non tuas, ac si diceret scito eas a me tibi commendatas esse. Ad hoc dominus tercio Petrum an se diligat interrogat, in trina confessione absolueret uincula trine negacionis.

170ª XXI, 18. In extensione manuum significat quod crucifigi debuerat; in cinctione significat uincula, quibus a persecutoribus suis arcendus erat: in ductu alterius significat acerbitatem martirii, quam corporalis infirmitas horrebat, quamuis Spiritus libenter pro domino sustineret.

---

XIX, 17. vgl. Beda. Glos. ord.

# LINDAUER EVANGELIAR.

Codex L im besitz das Freiherrn M. Lochner von Hüttenbach zu Lindau enthält ein Evangeliar mit lateinischen und altsächsischen glossen, wahrscheinlich aus dem St. Veit gewidmeten kloster zu Elten herrührend.
Dr. A. Holder in Carlsruhe hatte die güte die hs. für mich abzuschreiben.
Die hs. 30,2 cm. × 24,8 cm. ist in einer regelmässigen schrift des 10. jh. geschrieben, die glossen datieren wohl aus derselben zeit. Sie enthält jetzt 272 blätter; 14 blätter sind ausgeschnitten, nl. vom ersten ternio 5, nach p. 9 wieder 3, nach 29, 89, 92, 137, 210, 267 je ein blatt. Nach dem ersten ternio folgen drei quaternionen, dann eine lage von fünf doppelblättern und 6 quaternionen, zwei einzelblätter, ein doppelblatt, 3 einzelblätter und ein doppelblatt. Die seiten 1—267 enthalten 21 zeilen, s. 268 bis 272 35 zeilen.
Auf fol. 1ᵇ findet sich ein verzeichnis der im „*armarium*" zu Elten befindlichen güter:
*In nomine Domini: Anno incarnationis dominice millesimo centesimo LXXI pridie nonas augusti ego Guda, custos ecclesie sancti Uiti in Alten, adhibita consideratione ad uestimenta quibus in ministerio altaris utendum est altaris ministris, quorum custodia mihi commissa erat, inueni in armario casulas XXXᵗᵃ*, (Randgl. XXXI) *cappas XVII, dalmaticas VII, tunicas quas subtilia apellamus VII, turribula argentea tria, candelabra argentea duo, calices aureos duos quorum alter patenam non habebat. Calicem unum factum de lapide, qui perle dicitur, marginaliter deauratum et aures aureas habentem; quinque cali\**). Quinque calices argenteos. Quin-*

---
\*) rasur.

que ampullas quarum una argentea, una de lapide onichilo, duo cristalline, quinta uero erat de lapide berillo; unam crucem auream que in teka aurea Sancti Viti quandoque circumfertur locata, parua quidem sed lapidibus preciosis oblita; maiorem etiam hac; aliam crucem ligneam incrustatam cuius crusta quedam aurea, quedam autem erant deaurata, lapidibus etiam preciosis ornata; inueni etiam duas cruces ligneas incrustatas argenteis crustis. Unum urceum argenteum......

Folgen f. $2^b$—$9^b$ canones, $10^a$ leer, $10^b$—$13^a$ Hieronymi comm sup. Matth. VII, 1, $13^b$—$14^b$ Hieron. opp. X. 1, $15^a$ leer, $15^b$—$18^a$ Hieron. opp. X, 659—664 anfangend *Explicit prologus quattuor euangeliorum, incipit epistula hieronimi presbiteri beato papae damaso.* $18^b$—$19^a$ Hieron. opp. X, c. 655, $19^b$—$20^a$ *Argumentum secundum Mattheum.* $20^b$—$24^a$ *incipit breuiarium eiusdem*, $24^b$—$25^a$ leer, $25^b$ Liber generationis IHV. XRI. *filii Dauid filii Abraham.* $26^a$—$88^b$ *Euangelium secundum Mattheum.* $89^a$—$92^a$ *breuiarium Euangelii sedm. Marcum.* $92^b$, $93^a$, $93^b$ leer. $94^a$—$134^a$ *Euangelium sedm Marcum.* $134^b$—$134^b$ argumentum *Euangelii sedm Lucam.* $135^a$—$141^a$ *capitula*, $141^b$, $142^a$ leer, $142^b$—$211^a$ *Euang. sedm Lucam*, $211^b$—$212^a$ *prologus Euangelii sedm Johannem.* $212^b$—$212^b$ *capitula*, $213^{a,b}$, 214 leer, $215_a$ *Euang. sedm Johannem.* $267^a$ *explicit euangelium secundum Johannem feliciter. Amen. Deo gratias.* $267^b$ leer. $268^a$—$272^a$ *capitula euangeliorum de anni circulo.* $272^b$ *fer. VI secundum Lucam cap.* CLXXXVI. $272^b$ leer.

Wie der codex aus Elten (bei Emmerich) nach Lindau am Bodensee gekommen ist, konnte nicht ermittelt werden; wahrscheinlich hat das Stift zu Lindau die handschrift geschenkt bekommen; jedenfalls hat sie Elten verlassen vor 1585, da in diesem jahre das kloster Elten durch feuer zerstört wurde und alle urkunden und bücher verloren gingen.

Die glossen, welche sich bloss in den ersten seiten der handschrift finden, scheinen von éiner hand geschrieben zu sein. Viele finden sich auch im Essener codex, aber nur solche zum Matthaeus evangelium; die vorhergehenden stehen nicht im Essener codex.

Bei den randglossen fängt erst mit M. 1,18 übereinstimmung mit den Essener glossen so wie mit den Xantener glossen in Brüssel (codex c) an; einige glossen kommen mit *c* überein, andere haben auch *e* und Ess. Ev., andere wieder nur das Lindauer und Essener Evangeliar. Einige interlinearglossen des Essener Evangeliars finden sich hier als randglossen, so u. a. zu M. 3,11 *portare*: Ess. interl. gl. *ac si diceret caelestem eius natiuitatem mihi usurpare non audeo quia de uirili semine natus sum;* M. 4,11 *pedem tuum: Hoc non de Xristo sed de iusto est dictum sed male interpretatur diabolus quasi Xristo opus sit auxilio angelorum*; etc.

Von den altsächsischen glossen findet sich im Brüsseler codex nur *ni uuas mid iro*. Ueber die glossen und deren ursprung, s. Essener Evangeliar s. 22 ff.

Mit M. 6,22 hören die glossen ganz auf.

Wie im Essener codex *gimehlidun* neben *gibariad*, *i* aus *e* in *irrari*, *e* blieb in *scéldario;* langes *a* in *farbrakin*, durch contraction entstand *á* in *utsla*; langes *ó* in *tó* (Ess. *tuo*), *iuuostid*, *o* in *farnomana*; im pron. pers. n. steht *it*, in der negation steht *ne* neben *ni; j* wird *gi* geschrieben: *giua*, *gi* findet sich in *gimehlidun*, *ungiuuaron*, daneben *emerkta*, *iuuostid; th* im an-, inund auslaut *thina*, *unithar*, *uuarth* (Ess. *uuarð*), als *d* vor *l* in *ensedlion* (einsiedler): *h* steht vor *r* in *hreuod* und *hriulíko*. In der flexion acc. sg. f. sw. *gimehlidun*, dat. pl. m. n. sw. *ungiuuaron*, *minnaron*, *meron*, dat. sg. m. pron. 3. *imo*, das part. praes. hat *lesandia* (Ess. *lesenda*), die 3. ps. pl. prs. *gangad*, *gibariad* (E. *gibariod*).

# LINDAUER EVANGELIAR.

15ᵇ ¹) Epistula Hieronimi presbiteri beato papae Damaso.
16ᵃ et a saliua quam semel inbibit. (fa rs la nd).
　falsarium (írrari. lúgenari) me clamans.
　maledicorum (scéldario) testimonio.
16ᵇ a librariis dormitantibus (incuriosis. ungiuuaron) aut addita sunt aut mutata.
17ᵃ codicum grecorum emendata collatione (te samna brahti).
　si quis de curiosis (firiuuizigon) uoluerit nosse, que in euangeliis... sint.
18ᵃ recurrens ad principia (uuithar iliandi.. i. ad titulos singulorum canonum).
25ᵇ Matthaeus I, 1.
26ᵃ Mt. I, 2. Isaac (gaudium ²) *) autem genuit Jacob (supplantator *).

　1, 3. Judas (confessio *) — Phares (diuisio *) — Zara (oriens *) Thamar (chananitis) — Esrom (sagitta salutis * domini).

　1, 4. Aram (electus *) — Aminadab (populus meus spontaneus *) — Naasson (augur fortis *).

　1, 5. Salmon (sensibilis *) — Booz (robur *) Ruth (Moabitidis) *) — Obeth (Serniens *) — Jesse (incensum * ³).

　1, 6. Dauid (bellator fortis siue desiderabilis *).

　„ 7. Salomon (pacificus *) — Raboam (latitudo populi *) — Abia (pater dominus *) — Asa (tollens *).

---

1) Von 15b—25b sind bloss die altsächsischen glossen, von Mt. I, 1 ab sind alle glossen verzeichnet.

2) Die mit * bezeichneten glossen finden sich auch im Ess. Ev. und sind im vorigen nicht verzeichnet.

3) Ess. gl. Für das erste *Booz* hat E die glosse *latitudo*.

I, 8. Josaphat (Judicans *) — Joram (excelsus * [1]).

„ 9. Ozias (robustus domini *) — Joatham (perfectus *) — Achaz (apprehendens *).

I, 10. Ezechias (fortis domini uel confortans **) — Manasses (obliuiosus *) — Amon [2]) (fidelis *).

I, 11. Josias (salus Domini).

„ 12. transmigrationem (in ipsa captiuitate) — Jechonias aduentus domini *).

*Randglossen auf f.* 26ª. I, 1. Mos est enim scripturarum ex inicio disputationis uoluminis nomen inponere, sicut genesis dicitur eo quod incipit de natura et conditione rerum disputare. Et ideo Matheus istud nomen indidit suo euangelio, quia in eius principio genealogiam humanitatis Xristi memorauit licet in sequentibus doctrine et miraculorum fecerit mentionem [3]).

Id. Dauid manu fortis interpretatur. Abraham pater multorum gentium quod utrumque Xristus intellegitur. Ipse est ergo bellator noster fortissimus, qui solus diabolum superauit et post hanc uictoriam multorum effactus est populorum, id est pater omnium credentium. Nos post baptismum difficillimum contra diabolum certamen ineuntes dei pietatem erga nos imploremus ut nobis uictoriam tribuat, patresque multarum uirtutum esse concedat.

Id. Hic questio oritur cur anteponitur Dauid Abraham quorum maior est electio quam repromissio, nam electio est in Dauid de quo dicitur: inueni Dauid filium Jesse secundum cor meum. Et iterum: De fructu uentris tui ponam super sedem tuam. Repromissio uero ad Abraham cui dicitur: In semine tuo benedicentur omnes tribus terrae quod semen Xristus est [4]). Uel aliter ut Hieronimus: Ordo preposterus sed necessarie commutatus. Alioquin Abraham nominato ac deinde Dauid necesse Abraham iterum nominare ut eius Dauid filium esse monstraret et ideo hos nominauit, quia ex eorum semine Xristus nasci promissus est [5]).

I, 3. Queritur cur Thamar et Raab alienigenas et peccatrices in genealogia Xristi Euangelista assumpserit; Sed responden-

---

1) Ess. gl. *excellus.* 2) Ess gl. *Moabitis.* 3) Bedae Expos. super Matthacum.
4) Beda, Hieron., Hrab. Maurus. 5) Das Ess. Evang. hat nur den letzten teil.

dum est hoc ideo fecisse ut ostenderat quod is qui propter peccatores uenerat de peccatoribus nascens omnium peccata deleret, unde et in sequentibus Ruth moabitis et *Beersabe* uxor Uriae ponuntur et quod Xristus non solum Judeorum sed et gentium saluator existeret ¹).

I, 6. Quaeritur cur nomen Uriae poneret ²).

„ 8. In regum uolumine legimus de Joram Ochoziam natum esse etc. ³).

I, 12. Hier. Si uolumus Jechoniam in fine huius tesserescaedecadis ponere etc. ¹).

26ᵇ Salathihel (peticio mea deus *) — Zorobabel (magister *).

I, 13. Abiud (pastor meus iste * ⁵) — Eliachim (dominus resuscitans *).

I, 14. Azor (adiectus) * ⁶) — Sadoch (iustus *) — Achim (frater meus *) Eliud (deus meus *).

I, 15. Eleazar (Deus meus adiutor *) — Mathan (donans *) Jacob (supplantator).

I, 16. Joseph (auctus *) — uirum (ministrum).

„ 17. generationes (homines).

„ 19. uir eius (minister uel sponsus *).

*Rgl. i. f.* 26ᵇ. I, 16. Queritur quomodo Matheus dicat Joseph filium esse Jacob et Lucas filium esse Heli — uel propinqui sui ⁷).

Id. Non tibi o lector subeat nuptiarum estimatio etc. ⁷).

Id. Pulchre posuit non de quibus sed de qua (non de Joseph et Maria) id est de sola uirgine sine uirili semine ⁷).

I, 17. Prima tesseresce decadis incipiens ab Abraham in Dauid terminatur — ut ipse Xristus connumeretur ⁸).

I, 18. Ex quatuor causis gestum esse credimus ⁹) . . . . nam ab Abraham usque ad Joseph numerabitur (tellian scal) quia Joseph propinquus erat Mariae, etc.

„ et nuptiarum sollemnia celebrarent * ¹⁰).

„ s. a Joseph quia ille eam curiosius (niutlikor) aliis seruauit * ¹¹).

„ Licet specialiter dicat de Spiritu sancto tamen credendum est quod hunc non solum Spiritus sanctus sed tota sancta Trinitas in utero uirginis formauit ¹¹).

---

1) vgl. Beda.  2) Beda.  3) Beda.  4) Hieron.  5) Ess. gl. *pater meus iste.*  6) Ess. gl. *electus.*  7) Hieron, Hrab.  8) Hrab.  9) s. Ess. gl., Beda in Luc. Hrab.  10) Ess. interl. gl., Br,  11) Hrab.

I, 19. In hoc iustus erat quia pauperi eius propinquae misericorditer uoluit consulere, nolens eam seducere * [1]).
27ᵃ I, 20. eo cogitante (ut eam occulte dimitteret *) — coniugem tuam (thina gimehlidun *).
I, 21. Jesum (sequitur ethimologiam nominis Jhesus). — populum suum (qui in eum crediturus est *).
I, 22. prophetam (Isaiam).
„ 23. uocabunt (parentes *).
„ 25. donec (pro infinito ponitur) — primogenitum (Aug. siue substantie filium).
cap. II, 1. natus esset (in diebus professionis. Aug. prius circumcisia facta est et ecce.)

*Rgl. auf f.* 27ᵃ. I, 20. Cur in somnis et non potius aperte? quia Joseph fidelis erat uir manifesta reuelatione non indigens sed statim credidit quae in somnis dicta sunt ei *).

Id. Ad hoc uocauit eum filium Dauid ut Maria ex eius stirpe esse ostenderetur * [2]).

I, 23. Pro eo quod Euangelista dicit habebit, propheta ait accipiet quia quae habet nequaquam accepturus est [3]).

„ Ut Euangelista dicit hoc nomen Emmanuhel quod est interpretatum nobiscum deus.

I, 25. Nec ante nec postea in perpetuum eam cognoscebat, ita [4]) ut cum ea esset. ni uuás mit íro ne ualctimo sia.

„ Notandum quod omnes unigeniti primogeniti dici possunt etc. [5]).

II, 1. Ideo Herodis regis nomen in Xristo indignatur quia Augustus decreuerat ne quis rex uel dominus sine suo diceretur consilio.

„ magi. — Non propter magiam sed propter aliquam phylosophiam qua successores Balaam creduntur esse nominantur et propter prophetiam eius incitati uisa noua stella natum regem querebant qui confringeret omnes duces alienigenarum [7]).

„ oriente. — Ad confusionem Judeorum. Ut natiuitatem Xristi a gentibus discerent oritur in oriente stella etc. [8]).

---

1) Beda, Hrab. Ess. gl. I, 20.    2) Ess. gl. *stirpe*.    3) Hier. Hrab.
4) Ess. interl. gl. Origenes, Hrab.    5) Steht interlinear im Ess. Ev. Das Brussel-Xantener hat nur *ni vuas mit iro.*    6) Beda.    7) Beda.    8) Hrab.

II, 2. Constat magos Xristum hominem intellexisse, quia dicunt ubi est qui natus est et regem, quia dicunt rex iudeorum, et dominum, quia dicunt uenimus adorare eum.

„ stellam. — Rab.¹) Hanc stellam tradunt ut columnam uisam esse et nec antea apparuisse, que non cum ceteris ab inicio stellis creata est, sed nouo virginis partu nouum sydus apparuit.

II, 2. Oritur in oriente stella uel nos in oriente positi uel de oriente in occidentem stellam uidimus ortam ²).

„ Stelle indicio deferuntur magi in Judeam ut sacerdotes, a magis interrogati ubi Xristus nasceretur, de aduentu eius inexcusabiles fierent.

II, 3. Betleem domus panis interpretatur et alia Bethleem in Galilea in tribu Zabulon ³).

„ Judei asserunt Sem filium Noe quem dicunt Melchisedech post diluuium primo in Syria condidisse urbem Salem in qua regnum fuit eiusdem Melchisedech; hanc postea tenuerunt Jebussei, a quibus et sortita est uocabulum iebus; sicque duobus nominibus copulatis iebus et salem, quae postea a Salomone Hierosolima quasi Hiero Solomonia dicta est. Haec et corrupte a poetis solima nuncupata est. Postmodum ab Helio Adriano uocata est Helia. In ipsa urbe est et Syon, que Hebraice interpretatur speculatio, eo quod in sublime constructa est et de longe uenientia contemplatur.

27ᵇ II, 9. regem (i. iussum regis).

*Rgl. auch* 27ᵇ. II, 7. Quando apparuisset eis. Timebat enim magos ad se aliqua causa non reuersuros, ut euenit; ideo clam uocatis secrete indicatum ab eis tempus stellae didicerat.

II, 8. Natiuitate regis cognita Herodes callida argumenta conuertitur ne terreno regno priuetur. Adorare se uelle simulat ut hunc si inuenire possit extinguat ⁴).

II, 9. ecce stella. — Rab.⁵) Quidam dicunt ab oriente usque ad uicinia Bethlehem stellam eis itineris ducem extitisse quod nequaquam ita esse euangelica ueritas demonstrat. Nam stellam in oriente tantum uidentes mox intellegunt quod haec ortum nati in Judea regis signaret et ideo ueniunt Iudeam

---

1) Nicht in commentar des Hrab.  2) Vgl. Walahfr. Strabo Glos. ord.
3) Hrab. Mt. II, 1.  4) Greg. Hom.  5) Nicht in comm. des Hrab.

ac deinde de Hierosolima Bethlehem iter agentes stellam quam in oriente uideranl hic ducem habere merentur; que non in summa cæli altitudine iuxta ceteras stellas sed in uicina terrae uisa est illis.

„ Aug. Quae ante eos ducebat nam in oriente positi tres magi uiderunt stellam supra Bethlehem eo die quo natus est Xristus et non amplius donec ab urbe Hierosalem discedentes eadem stella antecedebat eos quousque ueniens staret supra vbi erat puer.

II, 11. Id est per fidem æcclesiam ingredientes Xristum cum primitiua æcclesia inuenerunt quæ ex Israhelitico populo conuersa est ad fidem eius [1]).

„ Nequaquam adorarent si eum dominum non crederent [1]).

„ Mos ueterum erat ut nullus ad regem uel ad dominum rogandum uacuus intraret. Magi uero eum quem adorant mysticis muneribus prędicant. Auro regem, thure dominum, myrra mortalem.

28ᵃ *Randgl.* II, 12. Non per angelum fit sed per ipsum dominum ut meritorum Joseph priuilegium ostenderetur [2]).

II, 13. Hoc factum est in tricesimo die postquam Jhesus in templo presentatus est. Postea fugit in Aegyptum. (Aug.) Lucas praetermittit fugam Xristi in Ægyptum et statim postea reuersionem eius in Galileam factam post purificationem *matris* eius narrat * [3]).

II, 14. Nox significat ignorantiam qua Judei in errore derelicti sunt, quando apostoli lucem fidei gentibus intimabant [4]).

II, 16. Sanctus Augustinus dicit: postquam magi etc. ... et ita timore depulso (arlazenaru) etc. * [5]).

„ Omnes a filio unius noctis usque ad filium duorum annorum occidit. Tractat rex impius quod rege celi nato cui famulabantur sydera cæli possibile esset sine minore, siue maiore ętate si uellet oculis hominum apparere et sic celare evm posse * [6]).

„ Scitur ipso die natiuitatis domini magis stellam apparuisse et quod illi statim illo ceperunt ire, sed hoc sciri non

---

1) Beda.  2) Gegen Hrab.  3) Hrab. und Aug.  4) Beda.
5) s. Ess. gl., Aug. De Cons. Ev. II, 24 [XI], Hrab.
6) Beda, Ess. und Bruss. gl.

potest utrum post annum uel duos Herodes hanc necem fecerit *.
28ᵇ II, 18. in Rama (in excelso hoc est longe lateque dispersa * ¹).

III, 1. Poenitentiam agite (hreuod giua sundia*).

*Randgl* II, 18. De Rachel natus est Beniamin in cuius tribu non est Bethleem, sed quia Jude et Beniamin tribus coniunctae erant (te samne emerkta) credendum est quando iussum est pueros occidi in finibus Bethleem persecutionem etiam in tribum Jude peruenisse (bikuman) * ²).

Rachel que ouis dei sanctam æcclesiam designat etc.

II, 19. Hic Joseph, Enoch et Heliae et predicatorum nouissimi temporis typum tenet qui a deo moniti finito Judeorum odio post ingressum gentium ad fidem, Xristum Judaico populo predicabant * ³).

II, 21. qui surgens accepit puerum (*über* puerum *ausradierte glosse*). Non dixit accepit filium suum et uxorem suam, sed puerum et matrem eius quasi nutricius non maritus * ⁴).

II, 22. Galilea interpretatur transmigratio perpetrata, Nazareth virgultum uel flos et significat æcclesiam que ab infidelitate ad fidem a uiciis ad uirtutes transmigrauerat et pullulat in perfectione bonorum operum florescitque in uirtutibus ⁵).

III, 2. Quia ille appropinquabat qui caelestis regni reserabit aditum * ⁶).

29ᵃ II, 3. rectas (Ad se uenienti domino semitas facit, qui nullum ei obstaculum opponit, quo iter festinantis impediebat ⁷).

III, 5. Omnis Judea (tribus Jude).

„ 7. quis (nisi ego *).

„ 10. Omnis (omnis homo * ⁸) — fructum bonum (s. bona opera *).

*Rgl.* III, 3. Uox nominatur quia uerbum preibat * ⁹). Se ipsum dicit qui uox erat domini per ipsum loquentis *.

In diebus Johannis ex multa parte Judea fuit deserta etc. ¹⁰).

„ Ad hoc enim uox uerbum preibat, ut uiam domini ad cor nostrum per fidem predicationis sterneret ¹¹).

III, 4. Austeritatem uestium ostendebat, quia poenitentiam

---

1) Beda. „*In excelso*" fehlt im Ess. Ev.   2) Hieron., Hrab.   3) Beda.
4) Hieron., Brussel. gl.   5) Beda und Mt. IV, 13. — Ess. gl. *flos sive ecclesiam*.
6) Beda. — Ess. gl. interlinear zu III, 3; Br. gl.   7) Beda.   8) Ess. gl. *homo*.
9) Ess. gl. interlin. Beda. Br. gl.   10) Beda z. III, 1.   11) Beda. Br. gl.

predicabat eo quod poenitentia in cilicio sit facienda. Zona pellicia mortificationem carnis et frenatam luxuriam ostendit fieri in poenitentibus ¹).

III, 2. Congruus habitatori (e n s e d l i o n) solitudinis est cibus ut non delicies (n e g e r o d i) ciborum sed tantum necessitatem humanae carnis expleret — g i l a u o d i. Locustae modum etc. *²).

Mel siluestre folia sunt mirae dulcedinis quia doctrina Johannis nimiam suauitatem ostendit.

III, 8. Juxta modum culpae eam emendare studete, nam pro maiori culpa maior poenitentia debetur * ³).

III, 9. Nolite de carnali prosapia patriarchae abrahae gloriari, quia nemo in semine abrahae estimatur nisi qui eum fide et operibus imitatur * ⁴).

„ Lapides ethnicos (gentiles) uocat propter duriciam cordis, quia lapides colebant * ⁵).

III, 10. Arbor autem genus humanum significat, securis redemptorem. Nam sicut securis de manubrio (h e l f i a) constat et ferro, sic redemptor ex humanitate et diuinitate. Sed incidit ex diuinitate quia in iudicio apparens abscidit prauis facultatem ultra peccandi * ⁶).

29ᵇ III, 12. Uentilabrum (discretio iudicii *) in manu (in sua potestate *); aream (i. eclesiam *).

III, 15. Sine (s. ut a te baptizer *) — dimisit (consensit *).

*Rgl.* III, 11. Sanctus Johannes nulli remissionem peccatorum dare potuit sed baptizauit (a n t h i u u u o r d) ut crederent in illum, qui post eum uenturus est; id est in Ihesum *).

„ Ac si diceret celestem eius natiuitatem mihi usurpare non presumo, quia de uirili semine natus sum * ⁷).

„ Id est in gratiam spiritus sancti et in remissionem peccatorum * ⁸).

III, 12. Sanctos suos collocat in celeste regnum, malos et leues et instabiles in eterna damnatione ⁹).

III, 13. Non fuit opus Xristo ut in baptismo purificationem ullam peccatorum reciperet, qui solus sine peccato erat, sed per multas causas baptismum recepit, maxime per hoc ut

---

1) Beda; von *zona* ab fehlt in Ess. gl.  2) s. Ess. Ev., Hieron., Beda, Hrab.
3) Beda.   4) Beda. Ess. gl. habrahe.   5) Beda. Greg. Hom. 1, 20, 9.
Ess. gl. *vel quia*.   6) Hrab, Ess. gl. ohne *helfia*.   7) Ess. gl. interlin.
8) Beda, Ess. gl. interlin.   9) Hrab.

omnes aquas baptismo suo consecraret, quibus nos in nomine eius baptizamur et ut nobis etiam exemplum daret ut nec gentilis nec caticuminus, quamquam perfecti sint, indignari non debent ut ab inferioribus eorum baptizentur, quia ille non dedignatus est a seruo suo baptizari, et ob hoc etiam ut ostenderet quod sancti Johannis baptismus a domino uenit.

III, 14. Xristus neminem baptizauit; officium discipulis suis commisit sed potestatem baptismi nulli eorum tribuit, nam quamuis baptizarent, tamen non ausi sunt sibi potestatem baptismi in tantum usurpare ut dicere presumerent baptismus meus, sicut de euangelio dicerent mevm euangelivm.

III, 16. Non aliquis putare debet ut tunc primum Xristo cælestia arcana paterent cum xxx annos ætatis in se habuit, nam in ea ætate erat, cum baptismum percepit, dum credere debemus, quando de cælo ad terram descendit in diuinitate, de patris sinu eum non recedere * [1]).

„ Hic sancta trinitas demonstratur, filius baptizatur, patris uox auditur, Spiritus sanctus in specie columbæ super eum uenit. Nequaquam credi debet quod Spiritus sanctus tunc primo super eum ueniret cum credere debemus humanam eius naturam a Spiritu sancto esse factam; sed nobis ad admonitionem factum est ut nos credamus quod spiritalis doni digni non sumus prius quam baptismum percipimus * [2]).

III, 17. Cum Xristus baptizatur baptismum Johannis finem recepit, nam nusquam legitur quod postea aliquem baptizaret, nam statim in carcerem mittitur, in quo postea capite truncatus est *).

30ᵃ IV, 2. esuriit (sinit * esurire, ut diabolo temptandi occasio daretur [3]).

IV, 7. scriptum est (hominibus non diabolo) * [4]).

„ 10. Uade Satanas (s. in æternam damnationem).

Rgl. IV, 3. Non dixit fac, nam sciuit quomodo in Genesi scriptvm est, quia omnia quae dominus creauit suo uerbo dixit * [5])

IV, 4. Quia sicut corpus, si non pane alatur, interit, sic anima, si uerbo dei careat, peribit [6]).

---

1) Hrab., Ess. gl. *celestia archana, triginta*.   2) Vgl. Hrab.   3) Hrab. Ess. gl. interl. *sinit se*.   4) Ess. gl. *scriptum est h. n. d*.   5) Ess. gl. *interl*.
6) Ess. gl. interl.

IV, 6. Permisit se a diabolo subleuari, sed ad imperium eius deorsum mitti noluit. Hoc nobis exemplum dedit, quia si quis nos suadet uiam ueritatis scandere illi obtemperemus sed si uult ad ima cadere eum non audiamus * 1).

„ Hoc non de Xristo sed de iusto est dictum, sed male interpretatur diabolus, quasi Xristo opus sit auxilio angelorum * 2).

IV, 7. Ne quis ita temptare dominum debet ut se ipsum in ignem siue in aquam uel in aliud aliquod periculum mittat et sic comprobet si deus eum liberare uelit *.

IV, 8. Non quod mons tam altus sit a quo omnis mundus uideri possit, sed in aere assimilauit montem unde omnia regna mundi uidere potuit * 3).

30ᵇ IV, 12. traditus (in carcerem *).

„ 13. Capharnaum (urbem * 4).

*Rgl.* IV, 11. In hoc humana natura monstrabatur quod diabolus eum temptare ausus est, in hoc uero diuina natura ostenditur, quod angeli ei ministrabant 5).

IV, 12. s. De Nazareth uiculo quo erat nutritus in Galileam 6).

„ 13. Caphernaum (uilla pulcherrima) oppidum erat iuxta stagnum Genes*areth* * 7).

IV, 13. Hæ due tribus Zabulon et Neptalim primo ab Assiriis in captiuitatem ducte *) sunt ad Babyloniam et Galilea deserta est (uuarth iuuostid.) etc. 8).

IV. 15. Illius Galilcæ, quae uocatur Galilea gentium 9).

„ 16. Non paruam uel aliorum prophetarum sed magnam eius domini qui dicit: Ego sum lux mundi.

In illis duobus tribus ubi prima captiuitas Israhelis facta est primum ubi saluator predicauit *.

„ Inter mortem et umbram mortis hæc distantia est quod mors eorum proprie est qui cum operibus mortis ad inferos pergunt. Umbra mortis eorum est, qui, quamuis peccent, nondum tamen de hac uita egredi possunt, enim si uoluerent poenitentiam agere * 10).

---

1) Ess. gl., Hrab., Hilarius. Ess. gl. *hoc nobis etiam ex d.* etc.    2) Hieron. Beda. Ess. gl. *interl.*    3) Ess. gl. *mundus omnis — mundi regna.*    4) Ess. gl. *urbe.*    5) Hier., Hrab, Ess. gl. interl.    6) Hier, Beda, Ess. gl interl.    7) Hrab.    8) Nach Hrab.; Ess. gl. *ductae babiloniam.*    9) Hier., Beda, Hrab., Ess. gl. interl.    10) Ess. gl. *de hac vita egressi sunt Possunt enim* etc.

IV. 17. Quia eadem predicat que Johannes antea dixerat, ostendit se filium dei esse et sanctum Johannem eius prophetam fuisse * 1).

31ᵃ IV, 21. reficientes (colligentes. te samna lesandia * 2).

IV, 23. regni (cælestis * 3) — languorem (corporum *) — infirmitatem (s. animarum *).

V, 1. in montem (uel in Thabor uel in alium quemlibet excelsum *).

V, 3. pauperes (id est uoluntaria paupertate humiles * 4).

*Rgl.* IV, 20. Quod sanctus Johannes Euangelista dicit Andream ad testimonium Johannis baptistae credidisse ubi dicit: ecce agnus dei, et dominum iuxta Jordanem secutum esse, et Petrum ibi nomen accepisse, et Phylippum ibi etiam uocatum esse et quod tres euangeliste hos duos Andream et Petrum dicunt de piscatione uocatos; ita intellegendum est non statim eos illi sic adhesisse in priori uocatione, sed tantum evm quis esset cognouisse eumque admirantes ad priora remeasse 5).

IV, 22. Forte aliquis tacita cogitatione dicit: Isti apostoli erant piscatores, quid ad dominicam uocationem dereliquerunt, qui nihil habuerunt. In hac re magis affectum hominis quam censum debemus quaerere. Multum ille reliquit, qui sibi nihil retinuit. Multum reliquit, qui quamlibet parum totum tamen deseruit.

Regnum celorum nulli pecunia potest comparari (giuuerthirid uuerthan *) tamen tanti ualet quantum habes. — it mág tho giuunnan uuerthan, so mid minnaron so mid meron so man hauid * 6).

V, 24. Non uere hi qui putabantur lunatici, nam demones lunaria tempora obseruantes, creatorem in creatura cupiebant diffamare 7).

V, 25. Decapolis est regio trans Jordanen et x urbes in ea sunt 8).

V, 2. Aperti oris, longitudinem sermonis siue manifestationum doctrinee significat (that he im so baro to sprak 9).

---

1) Beda. Ess. gl. *quae.*    2) Ess. gl. *f. s. lesenda.*    3) Ess. gl. *celestis.*
4) Beda.    5) August. De Cons. II, 37.    6) Greg. Hom. I, V, 2.
Ess. gl.    7) Hieron., Beda, Hrab. Ess. gl.    8) Beda. Ess. gl. hat *decem.*
9) Beda. Ess. gl.

31ᵇ V, 4. mites (i. mansueti qui inprobitati amaritudinum cedunt ¹).

V, 5. lugent (aeterna laeticia * ²) — saturabuntur (aeterna refectione).

V, 9. filii Dei (In quibus domino nil contrarium inuenitur ³).

IV, 11. mentientes (propter odium * ⁴).

*Rgl.* V, 4. Non hunc mundum sed terram uiuentium. * ⁵)

V, 5. Pro suis aliorumque peccatis etc. * ⁶).

V, 6. Nam uelle iusticiam non sufficit, nisi iusticiae patiamur famen eternam * ⁷).

V, 7. In elemosinis et in peccato fratris qui sibimet ipsis bene faciendo consulunt et corrigendis proximis dilectionem impendunt ⁸).

V, 8. Quos non arguit conscientia peccati et simpliciter deum querunt tota uanitate uacantes et sincero amore deum contemplantes * ⁹).

V, 9. Quorum caro aduersus spiritum non concupiscit et spiritus aduersus carnem. Aliosque pacificando inuicem et qui etiam cum his pacem habere desiderant, qui oderunt pacem * ¹⁰).

V, 10. Non propter peccata sua. Apostropham facit ad apostolos predicans passiones quas pro nomine eius passuri erant * ¹¹).

V, 12. Hoc exemplo suasit eis tolerantiam.

„ 13. Salis natura terram efficit fructuosam, ita uox apostolica sale sapientię terram nostrae carnis uicia germinare conpescit * ¹²).

„ Si uos per quos condiendi sunt populi propter persecutionum terrorem amiseritis regna caelorum, extra ecclesiam positi inimicorum opprobrium sustinetis.

32ᵃ V, 17. soluere (b r e k a n *).

„ 18. apex (s t r i k k o *) — a lege (i. a plenitudine legis).

„ 19. mandatis (quae in lege praecipiuntur) — minimus (despectissimus *, i. nouissimus ¹³). — regno celorum (i. in ecclesia sanctorum).

---

1) Ess. gl. *et mansueti*. Beda.    2) Beda. Ess. gl.    3) Beda.
4) Ess. gl. *propter odium nominis mei.*    5) Aug. de Serm. Dom. in monte I, 4 (II), Ps 141, 6; Ess. gl. interl.    6) Beda. Hrab. Ess. gl. (Ess. gl. hat „verbarmunga").    7) Hier., Hrab., Ess. gl. interl.    8) Beda. Ess. gl. *id est.*    9) Beda, Hrab. Ess. gl.    10) Beda. Ess. gl.    11) Ess. gl. interlin. *Non propter peccata sua.*    12) Nach Hrab    13) Beda. Ess. gl. *despectissimus et nouissimus.*

*Rgl.* V, 17. Quasi diceret: ueni ad hoc ut omnia implerem quæ de humanitate mea prophetata sunt etc. ... et carnaliter intellegenda i. farnomana¹).

V, 18. Caelum et terra tunc transibunt, quando per ignem in melius mutantur * ²).

„ Littera i, quae est minima litterarum, et apex, qui est summitas literarum significant minima precepta legis, quod omnia ad perfectum ducuntur et quod nullum ex eis preterit sed omnia spiritaliter in euangelio implentur ³).

V, 19. Hoc capitulo suggillat (i. dannat) phariseos etc. — si uel minimum preceptum in lege destruerent i. farbrakin*⁴).

32ᵇ V, 23. in uia (i. in hoc mundo *) — iudici (Xristo *) — ministro (maligno spiritui *) — in carcerem (i. in gehennam*⁵).

V, 26. reddas (i. luas. angeldas⁶).

„ 28. Concupiscendum (i. male *).

*Rgl.* V, 25. Aduersarius uir est uerbum domini, quod contrarium est omnibus carnalibus uoluptatibus; præcipit etiam ut pacem habeamus cum omnibus, etiam cum inimicis nostris * ⁷).

V, 26. Quadrans est quarta pars cuiusque rei, que in quatuor diuidi potest et significat minima peccata * ⁸).

V, 28. Qui sic uiderit ut coeperit eam male concupiscere et hoc mente disponit perficere, iam moechatus est eam in corde suo, sed maior iusticia et uirtus est uitare stuprum cordis quam corporis * ⁹).

V, 29. Oculus dexter significat aliquem necessarium amicum uel proximum cuius consilio et auxilio sustentamur et adiuuamur * ¹⁰).

„ Quasi diceret: melius est tibi ut necessario amico careas quam ab eo scandalizeris * ¹¹).

33ᵃ V, 33. reddes domino iuramenta (thu scalt bi goda suerian*).

„ 37. a malo (s. eius qui tibi credere non uult sed te cogit iurare * ¹²).

V, 38. oculo (s. eice-utstik) — dente (s. excute-utsla).

---

1) Hrab. Ess. gl.  
2) Ess. gl. interl.  
3) Beda. Ess. gl.  
4) Hier., Hrab. Ess. gl. *mam quidque delictum.*  
5) Ess. gl. Aug., Hrab.  
6) Ess *luis minimam quidque delictum.*  
7) Hrab Ess. gl. *precipit.*  
8) Hrab. Ess. gl.  
Ess. gl. *quae, quattuor.*  
9) Hrab.  
10) Hrab. Ess. gl.  
11) Hrab. Ess. gl.  
12) Ess. gl. interl.

*Rgl.* V, 33. Judei pessimam habebant consuetudinem in hoc quod per angelos et per elementa iurabant; tunc licitum est eis iurare per dominum, non quod bene facerent, sed quia melius est domino iurare quam demonibus uel aliis creaturis, quia per quod iurat homo aut ueneratur aut diligit * [1]).

V, 39. Si quis tibi unum malum irrogat, ut nec illud rependas. n e u u r c k a s. nec ei resistas. * [2])

34ᵃ VI, 1 Attendite (i. cogitate *) uideamini (i. laudemini *).

VI, 2. canere (et sic pauperes congregare *) — honorificentur (i. laudentur *) — mercedem suam (si quam cupiebant, quod ab hominibus laudabantur * [3]).

VI, 3. nesciat (hic significat sinistra humanam laudem *) — dextera (Dextera significat intentionem et cogitationem boni operis *).

VI, 4. absconso (i. in tua bona conscientia *).

„ 5. angulis (i. in triviis *).

„ 6. clauso ostio (Hoc loco precipit nobis gloriam humanae laudis effugere et cum silencio orare * [4]).

34ᵇ VI, 16. nolite fieri (tristes esse *) sicut ypocritae (s. sunt *). Exterminant (i. demoliuntur-u n o l i a d.) — mercedem (i. humanam laudem quam cupierunt *).

*Rgl.* VI, 16. Sparsis capillis ambulant et inlotę; id est s i a g a n g a d  b e r o p t a  e n d i  g e b a r i a d  so  h r i u l i k o *).

35ᵃ VI, 18. patri tuo (debet fieri ieiunus).

*Rgl.* VI, 17. More Palestinorum hic loquitur. Festis diebus capita sua preciosissimis unguentis unguebant. Nos autem corda nostra spiritali unguere debemus oleo, id est spiritali gaudio [5]).

VI, 19. Erugo metalla consumit et designat superbiam quæ omnes uirtutes obfuscat. Tinea ledit uestes et significat inuidiam. Lapides preciosos, quos nec erugo nec tinea consumunt, fures auferunt. Fures significant demones et hereticos, qui semper ad hoc intenti, id est parati, ut spiritales homines uirtutibus bonorum operum expolient. Lapides preciosi significant spiritales uirtutes [6]).

---

1) Hieron., Hrab.    2) Aug. De Serm. Dom in monte l, 57c. Hrab.  M.
3) Ess. gl. *congregarunt, cupierunt, laudabantur.*   4) Ess. gl. *nobis precipit.* E
gl. *orant.*    5) Hier., Beda, Hrab. M. Ess. gl. *capita eorum unguebant precios is
unguentis.*    6) Beda, Hrab. M. Ess. gl. *praeciosos.* — *intenti sunt ut.*

VI, 21. Hoc non tantum de pecunia dicitur sed de uniuerso quod amatur[1]). Nam quod quisque maxime diligit, de hoc sepissime cogitat. Dominus noster thesaurus est et sedulo eum in mente debemus habere *).

*Mit fol. 35^b hören die glossen auf.*

---

1) Ess. gl. *ametur*.

# III.

## DÜSSELDORFER HANDSCHRIFTEN.

# GREGORII MAGNI HOMILIAE IN EVANGELIA.

Hs. B. 80 der Düsseldorfer landesbibliothek, 9. bis 10. jh., 153 foll. in lagen von 8 blättern, 16 seiten; nach 63$^b$ fehlt ein doppelquaternio, ebenso ein quaternio nach 69$^a$.

Die handschrift enthält die **Homilien**, die **Homilie Bedas** und die **Essener Heberolle**, alle von derselben hand.

Die glossen sind späterer zeit, aus dem 10.—11. jh., einige vielleicht noch später.

Die erste hand ist fein, aber oft ziemlich ausgewischt; eine andere hand ist gross und blass; die schrift scheint abgekratzt zu sein, die tinte war aber zu tief ins pergament eingedrungen und blieb daher sichtbar. Bei einer zweiten art (auf der photographie hinter *filo* sichtbar) sind auch die buchstaben ziemlich gross; doch scheinen diese glossen erst geschrieben zu sein als die mit feinerer hand geschriebenen schon da waren; sie sind im texte durch cursiven druck angedeutet. Hier und da sind die buchstaben in späterer zeit mit schwärzerer tinte überschrieben. Auch scheinen spuren eines früheren textes da zu sein. Was früher da gestanden hat, konnte ich nicht mehr lesen. Nur vor dem lichte und bei anwendung eines scharfen vergrösserungsglases war es möglich etwas zu unterscheiden.

An einigen stellen sind die glossen nicht mehr zu sehen, da sie mit älterer tinte, oder mit einem früher gebrauchten reagens bedeckt sind. Nur auf der negativplatte einer photographischen aufnahme gelang es mir trotzdem von dem darunter stehenden etwas zu unterscheiden.

Ob die schöne handschrift in Essen geschrieben ist, ist fraglich: wir haben keine nachrichten dass im Essener damenstifte in den ersten zeiten geschrieben wurde; die meisten hss. aus älterer zeit stammen anderswo her, vielleicht aus Hildesheim, Werden, aus Corvey, da der stifter des Essener klosters, Bischof Altfrid von Hildesheim (Lacomblet Urkb. I, no. 97, 99), längere zeit mönch in Corvey war und vom Abte Adelger von Corvey bei der gründung von Essen unterstützt worden ist (Wigand, Geschichte der Reichsabtei Corvey I, 94). Später haben die canonici des stiftes geschrieben, wenigstens hss. im besitze gehabt, da einige hss. der Düsseldorfer Landesbibliothek die marke: „*liber canonicorum Essendiensium*" tragen.

Das dem hl. Benedictus gewidmete frauenstift zu Essen besass eine reiche bibliothek. Die meisten hss. befinden sich jetzt in der landesbibliothek zu Düsseldorf w. u. drei alte missalien (s. hierüber Dr. W. Harless Die ältesten Necrologien und Namensverzeichnisse des Stifts Essen. Archiv f. d. Gesch. d. Niederrheins VI, 63). Auch in Essen befinden sich einige: zwei in der Gertrudiskirche, wobei das evangeliar der Theophanu, von 1039—1054 äbtissin zu Essen, und drei im pfarrarchiv der stiftskirche, zwei aus dem 15. jh. und eine ältere, worüber s. 17 ff.

Die stiftung Essens fällt in die jahre 851—863, nach der bischofsweihe Altfrids und vor die absetzung des erzbischofs Günther von Köln, der dem kloster bedeutende zehnten geschenkt hat (vgl. MS. Denkm.³ 543).

Aus der erwähnung des allerheiligenfestes in der Homilie, die auch nach Denkmäler LXIX anm. von derselben hand wie die Homilien ist, ist ersichtlich dass die handschrift, wenn sie noch aus dem 9. jh. ist, jedenfalls in den letzten decennien geschrieben sein muss, da das allerheiligenfest erst nach 835 in Deutschland eingeführt wurde und also erst nach dieser zeit ein anlass vorhanden war eine erklärung dieses festes aus der Homilie Bedas zu geben.

Der zeit nach ist es also nicht unmöglich dass die hs. in Essen geschrieben ist. Wenn dies aber nicht der fall ist, so sind doch wahrscheinlich die glossen späterer hand wohl in Essen eingefügt, zum gebrauche bei der vorlesung und übersetzung.

Sprachlich weichen die glossen nicht viel von der Homilie des Beda ab; es giebt einige unterschiede. Greg. gl. *a*, *o* und *e* in *far-* (7ª, 124ª, 129ᵇ), *for-* (26ª) und *fer-* 28ª, umlaut in *festennesse* (61ª), nicht in bithanki (127ª). (Die eingekratzten glossen sind ge-

sperrt). **Hom.** hat umlauts-*e* in *menigi, anstendit.* Wo Gr. gl.
u u e r o l d (123ª, 126ᵇ, 128ᵇ) hat, zeigt Hom. *waroldi. e* blieb
in e k i r , (124ª) *herdeas* (23ª). *i* vor *nn* in b r i n n a n (128ᵇ), *i*
in *wither* bleibt in der Hom. unverändert, in Greg. gl. 99ª *vuithar*, 128ᵇ u u e t h a r. In Greg. gl. 23ª *furthirono, furistun*
blieb *u*, nicht in f o r t h e r o n (124ᵇ); Hom. *o* vor *in* in *droh-
tine(s)*; in den Greg. gl. nur *a* für *é*: *salih* (129ª), *namun* (124ª).
*é* (hd. *ie*) in Hom. *he, heton* (praet. pl.), in Gr. gl. *he* (124ª,
127ᵇ), *geng* (127ª). Langes *o* in Hom. und Gr. gl. *tho, módar*
(125ª), etc.; *au* ist (langes) *o* und *a* in Hom. *gibod, uergomeloson*
und *fra*; in Greg. gl. *grotara* (103ᵇ), und *dagolnussæ* (127ᵇ). *é*
aus *ai* ist in beiden unverändert: H. *era, en, heligono*; Gr. gl.
*en* (128ᵇ), *heleand* (9ª), m e n i t (67ᵇ), a f g i k e r a d a n (74ᵇ),
l e t h (129ª). Für *io* in Hom. *ia* in *thianust*; in Gr. gl. nicht
belegt. *iu* ebenso nur in Hom. *diuuilo, liudi.*

Ausfall des *n* in Hom. *usemo*, Gr. gl. o t h a r (128ᵇ). Von den
anderen consonanten bespreche ich nur *h* und *th*. *H* ist in Hom.
meist abgefallen im an- und auslaut und auch zwischen vocalen
im inlaut: *wan', gewarf, so vuat so, uuilon, wither, gewilik,
wieda, thur*; in Greg. gl. ist *h* in älteren und jüngeren glossen
teilweise bewahrt, teilweise geschwunden: *huanna* (99ª), *hripsod*
neben *ripsinga* (127ᵇ) — *uuihethian* (127ª), a n s e h a n (127ᵇ),
*thurh* (129ᵇ) neben *thurn* (128ª). *uh* für *hw* in *uhilik* (126ᵇ); dagegen: u u i l i k (127ᵇ), *faen* (105ª); *ht* für *ft* in Hom. *ahter*,
Greg. gl. *brudlohton* (126ᵇ). *G* wurde spirantisch ausgesprochen
z. b. in Hom. *iegiuan*, in Gr. gl. *salih* (129ª). Auslautendes
*th* in den Greg. gl. nur einige male neben *t* m e n i t (67ᵇ),
s p r i k i t (127ᵇ); etc. s a t h (126ª) und l e t h (129ª), inlautend
in *vuithar, unethar*; anl. in *themu, thurh, bithanki*. In Hom. im
auslaut: *lesed* und *cuarth*; anl. und inl. *thar, that, gethingi,
wertha* u. a. Bemerkenswert in der flexion ist *themo* (123ª),
t h e m o (127ᵇ), *themu* (125ᵇ) in Greg. gl.; *themo, imo* etc. in
Hom.; in den Greg. gl. die 3. pers. sg. prt. b i g o n s t a (128ᵇ).

# GREGORII MAGNI HOMILIAE.

(Opera omnia, I. Parisiis S. Claudii Rigaud, MDCCV).

---

7ᵃ Opera I, p. 1538. Probandi autem erant [1]).
7ᵇ 1539. opinata res [2]) est ualde et seniorum nostrorum [3]).
8ᵃ 1539. nobis relatione tradita (an them far.... us.....
sag. a ... sind [4]).
    1539. Dumque (huan) pater (fadar) familias [5]) (the).
8ᵇ 1540. negocium quod [6]).
9ᵃ 1541. redemptor noster iam [7]).
10ᵃ 1542. specialiter [8]).
10ᵇ 1542. et quantis [9]).
16ᵃ 1546. striccius [10]).
23ᵃ 1553. primi pastoris (furiston herdeas) [11]).
26ᵃ 1554. querendum est (te... soconn a) [12]).
28ᵃ 1555. supplicio absoluere (... latan) [13]).
31ᵇ 1558. mores componite [14]).
41ᵃ 1567. paratus fuit [15]).

---

1) *farsokandie auer unarun im.* Eingekratzte glosse, sehr verblichen, unsicher, die worte sind mehr geraten    2) mari thing?    3) furthirono usaro Beide glossen sind mehr geraten als gelesen, beide ganz verblichen; nur einzelne striche sind sichtbar.    4) Beinahe ausgewischt.    5) Ich glaubte hiuuiskeas zu lesen, sah bei der letzten lesung nur einige spuren von buchstaben.    6) Schwache spuren einer eingekratzten glosse, bei erster lesung glaubte ich ambahti the zu sehen.    7) Die glosse heleand usaro nu, welche ich bei erster lesung glaubte zu sehen, kann ich nicht mehr sehen.    8) Einige spuren sind noch zu sehen; ob an sundarun zu lesen ist ist unsicher.    9) Ganz verwischt, ich glaubte eudi so managon thero zu lesen.    10) Es scheint mir dass über striccius etwas wie fastero steht.    11) Grober als das vorige, schwach zu sehen.    12) Abgekratzte glosse, von anderer hand. Vielleicht forsoconnia    13) latan ist übergeschrieben. Ob for oder af davor stand, konnte ich nicht entscheiden.    14) Die spuren einer glosse.    15) Es scheint eine glosse darüber gestanden zu haben.

42a 1569. qui admonendo dicat [1]).
45a 1571. faciebat [2]).
55b 1579. ante aduentum huius spiritus [3]).
61a 1585. mentis iudicium [4]).
operis fortitudo [5]).
63b 1586. largimini (m i l d i t h) [6]).
67b 1598. interpretatur (*menit* [7]).
74b 1610. superbe auersos (*afgikeradan uan* [7]) Euang [8]).
78b 1611. namque iustus sit [9]).
79a 1614. ut inde peruersi sine [10]) excusatione [10]) pereant [10]) unde (fan huuar [10]) electi exemplum capiunt.
80b 1615. Ueritas dicit [11]).
Diligite inimicos uestros [12]).
81a 1615. semet ipsos diiudicantes [13]).
81b 1615. unum uidelicet inflammans [14]).
98b 1626. si consideremus (of u u i a l l a t h i a).
99a 1626. felicitati comparata (u u i t h a r [15]).
99a 1627. non potest, nisi (n e h u a n n a) per magnos labores.
99b 1628. propinquos (n a i s t o n) precepimur odisse (h a t o n).
1628. sed si uim precepti perpendimus. R. n i u d l e c *wegin* [16]).
102b 1629. quis enim (a u e r [17]).
103a 1630. aedificium — construitur (b u u a t).
105a 1631. multos (s o) arbitror.
105a 1631. cumque diu teneretur (f a e n) in uinculis.
122b 1634. quia et hanc nonnulli exituri intrant [18]).

---

1) Die glosse domia. bei erster lesung gesehen, ergab sich als unsicher. 2) Ueber faciebat *eingekratzt*, aber sehr schwach leserlich ist dieda. 3) Nur spuren von zwei wörtern; vielleicht cuman es, sind sichtbar. 4) Es scheint dass über iudicium r e h t *steht*. 5) Ich glaube über fortitudo festennesse zu lesen. 6) Sehr schwach sichtbar, in groben zügen, quer geschrieben 7) Eingekratzt. 8) Undeutlich. 9) Ich glaubte jhesus zu lesen. 10) Ueber sine vielleicht thar ana, was über excusatione steht ist unleserlich. Ueber pereant glaubte ich farfarath, über unde fan huuar zu lesen, beides ist aber sehr unsicher. 11) Die glosse ist ganz undeutlich, ich glaubte the uar.... spriketh zu lesen. 12) Ganz verblichen. 13) Ganz verblichen 14) ..... bernit.... enan .... undeutliche glosse; ich glaubte bei der ersten lesung the antbernit then enan finud zu sehen 15) Diese und die folgenden bis 105a faen sind von derselben hand wie 26a. 16) wegin ist nicht deutlich. 17) Unter der linie. 18) Von der hierüber geschriebenen glosse ist nicht viel mehr leserlich; ich glaubte anfangs zu lesen: huanna mahtun wernan thar in ge...n die. Nur von huanna mahtun ist etwas zu sehen, das andere ist ganz verwischt.

et ad illud quisquis semel intrauerit, ulterius non exibit [1]).

122ᵇ 1634. quippe iustorum. R. g i u u i s s o  r e h t e r o.

123ᵃ 1635. Deus iudicium regi da et iusticiam tuam filio regis (............ t h e m o  s u n u [2]).

123ᵃ quando hunc in utero [3]) uirginis humanae naturae coniunxit [4]) quando Deum ante secula (.. t h e m o  e n d a  t h e r r o  u...l d e s [5]) fieri uoluit hominem in fine seculorum.

123ᵇ 1636. inuitatis et uenire nolentibus (.... et his. ii.... ssa.... d.... i... [6]).

124ᵃ 1636. quanto per hoc (*sam'* [7]).

124ᵃ 1637. illi autem neglexerunt (*sia ni namun is tho uuara* [8]).

124ᵃ 1637. perdidit (t h o  f a r).

124ᵃ 1637. non solum animae sed et caro (*thuo ni ... ekir iro selon neuan ok* [9]).

124ᵃ 1637. missis uero (*he senda ut* [7]).

124ᵇ 1637. nostri patres (*fortheron* [7]) audiebant (... *waredon* [7]).

125ᵃ 1637. permixta quippe est diuersitate filiorum (t h i u  m ō d a r.... lagd.... ad [10]).

125ᵇ 1638. qui (m i d  t h e m u [11]) probaret.

126ᵃ 1638. sicut (*sulik sath*) lilium.

126ᵇ 1639. si quis ad carnales nuptias esset inuitatus (*so uhilik man so te rueroldlikon brudlohton gibedan uari*).

126ᵇ 1639. Sciendum uero est quia sicut in duobus lignis superiori uidelicet et inferiori uestis texitur (.. [12]) t a h i s  u s [13]) a l s o  a l l e r o  v u e b.... [14]) ............ [15]) ita et in duobus (l. x.. [16]).

127ᵃ 1640. sed tamen ista est uestis nuptialis. R. v u a n.. vv.... a l l a ... tiales [17]).

---

1) *Die hierüber geschriebene glosse ist unleserlich Ich meinte bei der ersten lesung zu sehen:* rehton gilonon bikinnad sie ehtra than; *sehe das aber nicht mehr.*
2) sunu *nicht ganz deutlich; das vor* themo *stehende ist gefleckt.* 3) *Unlesbare glosse.* 4) *Nicht mehr lesbar, etwas wie* therra magathi *meinte ich bei der ersten lesung in der flecke zu sehen.* 5) *Ich meinte zu sehen* an themo enda therro uueroldes, an *und* unero *sind aber beinah ganz verwischt.* 6) *Unlesbar.* 7) *Eingekratzt.* 8) *Eingekratzt.* uuara *ist nicht ganz sicher.* 9) *Eingekratzt, zum teil undeutlich* 10) *Gefleckt und schlecht lesbar; ich glaubte noch zu lesen* geelagde ... sade. 11) n *unsicher.* 12) *Vielleicht* iu. 13) tahis us *übergeschrieben.* 14) *wohl* vuebbio *Von dem folgenden buchstaben meinte ich* than *an zu unterscheiden; dieses aber wie.* 16) *wo ich* lexdin *meinte zu sehen, ist unsicher.* 17) *Ich meinte zu lesen* vuanna vvarun alla nuptiales, *die anderen verblichenen buchstaben sind nicht sicher.*

127ᵃ 1640. Scripturae sacrae. R. *unihethian* ⁵).
127ᵃ 1640. cogitationes nestras sollicita inquisitione discutite. R. *lithanki* ⁵).
127ᵃ 1641. si per occultam malitiam (*uvilo thero modo*). nemini ¹) nocere festinatis. Ecce (so thi ²) rex ad nuptias ingreditur (than geng ³), atque ei quem (endi tehn the) uestitum non inuenit. quod hunc et amicum uocat (son end⁴) et reprobat (ge ... ⁵).
127ᵇ increpationis (ripsinga ⁶).
quippe (the ⁷) quia foris increpat (hripsod us than filo *barliko*) qui testis consciencie (the nu ri .......... ⁸) intus animum accusat (allero usero dagolnussæ ⁹).
127ᵇ 1641. desperare de uenia. R. *garehtnesse*. quia ipse quoque spem (*the unilik*) nobis per psalmistam tribuens dicit (trostid us alla thar he..... ¹⁰) imperfectum meum uiderunt (*ansehan*) oculi tui.
in consolatione (*an themo trosta*).
128ᵃ 1641. Sed repulso in quo uidelicet (*thuru that to* ..... ¹¹) ut unusquisque nostrum in humilitate (*um is seluan dadi*) se deprimat.
Nonnulli enim (*vuan*).
128ᵃ 1642. sed quia nonnunquam mentes audientium (ne uan bi.... huan mann th...... ¹²).
128ᵇ 1642. quarum una (en het Tharsilla).
uno omnes ardore conuerse (Sia vuarun alla thria) At contra Gordiane animus coepit a calore amoris intimi per quotidiana (*thar nuethar bigonsta Gordianan mod te thera vueroldes minnea brinnan* ¹³) detrimenta tepescere et paulisper ad huius seculi amorem redire.

---

1) *Ueber* nemini *eine unlesbare glosse.* 2) So thi *unter* occultam *und über* festinatis. Ecce. 3) *Nach* geng *folgen zwei buchstaben:* an? 4) ncnd *oder* nemd, *undeutlich.* 5) ge.. *das folgende ganz verwischt.* 6) *Uebergeschrieben.* 7) *Uebergeschrieben* thi. 8) *Sehr verdorbene stelle; auf der negativplatte der photographie meinte ich hier* rihtere sittan seal an henene *zu sehen; in der hs. ist aber nichts zu unterscheiden.* 9) dagolnussæ *übergeschrieben.* 10) *Nach* he *folgt vielleicht noch* sprikit. 11) *Nach* to *steht etwas wie* saman.. *oder* signatum, *sehr schwach eingekratzt.* 12) ne uan bi thiu huan mann *meinte ich ziemlich sicher zu unterscheiden; das folgende ist schwach eingekratzt, etwas wie* than othar *meinte ich zu sehen.* 13) *Am rande eingekratzt.*

128ᵇ 1642. uideo (so se nu ik ¹) Gordianam... de sorte nostra non esse.

129ᵃ 1642. ualde onerosa erat (*filu leth uuas*).

multi uiri ac femine eius lecticulum circumsteterunt (t h a r q u a m  t h o  f i l o  m a n n o  e n d i  v u i v o  i v).

129ᵃ 1642. Subito flaglantia ²) miri odoris aspersa est (t h a r q u a m  t h o  g e l i k o  s a l i h ³).

1643. cumque corpus eius (*lif sin* ⁴). ex more (*sedu* ⁵).

129ᵇ 1643. Gordiana autem (*so vidit* ⁵) oblita pudoris et reuerentia (*vuilthedas* ⁶).

1646. quia ergo nullus de se certum est electum se esse R. s c o l d a  t h u r h  t h a t  a l l a  s a k a  f a r l a t a n ⁷).

131ᵇ 1646. dicens illis R. *sprekandi im* ⁸).

136ᵃ 1649. cuius sit ponderis ⁹).

146ᵇ 1657. sequitur in his ¹⁰).

---

1) so se nu ik *oder* mik.  2) *l.* flagrantia.  3) *Nach* salih *ist ein wort durchstrichen, dann folgte* nussi *welches durchstrichen ist; über* n *ist* R *geschrieben, über* ss *ein* c, *was vielleicht eine verbesserung in* Ruc *angeben soll.*  4) *Beide sehr schwach eingekratzt, nicht deutlich lesbar.*  5) *Eingekratzt;* vidit *ist lateinisch.*
6) as *oder* os, *nicht deutlich.*  7) *An mit reagens bestrichener stelle.*
8) *Schwach eingekratzt, schwer zu lesen.*  9) *Es scheint über* ponderis givihti *zu stehen.*  10) *Ueber* in his *meinte ich an* them *zu lesen.*

# ESSENER HEBEROLLE.

Hinter den Homilien Gregors, hs. B. 80, auf der letzten seite der handschrift s. 150ᵇ befindet sich folgende heberolle, welche wahrscheinlich nicht viel später als die erste hälfte des 10. jh. anzusetzen ist.
Die hierin genannten höfe liegen in Westfalen; in welcher zeit sie dem stifte angehörig geworden sind, ist unbekannt, so wohl die in älterer schrift wie die später eingetragenen, welche anfangen mit den worten „de novo praedio" und, der hand nach, im 11. jh. hinzugefügt sind. Nur von Hukretha ist bekannt dass es von Ludwig (Lac. Urk. I, n°. 97) dem stifte geschenkt wurde, wohl nach 860 (MS. D.³ s. 370).
Sprachlich ist bemerkenswert: *i* in *bikera* (lat. *bicarium* ndd. *beker*), *ó* nur als *o* angegeben in *nother*; *e* zu *i* in *lian* (nicht *lehan*); von *fewar* nur die form ohne labial *viar*; von *niwi* dat. sg. *niun* in *van Nianhus*; auch in *erito* ist *w* geschwunden. Anl. *h* fehlt in *neunethar*, inl. *h* in *lian*, ausl. in *hogetidon*; ausl. *g* ist *ch* in *niftech*, *ahtodoch*, *g* in *ahtedeg*, *twenteg*; *th* unverändert in *then*, *nother* etc. Ausl. *d* in *brod* neben *brot*; *f* wird *u*, *v* geschrieben in anlaut: *uiar*, *uiftech*. In den flexionsendungen steht meist *e*, auch in suffixalen silben: *mudde*, *ahte*, *geldet*, *nother*, *uiarhtey*, etc., nur *endi* und *honegas* neben *endi*, *holtes* u. a.; *a* in *bikera sostra*, *tua* nom. acc. pl. n. und in eigennamen *no* im gen. pl. *erito*; schreibfehler ist wohl *uiarhtey*.
Die erste veröffentlichung geschah durch V. N. Kindlinger, Allg. Leipziger litter. Anzeiger 1799, 110, s. 1081—1084, dann von E. G. Graff Diutiska II, 190 f.; T. J. Lacomblet Archiv für die Geschichte des Niederrheins I, s. 9—15; M. Heyne Altniederdeutsche Denkmäler 1867, 2. ausgabe 1877; Müllenhoff und Scherer Denkmäler³ n°. LXIX; W. Crecelius Germ. 13, 105.

# ESSENER HEBEROLLE.

150ᵇ Van Vehus ahte ende ahtedeg mudde maltes ende ahte brod, tuena sostra erito, viar mudde gerston, uiar uother thiores holtes, te thrim hogetidon ahtetian mudde maltes ende thriuu uother holtes ende uiarhteg bikera, ende usero herino misso tua crukon.

Van Ekanscetha similiter.

Van Rengereng thorpa similiter. Van Hukretha similiter, ana that holt te then hogetidon; that ne geldet thero ambahto neuuethar.

Van Brokhuson te then hogetidon nigen mudde maltes ende tuenteg bikera ende tua crukon.

Van Horlon, nigen ende uiftech mudde maltes, ende tue uother thiores holtes, tue mudde geston, uiar brot, en suster erito, tuenteg bikera endi tua crukon, nigen mudde maltes te then hogetidon.

Van Nianhus similitur. Van Borthbeki similiter. Van Drene te usero herano [1] misso tian ember honegas, te pincoston siuondon haluon ember honegas endi ahtodoch bikera, endi uiar crukon.

149ᵇ De nouo praedio: v siclos an Rohhuson.

v siclos an Ladtthorpa. An Hamuuinkile xxx denarios. An Lindenun v siclos. An Berghalehtrun iii siclos et sex denarios. An Hupelesuuik iii siclos et iiii denarius. An Brehton xxx denarios. An Driuere uuum siclum. An Uueteringe vi siclos. An Hanewig iiii siclos et vi denarios. An Vunnincthorpa iii siclos. An Rinherre iii siclos. An Bekehem iii An Ahtinesberga v siclos. An Stengrauon iiii, An Hannine [2]) de praedio Eile prope Creia x siclos.

---

1) Usero herano misso — 27. september, der festtag der h. Cosmas und Damianus, der patrone des stiftes.

2) Von hier ab ist auch dem ende der Homilien Gregors und vor de nouo praedio geschrieben.

# HOMILIE BEDAS.

Auf seite 150ᵃ der vorbeschriebenen handschrift befindet sich folgendes bruchstück einer homilie Bedas (p. 151 Opp. tom. VII, col. Agr. 1688). Sie ist in dieser hs. unvollständig abgeschrieben. Die schrift ist eher früher als später wie die der Essener heberolle anzusetzen, jedenfalls fand der schreiber des additamentum „De novo praedio" u. s. w. die beiden letzten seiten schon benützt, so dass er seine hinzufügung zur heberolle auf s. 149ᵇ schreiben musste. Mit dem text von Gregors homilien hat die schrift so viel ähnlichkeit dass sie von den meisten demselben schreiber zugeschrieben wird, nur scheint sie etwas grösser und weniger regelmässig.

De homilie wurde mit der heberolle zuerst veröffentlicht von V. N. Kindlinger 1799, und seitdem wurden beide meist zusammen herausgegeben; über die ausgaben s. Essener Heberolle.

In sprachlicher hinsicht verdient bemerkung: *é* in *gera*; ob *e* in *bedi*, *gefi* umlauts-*e* aus *á* ist oder *é*, ist zweifelhaft, daneben *á* in *quami*; *é* in *beged*; *a* hat umlaut in *stendit*, *menigi*; *e* als *a* in *waroldi*; *iu* blieb, nur *ui* in *luidi*; *eo* ist *ia* in *thianrst*; in stammsilben erscheint *ŏ* in *gŏdlika*, *gedŏn*, *hŏdigŏ*, neben *o* in *tho*; in endsilben *komŏ*, *uuorthŏn*, *kerikŏn*, *hŏdigŏ*, nur *o* in *heton*, *uuilon*; *i* in auslaut blieb unverändert: *endi*, *blithi* etc. *k* hat *i* nach sich in *kiesur*, *g* blieb in *gedŏn*, *gehugd*, *gibod*, *githingi*, wurde zu *i* in *ieginan*; anl. *h* vor *r* fiel ab *nuilon*, *ran*, *ruat*, *gewarf*, schwand inlautend zwischen vocalen in *wieda*, auslautend in *thur*; *ht* entstand aus *ft* in *ahter*; inl. *b* ist *u* geschrieben *liua*, so auch *u* für anl. *f*: *uergomeloson*; nom. pl. *afgoda*; dat. sg. adj. pron. m. *imo*, *themo*, *usemo*, *allemo* etc. vgl. s. 109.

# HOMILIE BEDAS.

Ess. IIs. B 180.

150ª Vui lesed, thô sanctus Bonifacius pauos an Roma uuas, that he bedi thena kiesur aduocatum, that he imo an Romŏ en hus gefi, that thia luidi uuilon Pantheon heton; wan thar uuorthŏn alla afgoda inna begangana. So he it imo tho iegiuan hadda, so wieda he it an uses drohtines era ende usero fruon sancte Mariun endi allero Cristes martiro, te thiu, also thar er inna begangan vuarth thiu menigi thero diuuilo, that thar nu inna begangan uuertha thiu gehugd allero godes heligono. He gibod tho that al that folk thes dages, also the kalend november anstendit, te kerikŏn quami, endi also that gŏdlika thianust thar al gedŏn was, so wither gewarf manno gewilik fra endi blithi te hus.

Bedae Op. t. VII, p. 51.

Legimus in ecclesiasticis historiis, quod sanctus Bonifacius, qui quartus a beato Gregorio romanae urbis episcopatum tenebat, suis precibus a Phoca Caesare impetraret donari ecclesiae Christi templum Romae, quod ab antiquis Pantheon ante uocabatur, quia hoc quasi simulacrum omnium uideretur esse deorum: in quo eliminata omni spurcitia, fecit ecclesiam sanctae dei genetricis atque omnium martyrum Christi, ut exclusa multitudine daemonum, multitudo ibi sanctorum a fidelibus in memoria haberetur: et plebs uniuersa in capite calendarum Novembrium, sicut in die natalis domini, ad ecclesiam in honore omnium sanctorum consecratam conueniret, ibique missarum solemnitate a praesule sedis apostolicae celebrata omnibusque rite peractis, unusquisque in sua cum gaudio remearet.

Endi thanana so warth gewonohed that man hŏdigŏ ahter allero thero waroldi beged thia gehugd allero godes heligono, te thiu so vuat so vui an allemo themo gera uergomeloson that wi it al hŏdigŏ gefullen endi that vui thur thero heligono getbingi bekuman te themo ewigon liua, helpandemo usemo drohtine.

Ex hac ergo consuetudine sanctae romanae ecclesiae, crescente religione christiana, decretum est, ut in ecclesiis dei quae per orbem terrarum longe lateque construuntur, honor et memoriae omnium sanctorum, in die qua praediximus haberetur, ut quicquid humana fragilitas per ignorantiam uel negligentiam seu per occupationem rei secularis, sollemnitate sanctorum minus plene peregisset, in hac obseruatione solueretur, quatenus eorum patrociniis protecti, ad superna populorum gaudia peruenire ualeamus.

# BEICHTE.

Der codex D. 2 der Düsseldorfer landesbibliothek, ursprünglich aus dem Benedictinerfrauenstift Essen, enthält ein missale; „in seinem hauptbestandteile ist es eine mischung des Gelasianischen und Gregorianischen ritus mit manchen abweichungen und eigentümlichen einschiebseln, in den ersten decennien des 10. jh. angelegt und von mindestens acht sich im contexte, zuweilen auf derselben seite ablösenden und daher gleichzeitigen händen nach und nach vollendet. Um die mitte desselben jahrhunderts erreichte die handschrift ihren gegenwärtigen umfang, indem zwei und ein halber quaternio vorgeheftet wurden, worin teils lectionen und gebete vermischten inhalts, teils ein calendarium (fol. 11—17), nebst dasselbe erläuternden astronomischen notizen, aneinander gereiht sind. Dem auf 5 ganzen und 2 halben blättern zierlich geschiebenen calendarium sind zusätze von mehreren händen aus dem ende des 10. und dem anfange des 11. jh. eingefügt" (Harless Archiv. VI, 63). Die *exorcismi aquae et ignis* und der *ordo ad dandam poenitentiam* sind wie die beichte von einer hand des 9. oder 10. jh. Diese formeln zeugen, wie Scherer Denkm. ² 549 angiebt, dem inhalt nach für das alter der handschrift. Der vor der beichte gehende **ordo ad dandam poenitiam**[1]) ist derselbe welcher sich in der *bussordnung des Pseudo-Beda* bei Wasserschleben Die Bussordnungen (Halle 1851) s. 251 findet [2]). Nach *tunc fac eum confiteri omnia peccata sua* folgt dort statt *et ad ultimum dicere*, wie hier steht, *ita dicendo: Fecisti homicidium* etc.[3]).

---

1) Schmitz, *Die Bussbücher*, Mainz 1883, s. 89, 170.
2) Vergl. Martene, *De antiquis ecclesiae ritibus I*, 279, 280. Morinus *Comment. hist.* 9, s 29.
3) Auch in Essen befand sich eine handschrift dieses poenitentiale, jetzt Düsseld. Cod. B 113 9. jh., auch mit dem ordo u. s. w. anfangend; vgl. Schmitz, *Die Bussbücher*, Mainz 1883, s. 554.

Die beichte selbst weicht aber ab im anfang und in der anordnung der vergehen, denn gewöhnlich steht in den Römischen poenitentialbüchern das homicidium an der spitze [1]). Wahrscheinlich gehört sie zu den poenitentialien der römisch-fränkischen kirche; die ordo ad dandam poenitentiam spricht hierfür.

Wie in MS. Denkm.[3] 377 nachgewiesen ist, sind dieser sächsischen beichte mittelbar oder unmittelbar entnommen: die Lorscher, die Mainzer, Pfälzer, Fuldaer und Reichenauer beichte, während dieses auch für die Strassburger beichte wahrscheinlich ist. Die Würzburger beichte, welche in einigen hinsichten ihr ähnlich ist, weicht an anderen stellen ab. Diese stimmt mehr überein mit der lateinischen beichte des Othmarus von St. Gallen, Wasserschleben s. 437, wovon aber unsere beichte u. a. abweicht in der anordnung der zu beichtenden vergehen. Näheres hierüber s. MS. Denkm.[3] s. 376—394.

Die allgemeine einführung der beichte vor dem priester, wobei diese beichtformel zu dienen hatte, wurde im fränkischen reiche besonders von Alcuin empfohlen (Hauck II, 225). In der angelsächsischen kirche war keine confessio publica, nur privata. In der kirche des Columba im Frankenreich genügte die beichte vor Gott; Alcuin in seinen briefen predigte immer seinen schülern und glaubensfreunden die notwendigkeit des sündenbekenntnisses für laien und geistliche: „jeder mann habe seine sünden dem priester zu beichten" (Ep. 154 s. 574; Ep. 217 s. 717). Dieses ist wahrscheinlich von einfluss darauf gewesen, dass die ags. bussbücher des Pseudo-Beda im fränkischen reiche sehr verbreitet geworden sind, so befand sich u. a. ein poenitentiale, als dessen autor in der vorrede Beda genannt war, in Korvey, jetzt im Paderborn. Die sitte zu beichten ist zuerst mehr allgemein durchgedrungen im norden von Deutschland (vgl. Hauck, Kirchengeschichte II, 226 anm. 5), deshalb hat wohl diese as. beichtformel als muster für die Lorscher u. a. gedient.

Diese beichtformel hatte wahrscheinlich ihr original in einer lateinischen beichtformel, zu einem poenitentialbuch der fränkischen kirche des 9. jh. gehörend [2]). Jedenfalls muss sie entstanden sein in einer zeit nicht lange nach der bekehrung der Sachsen, da auch

---

1) Schmitz s. 193.
2) Wetzer und Welte's *Kirchenlexikon* II, 216.

der christliche glauben bei dem confitenten noch nicht unzweifelhaft fest ist.

Die sprache der beichte unterscheidet sich von derjenigen der Gregorglossen, Homilie und Prudentiusglossen. Neben wörtern mit umlaut von *a* finden sich worte ohne umlaut: *hetius, elilendia, sueriannias, terida, merda, binemnian, giendion* neben *gasti*; *au* wurde zu *ó* in *óthra*; *e* vor *i* blieb in *uuerkjan*, wurde *i* in *firinlustono*; von *gehan* war die 1. pers. *gihu*, abgekürzt zu *giu, iu* (vgl. AS. Gram.); *u* zu *o* in *orlof*; *é* findet sich in *feng, held, prestros, é* wurde *i* vor *i* in *firioda*; *é* wurde *á*, welches nicht von folgendem *i* beeinflusst wurde: *bisprakias, dadi, nahiston, tragi, uuari, ouaratas*; *ó* ist *o* und *ŏ*: *mos, brothar, moder, hornuilliono, gisŏnan, gisŏnda, dŏn*; *é* aus *ai* in *helagon, meneth* etc., *ó* aus *au* in *orlof*, *á* statt *ó* in *unfraha*; *gihorithano*; *io* wurde *ia*: *liagannias, siakoro*. Die vocale der endsilben sind noch voll, wie in *forthu, minniu, siakoro, gisihtio, hebbiu*, u. s. w.

Die consonanten: *u* für *nu* zeigen *sueriannias, suestar*, neben *nu* und *vu*: *giuuar, unordo, vuithar*; *j* (*i*) ist erhalten, *j* geschrieben in *sundja, uuerkjan*; *n* vor spirans ausgefallen nur in *óthra* und *vsas*, daneben *mund, tumft, unst*; *b* überall *v* oder *u*: *gilouon, uuilon, seluon, gilovian*, auch für *f* findet sich *u* in zusammenstellung wie *aunnst*; *ft* wurde *t* in *nodthurti*, daneben *mistumft*; *g* vor *i* blieb in *gideda, gisŏnda, gihorda* u. a., nur *giu* wurde zu *iu*; *h* zwischen vocalen blieb in *nahiston, uuihethon*, neben *uuiethon*; *ht* in *gisihtio, unrehtaro* u. s. w. nie *ht*; vor *w, r* und *l* blieb *h*: *huat, hrenia, hluttarlikio*; *th* blieb im an- und inlaut unverändert. Von flexionsformen verzeichne ich nur gen. sg. m. n. *godes, godas, ambahtas, drohtinas*, f. *anunstes*, dat. sg. f. *forhtu*, m. n. *rehta*, n. pl. m. *prestros, fillulos*, g. pl. *gihorithano, githankono*. Bemerkenswert ist der dativform *so an dag so an nahta*; dat. sg. adj. st. *minemo, minamo, luggiomo*, pron. pers. *mi* dativ, *mik* acc., *thi* dat. u. acc., Das praet. zu *biginnan* ist *bigonsta*.

Zuerst wurde die Beichte herausgegeben von T. J. Lacomblet im Archiv f. d. Geschichte des Niederrheins I, 4—9; von W. Crecelius Germania 13, 105; recens. v. J. Grimm Gött. Gel. Anz. 1832 s. 392; von Heyne in den Altniederl. Denkm. 1867, 1877, n°. VII und Müllenhoff-Scherer Denkm. 1-3 LXXII.

# BEICHTE.

203ᵃ Ordo ad dandam poenitentiam.
Interrog. sacerdos dicens: credis in deum patrem et filium et spiritum sanctum? R. Credo. IN. Credis quod istae tres personae, quas modo dixi, pater et filius et spiritus sanctus tres personae sunt et unus deus? R. Credo. IN. Credis quod in ista carne qua nunc es, habes resurgere in die iudicii et recipere sive bonum sive malum quod gessisti? R. Credo. IN. Vis dimmittere illis peccata quicunque in te peccaverunt domino dicente: si non remiseritis hominibus peccata eorum, nec pater vester caelestis dimittet vobis peccata vestra: et require cum diligenter si est incestuosus et si non vult ipsa incesta dimittere, non potes ei dare poenitentiam. Nam si vult ipsa incestuosa dimittere dic psalmum xxxvi. Domine ne in furore tuo et dic orationem hanc: OREMVS. Deus cuius indulgentia cuncti indigent memento famuli tui illius ut qui lubruca terreni corporis fragilitate nudatur. qs ut des veniam confitenti, parce supplici, ut qui nostris meritis accusamur tua miseratione salvemur. p. deinde dic psalmum cii. Benedic anima mea domino usque Renovabitur sicut aquilae inventus tua et dic orationem hanc. OREMVS. 204ᵃ Deus sub cuius oculis omne cor trepidat omnesque conscientiae contremiscunt propitiare omnibus gemitibus et¹) cunctorum medere²) languoribus³) et sicut nemo nostrum liber est a⁴) culpa ita nemo sit alienus a venia per dominum nostrum. DEINDE PSALM. V. Miserere mei deus usque et omnes iniqui-

---

1) *Uebergeschrieben.*    2) t *über* re.
3) Vulneribus *übergeschrieben.*    4) Sine *übergeschrieben.*

tales meas dele. Et dic hanc orationem. Oremus. Precor domine
clementiam tuam et misericordiae tuae maiestatem, ut famulo
tuo peccata et facinora sua confitenti, veniam relaxare digneris
et praeteritorum criminum culpas indulgeas, qui humeris tuis
ovem praedictam reduxisti ad gregem, qui publicam precibus
confessionem [1]) placatus exaudisti. Tu etiam huic famulo tuo,
domine, placare, tu huius precibus benignus aspira ut in confessione placabilis permaneat, fletus eius et precatio perpetuam clementiam tuam celeriter exorct, sanctisque altaribus et sacrificiis
restitutus spei rursum ęternę caelestis [2]) gloriae mancipetur per
dominum. TUNC fac cum confiteri omnia peccata sua et ad ultimum dicere. Multa sunt peccata mea in factis in verbis in cogitationibus.

*Confessio.* Ik giuhu goda alomahtigon fadar endi allon
sinon helagon uuihethon [3]). Endi thi godes manne allero minero
sundjono, thero the ik githahta endi gisprak endi gideda fan
thiu the ik erist sundja uuerkjan bigonsta. Ok iuhu ik so huat
so ik thes gideda thes vuithar mineru christinhedi uuari endi
vuithar minamo gilouon uuari, endi vuithar minemo bigihton
uuari endi uuithar minemo mestra (204ᵇ) uuari endi uuithar minemo herdoma uuari endi uuithar minemo rehta uuari. Ik iuhu
nithas endi auunstes, hetias endi bisprakias, Sueriannias endi
liagannias, firinlustono endi minero gitidio farlatanero, Ouar
modias endi tragi godes ambahtas, horuuilliono, manslahtono
Ouaratas endi ouardrankas; endi ok untidion mos fehoda endi
drank. Ok iuhu ik that ik giuuihid mos endi drank nithar got,
endi minas herdomas raka so ne giheld so ik scolda endi mer
terida than ik scoldi. Ik iugiuhu that ik minan fader endi moder so ne eroda endi so ne minnioda so ik scolda endi ok mina
brothar endi mina suestar endi mina othra nahiston endi mina
friund so ne eroda endi so ne minnioda so ik scolda. Thes giuhu
ik hluttarliko that ik arma man endi othra elilendia so ne eroda
endi so ne minnioda so ik scolda. Thes iuhu ik that ik mina
iungeron endi mina fillulos so ne lerda so ik scolda, Thena
heligon sunnum dag endi thia helagun missa ne firioda endi ne

---

1) Preces confessione *mit rasur, über ihm* c, ibus *übergeschrieben*, m *ist ergänzt.*
2) *Zwei nicht mehr wahrnembare buchstaben vom schreiber getilgt.*
3) uuihethon *ist glossem, vgl. MS. Denkm.*³ 549.

eroda so ik scolda, Vsas drohtinas likhamon endi is blod mid
sulikaru forhtu endi mid sulikaru minnia ne antfeng so ik scolda,
Siakoro ne uuisoda endi im ira nodthurti ne gaf so ik scolda,
Sera endi unfraha ne trosta so ik scolda, Minan degmon so
rehto ne gaf so ik scolda, Gasti so ne antfeng so ik scolda.
Ok iuhu ik that ik thia giuuar the ik giuuerran ne scolda,
Endi thia ne gisŏnda the ik gisŏnan scolda. Ik iuhu (205ª) unrehtaro gisihtio, unrehtaro gihorithano endi unrehtaro githankono,
unrehtero uuordo, unrehtaro uuerko, unrehtaro sethlo, unrehtaro
stadlo, unrehtaro gango, unrehtaro legaro, unrehtas cussiannias,
unrehtas helsiannias, unrehtas anafangas. Ik gihorda hethin-
nussia endi unhreuia sespilon. Ik gilofda thes ik gilovian ne
scolda. Ik stal, ik farstolan fehoda, ana orlof gaf, ana orlot
antfeng, Meneth suor an uuiethon, abolganhed endi gistridi an
mi hadda endi mistumft endi auunst. Ik sundioda an luggiomo
giuuitscipia endi an flokanna; Mina gitidi endi min gibed so ne
giheld endi so ne gifulda so ik scolda; Vnrehto las, unrehto
sang, ungihorsam uuas, mer sprak endi mer suigoda than ik
scoldi, endi mik [1]) seluon mid uuilon uuordon endi mid uuilon
uuerkon endi mid uuilon githankon *endi* mid vuilon luston mer
unsuuroda than ik scoldi. Ik iuhu that ik an kirikun unrehtas
thahta endi óthra merda theru helagun lecciun; Biscopos endi
prestros ne eroda endi ne minnioda so ik scolda. Ik iuhu thes
allas the ik nu binemnid hebbiu endi binemnian ne mag, so ik
it unitandi dadi so unuuitandi, so mid gilouon so mid ungilouon.
So huat so ik thes gideda thes uuithar godas uuillion uuari,
so vuakondi, so slapandi, so an dag so an nahta, so an huili-
karu tidi so it uuari, so gangu ik is allas an thes alomahtigon
godas mundburd endi an sina ginatha endi nu dŏn ik is allas
hluttarlikio minan bigihton goda alomahtigon fadar endi allon
sinam helagon endi thi godas manna, gerno an godas uuillion
te gibotianna endi thi biddiu gebedas, that thu mi te goda
githingi vuesan vuillias, that ik min lif endi minan gilouon an
godes huldion giendion moti.

Misereatur tui omnipotens Deus et dimittat tibi omnia peccata tua praeterita, praesentia et futura, liberet te ab omni
malo et donet tibi ueram humilitatem et ueram poenitentiam,

---

1) mik aus mih *Crecelius Germ.* 13, 105.

sobrietatem et tolerantiam, bonam perseuerantiam et bonum finem et perducat te ad uitam æternam. Indulgeat tibi dominus omnia peccata tua praesentia et futura; dominus custodiat te ab omni malo, custodiat animam tuam dominus et semper. Amen.

Tunc da illi poenitentiam. Data vero poenitentia dices psalmum LIII. Deus in nomine tuo. Et dices has orationes super eum. Exaudi Domine preces nostras et confitentium tibi parce peccatis, etc.

# PRUDENTIUS-GLOSSEN.

Auf der königl. landesbibliothek zu Düsseldorf befindet sich unter F. 1 eine handschrift in folio aus dem ende des 10. jh., welche die gedichte des Prudentius enthält. Der codex stammt aus der bibliothek der abtei Werden. Länge 30 cm.; breite 29,5 cm. Er enthält 69 blätter und ein vorsatzblatt mit federproben. Bis blatt 64 acht quaternionen, dann einen ternio, hier fehlt ein blatt, mit p. Agnetis 3 bis p. Eulaliae 136. Die folgenden blätter sind falsch geheftet, die folge sollte sein 65, 68, x, 66, 67, 69. Am ende fehlt ein blatt oder mehrere.

Der lateinische text ist bis zum ende des fünften quaternio zweispaltig auf 32 zeilen von einer hand; mit dem sechsten quaternio fängt eine neue hand an mit 34 zeilen auf der seite. Über diesen ganzen text sind lateinische und altsächsische glossen geschrieben.

Die altsächsischen glossen rühren von verschiedenen händen her. Drei hände haben eine grosse menge hochd. wörter geschrieben, daneben aber auch sächsische. Dass die hd. glossen aus anderen hss. abgeschrieben sind, hat Steinmeyer ZDA. 16, 18 schon dargethan. Sie unterscheiden sich durch *z* statt *t*, *ch* für *k* und *ki* für *gi* von den sächsischen.

An der hauptmasse der glossen (welche in altsächsischer sprache geschrieben ist) haben 6 verschiedene hände gearbeitet; von diesen sind einige einander so ähnlich dass es nicht unmöglich ist dass in wirklichkeit eine geringere händezahl thätig war. Es schien aber aus graphischen und grammatischen rücksichten angezeigt an dieser scheidung der hände festzuhalten.

Vor s. 28ᵈ finden sich die altsächsischen glossen nur vereinzelt. Von da an zeigen sich umgekehrt die feineren hände, welche die hd. glossen schrieben, nur noch hie und da.

Die hochdeutschen glossen sind wahrscheinlich alemannischer herkunft, vielleicht aus St. Gallen (Steinmeyer ZDA. 16, 17). Doch war der schreiber kein Süddeutscher; die hd. wörter waren ihm nicht alle geläufig und einige male hat er die glosse an unrichtiger stelle geschrieben: z. b. *adumzufti* glosse zu *spiritus* statt zu *flatu*, *harun* zu *setas* statt zu *villis* etc. Missverstanden hat er die hd. glosse zu *tabentibus* (Apoth. 817): er schrieb dazu zuerst die glosse *putrescentibus* dann *i maleuiuentibus*, *l deficientibus*; *maleuiuentibus* ist aus *moleunenten* entstellt; ebenso macht er den fehler statt *bisamo* zu schreiben *des§mo* (Hamart. 297). Dass er ein Niederdeutscher, vielleicht ein Sachse war, wird wahrscheinlich dadurch dass er statt *hantslagotu* (wie die hd. glossen haben) *antslagada*, statt *in sedil gan in sethal gan*, neben *bemeinta*, *bemeinda* schrieb.

Die hochdeutschen glossen sind von einer sehr feinen und zierlichen hand mit sehr kleinen schriftzügen geschrieben (*e*); ein wenig grösser sind die züge einer hand, welche sich sonst sehr *c* nähert (*b*); gröbere schriftzüge weist die hand *d* auf.

Von den sächsischen händen kommen *a* und *c* einander sehr nahe; beide sind meist durch tinte und grösse der buchstaben zu unterscheiden. Von *c* unterscheidet sich *g* durch eine feinere zierlichere schrift, vielleicht ist der unterschied bloss eine kleinere schrift derselben hand; *a* und *c* haben kräftige dunkle schriftzüge. Diese drei unterscheiden sich von *f*, *h* und *i*, welche grössere charaktere aufweisen. Von diesen ist *f* die reinlichste und feinste, *h* und *i* sind gröbere hände. *h* hat vielfach über ältere glossen geschrieben.

Von diesen händen scheinen *a*, *c*, *g* und *e* ziemlich gleichzeitig zu sein, während *a* auch die hand des schreibers der handschrift scheint, spätestens dem 10. jh. angehört. Von den lateinischen glossen rühren viele von *a* und *c*, aber auch von den andern händen her.

Auch in sprachlicher hinsicht unterscheiden sich die hände von einander.

*A* hat an- und inlautendes *h* meist bewahrt so wie *th* und *g*: *hrutan* (1$^b$), *hripo* (8$^c$), *hrénion* (14$^a$), *huat* (61$^d$), *wehsitáftun* (67$^c$), *eht* (61$^d$), abweichend: *rhúthon* (61$^d$) und *thíslun* (63$^d$); *th*: *thó*, *wertha*; *g*: *welagara*, *dagelthingo* etc.

*é* (hd. *ie*, *ia*) ist *ie* in *kierziun* (61$^b$), *ia* in *kidsur* (53$^c$) und *e* in *he* (19ᶜ). As. *é* (got. *ai*) blieb unverändert: *mestig* (5ᵇ), *hrénion* (14ª), *beno* (64ª) u. a.; *ó* (got. *ó*) ist *o*, *vo*, *ŏ* geschrieben: *vthósménl* (64ᵈ), *bŏkíon* (65ª), *gróoni* (68ª) etc. Für *eo*, *io* findet sich *ia* in *halfdiarigo* (13ª); *euw*, *iuw* findet sich in *trévuua* (61ª), *trévvva* (61ᵇ), *vthliuunid* (61ᶜ), *ou* in *lou* (4ª). *ú*, *ę* und umlauts-*e* wie sonst im altsächsischen. Vor *i* ist *e* geblieben in *errislon*, *biscérmiri* (65ᶜ), (oder von hand *e*). Im dat. sg. m. n. der pronomina und adjectiva -*mo*: *nultimo* (2ª). Die conj. *of* lautet *af* (13ᵇ) und *of* (19ᶜ).

*C* hat *h*, *hw*, *hr* im anlaut meist bewahrt, daneben manchmal *h* an unrichtiger stelle; im inlaut ist *h* bisweilen geblieben, manchmal ausgefallen; im auslaut meist abgefallen; die verbindung *ht* blieb unverändert, auch entstand *ht* aus *ft*. Beispiele: *hé* (13ᵇ), *huuí* (13ª), *hrithérinon* (53ᵇ), *hrúsli* (54ª), *húnan* (54ª), *huúession* (54ᵇ), etc., geschwunden in *gívvílikemo* (61ᵇ), *nappon* (61ª), unrichtig steht anl. *h* in *hríhtúngú* (12ᵈ) neben *rihtúnga* (65ª), *hrítánthíon* (54ᵇ) neben *ríttan* (55ᶜ); inlautend *h* in *áslahu* (11ᵇ), *gísiaha*, ausgefallen vor vocal in *naíst* (54ᵈ), *séo* (53ᶜ), *hóan* (59ᶜ), *thái* (59ᵇ); auslautend blieb *h* in *nóh* (54ª), nicht in *fló* (60ᵇ), *thúru* (63ª); im silbenauslaut blieb *h* in *nuahson*, fiel aus in *thísla* (63ᵈ); *ht* u. a. in *bráhta* (11ᵇ), *fluhthus*, *fuhtia* (45ᵇ), *ríhti* (52ᵈ), etc. — *ht* für *ft* in *kraht* (11ᶜ). *Th* blieb meist unverändert (4ª, 29ª, 52ᵇ; 28ᵈ, 53ª, 53ᵇ, 59ᵈ); abweichend steht zweimal *ht* für *th*: *sníht* (54ª), *utasécht* (55ᵇ) neben *nuégescéth* (10ᵈ).

*g* scheint explosive nicht spirantische aussprache zu haben — es kann aber auch sein dass die wörter mit *e* für *g* aus dem hochdeutschen übergenommen sind. Anlautend steht *c* statt *g* in *cúmóno* (54ª), *cumiski* (59ª); inlautend und im silbenauslaut in *orslecon* (12ª), *unvviclicon* (60ᵇ), *búrklica* (62ᵈ), *brúgkien* (68ª), *hértiklika* (65ª): daneben viele mit *g*: *gúmískias* (62ᵈ), *bigéngithu* (55ᵈ), *nuégescéth* (10¹), *vnitharvvúgid* (59ᵈ), *brúggíen* (67ª); *gihúggív* (64ᵈ); *gi* bleibt unverändert in *giscráncodon* (59ᵈ), *gimundi* (63ᵇ), *gibelda* (28ᵈ), etc.; ausfall des *n* in *nth*: *cúth* (59ᵈ), aber *nd* in *gimundi* (63ᵇ).

Für *a* steht *o* in *óf* (54ₐ); *ę* und *e* (umlaut von *a*) bleiben unverändert: *quertharon*, *éuan*; *kévis*, *éldi*; *vuírd* (11ᶜ) neben *vvérd* (57ᵈ); *i* aus *ę* vor *i* steht in *ofardripid*, *ríhti*, *frítid* u. a.; statt *gischn* steht *gísiaha* (63ª); kein umlaut in *ságid* (64ᵈ); *a* in *fráuólo*, nicht *freuil*; *e* für *i* in *biscérmiri* (65ᶜ, kann auch von

9

hand *a* sein); alts. *o* wird einmal *uo* geschrieben *afguod* (52ᵇ) neben *áfyódo* (12¹). *é* ist *a*: *mínutha* (55ᶜ), *ánavváni* (62ᵈ), *trásahús* (61ᵇ): *é* (ahd. *ie*) blieb: *hé* (13ᵇ), *gibréuid* (68ᵈ), *bréviánthia*. *ó* wird geschrieben *o*: *hódos* (12ᶜ), *sókiad* (53ᶜ), *ŏ*: *sŏcneri* (61ᵃ, *ó* 65ᵃ), *uo*: *bluódas* (55ᵃ); für *í* im auslaut einmal *ii*: *énstrídii* (59ᵇ). urgerm. *au* ist *ó*: *hóan*, *fló*, *fróniska*. *iu* vor *i* blieb: *liud* (13ᵃ), *fríuthíló* (52ᵃ), *díupi* etc.; *eo*, *io* ist *ia* geworden: *thíanon* (63ᶜ, 65ᵃ), *liaht* (54ᶜ), *utflíúta* (55ᵃ), *dríapánthémo* (60ᵃ); *ai* ist immer *é*: *freson* (6ᵃ), *unegescéth* (10ᵈ), *utascéht* (55ᵇ), *thrégon* (60ᵇ) u. a. Für *au* + *i*, wie im Monacensis des Heliand, *ei*: *utstreidun* (59ᵈ) und *stréúnga* (60ᵃ), *evvi* (64ᵈ), *ó* in *hógias* (56ᵃ). Die flexion des adj. und pron. hat im dat. sg. m. n. *mo*: *viffóldámo* (55ᶜ), *gínánthémo* (53ᶜ), *thémo* (56ᶜ), *thésamo* (13ᵇ), *ímo* (15ᵇ). Der acc. sg. d. pron. 1. und 2. pers. ist *mik* (64ᵈ), *thíc* (59ᶜ).

*G* bewahrt anl. *h* in *hvvílicarv* (67ᵃ), inl. *scérsáhsson* (57ᵇ), *flúhtigun* (58ᵃ), *giáhtod* (58ᵇ); *th* bleibt unverändert: *vvérthan* (65ᵇ), *fréthikn* (58ᵃ) etc., *vvárth* (58ᵇ); *g* in *gíscerpta* (59ᶜ). g und e bleiben unverändert; vor *i* wird *e* zu *i*: *bevuillid* (57ᵃ); *é* (hd. *ie*) ist *ia*: *spiúyal* (64ᶜ), *ó* ist *ŏ*: *grŏnia* (64ᵃ); urgerm. *ai* ist *é* und *ia*: *éscoda* (61ᵃ), *énas* (58ᶜ), *vvágánlíasa* (63ᵇ) *híatbrámion* (*hiadbrámion* (64ᵃ). Dat. sg. des pron. dem. und adj. *thémo* (67ᵇ), *scérnlíkemo* (62ᵃ).

*F* hat anlautendes *h* bewahrt in *hoílik* (13ᵇ), *huuarod* (56ᵈ), *tohnethida* (37ᵃ), *hríthas* (57ᵃ), nicht aber in *vŕessi* (59ᵈ); inlautend blieb *h* in *gíflíahas* (13ᵈ), nicht in *áárinón* (11ᵇ), *scŏon* (51ᵈ); vor consonant blieb *h* in *huréhtára* (11ᵃ), dagegen *anuortid* (10ᵇ); *ft* ist nicht zu *ht* geworden: *biheftid* (62ᵃ). *th* wird geschrieben: *ð*: *gilubbiðemo* (24ᶜ), *ht*: *raht* (31ᵈ axem), *d*: *ekmagadi* (39ᵃ), *th* in *tohnethida* (37ᵃ) und *fórth* (11ᵃ). *g* scheint im silbenauslaut spirantisch ausgesprochen zu sein: *vuichman* (51ᵇ), in 37ᵃ *giscerpiu*. Von den vocalen sind nicht alle belegt. Die meisten geben zu keiner bemerkung anlass; nur sei darauf hingewiesen dass *é* (aus *ai*) unverändert blieb: *ekmagadi*´ (39ᵃ), *hnethida* (37ᵃ); auch *é* (hd. *ie*): *hé*. Wie bei *C* ist *eo*, *io* zu *ia* geworden: *briast* (10ᵇ), *hríadgrasa* (60ᵇ), *gíflíahas* (13ᵈ); während *A trennua* schreibt, hat *F treuua* (19ᵈ). Der dat. sg. des pron. dem. ist *thémo*. Der gen. pl. d. pron. pers. ist *íru* (11ᵃ).

*H* hat in *nóhvrán*, *hvvanthiv* und *hvván* das *h* bewahrt, nicht in *nouuanne* und (inl.) *naan* (60ᵈ); *t* für *th*: *aventsterro* (41ᵈ), *ht* in *fuhtitha* (57ᶜ); in *ohto* (67ᶜ) und *thruhtigeno* (61ᵈ) steht *ht* für hd. *ft*. Im an-, in- und auslaut ist *th* geblieben: *themo*, *thi*, *gifagiritha*, *dóth*. *g* erscheint nur in *thegnos* (55ᵇ) und für *j* in *snégigun* (62ᵈ). Zu den langen vocalen ist zu bemerken: *á* (got. *é*) einmal umlauts-*é*: *genuede* (62ᵇ), sonst *á*: *gislupon* (37ᵃ), *náthlón* (57ᵇ), *giuáda* (66ᵈ), *saligo* (62ᵈ); *é* (ahd. *ie*) ist *é* in *prestera* (62ᵈ) und *gebred* (62ᵇ); *ia* in *kíasárlícára*, für *ó* findet sich *ŭ* in *hŏc* (65ᵃ), *vo* in *gvodlicon* (66ᵇ); neben *é* (aus *ai*) findet sich *ie*: *stena*, *kléno*, *hemgodu* und *bikiert* (62ᵇ), *skíethúnga* (63ᵇ). In diesen worten, so wie in *kieuis* (37ᵃ) wurde wohl das *ie* veranlasst durch die palatalaussprache des vorhergehenden *k*. (Das *ia* für *io* in *tíahád* (57ᵃ) kann auch von hand *I* herrühren). *iuu* findet sich in *getriuvnid* (51ᵇ). Im pronon. ist der dat. sg. demonstr. *themo*, der acc. sg. der 2. pers. *thi*.

Von hand *I* lässt sich nur wenig mitteilen: an consonanten findet sich *g* assimiliert in *gihúddigon* (68ᵈ), wo anlautendes *gi* unverändert blieb, dagegen *iscalcten* (9ᶜ); zwischen vocalen steht *g* in *enstridige* (51ᵇ). Bei den vocalen sei nur hingewiesen auf *é* in *enstridige*, *ó* in *sócnunga*; in *frauilico* erscheint kein umlaut. Ob *io* auch *ia* geworden war ist unsicher, da *tíahád* (57ᵃ) auch von hand *II* geschrieben sein kann.

Hand *C* hat wie der Monacensis 4783 *mik*, wie Cott. *mik* und *thik*; wie der Cottonianus (38) hat sie *kraht*, wie der Monacensis *stréunga* und *utstreidun* (vgl. Jellinek Beitr. XIV, 583). Mit der Homilie, der Beichte, den Merseb. gl., dem Essener Evang. stimmt überein *ia* in *thíanon*, und auch der Monac. hat mehrere male, der Cotton. einmal *ia* für *io*.

Die wörter, welche auch in anderen glossierten hss. des Prudentius in übereinstimmender form erscheinen, sind im folgenden mit einem * versehen, diejenige welche dort in andrem dialecte vorkommen, mit dem zeichen †.

Die abkürzungen von *m*, *n* in 36ᶜ, 37ᵇ, 38ᵃ, 51ᶜ, 52ᶜ, 62ᵇ sind aufgelöst geschrieben.

# PRUDENTII CARMINA.

Ed. Dressel, Lipsiae 1860.

*Praefatio.*
1ᶜ 39. contra hereses. errislon.  a¹)
42. deuoueat. intheize.  c
44. o utinam.vuola vuenk¹).c
*II. a. Gallicantum.*
6. soporos. zagilichon³).d
13. strepunt. kraent*.  b
1ᵈ 28. stertere. hrutan†.  a
89. friuolo. gibosi*.  e
2ᵃ *II. Matut.*
21. uersuta. uuitheruuer-
diga*.  e
21. callida. tumiga*.  e
32. nugator. boseri*.  e
33. seuerum, adverbium. crudeliter. grimlico†.  e
34. (ludicrum). spót*.  a
35. inepta. ungivogitha⁴)
 a oder c
36. serio. nuttimo.  a
41. forensis. thinclic†.  b
2ᵇ 53. lucramur. scatt..⁵). b

81. nutabat. uiuhta*.  b
99. subdolum. fehno.  b
*II. a. Cibum.*
2ᶜ 42. pedicis. bet stric-
chin*.  b
maculis. mascon*.  b
43. inlita. bech¹eman.  b
43. glutine. lime chlei-
be*.  b
48. calamum. angul*.  b
2ᵈ 51. findit. hie.  b
68. per coagola. girvunu-
non†.  c
72. nectare. seme.  b
74. thymo. { uurz*.  b
{ binisuga*. e
76. nemoris. boangar-
des. ⁶).  e
79. deciduo. nideruella-
gemo.  e
94. caueam. holi.  e
3ᵈ *II. p. Cibum.*
44. dicarant.bemeindon*.e

---

1) *Die siglen a, b, c, u. s. w. bezeichnen die verschiedenen hände.*
2) 45. ire, dara *bei Steinmeyer, lies:* ter clara.  3) *Uebergeschrieben.*
4) *Steinm.* ungifogitha.  5) *Steinm.* scazzemes.  6) *Steinm.* boungardes.

|    |                                         |    |                                      |
|----|-----------------------------------------|----|--------------------------------------|
|    | 45. haustibus. sluntin*. *e*            |    | 74. defecauerat. and bermida. *f*    |
|    | 51. rictibus. bizzin*. *d*              |    |                                      |
| 4ᵃ | 93. metunt. arnont*. *e*                | 6ᵇ | 87. nequiter. bosli..²). *e*         |
| *II. a. inc. lucern.* |                           |    | 100. dicta. bemeinda*. *e*           |
|    | 14. li^chenis.q uertharon.*c*           | 6ᶜ | 142. palpitat. ant slagada+. *e*     |
|    | 14. facibus. faclon+. *c*               |    |                                      |
|    | 15. fila. thradi. *c*                   |    | 148. monilibus. vuipgegaridion. *e*  |
|    | fauis. bibrod. *c*                      |    |                                      |
|    | scyrpea. binitinun.+*c*                 |    | 152. setas. harun. *e*               |
|    | 18. linteolo. charze* *e*               |    | 157. lenam. i. lothon. *c*           |
|    | liniminta. *a* ¹).                      |    | 158. sutiles. chirigenon*. *e*       |
|    | 19. alimoniam. zundra. *e*              | 6ᵈ | 165. papillę. tuttili*. *e*          |
|    | 20. stuppa. tou. *a*                    |    | parca. fregchiu. frechiu. *e*        |
| 4ᵇ | 59. hospita. gast*. *e*                 |    |                                      |
| 4ᶜ | 70. irritata. arbelgid. *f*             |    | 191. tabidun. bescenten. *e*         |
|    | 92. axe. haluun. *e*                    | *II. p. Jeiun.* |                          |
| 4ᵈ | 123. modulus. leichin*. *e*             | 7ᵇ | 27. luteus. rubicundus vel croceus gela ... *c* |
|    | 126. ferię. uire*, otio. *e*            |    |                                      |
|    | 142. subfixa. ufgeslegenon. *e*         |    | 42. uibrat. stihiht*. *b*            |
|    |                                         |    | lappis. cletton*. *b*                |
|    | 142. laquearia. himlizzi. *e*           | *II. o. horae.* |                          |
|    | 143. natatibus. fluzzen. *e*            | 8ᵃ | 44. funerabat. reoda. *e*            |
| *II. a. Somnum.* |                                |    | 54. prosilit. huzcricta. *e*         |
| 5ᵇ | 45. plerumque. mestig. *a*              | 8ᶜ | 112. crepidines. stegili. *e*        |
|    | 68. aceruis. hufon*. *e*                |    | 113. pruina. hripo. *a*              |
| 5ᶜ | 115. spiritu sagaci. bit clenemo giuuizze. *e* | 8ᵈ | *H. a. exeq. def.*              |
|    |                                         |    | 74. cyathos. sceinkiuaz. *e*         |
| 5ᵈ | *II. Jeiun.*                            | 9ᵃ | 108. luet. indgildit*. *e*           |
|    | 9. aruina. spind*. *f*                  |    | 118. suspendite. inthauent+. *e*     |
|    | 24. flatu spiritus. adumzufti+. *e*     |    |                                      |
|    |                                         | 9ᵇ | 141. cariosa. uuurᵐbetid. *f*        |
| 6ᵃ | 49. dispendia. freson. *c*              |    | 144. pugilli. fustilines. *e*        |
|    | 53. confragosa.steculun+.*c*            |    | 164. ademeret. benam. *e*            |
|    | 63. hispida. mid vuassarv. lanugine. *d* | 9ᶜ | *II. VIII kal. Jan.*                |
|    | mid uuassaro ruuui. *e*                 |    | 34. nenias. sesspilon. *a*           |
|    |                                         |    | 39. mancipatam vitam. scilicet. iscalcten+³). *i* |

---

1) *Untergeschrieben.*     2) *Steinm.* boslicho.
3) *Steinm. liest* kiskalcten; *mir schien vor* i *die abbreviatur von* scilicet *zu stehen.*

9ᵈ 113. fulmen. v v r a k a. i o. k
II. Epiph.
10ᵃ 15. obire. in sethal
gan †. e
10ᵇ 105. suspecta. anauuani
ist. e
anuortid. f
107. subtrahat. uerthin-
se. e
116. iugulo. briast. a
oder f
121. palpitans. zauolun-
de. e
123. artis. engen. e
124. singultat.sneflizoda.e
10ᵈ Apoth. Praef. I.
1. summa. principa-
lia furisti. a
Praef. II.
1. secta. bigéngitha)[1].
a oder f
2. ne. ofthé. c
4. et. éndi. c
9. diuortia. kera*. (e)
uuégescéth. c
11ᵃ 18. pruriat. kítilód. a
oder f
19. lacessunt. stuckent. c
22. ut quis lingua est
nequior. R. só fórth
só íru éníg ís v́n-
réhtára ís[2]) an ís
tv́ngun. f
24. per plectiles. gibó-
giándélícvn[3]). c

27. tenaces. zahe*. e
28. dissertantibus. cleino
rethinonden†. e
30. sophistica. thía vví-
sun[4]). h oder f
39. fax. fácla. c
11ᵇ 46. avenas durht †. e
49. culmum. hálm*[5]). f
spiceum. áárinón. f
50. internecet. áslaha. c
53. ventilabro. vvind-
scúflún. f
54. recrementum.spríu*[6]).e
Apoth.
2. prodita. fórthbráh-
ta. c
3. Ille. súm. c
14. temperat. tempérod.c
11ᶜ 17. uis. kraht. c
30. hospes. vuírd. c
31. ipse dator legis divi-
nae. R. domed. c
11ᵈ 62. suco. sóá. c
74. nam lucis genitor.
thé. c
12ᵃ 93. ructata.forthbraht.c
95. alapis. orslecon†. c
12ᵇ 129. fare, age. sprik,
vvólnv́.
131. inadustis. vn. c
fratribus. thém. c
144. transcurrit amictus.
-níd. c
12ᶜ 145. metuit. -tid. c
tiaras. hódos†. c

1) *Uebergeschrieben wie andere von der hand a und c.* 2) *is zu streichen.*
3) *Auf rasur.* 4) *Uebergeschrieben.* 5) *Uebergeschrieben.*
6) *Der accent von gröberer hand.*

## PRUDENTIUS-GLOSSEN.

146. obsordescat. -ríd.  c
148. sambucas. bolondar
 pipun †.  c
161. consortem. éuanhlótéri.  c
 adsuesceret. gíuuénídi †.  c
162. suum. ís.
163. consanguineo.  síbbíon.  c
12ᵈ 186. in idolio. án thémo áfgódo húsa.  c
194. stolida. dúmb.  c
199. exta. thérmi.  c
200. deliramenta. dunúnga.  c
207. ad normam. hríhtúngú.  c
13ᵃ 210. sphera. scíva ¹).  h
216. semifer et cottus. R. the half diarigo cothus.  a
 cottus thé líud.  c
 cane. hóua uuárde †.  c
 quique. éndi huuí. c
13ᵇ 245. pater. hé.  c
249. ridiculum. hoílik. f
248. siue. R. af ít thó so uuári.  a
253. ex hoc. thésamo. c
255. tamen. ók.  c
256. unde in utroque operis forma indiscreta. huuanana huuari heccor an iro iogiuuetharamo in

 patre et filio indiscreta forma. f
263. eminet. ofar dripid. c
13ᵈ 313. ni refugis. né vvári thát thú sia gíflíahas.  f
317. si solus. ófthé hé óc éno ²).  c
319. armatam iram. sía. c
320. fulmen. vvráka éndi giuuáld.  f
331. per enigmata. radíslon.  c
14ᵃ 341. cortice. húd.  c
343. surculus. gísprót. c
349. caeditur. vvárth. c
353. similaginis. hrénion mélas ³).  a
14ᵇ 381. scriba. scríuo.  c
388. casta. vuel gífúrvid ³).  a
390. aemula. sía.  c
392. fidibus. snárion.  a
14ᶜ 399. nuntia. sia.  c
14ᵈ 456. soleas. sólvn *.  e
15ᵃ 473. uerbena. i. isyrnat.e
15ᵇ 501. domini hérron †. c
507. sibi. ímo.
16ᵃ 609. laucibus mid bac vuaiou †.  h
 fercula. i dona. i. scuzilon *.  e
16ᵇ 619. manco ordine. mid gihauideru.  e
16ᶜ 663. uerrunt. kerrent *. b
664. per glauca. ualun. c
17ᵃ 725. rudere. aruze *.  e

---

1) *Auf rasur von* ringa 2) *Untergeschrieben.* 3) *Auf rasur.*

massam i. mina. ariz\*. *e*   *Psychomachiae Praef.*
764. uluae. genus herbe.    28ᵇ 31. greges equarum. stúot.\**e*
      rutgras'.      *e*          buculas. i. sueiga\*. *e*
17ᵇ 765. gleba. vváso.      *b*        33. bacis ał. bogis\* i.
18ᵃ 860. uola. modietas palmae          halfthruin†.    *e*
      i. fust\*.       *b*   28ᵈ *Psychomachia.*
19ᶜ 1051. et fantasma dei est.        31. labefactat. bigledda.*c*
      than is he ok dei       34. commercia gutturis.
      filius.           *f*          athumtuhti.    *c*
      1058. et redit. of he thus.*a*       37. animarat. gibelda. *c*
19ᵈ     quod credimus hoc   29ᵃ   45. subfundere fumo. bi-
      est. it is also vui       thempan†⁴).    *c*
      credimus.        *f*   29ᶜ 137. ad capulum. hilte†. *h*
      1074. fidem. treuna.    *f*   31ᵇ 336. axem. rath.     *h*
20ᵃ *Hamartigeniae Praef.*        337. radiorum. specuuo⁵).*c*
      16. sarculis. spadon.    *c*       specono†.      *i*
      30. rastris. spadon.     *a*       339. flexura. velga†.   *i*
21ᵇ *Hamartigenia.*              31ᵈ 414. vertigo. uelga†.   *f*
      114. suco. lubbe.      *e*        415. axem. raht.      *f*
21ᶜ 140. plagis i. maculis. mas-   32ᵃ 435. sistro. heribocan.*f*
      con\*.            *c*        448. redimicula. gifagi-
21ᵈ 174. subtacitam. geguion¹).          ritha.           *h*
                    449. flammeolum. risil\*⁶).*h*
22ᵇ 230. medicante. lubbian-   36ᶜ *Contra Symmachum I.*
      demo.         *h*        8. togas. thrembilos. *c*
      233. cicutas. scerningos†.*h*      17. pure. gund†.   *i o. f*
22ᶜ 271. calculus. perula²). me-   37ᵃ   50. procudam chalybem.
      rigrioz\*.        *e*        giscerpiu stehli. *f*
22ᵈ 297. puluere i. muscus de-       58. adhinniuit. to hne-
      s&mo\*³).       *b*        thida.            *f*
23ᵈ 439. ambitionis. scazgi-       67. ymbricibus. uuol-
      rithu.         *b*         uon.             *f*
24ᶜ 538. medicato. i. illito.        70. catamitum. gisla-
      gilubbidemo.    *f*         pon†.            *h*
26ᶜ 796. ditibus. i. riheli-        71. pellice. kieuis vuen-
      chen\*.          *d*         sanderu⁷).       *h*

---

1) *Eingekratzt.*     2) DCCXCVIII berclon.     3) *l.* bisamo.     4) *Auf rasur.*
5) *Stark verwischt.*     6) *Auf rasur.*     7) *l.* vuesanderu.

77. cygnum. suan. *h*
37ᵇ 107. inter salicta. then
   uuilgion. *h*
37ᶜ 114. uineta. vuinstedi. *c*
   115. pudeat. io giunena. *c*
   117. in transtris. an then thuer stoloⁿ. *f*
   argo. scipikina. *f*
   126. proluit. begót. *c*
38ᵃ 195. penatum. hemgodo¹). *c*
   196. asylum. fluhthus. *c*
   203. ceris. uuahson. *c*
38ᵇ 222. adolentur.vuerthad.*a*
39ᵃ 302. cyaneas. uuatar. *f*
   303. driadas.ekmagadi.*f*
   napheas. bergpueł²).*c*
39ᵈ 395. incassum. ungimedon. *h*
   399. egestum.utgiuurungana. *h*
41ᵈ 654. sinuamine.vuancha*.
   *b* oder *e*
Contra Symm. II Praef.
   4. nesper. avent sterro. *h*
45ᵃ Contra Symm. II.
   364. asciscendo. giuuinnandi. *f*
45ᵇ 383. riget. fuhtia. *c*
   399. culminibus.firstion.*h*
50ᶜ 1077. flammea. risil³). *a*
Peristephanon.
Passio Romani.
51ᵃ 12. balbutit.stámárod.*c*

51ᵇ 53. perduelles. vuichman*. *f*
   56. foederatus. getriuvuid. *h*
   63. pervicaci. enstridige. *i*
   64. obstinate. frauilico.*i*
51ᶜ 110. uncis. crampon⁴). *c*
   111. apparitores. inknéhtos†. *c*
   suggerunt. v́ndar táldún†. *c*
51ᵈ 117. Randgl. zu extuberet. tvber dicitur másur†. *c*
   147. farre. mid mela. *f*
   pullos. volon. *f*
   152. iaccatis. liggiad. *f*
   156. lapis nigellus. agat. *f*
   159. calceis. scóon. *h*
52ᵃ 182. amasionum. friuthíló†.
   184. pellicem. kévís†. *c*
   200. spado. v́rfúr†. *c*
52ᵇ 233. sigillum. afguod. *c*
   235. leno. hímakírin⁵). *c*
   239. fusos rotantem. spinnilv́n⁶) thráandiant†.
   242. faunos. slétton. *c*
   fistolarum. pipano. *c*
52ᶜ 245. [divinitatis]. íra. *c*
   algis. seón. merigrason*⁷). *c*
   249. ineptias.dumphedi³).*h*
   256. symiam. ápon†. *c*

---

1) *hs.* hëgodo. 2) *l.* puellas. 3) *Nach Steinm. von dem schreiber wie der lateinische text.* 4) *hs.* crāpon crā *auf rasur.* 5) kirin *auf rasur.*
6) *Auf rasur.* 7) *Spätere blasse hand.* 8) *hs* daphedi.

257. aspis. nádrá. c
260. caepe. hallóc. c
allium. clvflóc†. c
261. fuliginos*i* ¹). rókagún ²). c
264. sarculatis. gigedenon†. f
269. forceps. tanga*. c
malleus. hámur*. c
270. celitus. himiliko. c
274. corimbos. thrúfón†. c
liberi. vvingodas. c
280. thyrso. sténgila. c
285. clauam. cólvón†. c
52ᵈ 290. lapis seuera fronte. githiganámó¹ stena². ¹c ²h
297. obsonia. biliuan. c
298. ineptus. dumbo³). c
299. trulla. thrufla†. c
peluis. lauil†. c
cantharus. béckin⁴)c
sartagines. scápon. c
303. circulator. malerit. h
307. perpensa. vvégana.c
regula. ríhti. c
329. septentriones. vvagnos. c
53ᵃ 331. prerupta. stéculi†. c
332. feras. vvildia. c
333. subiugales beluas. táma nótilv mér⁵).c
372. nationum. héthíno. c

53ᵇ 381. supplicare. bédon. c
382. uerris. béras. c
383. bubulis. míd hríthérinon. c
391. disserente. réthinánthémo. c
392. subdolam. feknia. c
394. bilem. gallun. c
396. proh. áh*. c
399. perorat.réthínod†. c
414. auspicato.helsamo.c
53ᶜ 415. debet thes is. te tháncónna. sív scúldig⁶). c
419. procinctus. vvíg gígéri†. c
421. accingere. vvirth. c
428. fide. thémo⁷). c
436. pupilla. séo. c
441. imperator meus tuusque.min endi thin kiásur is hé. a
445. seruiam. thíanon. c
449. nec. — rimamini. né sókiad. c
452. hiulco.gínánthémo.c pensilis.hángóthion.c
453. tractim. ségno. c
53ᵈ 467. catasta. hárpon†⁸). c
487. febris. rido. c
exedit. frítid. c
489. papulas. bládárvn. c
490. canteribus. bólzón*.i
494. diuidi. tédélid vvérthán. c

---

1) i *vom glossator.*    2) k *aus correctur.*    3) d *aus correctur.*
4) c *aus correctur.*    5) not *auf rasur.*    6) *Mit bleicherer tinte*
*über das vorhergehende.*    7) *Ed.* fidele.    8) *Von* r *auf rasur.*

495. artesis membrorum contractio. cráp ón+¹).c
54ᵃ 500. scalpella. thía gráfisárn²). c
dum putredo abraditur. thán thíu fúlíthá óf giscórran vvírthíd. c
514. aruinam. hrúsli. c
concide. sníht. c
carpe. óf nít³). i
fomitem. bánút. c
522. hoc. thát. c
solum. éna⁴). c
senatorum.cúmóno.c
536. quandoque celum. nóh húuan so thé hímil. c
538. speram. scívvn⁵). i
54ᵇ 550. fidiculas. snári. c
552. scaturrientes. vuémmánthívn. c
553. follibus. vvángon*.c
557. charaxat.crázóda*. c
ungulis scribentibus. hrítánthíon crámpon+. c
579. spiculis. scérpíon éndi huúession. c
582. obcalluit. gísuílóda+⁶). f oder i
54ᶜ 593. removete lumen.dvád that liaht hínan.c
617. si sit otium. óf mi mv́otá is. c
54ᵈ 632. antiquitas. éldi. c

645. in illud. án thát. c
652. consőlamus proxima. hvví rádfrágon is thía thé ir naíst síndvn. c
659. infantia. kindv́om. c
663. lacte depulsum. gispándan. c
668. quid. thés. c
55ᵃ 670. comprecari. bédon. c
690. corrupit.vvérsóda.c
695. ungulę. crámpon. c
697. nates. arsbelli*. c
700. plus inde lactis quam cruoris defluat. thát thár mér vt fliáta mílúkas thán bluódas. c
703. salix vvílgia. c
704. uimina. gérdiun. c
709. coronam plebium. sámni. c
55ᵇ 713. corde. thémo. c
744. excepit. vt a sćeht.c
746. docenti. mí leránthérv. c
747. garrulorum. húurítolónthíon. c
753. viri. thegnos⁷). h
55ᶜ 759. sartago. scápo. c
762. testa. giuillia+. c
tegmine. fán. c
778. inclyta. stóri. c
782. mense bis quino. án túio víf fóldámo mánutha. c

---

5) l. crámpon.   2) r aus a.   3) Auf rasur.   4) Sol. auf rasur.
5) Auf rasur.   6) gisuil auf rasur.   7) hegn auf rasur.

784. crepundia. ornamenta lúthárun. c
786. uiuere. qúikón. c
797. exarabant. ríttun. c
55ᵈ 800. ignauos. trága. c
822. sectę. bígéngíthu. c
56ᵃ 845. adplicauit. thúcdád. c
846. pyram. éd. c
848. feni. hógias. c
struem. hop. c
863. torres. brándos+. c
878. criminosus. ménfúlligo. c
881. lerna. nádára. c
56ᵇ 889. medetur. lácnó. c
899. tractat. hándlodat. c
902. scalpellum. gráfísarn. c
907. scaturiens. vvémmánthi. c
918. abdomina. ámbón+. c
63ᶜ 954. dentium de pectine. fán thémo tánstúthlía. c
949. quam. huíu. c
957. parum fidelia. lucik gilófsáma. c
56ᵈ 967. quo. huuarod. f
969. nundinatum. gémed dan+. c oder f
980. echo. gálm. c oder f
oratio. réthi. c
983. pollicem. thúmon. c
984. haustus. slúndos¹). h
991. periclum. sócnunga²). c

cuiusmodi. hvúilic+³). f oder h
992. lingua eruta. vt alósdaru tungun. h
994. cui. súgv. h
57ᵃ 1007. bubuli. hríthas. f
1014. repexus. gikémbid⁴). f
1015. cinctu gabino. míd thémo gúrdisla. f
1016. pulpita. thía thili+. c
1025. inficit. bevuillid. g
1034. subiectans. vndar uuérpánthi. f o c
1036. supinat. vpuuendid. c
1038. perluit. thuru flotid. c
1042. retraxerint. vvíthar tíahád. h oder i
57ᵇ 1047. piaculi. rónúnga. c
oder d
1053. restagnat. vuíthar dvváid⁵). c
1056. macellum. marcstada. c
puluinarium. gódobéddi. c
1058. euiscerata. vt ge innathridimo éndi vt gíscu rítimo. d
1063. rotari. gívvéruíd vvérthan. h
1066. genitalia. mahti. h
1075. nouaculis. scérsáhsson. g
1076. fragitidas. precúnga*. h

---

1) s aus n corr.  2 Auf rasur.  3) lic unsicher.
4) Auf rasur.  5) Auf rasur.

1078. his. náthlón. h
57ᶜ 1092. tyrannide. grim-
       nússi. h
   1094. sinatis. látád. h
   1103. strangulatrix. vvr-
       garin. h
   1104. garruli. stróthón-
       dion. h
   1105. tubam. strótun. h
   1113. tragoedię. spellun-
       ga. c
   1115. uiuacibus. laⁿgo
       vuarónthíon. c
   1117. uligo. selffuhti-
       tha. h
57ᵈ 1133. olim. nóhvván. h
   1139. transfer. bévvéndi.h
P. Callagurritan.
   6. hospes. vvérd. c
58ᵃ 19. fonte. gíspringa. g
   42 defugas. flúhtigùn
       endi fréthiýn. g
58ᵇ 44. ungulas. crúnpon. g
   46. bois. hálsthrvon†. g
   48. crimen. scýld. g
       putatur. vvárth gi
       áhtod. g
   53. sodalitas. sélscípi. g
   55. ad bipennem publi-
       cam. te théro fro-
       no acus†. g
   56. Ryl. cat. há ¹).
   65. torques. halsgold. g
   68. infames deos. thía
       míslíumíandigon
       go ²). c

72. calips. isárn. g
74. extinguitur.vuárth.g
58ᶜ 85. illius. thés énas. g
59ᵃ P. Vincentii.
54. age. vuólnu†. c
62. lamina. bláď³). c
66. scitum. gísétítha. g
70. cauis. hólon†. c
    follibus. bálgon†. c
73. sumptuosa. gezⁱuk-
    háftⁱun*. b
105. contumax. fráuólo. c
106. calcentur.vvérthan.h
108. senatum. cumiski. c
112. crepet. brésta†. g
59ᵇ 120. ungula. krámpo†. c
124. toros. vvrénon⁴). h
129. quis vultus iste. huat
    is thius gibari-
    tha. c
    pro pudor. áhlés. c
142. cicatrix. líknáro⁵). c
150. recessus. dogalnús-
    si. h
155. obnoxia. scýldiga. c
163. fictile. thái. c
174. laniatur. vvarth. c
    uncis. hácon. c
177. callum. svíl*. c
178. obstinatio. énstrí-
    dii†. c
179. puluinar nostrum.vsá-
    ro gódo rástun. c
180. abhomineris. vt le-
    thitios. g
59ᶜ 183. secta. érislo. a

¹) *Vielleicht* catasta hárpa *Steinm.*   ²) *Steinm. l. goda.*   ³) *Auf rasur*
und correctur aus blch.     4) r *correct.*      5) *Auf rasur.*

186. misticis. thém. *c*
198. fuligo. hrŏtᛏ. *c*
     quem. thíc. *c*
199. bitumen. hárt. *c*
206. decernit. gimarco-
     da. *c*
207. lamminis. bládon. *c*
208. exerceatur. vv́rthi. *g*
217. serrata. vvássoᛏ. *c*
     regula. ténᛏ. *c*
218. exasperat. giscerp-
     ta. *g*
219. strues. hóp. *c*
220. uaporat. thómda. *c*
225. supter. thár v́n-
     dar. *g*
226. scintillat. raskitóda.*c*
     excussus. thiu scúd-
     dinga. *c*
227. punctis. stikion. *c*
     stridulis. v́tiándíon.*c*
230. cauterem. bolz*. *i*
232. liquitur. smáltᛏ. *c*
240. altum. hóan. *c*
243. fornicis. súibogonᛏ.*c*
244. strangulant. be thv́n-
     gun. *c*
59ᵈ 252. diuaricatis cruribus.
     mid ᵍⁱscráncodon
     bénon. *c*
254. crucis. quélmíun-
     ga. *g*
255. cognitam. cúth. *c*
256. retro. thár bé fó-
     ran. *g*
257. testarum. haúan
     scéruíno. *g*

258. angulis. órdonᛏ. *c*
259. acuminata. thia ᵍⁱ-
     scerptvn v́nbíli-
     thúngá. *c*
260. sternerent. vt strei-
     dun. *c*
263. subtus. thár v́n-
     dar. *g*
264. mucrone. vv́essiᛏ.*f*
268. commenta. lugína. *g*
269. carceralis cecitas.thíu
     cárcárlíca blíndi. *g*
271. stipitis. stokkes. *h*
278. testularum. haúán-
     scéruíno. *c*
280. nectar. thía dulce-
     dinem. *ɔ*
283. augustior. kíasárlí-
     cára. *h*
285. inclite. ó stório. *c*
287. almis. thém. *c*
288. addere. vvírth¹ tŏ
     gídúan². ¹*f* ²*c*
290. poenę minacis. thés
     filo. *c*
298. conpensat. vuithar
     vvígid. *c*
299. collegam. théna¹)
     socivm. *c*
307. per rimas. kinís-
     lón. *c*
     nitor. scímo. *c*
308. proditur. vvárth. *c*
312. feralem domum. that
     hrélíka. *c*
316. conclaue. thíu hóla
     kámára. *c*

---
1) na *auf rasur.*

60ª 322. stramenta. thía stréúnga. c
323. nexibus. bendion. c
326. pretoria. sprákmánnas. c
328. dedecus. hónitha*. c
329. exemptus. áftógán. c
332. refectus prebeat. thát hé gilávod. c
342. stillante. mid dríapánthémo. c
362. erutam. álósdan ¹), f
366. auleis. úmbihángón†. c
380. cor. éndi sia. c
60ᵇ 396. inter carices. vndar themo hríadgrasa. f
406. postitor. drágári. a
407. hoc munus. thia. c
409. proximus. naisto³). c
410. infestus ungimak. c
412. exegit. fárdréf. c
415. congredi. samanféhtan ³). c
418. uolatu. flugía. c
419. fugerat. fló. c
420. custodis inbellis. thes unvviclicon vvárdes. c
minis. fan thém thrégon. c
423. spiculis. scerpion. c
435. clemencia. thiu gináth a. c
439. ignoscit. gináthód. c

443. feretur. scal. a
445. fragosis. ludónthion. c
446. scabri. thi scarpún. c
447. inter recessus. dogalnussíon. c
449. strenue. hórscó.
c oder f
451. rudente. segalsela. c
carbaso. selgal lákana⁴). c
60ᶜ 453. palustri cespite. an thémo fenilícon túrua. c
455. lembulo. scípa. c
457. sparteus. gerdin⁵). c
469. funale. hrélica. c
495. labi. glidan. c
leniter. líhto. c
496. aestu. ebbiungv. h
498. faselo. scípílinat. h
503. pulsa carina. thát fárdríuána. c
504. carina. scip. c
506. recessus. dogalnussi. c
515. altar. áltari. a
60ᵈ 524. proximum. naan†. h
547. efficax orator. frémméri. éndi sníumi bédari. c
552. stipitem. kíp. h
61ª P. Laurentii.
18. prodiga. spíldi. c
20. inpendit. gevv́an*. h
38. proximi. náistun. c

---

1) alosidan, i ausradirt.  2) n auf rasur.  3) f auf rasur.
4) l. segallakana.  5) n corrig.

41. claustris sacrorum preerat. ille erat sigirísto costárári. *c*
43. clauibus. slútílon. *c*
48. exactor. sócneri. *c*
49. ui. cráhta. *c*
54. exquirit.hé éscoda.*g*
56. monetę. théru munítaϯ. *g*
57. conqueri. clágón. *g*
59. cum. thán. *g*
61. atrocioribus. thém. *g*
67. disciplinam. léra. *a*
   foederis. trévuua. *a*
69. cyfis. nappon. *c*
61ᵇ 72. fixos. fésta.
   nocturnis sacris adstare fixas cereos. gigerúuua kierziun. *a* oder *h*
73. tum. than. *c*
74. ut. sósóϯ. *c*
75. fundis. egánonϯ. *c*
   uetitis (Ed. venditis). fer kopton. *i*
77. addicta. thía. *c*
78. foedis. hónlíconϯ. *c*
79. exheres. antervidio. *h*
81. hęc. thésa. *c*
84. nudare. báron. *c*
90. aerarium. trásahús. *c*
91. stipendiis. thém héristívrionϯ. *c*
94. quibusque. givvílikemo. *c*
95. suum nomisma nummis inditum. is múnita them denariis angiduána. *c*
101. aureos. mancusiϯ. *c*
104. a marsupio. fán thémo sékílaϯ. *a*
105. fidem. trévvva. *a*
111. paratus. gárv. *a*
115. opum. vvelono. *h*
116. dicior. vvélágára. *a*
117. is. thé. *c*
122. minis. an púndauϯ. *a*
126. induciarum. dagethíngoϯ. *a*
127. efficatius. érn ∨ stlícor. *a*
132. summula. tala. *a*
61ᶜ 139. sponsor. méldári. *c*
155. arens. giliávid. *c*
165. prescriptus. thé. *c*
176. structos.gimágóda.*c*
   ordines. thía. *c*
190. rudera. árutosϯ. *h*
   rudvs. mist. *h*
192. excudit. vtbliuuuid. *a*
195. terrulentum. erthagat. *a*
197. pudor. cuskítha. *a*
203. uerius. vvárára. *a*
61ᵈ 208. insolescat. o y̨armodigo. *c*
208. insolescat. úuilo gi uuénnia. *f*
209. cum. thán. *c*
211. fortibus. vvésánthion. *c*
216. elumbe. thát unstarka. *c*
   uirus. éttarϯ. *a*

219. fragmenta. thía lé-
    mit. *c*
227. uenusti. fróniska. *c*
231. mancum. gíháuid-
    lico. *e*
    claudicat. háltod. *c*
236. pauperum. thruhti-
    geno. *h*
243. unguibus. náglon. *h*
245. istum. súman. *c*
246. scorta. hórhus†. *c*
247. cloacis.lánguínon.*c*
248. spurca. thía. *h*
249. quid ille. húat than
    éht súm. *a*
    ambitu. rikídóma†.*c*
251. febribus. rídon. *h*
254. prurit. íukid éndi
    kitilód†. *a*
255. scalpit. hé scáuid†.*h*
256. scabiem. rhúthon
    éndi scáuathon.*a*
258. strumas. |bulunⁿ. *c*
    |kelachos*.*i*
259. purulenta. éttáraga.*c*
    liuida. blauuon. *c*
264. morbo regio. thíu
    géla súht†. *g*
269. cum. thán. *c*
62ᵃ 277. tunc. thán. *c*
281. pannis. án háthilí-
    non. *c*
    videres. than. *c*
282. muculentis. rótta-
    gón†. *c*
283. mentum. kín†. *c*
    saliuis. specáldron.*c*

uuidum. fúhtan. *c*
288. olet. suéuid. *a*
290. infligitur. biheftid. *f*
301. cornes. ók. *h*
302. miraris. ók. *h*
315. ludimur. sindun. *g*
318. cauillo mimico. míd
    scérnlikemo hós-
    ca†. *g*
321. concinne.gilúmplik.*g*
322. tractara. hándlon. *c*
    ludicris. spót vvór-
    don. *c*
324. acroma. hósc. *c*
325. adeone. so forth. *c*
326. censura. béth v vn-
    ganussi. *g*
334. citae mortis. sniu-
    mon. *c*
337. differam. sparon. *g*
342. nimis. filo. *c*
343. occupet. gefahe. *f*
62ᵇ 353. constructum. gema-
    kad. *h*
    rogum. sáchéri. *c*
354. decumbe. geligi. *h*
355. tunc disputa. áhto
    than. *c*
358. tortores. vuitnera.*h*
359. amictu. geuuede. *h*
362. fulgor. scimo†. *h*
368. detorsit. thana kier-
    ta†. *h*
381. plage. harmscaro†.*a*
383. Ebreis. them. *h*
390. allicit. he vvít-
    nod[1]). *h*

---

[1]) *Auf rasur.*

398. decoxit. gebred. *h*
399. catasta. hárstvn. *c*
402. crematam.gebrand.*h*
iugiter. lango. *h*
403. perlicum. sócnúnga. *c*
405. innerti. bikiert uuerthan. *h*
408. assum. gebradan. *h*
409. ludibundus. spilenter. *h*
410. suspicit. upsah. *h*
62ᶜ 419. quirinali togę. romaníscon drémbila. *c*
432. uno. mit. *h*
446. curiam. sprachus. *h*
447. ueneratur. erot. *h*
448. penates. hemgoda†¹). *h*
457. obsides. gíslós†. *c*
474. quandoque. no uuanne†. *h*
62ᵈ 493. indoles. ánavváni. *c*
494. coegerat. nódda. *c*
496. nugas. gibósi. *c*
497. refrixit. acáldóda. *c*
500. curritur.thár vvárth tho girúnnán. *c*
505. dum. thó. *c*
507. perfossus. thur stechan. *h*
517. senatus.gúmiskías.*c*
518. Imperci. {panas bis-copos. *c* prestera. *h*
521. illustres. mária. *c*
523. pignera. vvéddi. *c*

525. vittatus. gínéstilód. *c*
uuittoto. *h*
529. o ter quaterque et septies beatus. uuola thu filu lango saligo. *h*
530. incola. landŏuo. *c*
537. vasco. thé spánio²)
líud. *c*
540. ninguidos. snegigun. *h*
543. urbanum. búrklíca. *c*
63ᵃ 554. municeps. múndbóro. *h*
557. uideor uidere. mí thúnkíd thát ik gísíaha†. *c*
566. fert. geuuinnit. *h*
579. sed per patronos martyres. nenan thúru thía hélpanthivn. *c*
580. peccator. thé únvvérthígo. *c*

*P. Hippolyti.*

3. tumulis. thém. *c*
63ᵇ 30. scismata. skíethúnga†. *h* oder *g*
37. anfractibus. vmbi férdion†. *c*
40. ostia. gimundi†. *c*
63ᶜ 55. lorea. litharinª. *a*
65. istum. súman. *h*
63ᵈ 91. palpata. gíthákólóda. *c*

---

1) *hs.* hegoda.      2) *Auf rasur.*

97. temonis. thíslunt. *a*
100. protendens.       thív
    thísla.             *c*
102. orbita. vvágánlía-
     sat.                *g*
64ᵃ 118. fragosa. stécula t. *a*
119. minutatim. kléuo. *h*
     frusta. stúkkit.  *c*
128. uepribus. an thém
     híatbrámion.       *g*
129. uirides. sía grŏnia.*g*
     dumos. thia thor-
     nos.               *g*
130. roseolam. rósoli.  *g*
140. crurum. beno.      *a*
64ᵇ 153. uallo. grauont. *a*
156. anfractus. v́mbi férdit.   *a*
164. arta. thia.         *h*
166. formice. súibógónt.*c*
167. subter terranea. v́ndar théru érthbrústi.   *c*
179. letor. blíthon.    *c*
     reditu. an théru vvítharvérdi. *c*
184. aedicula. thát is
     thé sárc.          *h*
64ᶜ 186. speculum. spiágalt.*g*
189. adorat. thár.      *a*
193. perspicus. thérv.  *a*
206. indigena. {thé indígena. búrdígo *g* / livd. *h*}
     Picens. thé líud.  *c*
207. Samnitis. thé lívd.
     a Samnia.          *c*

218. maiestate. héri*.  *a*
64ᵈ 221. graciles. clénia. *c*
222. exsinuent. v́t bósméntt.   *a*
228. artaque. plena. endi nárv.  *c*
231. si bene commemini. óf ik ít vvel gihúggív.  *c*
232. uocat. ságid.      *c*
235. venerantibus. thém. *c*
239. sic. also thú vvíllías.  *e*
241. sic. also thu vvillias.   *c*
242. agna. évvi.        *e*
244. egrotam. mik.      *e*
65ᵃ *P. Cypriani.*
  5 obirc. stérvan.    *h*
  7. liber. bŏc.       *h*
 12. ut liquor ambrosius. sáma só gód cvnniklic flúti.  *c*
     palatum. gágal.    *c*
 14. sic só te themo sída¹).  *h*
 16. executor. sócneri. *c*
 18. uoluminibus. thém bŏkíon.   *a*
     famulata. thíanónthi.  *c*
 20. mystica. bétécniándélícun.
 28. nitoris. scímón.  *c*
 31. modesta. mét hértíklíka.  *c*
     regulum.rihtúnga.*c*

---

1) *Auf rasur.*

65ᵇ 43. merce. R. mid themo copa. c
emi. gícóp vvér-
than. c
45. et quiete donat. én di
so huuat so [that
vvari] that thiu
rasta thes man..
uar¹). c
52. abdicata. sía vvíth-
quuéthána endi
separata. c
62. vise. só gíuvíso. g
66. mitescere. vvérthan.g
65ᶜ 75. tueri. bescermian. a
77. calce. cálca†. c
78. puluis ardet. thát is
thé cálc. c
81. micam. grívsnivn. g
suis. thés suínas†.g
84. liquor aridus. thés
cálcás. c
85. imo. dívpi. c
86. candor. thé cálc. c
88. Thascius. thé cácle-
reri. c
89. furori. théru. a
97. cultior. öflikara. a
101. disserit. rékíd. a
102. in ortum. óstar. a
103. usque in obitum.
vvéstar. a
104. ultimis. thém. a
lliberis. Spánion. a
106. patronus. bíscér-
miri. a oder c

65ᵈ P. Petri et Pauli.
17. uersus. hé gívvén-
dit²). a
26. resoluor. bívn té
lósid. a
68ᵃ 36. colymbo. gisuém-
mia. c
40. musci. gímúsidvn
glásu. c
41. cyaneus. grvóni†. c
48. lusit. smíthoda. c
53. hialo. glasa vitro.c
61. pontis. brúgkivn†. c
68ᵇ P. Caesar August.
47. coegit. nódda. h
55. verticem. gebill³).h
68ᶜ 78. clerus hinc. thít gi-
páphi. c
82. tremefecit. bíuon
gídéda. c
94. cespes. vuáso endi
tvrf. c
suus. égan.
98. passus. thólónthi. c
105. celebres. bégángán-
délícvn. c
106. partas. gára. c
115. morti proprię. thi-
nemo eganon do-
tha. c
125. minus. mínnéra. c
precium. vvérth. c
129. longum. langsamo. c
68ᵈ 147. conscriptum. gibréuid. c
senatum. gúsmiki¹).c

1) that vvari *steht hinter* rasta, *wird durch puncte davor verwiesen. Die glosse ist undeutlich.* 2) he *auf rasur.* 3) ge *auf rasur. l.* gebilla *Steinm.*
4) *l.* gumiski

159. uiuax. that lango
vveronthia.
160. laus. lóf. c
173. recolet. gihúddi-
gon scál. i
180. fons. gispring. a
183. prouenit. béquam. c
66ᵃ *P. Eulaliae.*
159. obitum. dóth. h
188. quam. that. h
66ᵦ 215. propiciata fouet. siv
gináthig gidv́an. h
*P. Fructuosi.*
2. attollit. gíhévid. h
5. quandoquidem. hvvan-
thiv. h
8. superbum. gv́odli-
con. h
21. calore. fan. h
66ᶜ 40. damnes si sapias. of
thv́ thi fárvvís-
tis thán farmuni-
dis thv́. h
48. iam fuisti. thát
vvari thiv¹) ív. h
66ᵈ 90. vestia pura (*ed.* vesti-
gia). giuáda. h
124. herili. théro hér-
rilcvn ²). h
67ᵃ 157. olim. noh hvván. h

*P. Quirini.*
20. fluctu quolibet. fán só
hvvílicarv v́thívn
só it sí. g
21. pontis. brv́ggívn. g
67ᵇ 36. ut eminens. also he
vpcapénthi. g
49. saxo. thémo. g
laqueo. thémo. g
uiro. thémo. g
65. solo. is flacvn.- h
67. tortis vorticibus. gí-
bógdón thém
svólgón. g
67ᶜ *P. Cassiani.*
12. punctis. stikion. c
15. pugillares. vvéhsi-
táflun. a
16. annotantes. brévi-
ánthía. c
17. edituus. thé durv-
vv́árderi. a
hospes. ó gást. a
24. punctis. nóton. c
25. non nunquam. vvél
ohto. h
27. ephebo. iv́nglínga. c
67ᵈ 50. curne. gíbógan ³).
flexas catenis impedire
virgulas. ualdon ⁴).

---

1) *l.* thu.   2) *l.* hérrilicvn.   3) *Undeutlich.*   4) *Eingekratzte glosse.*

# IV.

## OXFORDER VERGIL-HANDSCHRIFT.

# VERGIL-GLOSSEN.

In der Bodleian Bibliothek zu Oxford befindet sich sub Auct. F. 1,16 eine handschrift des 10. jh., 32 × 23 cm. pergam. Sie enthält: 1°. Vergilii Georgica. 2°. Servius' Commentar zu den Eclogae und Georgica. 3°. excerpta aus Isidorus u. a. hauptsächlich Vergilius betreffend und ein glossar (102$^b$—104$^b$) lateinisch und altsächsisch. 4°. die Aeneide und 5°. den Commentar von Servius dazu. Den ganzen codex hindurch finden sich glossen, entweder interlinear oder marginal. Diese scheinen von zwei händen des 11. jhs. herzurühren.

Die hs. kam nach Oxford aus Kopenhagen, wo Nicolaus Heinsius einmal der besitzer war und sie für seine Vergilausgabe benutzte. Fr. Junius sah die hs. im jahre 1672 bei ihm und copirte einen teil. Diese copie kam 1678 in die Bodleiana — 1697 die handschrift selbst — 1787 wurde die copie abgedruckt in Nyerups Symbolae ad literaturam Teutonicam (Hauniae 1787), hieraus sind die citate von Graff, Althochd. Sprachschatz. Die lesung ist nicht immer genau.

Die inzwischen verlorene handschrift wurde 1877 wieder aufgefunden und die glossen wurden nach der hs. herausgegeben von F. Madan, Journal of Philology X, 92 und Ahd. gl. II, 716. Heinsius hatte die hs. mit zwei andern von Bernard Rottendorph aus Münster, der sie ihm geliehen hatte; Heinsius aber hat wahrscheinlich vergessen sie zurück zu geben. Woher Rottendorph sie hatte, ist nicht bekannt. Weder auf dem bande noch irgendwo im codex steht eine anweisung welchem kloster dieser angehört hat. Nicht unmöglich ist est dass er aus der bibliothek eines der grossen und reichen klöster von Münster oder dem Münsterlande herrührt.

Sprachlich ist zwischen den beiden händen, welche sich an der schreibung der glossen beteiligten, kein grosser unterschied.

Die eine hand hat mehr hochdeutsche wörter abgeschrieben. Die andere hand, deren glossen mit einem * bezeichnet sind, fügt unrichtig *h* vor und lässt es vor sonant einige male fort: *rietgras* 153ᵃ, *halebirie* 158ᵃ für *alebirie*; anlautend ist von der anderen hand *h* in *nuoe* 91ᵃ weggelassen. Beide lassen *h* vor *s* weg in *thisle* (6ᵇ), *los* (92ᵃ), *losses* (108ᵃ), *thessalia* (102ᵇ), nicht in *nuahsblanc* (6ᵇ). Vor *t* bleibt *h* in *nihtan* (2ᵃ), *druhtingas* (129ᵃ), *th* statt *ht* in *nathagala* (89ᵇ), *speth* (98ᵇ). Vor *l* und *r* bleibt *h* in *hruge* (104ᵇ), *hringa* (189ᵇ), *hlinandi* (139ᵃ). Zwischen vocalen bleibt *h*: *reho* (125ᵇ), *mahal* (138ᵃ), *gimahlida* (176ᵃ), *gisehe* (177ᵃ). Im auslaut fiel *h* ab in *fifal* (189ᵇ); *g* bleibt meist unverändert: *egithan* (168ᵃ), *hagan* (84ᵇ), *giwiege* (96ᵇ); anlautend wird *gi* zu *i* in: *ihilla* (89ᵇ) *iswese* (117ᵇ), *imuthi* (124ᵃ), *utihalad* (128ᵇ), *itwisan* (173ᵇ) aber *ungimeledemu*, *gibrordade*, u. a. In auslaut steht *ch* für *g* in *willich* (179ᵃ). Einfaches *g* scheint also spirantische aussprache zu haben; geminiertes *g* war explosiv in *giwuicge* (96ᵇ), *scocga* (89ᵃ).

Anlautendes *f* wird *f* und *u* geschrieben: *fitiluot* * (6ᵇ), *flod*, *uurie*, etc.; *b* wird immer *u* geschrieben: *luue* (5ᵇ), *nauuger* (104ᵇ), *duuansten* (132ᵇ); als *b* in *menistuba* (83ᵇ), hd. gl. *P* erscheint als *ph* und *f* in *phali* (88ᵃ), *chrampho* (91ᵃ), *hanaf* (102ᵃ) (meist aus hochdeutschen glossaren entlehnte wörter). Hierdurch auch *tt* für *dd* in *mittigarne* (99ᵃ) neben *midgarni* (153ᵇ), *beddi* (104ᵃ) und *t* für *d* in *menistuba*. *Th* bleibt unverändert im an-, in- und auslaut: *thrasida* (184ᵃ), *athrotan* (137ᵇ), *cledthe* (87ᵇ), *nuathan* (108ᵃ), *hurth* (87ᵇ), *golthblomo* (90ᵃ), *hacth* (104ᵃ) ¹). *th* wurde zu *t* in *gutfanan* (153ᵇ), *urrint* (89ᵃ). *N* blieb in *rint* (89ᵃ), fiel aus in *imuthi* (124ᵃ, *gutfanan* (153ᵇ); statt *ng* steht *g* in *hunegapl* (104ᵇ). Anlautend blieb *w* in *uurenio* (104ᵇ), fiel in- und auslautend aus in *suala* (33ᵇ), *cle* (83ᵇ). *J* wird *g* geschrieben in *mergeh* (6ᵇ), *brunge* (173ᵃ). Bei den vocalen geht *e* vor *i* bisweilen in *i* über, auch umlauts-*e*: *mirikoi* (14ᵃ), *miriswin* (95ᵃ), *bikerias* (111ᵇ), *wirthig* (114ᵃ), nicht in *heuild* (37ᵃ), *flegil* (87ᵇ), *snegil* (104ᵃ), *hering* (104ᵃ); kein umlaut in *habbien* (120ᵃ); *æ* = *e* in *dænniun* (111ᵇ). *E* für *a* in *ermberg* * (168ᵃ). *U* in *furka* (96ᵃ), *hembrung* (104ᵃ), *hunegapl* (104ᵇ).

---

1) Aus *hacuth* entstanden?, oder aus *hacud*, wie Kluge, Et. W. angiebt; das von ihm angeführte *hacud* ist mir nicht bekannt; wenn dieses belegt ist, so steht hier *th* für *d*.

*undarnumana* (125ᵃ), vor *i* in *furnie* (96ᵃ), *lunisas* (104ᵃ), *uurie* (163ᵃ); *o* in *hoson* (85ᵇ), *golth* (90ᵃ). *I* in *uisco* (10ᵇ), *thistilcarda* (84ᵇ) u. a. *Æ* (got. *é*) blieb in *appulgre* (6ᵇ), *drenan* (*11ᵇ, 92ᵇ), *scaperede* (104ᵃ), *isuese* (117ᵇ), daneben *â: drana* (12ᵇ), *maho* (90ᵃ); *ie* (ahd. *eo*) in *stiet* (187ᵃ). *Ô* ist meist *ó: fitilnot, mirikoi, biomo, flod*, daneben *uo* in *ruot* (86ᵃ) und *nuoe* (91ᵃ). *Û* bleibt *û: sprutodi, dukiras. Ii* ist stets *é: klé* (83ᵇ), *nauuger* (104ᵇ), *branderede* (104ᵇ), *hembruug* (104ᵇ reditus) u. a. *Au* ist meist *ó: gihouen* (112ᵃ), *honithia* (176ᵇ), *rocfat* * (137ᵇ), *fronisco* (279ᵇ); *á* in *ficbane* (45ᵃ); *au* in *staupa* (99ᵇ); *ou* in *brouhus* (104ᵇ). *Iu* in *fiurpauue* (104ᵇ); *eo, io* ist *ie* in *riestra* (87ᵇ), *winilieth* (104ᵇ), *stieruuith* (122ᵇ), *rietgras* (153ᵃ), *skietan* (194ᵇ); *u* in *luue* (5ᵇ *dilectus*).

Secundärer vocal erscheint in *baruy* (14ᵃ), nicht in *ermberg, gaflic* etc. Ausfall des *u* findet sich in *hacth*. Wie im Wiener Segen A und in dem namen *Hersebrok* aus *Hrossobrok* findet sich hier *hers* für *hros: hersus* equi (178ᵇ); vgl. auch *druhtingas* und Segen A *druhtin*. Die vocale der flexionsendungen haben sich meist erhalten z. b. *hindbiri, beddi, latta*. Nom. pl. m. st. einmal *os*, meist *as: lunisas, druhtingas, dussios;* nom. sg. schw. *hoppo*, u. a. Der dat. sg. m. n. der starken adjective ist *-emo* (133ᵇ, 169ᵃ, 180ᵃ, 190ᵃ), *-emu* (185ᵃ), pron. pers. 3. *imo*, etc.

# VERGIL-GLOSSEN.

1. *Die erste seite ist halb ausgerissen.*
2ᵃ Georg. 2. 257. arbores uiuhtan ¹).
                 taxique nocentes. ichas ²).
3ᵃ   „    „   365. acie. s. uiuhta.
5ᵃ   „     3. 25. scena ut versis. videre. thea the. R. quemadmodum * ³).
5ᵃ   „    „   25. aulaea. R. umbihang.
5ᵇ   „    „   72. dilectus. luue.
                 82. R. hach * ⁴).
                     iuus.
                     uua.
6ᵇ   „    „   173. temo. thisle.
    „    „   180. R. De equis: aureus. uuahsblanc * ⁵).
                     gilbus. badius. falu *.
                     spadix. dun *.
                     glaucus. glasa *.
                     cadius ⁶). blas *.
                     petilus. fitiluot *.
                     scutulatus. appulgre *.
                     guttatus. sprutodi *.
                     mannus. fiarscutig *.
                     mirteus. dosan vel uuirebrun *.
                     maurus. alsuart *.
                     iumenta. mergeh *.
                     Tottonarii. thrauándi *.
                     Tottolarii. Telderias *.

---

1) *Madan* uuilnan; *Kluge ZfdA.* 28, 260 „*kann sehr wol* uiuhtan *gelesen werden*".
2) *Kluge ZfdA.* 28, 260 *liest* ichns?   3) *Die glossen mit* * *sind von erster hand.*
4) *Abgeschnitten.*   5) *Die glossen* aureus *bis* telderins *stehen am rande und sind entlehnt aus Isidori Etym. XII, 1.*   6) *l.* candidus.

7ᵇ Georg. 3. 308. ubere. u d e r e.
7ᵇ „ „ 310. mammis. g e d e r u n ¹).
8ᵇ „ „ 385. lappae. c l i u e.
10ᵇ „ 4. 38. tenuia. t h u n n i.
„ „ „ 41. uisco. m i s t i l e.
11ᵇ „ „ 141. tiliae. l i n d i a n.
„ „ „ 168. fucos. d r e n a n.
12ᵇ „ „ 243. stellio. m o l.
„ „ „ 244. fucus b r a n a ²).
„ „ „ 245. crabro. h o r n u t.
14ᵃ „ „ 395. phocas. m i r i k o i *.

Servius in
33ᵇ Ecl. 6. 78. upupam. u u i d u h o p p e.
„ „ „ „ hirundinem. s u a l a n.
37ᵃ „ 8. 74. stamen. u u a r p.
„ „ „ „ licium. h e u i l d.
45ᵃ Georg. 1. 75. lupini. f i c b a n e.
46ᵇ „ „ 139. uisco. m i s t i l e ³).
48ᵃ „ „ 178. glarea. id est arena. g r a t.
63ᵃ „ 2. 389. furcille. g a f l i e * vel f u r k e * ⁴).
69ᵇ „ 3. 82. album quod pallori constat esse vicinum. u u a h s b l a n c.

Comment. anonymi in Vergilium.
83ᵇ Ecl. 1. 54. Hibleis. herba est quam nos dicimus a d u c h ⁵).
„ „ „ 59. palumbes. columbe sunt quas dicimus m e n i s-
t u b a.
„ „ 2. 36. cicuta. herba est quam nos dicimus s c h e r n i n g.
„ „ „ 50. calta. c l c.
„ „ 3. 20. carecta multitudo herbarum in palustribus. quas
dicimus s e m i t h a i.

---

1) *Kluge a. o. o. l.* gederun. *Madan*, *Steinm. Ahd. gl. las* geclerun. 2) *l.* drana unsicher ob b oder h. 3) o oder c. 4) *Wiederholt am rande von* 1ᵉʳ *hand.*
5) *Die glossen* f 83b—104b *ende sind von einer hand.*

84ᵇ Ecl. 5. 39. carduus. **thistilcarda**.
　　　　　　paliurus. **hagan**.
85ᵇ　„　7. 32. coturno. calciamento venatricio quod alii dicunt periscelidas aut **hoson**.
86ᵃ　„　„　50. fuliginem. quod nos dicimus **ruot**.
86ᵇ　„　8. 74. licia. id est quod dicimus **harluf**. cum quo ligant mulieres.
87ᵇ Georg. 1. 75. vicię. **vuicchun**.
„　„　„　94. rastrum. **rccho**.
„　„　„　95. crates. **egida**.
„　„　„　139. visco. **bulis**[1]).
„　„　„　144. cuneus. **vuecke**.
„　„　„　153. lappe. **cledthe**.
„　„　„　162. graue robur. id est **grendil**.
„　„　„　164. tribula. **flegil**.
„　„　„　„　trahe. **egida**.
„　„　„　165. [v]irgea preterea. id est **gart**.
„　„　„　166. crates. **hurth** aut **egida**.
„　„　„　172. binę aures. quę **riestra** dicimus.
„　„　„　173. tilia **linda**. stiua manubrium aratri.
88ᵃ　„　„　264. vallos. sunt quos dicimus **phali**.
89ᵃ Georg. 2. 189. filix. **farn**.
„　„　„　374. uri. id est animal quod dictum est **urrint**.
„　„　„　389. oscilla. **scocga**.
89ᵇ　„　3. 147. asilo. **bremo**.
„　„　„　338. achalantida id est avis **nathagala**.
„　„　„　366. stiria. id est **ihilla**.
„　„　„　543. phocę. id est animal marinum quod nos dicimus **elah**²).
90ᵃ　„　4. 63. melisphilla. herba quam dicimus **biniuurt**.
„　„　„　131. papaver. herba quam dicimus **maho**. ruscus. **ramn**.
„　„　„　271. amello. herba **golthblomo**.
„　„　„　307. tigna. **latta**.
91ᵃ Aen. 1. 123. rimis. **nuoe**. in quibus tabulę in unum coniunguntur.
„　„　„　169. unco morsu. quem nos dicimus **chrampho**.

---

1) b oder h; erwischt, aber die spur im perkament noch zu sehen.　　2) l. **selah**.

92ᵃ Aen. 1. 323. lincis. id est los apud nos animal quod dicimus.
92ᵇ „ „ 435. fucos. drenon quod nos dicimus.
93ᵃ „ „ 698. sponda. lectum sive beddipret.
93ᵇ „ 2. 135. In ulua. hoc est in palustribus locis ubi crescit iuncus ac papyrus. et quod nos dicimus sunerdollon.
95ᵃ „ 3. 428. delfinum. mirisuuin.
„ „ „ 453. dispendia. ungifuori.
95ᵇ „ 4. 131. Lato venabula ferro. id est staph in se habentem latam hastam quam nos dicimus euurspioz.
96ᵃ „ 5. 177. clauum. quod nos dicimus helta in summitate est.
„ „ „ 208. trudes. furka.
96ᵇ „ 6. 13. triuia dicitur diana. eo quod in tribus locis ubi tres uię in unum conueniunt. quę nos dicimus giuuicge.
97ᵃ „ „ 205. viscum. id est bulis.
„ „ „ 209. brattea. blech.
98ᵇ „ 7. 48. picus. auis speth.
99ᵃ „ „ 378. turbo. in modum factus globi rotundus. quem dicimus doch buxum. inde erat factus turbo.
„ „ „ 390. thirsus. stil herbę.
„ „ „ 417. rugis. hoc dicimus rumphusla.
„ „ „ 627. aruina. mittigarne.
99ᵇ „ 8. 278. sciphus. parua¹) staupa.
101ᵃ „ 9. 170. pontis. scalis. aut quod rustici dicunt clida.
„ „ „ 476. radii. rauua.
101ᵇ „ 11. 64. crates. clida.
102ᵃ „ „ 862. papilla. summitas mammę id est uuarte.
„ „ 12. 120. verbena. herba quam dicimus hanaf.
102ᵇ „ „ 413. caulem comantem id est stipitem cum foliis. quam dicimus stil.
„ „ „ 470. a temone. hoc est in anteriori parte plaustri ubi boues ligantur. apud nos thessalia.

Finiunt glosae.

---

1) a *aus* i *corrigiert.*

Incipiunt varia Glossemata [1]).
102b Callum caro et cutis indurata quod nos dicimus suuil.
Flocci sunt quos nos in uestimentis thiudisce uuuloo dicimus.
103b (De incubis) quos demones galli dussios vocant.
104a Culcites. bedd.
Culcitum id est plimatium. beddiuuidi.
Cauteriola. canteri.
Toregma. scaperede.
Tornarius. threslsa [2]).
Maialis. barug.
Murica. snegil.
Muscus. grimo.
Migale. harmo.
Allec. alœrencia.
Gobio. grimpo.
Esax. lahs.
Lucius. hacth.
Capito. alund.
Timallus. asco.
Tructa. furnię.
Sardinia. hering.
Axedones id est humeruli. lunisas.
104b Scorellus. amer.
Terebra et teretrum. nauuger.
Crabro. hornut.
Aucipula. fugulclouo.
Andela. branderede.
Arelu. fiurpanne uel herd.
Apiastrum. biniuurt.
Æsculus. boke vel ec.
Aestuaria. flod vel bitalassum. ubi duo maria conueniunt.
Acinum. hindbiri.
Atramentarium. blachorn.
Atramentum. blac.
Fasciola. uinning.

---

1) *Aus einer älteren sammlung abgeschrieben, sie stehen zwischen lateinischen worterklärungen.* 2) s *über e geschrieben.*

Verriculum. b e s m o.
Villosa. r u g e.
Villa. l i n i n h r u g e.
Vademonium. b o r g.
Bacinia. b e r i.
Botholicula. s t o p p o.
Bracium. b r o ᵛ h u s.
Bouellium. f a l e d.
Bradigabo. f e l d h o p p o.
Balista. s t a f s l e n g r i e.
Brancia. k i a n.
Burdo. u u r e n i o.
Cincindila. u n o c c o.
Cratus ¹). b o l l o.
Cerasius. k i r s i c b o m.
Cerasium. b i r i.
Clauatum. g i b u r d i d.
Arnoglossa. u u i g b r e d e ²).
Plebeios psalmos id est seculares psalmos. id est u u i n i l i e t h.
Reditus. h e m b r u n g.
Petulans. u u r e n i s c.
Pastellus. h u n e g a p l.
Pustulus. a n g s e t a.

| | | | | |
|---|---|---|---|---|
| 108ᵃ | Aen. | 1. | 323. | lyncis. l o s s e s * ³). |
| „ | „ | „ | 337. | suras. u u a t h a n *. |
| 109ᵃ | „ | „ | 435. | fucos. u a s p e *. |
| 111ᵇ | „ | „ | 711. | pallam. h r o c. |
| „ | „ | „ | 724. | crateras. b i k e r i a s. |
| 112ᵃ | „ | 2. | 16. | abiete. d æ n n i u n. |
| „ | „ | „ | 55. | foedare. g i h o n e n. |
| 113ᵃ | „ | „ | 112. | acernis. acernis m a p u l d e r. m a p u l d r e u m accernis. |
| 113ᵇ | „ | „ | 147. | amicis. f r i u n d l i c u n. |
| 114ᵃ | „ | „ | 229. | merentem. u u i r t h i g a n e n ⁴). |
| 116ᵃ | „ | „ | 441. | testudine. id est densitate armorum id est s c h i l d u u e r i. |

---
1) C aus G corrigiert.   2) Kluge: „wahrscheinlich unegbrede".
3) Die folgenden glossen stehen wieder interlinear.   4) l. uuirthigen.

116ᵇ Aen. 2. 492. ariete. murbraca ¹).
117ᵇ „ 3. 15. socii. isuese.
119ᵇ „ „ 217—218. R. *sordis* effusio. i. gesscod est.
120ᵃ „ „ 282. euassisse. ouerrunnen habbien.
„ „ „ 286. aere canoclipeum. quia exaere factum erat chuculan ²).
122ᵇ „ „ 549. antemnas dicunt qui tenent uela antemnarum. R. segelgerd.
„ „ „ 561. R. rudentem vel rudente circulo gubernaculi i. e. stieruuith.
123ᵇ „ „ 649. corna. curnilbom.
„ „ „ 671. aequare. igrundian.
124ᵃ „ „ 688. ostia saxi. introitum imuthi.
„ „ 4. 18. pertaesum. odiosum athrotan.
125ᵃ „ „ 88. opera interrupta. undar intermissa numana.
  dotales. uuithumlica.
125ᵇ „ „ 131. uenabula: lanceę euurspiat.
„ „ „ 139. fibula. spenule.
„ „ „ 152. caprae. R. caprea reho. nam crapra ³) get dicitur.
„ „ „ 167. terrę signum. id est erthbigunga.
126ᵇ „ „ 239. talaria. scridscos ⁴).
„ „ „ 245. R. tranat. vulotad * ⁵).
„ „ „ 250. mento. chinne.
128ᵇ „ „ 490. ciet. utihalad ⁶).
129ᵃ „ „ 534. procos. appetitores druhtingas.
132ᵃ „ 5. 128. mergis. dukiras *.
132ᵇ „ „ 205. murice. duuansten *.
133ᵃ „ „ 230. pacisci. ...rthingian ⁷).
133ᵇ „ „ 269. taeniis. uittis. tena. nestila.
„ „ „ 306. leuato. gifuriuidemo.
134ᵃ „ „ 332. titubata. calcata. uuankonda.
„ „ „ 337. munere. fan fullistia.
136ᵃ „ „ 546. impubis. unbar*d*harht ⁸).

---

1) *Steinm. l.* murbreca.   2) c *scheint getilgt. l.* buculan.   3) *l.* capra.
4) *Madan* scridfoos.   5) *Steinm l.* ulotad *oder* iulotad.   6) *Kluge „vielleicht* utihalod".   7) *l.* uerthingian, *Madan* rihingian; *Kl.* „irthingian *ist möglich"*.
8) d *corrigiert aus* h., *Kluge* „d *aus* l. *l.* unbardaht".

136ª Aen. 5. 566. primi [alba pedis] uuas fitiluot.
„ „ „ 578. sustravere. umbiridun.
136ᵇ „ „ 630. hospes. uuerd ¹).
137ᵇ „ „ 710. fortuna. missiburi.
„ „ „ 714. pertaesum. odiosum sit. athrotan.
„ „ „ 719. incensus. giscund.
„ „ „ 732. R. averna. uuunni ²).
„ „ „ 735. Elysium. sunnanueld.
„ „ „ 745. acerra, arca turis. id est turibulo R. cerra uas turis arcula turaria. id est rocfat*.
138ª „ „ 758. forum. mahal.
138ᵇ „ „ 811. periurae. forsuorenero.
139ª „ „ 852. adfixus. to hlinandi*.
140ᵇ „ 6. 180. piceae. fiuchtie. omnes arbores unde pix uenit.
„ „ „ 181. fraxineae. eschinę.
141ª „ „ 205. uiscum. mistil.
„ „ 5. 214. robore. rinda.
143ª „ „ 420. offam. muhful ³).
„ „ 6. 420. R. offam. cleuuin * ⁴).
144ª palla lakene.
145ᵇ „ „ 682. recensebat. talde.
148ᵇ „ 7. 109. adorea liba. bradine diski.
150ᵇ „ „ 319. pronuba. makerin ⁵).
152ª „ „ 506. torre. brande.
153ª „ „ 590. alga. rietgras*.
153ᵇ „ „ 626. spicula lucida tergunt. R. uegadun*.
„ „ „ 627. aruina. midgarni.
„ „ „ 628. signa. gutfanan.
154ª „ „ 690. pero. streorling.
155ª „ „ 796. picti. R. pictus uehe*.
157ª „ 8. 178. acerno. mapuldrin.
158ª „ „ 276. R. populus. halebirie*.
163ª „ 9. 87. picea R. picea. uurie.
163ᵇ „ „ 134. iactant. hromiat.
164ª „ „ 222. statione. uuardu.

---

1) c *unsicher.*  2) *l.* unnunni.  3) *l.* mûthful.
4) *Madan:* „deuuin *oder* cleuuin".  5) *l.* himakerin.

166ᵇ Aen. 9. 471. mouebant. i. uidebant s c u d d u n.
167ᵃ  „   „ 505. testudine Uolsci. testudo s c e l d u u a r a *.
 „    „   „ 537. tabulas. s c i n d u l a n.
168ᵃ  „   „ 608. rastris. e g i t h o n.
 „    „   „ 616. manicas. R. e r m b e r g *.
 „    „   „ 629. petat. *t i c h i t ¹).
169ᵃ  „   „ 701. pulmone. l u n g a n d i a n.
 „    „   „ 705. falarica uenit. s t e p h s t r e n g i e r e * ²).
 „    „   „ 723. fortuna. m i s s i b u r i.
 „    „   „ 724. conuerso. t o g i d a n e m o.
170ᵃ  „  10. 23. quin. n e u a n.
170ᵇ  „   „ 58. Dum. i a u n t.
173ᵃ  „   „ 337. thoraca. b r u n g e.
173ᵇ  „   „ 381. uellit ³). l o s d a.
 „    „   „ 382. costis. r i b b u n.
 „    „   „ 390. Gemini. i t u i s a n.
174ᵃ  „   „ 444. esserunt. r u m d u n.
175ᵃ  „   „ 538. uitta. x x x n d i n g ⁴).
 „    „   „ 542. gradiue. gradatim. id est s t i l l o.
176ᵃ  „   „ 649. pactos. g i m a h l i d a.
176ᵇ  „   „ 681. dedecus. turpitudinis. h o n i t h i a.
 „    „   „ 682. exigat ensem. impellat s t a c h i.
 „    „   „ 711. inhorruit armos. erexit. s t r u u i d e.
177ᵃ  „   „ 735. seque viro vir contulit. a n g e n b r a h t e.
 „    „   „ 736. abiectum. n i t h e r g i u u o r p e n e n.
 „    „   „ 744. viderit. g i s e h e et hoc verbum ironia est.
177ᵇ  „   „ 795. cedebat. retrahebat t h a n a n f o r.
 „    „   „ 818. neuerat. b r o r d a d e.
178ᵇ  „   „ 891. bellatoris equi. u u i h h e r s e s.
 „    „   „ 892. calcibus. h o u u n.
 „    „   „ 893. effusum. n i t h e r g i u u o r p e n e n.
 „    „   „ 901. nefas. h o n i t h i a.
179ᵃ  „  11. 73. laeta. u u i l l i c h.
180ᵃ  „   „ 149. reposto. n i t h e r g i s e t t e m o.
181ᵇ  „   „ 320. plaga. u u a l d.
183ᵃ  „   „ 500. desiluit. u m b e t t e.

---

1) *s nicht sicher*.           2) *l.* stephslengiere.
3) *corrigiert aus* uelit.     4) *l.* xxknding, *d.h.* uuinding.

| | | | |
|---|---|---|---|
| 183ᵇ | Aen. | 11. | 524. quo. thar. |
| 184ᵃ | „ | „ | 562. sonuere. hullun. |
| „ | „ | „ | 579. fundam. slengiran. |
| „ | „ | „ | 589. omine. hele. |
| „ | „ | „ | 599. fremit. thrasida. |
| „ | „ | „ | 607. ardescit. gerode. |
| 184ᵇ | „ | „ | 616. tormento. R. torqueo slingirun. |
| „ | „ | „ | 663. lunatis agmine peltis. in modum lunę factis sinuuuellun. |
| 185ᵃ | „ | „ | 671. suffuso reuolutus. nither iuallenemu. |
| „ | „ | „ | 688. verba. hrom. |
| „ | „ | „ | 711. puraque (parma) interrita. ungimelademu. |
| 186ᵃ | „ | „ | 777. pictus acu. gibrordade. |
| 186ᵇ | „ | „ | 874. laxos. unspannane. |
| 187ᵃ | „ | „ | 890. arietat. stiet. |
| „ | „ | 12. | 7. toros. R. toros crocon. |
| 188ᵃ | „ | „ | 91. candentem. gloianden. |
| 188ᵇ | „ | „ | 163. radii. gerdiun. |
| „ | „ | „ | 171. admoniuitque pecus. adiunxit. to deda. |
| 189ᵃ | „ | „ | 174. notant. steppodun. |
| „ | „ | „ | 215. laucibus. uasis baexuuegun. |
| 189ᵇ | „ | „ | 296. deuovet ¹). bifal. |
| „ | „ | „ | 274. fibula. hringa. |
| 190ᵃ | „ | „ | 300. occupat. slog. |
| „ | „ | „ | 305. prima. in furistemo. |
| 190ᵇ | „ | „ | 357. extorquet. ut auuende. |
| „ | „ | „ | 364. sternacis. id est sternentis spurnandies. |
| 191ᵃ | „ | „ | 404. sollicitat. uuegida. |
| „ | „ | „ | 412. dictamnum. uuiteuurt. |
| „ | „ | „ | 413. caulem. stok* caulis dicitur omnis herba. |
| „ | „ | „ | 419. panaceam. herbam reniuano. |
| 191ᵇ | „ | „ | 470. temone. thisle. |
| 192ᵃ | „ | „ | 520. conducta. ingimedodera. |
| 192ᵇ | „ | „ | 590. discurrunt. tiuarad. |
| 193ᵃ | „ | „ | 646. miserum. unothi. |
| 193ᵇ | „ | „ | 696. spatiumque dedere. rumdun. |
| 194ᵃ | „ | „ | 727. uergat. nitheruuaga. |

---

1) *corrigiert aus* deuocet

194ᵇ Aen. 12. 775. sequi. skietan.
195ᵃ „ „ 857. Parthus. Ungar.
   Servius in
242ᵃ Aeneid. 2. 229. expendisse. id est soluisse ungeldan ¹).
247ᵇ „ „ 554. clunis. isben uel arsbelli.
279ᵇ „ 4. 548. urbanus. alter liber dicit urbane. fronisco.
287ᵃ „ 5. 269. taenis. nestilun.
313ᵃ „ 6. 704. virgulta. sumerladan ²).

1) l aus b corrigiert.
2) Am ende der hs. steht: Qui me scribebat Tiberius nomen habebat.

# V.

## MÜNSTERER HANDSCHRIFTEN.

# DIE FRECKENHORSTER HEBEROLLE.

Die heberolle des klosters Freckenhorst bei Münster war im
anfang dieses jhs. noch in zwei handschriften erhalten.
Die eine handschrift (M) befindet sich im K. Staatsarchive
zu Münster (Msc. VII, 1316) (nicht mehr in Berlin, wie Heyne
Altnd. Denkm. VI angiebt). Diese hs. hat 11 seiten, hoch 26,
breit 18 cm. Der charakter der schrift, so wie die eingeritzten
linien weisen auf das 11. jh. Die eigentliche heberolle, wovon
diese hs. eine abschrift ist, endete mit dem worte *explicit* s. 8$^b$;
von da bis s. 11$^a$ schrieb eine hand aus dem ende des 11. jhs.
die auch die zusätze zum ersten teile in lateinischer sprache
geschrieben hat; von 11$^a$ ist eine hand aus dem 12. jh. thätig
gewesen. Dass die 2$^e$ hand dem ende des 11. jh. angehört, hat
Dr. E. Friedlaender in seiner ausgabe s. 21 nachgewiesen. Von
ihr rührt *ad pisces* her; diese bestimmung der einkünfte von
Gescher und Velen wurde am 2. Sept. 1090 von bischof Erpho
von Münster gegeben: das vorhergehende wurde also vor 1090
geschrieben.

Eine zweite hs. war im anfang dieses jhs. im besitze von N.
Kindlinger. Zum teil ist sie in Fischer Beschreibung typogra-
phischer Seltenheiten (Nürnberg 1804) s. 156 abgedruckt mit
einem facsimile, wonach M. Heyne die hs. ins 11. jh. setzt.
Kindlinger stellte sie ins 9. jh., wie eine notiz von seiner hand
im 190. bd. des K. Archivs zu Münster angiebt: „Sieh das alte
deutsche manuscript aus dem 9. jahrhundert". Mir scheint es
richtiger sie mit Friedlaender dem 10. jh. zuzuschreiben. Wie
von Friedlaender s. 18 dargethan ist, gehörte diese hs. einer
eigentlichen rolle an, „nicht einem register in buchform", wie
M ist. Diese rolle hat vielfach deutsche wörter, wo die hs. M
lateinische hat. Zufügungen am rande, welche M hat, sind nicht

verzeichnet. Die ausgabe von Fischer ist sehr mangelhaft; die
eigennamen sind oft verlesen, nicht so die anderen worte des
sächsischen textes. Da sie in sprachlicher hinsicht hie und da
von der hs. M abweicht, ist sie hier noch einmal abgedruckt
nach der ausgabe Fischers. Die hs. selbst ist nicht mehr zu
finden; auch in dem Kindlingerschen handschriftennachlass,
welcher sich im K. Staatsarchive zu Münster befindet, war sie
nicht zu entdecken. Das hierbei gegebene facsimile ist eine
genaue copie des facsimiles in Fischer Typ. Seltenh.

Die hs. M wurde zum ersten male in höchst unvollkommener
weise herausgegeben von Niesert, Beiträge zu einem Münsterischen Urkundenbuche I, 2, s. 581, besser von Massmann
in Dorows Denkmälern alter Sprache und Kunst I, s. 3 ff. (Berlin 1824); dann von M. Heyne, Altnd. Denkmäler VI (Paderborn 1867, 1877) der die lesungen beider hss. giebt, aber ohne
benutzung der originale und nicht fehlerfrei. Die beste ausgabe
der hs. M mit deutung der ortsnamen und historisch-archaeo-
logischen erläuterungen hat Dr. E. Friedlaender gegeben:
Codex Traditionum Westfalicarum I, Die Heberegister
des klosters Freckenhorst (Münster 1872).

In dem hier folgenden abdruck der bei Fischer (Beschr. typ.
Selt. 5, 156) mitgeteilten handschrift von Kindlinger sind
fehler, welche deutlich die ursprüngliche lesung der hs. angeben, verbessert, z. b. *nu* für IIII (i. e. *vier*); die fehler in den
eigennamen, welche auch dem schreiber zur last fallen können,
sind am fusse der seite verbessert.

Beide hss. scheinen sprachlich nicht weit von einander zu
stehen. M. hat umlaut auch vor *ht*: *ambehta* neben *ammahte*;
*e* vor *i* blieb in *geldet*, *geldid* in K und M: vor *r* steht *e*, aus
*i*, in *ferscung*; *a* statt *o* ist regelmässig in M: *tharp*, *tharpa*,
*hanig*, *harn*, nur die späteren zusatze am rande haben *hornon*,
K hat ebenso *hanig*, *harn* aber regelmässig *thorp*. Neben einander *â* und *ê* in beiden hss., so *scap*, *ingan*, aber auch *ger*, *geresdage*; M K *kiesos*, *kiesas* (M einmal *kascos*), dieses *e* kan aber
umlaut sein. Für *ô* steht *u* in *hudere* (s. Grimm Dorow. s.
XXIII). Regel ist *e* für altes *ai*: *flesc*, *gestu*, *hetha*, *sten* u. a.
*chri* mit *ei* aus *ai*; *ei* aus *eg* in *Meinzo*, *Meinhard*, *Reinzo*; *an*
ist *ô* und *â* in M und K: *asteron*, *banono*, *bradas*, *Hanhurst*,
*harrd* (K einmal *hered*), K *Aningerola* M *Aningerolo*, *Angela*

neben *Angelo* u. s. w.; *ie* aus *eo* in *thienosta*, *Thiederik*, *iu* in *Liudger*, *Liuzo*, aber auch *Liethmissa*. Neben einander *thriu* K, *thru* und *thrie* M, *fier*, *vier* und *veir* M, K *vier*. Wie *j* für *g* so steht auch *g* für *j*: *ger*, *kogii* neben *koii*, *Jesthuvila* neben *Gesthuvila*, *Jebo* neben *Geba*, *jeldan* neben *geldan*. K hat *gestinas* gegen M 1ᵇ *gerstinas*; *w* fiel aus in *melas*, *smeras*. Wie in Oxf. gl. *hueg* wird *ng* zu *g*: *hanig*, *pennig*, aber auch *penninggo*, *penningo* und immer *scilling*. K hat meist *mb* in *embar*, einmal *emmar*, M *emmar*, *ammaht* (neben *ambehta*), *timmeron*. In beiden hss. wechseln anl. *f* und *u*: *ferscang* und *uerscang*, *ful* neben *urano*, *uuinuard* u. a.; *ft* wurde zu *ht* in *eht*; für *b* steht immer *u*. Vor *e* hat *k* meist *i* nach sich: *kietel*, *kiesos*, *pinkieston*, *kiedening* *tharpa* u. a.; statt *sc* steht *ssc* in *flesscas* (507) und *sch* in *visch* (306), *schilling* neben *scilling* M. *g* wurde geschrieben *gh* in *Ghronhurst*, *Gheliko*, *Ghielo*, *ch* in *chebur* (311) neben *gebur* (6ᵃ), *nichontein* neben *nigon*; in K ausl. *ch* in *twentich*, etc. M auch *gh*: *twentigh*, öfter *hc*: *twentihc*, *thritihc*; *gg* ist *kk* in K: *rokkon*, *rukkinas*, auch *roggon*, M hat meist *rockon*, *rukkinas*, auch *roggon*. Anl. *h* ist in eigennamen meist bewahrt, ist abgefallen in M in *ordei* (*hordei*), *ruslos*, *neppenon* (neben *hnippenon*), *iauuethar* neben *iahuethar*, *huilik*, *gihuilik*, K *ichuethar*. Für *ht* in M *tht*: *ammathta*, *tt*: *retton*, *th*: *liethmissa* u. a.; K hat *hs* in *sehs* u. a. M *ses*, *sesta*; M hat apocope von *h* in *na*. Für anl. *t* steht *th* in M *thue*, *thuentihc*; ausl. *t* fiel ab in *is*; durch einander stehen *t* und *d* im ausl. der 3. ps. sg. und plur. praes. ind. *hared*, *geldid*, *geldet*, *gived*. Inl. *th* in *smitha*, *sivotha*, *tegothon*, *other*, für ausl. *th* steht *ht* in *werht* K M neben *uuehrt* M, *uuerth* K. Der nom. plur. m. st. hat in M als endung *os*, *as*, *a*, *e*: *ruslos*, in K nur *as* und *e*: *kiesas*, *uerseange*, *kiesos*, *kaseos*, *scillinga*, *ferscanga*; n. pl. n. *o* in *ofligeso*. Der dativ. sg. m. n. der adj. und pron. hat als endung *mo*: *selcamo* (neben *selvon*) *nigemo*, *themo*, *thamo*, M einmal *thiemo*.

Die ziffern am rande sind die von Heyne's ausgabe.

# DIE FRECKENHORSTER HEBEROLLE.

Hs. K.[1])

1ᵇ Thit sint thie sculdi uan themo urano uehusa: uan themo houe seluomo tuulif gerstena malt ende x malt huetes ende IIII muddi ende IIII malt roggon ende ahta muddi ende thru muddi banono ende nier kogii ende tue specsuin, uier cosuin, uier embar smeras ende alle thie uerscange the hirto hēred, other half hunderod hanero, tue muddi eiero, thriu muddi penikas, enon salmon, [ende thero abdiscon][2]) tuulif sculdlakan ende tue embar hanigas ende en suin sestein peninngo uuerht, ende en scap ende sehs muddi huetes ende tein scok garnano.

Hs. M.

1ᵃ De decimali beneficio ad Belon ad prebendam XXII bracia ordei triti, XVII bracia siliginis. De eodem I bracium siliginis, VIII bracia ordei triti albi; de koke II maldra caseorum, I bracium triti ad prebendam [3]).

1ᵇ Thit sint thie sculde uan thiemo urano uehusa: uan themo hove seluomo tuulif gerstena malt, ende x malt huetes ende IIIᵒʳ muddi, ende IIIIᵒʳ malt roggon ende áhte muddi, ende thruu muddi banano, ende ueir ^{quatt.[4])} kogii, ende tue specsuin, ^{quatt.} uier cosuin, IIIIᵒʳ embar smeras, ende alle thie uerscange the hirto hared; other half hunderod honero, thue mudde eiero, thriu muddi penikas, enon salmon; ende thero abdiscon tuulif sculd lakan, ende thue embar hánigas, ende en suin sestein penniggo uuerht, ende en scap, ende ses

---

1) *Nach* Fischer, Beschreibung typogr. Seltenheiten, 5, 156. „Zinsbuch in niederteutscher Sprache in Herrn Kindlingers Sammlung". 2) *Am rande geschrieben*. 3) *Von einer hand aus dem ende des 12 jh.* 4) *Das* quatt. *über* ueir.

10. Ande to themo asteron hus uif gerstena malt gimelta ende sehs muddi ende tuentigh muddi gerston endi uiertih muddi haueron endi sehs muddi erito endi fier malt rokkon, ende en muddi, endi en muddi huetes ende tue speksuin ende tue suin iro iehuethar ahte penningo uuerht.

Uan Lacseton uif malt gerstina gimelta ende fier malt rokkon ende en muddi ende tue
20. speksuin, ende tue suin iro gehuuethar ahto penniggo uuerth. Uan Emesa harnon fiertein muddi gerston gimelta ende en speksuin ende tue suin iro geihuue ahto penningo uuerth. Van Scharezzchon [1]) Rikbraht tue malt rokkon tue gerstina malt gimalana ende Junggi uan themo seluon thorpa thritigh muddi rokkon ende ahtetein muddi gerstinas maltas. Van Fiehttharpa Azelin tein muddi rokkon ende tein muddi gestinas maltas. Van Radisthorpa Azelin en malt rokkon. Van Uuestar Locseton [2]) Lanzo tuentich muddi rokkon, ende en gerstin malt gimelt. Van thero
30. Musna Hezil tuentich muddi

muddi huetes, ende tein scok garuano. Ande to themo Asteron hus uif gerstena malt gimelta in nativitate domini et in resurrectione domini to then copon ende ses muddi, ende tuentigh muddi gerston ende uiertih muddi haueron, ende ses muddi érito, ende uier malt rokkon ende en muddi, ende en muddi huetes, ende tue speksuin, ende tue suin iro iehuethar ahte penniggo uuehrt.

Uan Lacseton uif malt gerstina gimelta, ende uier malt rokkon ende en muddi, ende tue specsuin, ende tue suin iro gehuethar ahte pinniggo uuerht. Uan Emesa [3])harnon uiertein muddi gerston gimelta, ende en specsuin, ende tue suin iro gehuethar ahte pinniggo uuerht. Uan Sutharezzchon: Ricbraht tue malt rokkon, tue gerstina malt gimalana; ende Junggi uuan themo seluon thorpa thrithig muddi rokkon ende ahtethein muddi gerstinas maltas. Uan Fiehttharpa: Acelin thein muddi rokkon, ende thein muddi gerstinas maltas. Uan Radistharpa: Azilin en malt rokkon. Uan Uuerstar [4]) Lacseton Lanzo tuenthig muddi rokkon ende en gerstin malt gimelt. Uan thero Mussa: Hezil tuenthig muddi

---

1) *l.* Sutharezzchon.  
2) *l.* Lacseton.  
3) a *aus* e.  
4) *l.* Westar.

rokkon, ende en gerstin malt gemalan. Ende uan themo seluon thorpa Boio ¹) tuentich muddi rokkon ende tuentich muddi gerstinas maltes. Ende Tiezo uan thero Musna en malt rokkon. Uan Grafthorpa Williko tuulif muddi rokkon ende en gerstin malt. Reinzo uan themo seluon thorpa tue malt rokkon ende en gimalan malt gerston.

Uan Anon Jeliko tue malt rokkon. Van Smithehuson Eizo en malt rokkon. An themo seluon thorpa: Also tuentich muddi
40. rokkon. Van Hursti Emma tuentich muddi rokkon. Uan Ueltseton Tieziko tue malt rokkon.

Uan Holonseton Azelin en malt rokkon, Wikmund an themo seluon thorpa ende Dagerad ende Azeko alligiliko imo. Uan Bocholta Tiedico tue malt rokkon. Uan Oronbeki Kanko en malt rokkon. Uan Fiehtthorpa [*Thiezeko*] tein muddi rokkon, Raziko an themo seluon thorpa also, Gatmar uan themo seluon thorpa ahte tein muddi rokkon, Witzo thritich muddi rokkon
50. uan themo seluon thorpa. Uan Grupelingi Vitzo en malt rok-

rokkon. ende en gerstin malt gimalan; Ende van themo seluon tharpa Boio tuentich muddi rokkon, (2ª) ende tuenthig muddi gerstinas maltes; endi Tiezo uan thero Mussa en malt rokkon. Uan Graftharpa: Williko tuulif muddi rokkon, ende én gerstin malt; Reinzo uan themo seluon tharpa én malt rokkon; ende Hemoko van themo seluon tharpa tue malt rokkon, ende en malt gerstin gimalan. Van Anon: Gheliko tue malt rokkon. Van Smithehuson: Eizo en malt rokkon; an themo seluon tharpa Alzo tuentich muddi rokkon. Uan Hursti: Emma tuenthig muddi rokkon. Uan Ueltseton: Tieziko tue malt rokkon; Bernhard an themo seluon tharpa tuenthig muddi rokkon. Uan Holonseton: Azelin en malt rokkon; Wikmund an themo seluon tharpa ende Dagerad ende Azeko alligiliko imo. Uan Bocholta: Tiediko tue malt rokkon. Uan Oronbeki: Kanko [en malt rockon. Uan Fiehttharpa: Thiezeko tein mudi rockon;] Raziko an themo seluon tharpa also; Gatmar van themo seluon tharpa ahtetein muddi rockon; Witzo [thrithic muddi rockon] ²) uan themo seluon tharpa Van Grupilingi: Witzo en malt ³) rockon;

---

1) Fischer: foro. am rande.

2) *Die von mir in klammern gesetzten worte stehen*

3) a aus o.

kon, Radbraht uan themo seluon Ratbraht uan themo seluon thar-
thorpa en malt rokkon ende en pa en malt rockon ende en em-
embar honigas. Uan Sciphurst bar hanigas. Van Sciphurst:
Manniko                          Manniko
*IIs. M.* siuen muddi rockon ende en embar hanigas; Jazo uan
themo seluon tharpa tuenthig muddi rockon ende tue emmar hanigas. Uan Emisahornon: Meni tuenthich muddi rockon. Uan Suh [1])
Emisahornon: Meinzo thrithic muddi rockon ende en gerstin malt
gimalan. Habo uan themo seluon tharpa tuenthig muddi rockon.
Uan Dagmathon: Boio en malt rockon. Lieuikin an themo seluon
60. tharpa also uilo. Uan Tharphurnin: Kanko tuenthig muddi rockon. Uan Haswinkila: Waldiko fiftein muddi rockon; Kanko an
themo seluon tharpa nigen muddi rockon; ende an themo seluon
tharpa Eiliko ahte muddi rockon; Huniko an themo seluon tharpa
en malt rockon ende tue embar hanigas. Uan (2[b]) Herithe: Roziko
en [2]) malt rockon; Hizil an themo seluon tharpa fiftein muddi rockon, Adbraht an themo seluon tharpa thrutein muddi rockon;
Abbiko an themo seluon tharpa ahtetein muddi rockon. Uan
Mottonhem: Sizo en malt rockon. Uan Duttinghuson: Sicco
70. tue malt rockon. Uan Kukonhem: Ubik tue malt rockon. Uan
Belon: Witzo sestein muddi rockon; Rikheri an themo seluon
tharpa tue malt rockon. Uan Uornon: Sello tue malt rockon;
Mannikin an themo seluon tharpa tuenthig muddi rockon. Uan
Sahtinhem: Hameko tue malt rockon. An themo selvon tharpa
Hameko tue [3]) (III sol dos) malt rockon ende en embar hanigas.
An themo seluon tharpa Hoyko en malt rockon. Uan Waran-
tharpa: Gunzo tuenthig muddi rockon. Uan Berghem: Eilsuith
ahtetein muddi rockon ende elfefta [4]) half muddi gerstinas maltes.
An themo seluon tharpa Sizo ahtetein muddi rockon, ende fifte
80. half muddi gerstinas maltes. An themo seluon tharpa Witzikin
en malt rockon. Uan Slade: Witzo en malt rockon; an themo seluon tharpa Abbiko nigentein muddi rockon. Uan themo La: Boio
thru malt rockon. Van Burguuida: ... fistein [5]) muddi rockon.
Uan Jezi: Raziko thru gerstina malt gimalana. Uan Liueredingtharpa: Siman en gerstin malt gimalan, ende en malt gerston,
ende tuenthig muddi hauoron. Uan Sendinhurst: uan themo

---

1) *l.* Suth.  2) *Darüber:* XIII.  3) *Zum zeichen des wegfalls*
*unterstrichen.*  4) *l.* ellefta.  5) *l.* fiftein.

Deddessconhus en gimalan malt gerstin ende tuenthig muddi hauoron. Van Luckingtharpa: Ricwin tein muddi gerstinas maltes ende uier embar hanigas. Van Berninelde: Witzil tein muddi
90. gerstinas maltes ende thrithie muddi hauoron. Van Eritonon: Eppiko uier embar hanigas. Uan Musnahurst: Witzo en gerstin malt. Uan Walegardon: Hitzil ende Eckerik iro gaihuuethar en gerstin (3ª) malt gimalan. Uan Narthbergi: Wirinzo tue iuenina malt. Uat Holthuson: Thiethard tue iuenina malt gimalana. Van Broesethon: Eizo fierthic muddi hauoron. Van Rammeshuuila: Acelin XIIII m̄. ord.

Van themo vehusa sculon geldon med then foreuuerkon septuaginta v hova uppan thena spikare, thie geldad xxviiii malto gerstinas maltes ane thena Asthof[1]).
100. Thit[2]) sint thie sculdi the an thena hof geldad. Uan Walegardon: Haddo en malt gerston ende tuenthig muddi hauoron; Reingier uan Uualegardon ses muddi gerston ende tue muddi huetes. Hitzel uan thero Musna fif muddi gerston; Thiezo uan thero Musna ses muddi gerston. Uan Anon: Jeliko en malt gerston. Uan Ueltzelon: Thieziko en malt gerston. Uan Slade: Abbiko sestein muddi rockon. Uan Sahtinhem: Hoyko en malt rockon. Uan Rehei: Lieuiko en malt rockon. Uan Gislahurst: Lanzo en malt rockon. Van Mottonhem: Sizo en malt rockon. Uan Belon: Atzeko tuentihe muddi rockon ende en malt ger-
110. ston. Uan Meinbrahtingtharpa: Hillo en gerstin malt ende ses muddi huetes. Uan Jezi: Raziko tue muddi huetes ende thru muddi rockon. Liuppo uan themo Asternualde tue muddi huetes; sin nabur tein muddi cornes ende tue muddi huetes. Uan Uornon: Sello en malt gerston.

Thit sint thie sculdi van themo hova seluamo te Aningerolo: tuelif[3]) gerstina malt, ende tein malt huetes ende sinon muddi, ende fiertich muddi gerston, ende antahtoda muddi hauoron, ende ahtotein muddi erito, ende fier malt rockon ende ahte
120. muddi, ende fier koii, ende fier kosuin, [ende tue specsuin, ende tue suin[4])] the iro iehuuethar si ahto penningo uuerth, ende thru embar smeras, ende tue muddi penikas, ende otherhalf hunderod honero, ende thie verscunga ende thie kiesos the to

---

1) *Am rande von* 2b.  2) *corr. aus* thin.
3) *Vor* l *ein* f *wegradirt.*  4) *Am rande.*

themo thienosta harad, ende thuulif sculdlakan, ende tue muddi eiro, ende tue embar hanigas; ende thero abdiscon en (3ᵇ) suin sestein penningo uuerth, ende en scáp, ende ses muddi huetes, ende tue embar hanigas. Uan Steltingtharpa: fier malt rockon discipulis ¹) ende en muddi, ende fif malt to then copon, ende sesta half malt gerstinas maltas ende ses muddi érito, ende
130. thru muddi huetes, ende én... ende tue specsuin, ende tue suin the iro ieuuethar si ahto penningo uuerth. Uan Boingtharpa: Waltbratd fierthic muddi hauoron, ende en gerstin malt gimalan, ende én embar hanigas; Uocko van themo seluon tharpa tuenthic muddi gerston; Hameko van themo seluon tharpa tein muddi gerstinas maltas, ende tuenthic muddi haueron.

Uan Hanhurst: Rikizo tuentihc muddi gerston. Uan Holttharpa: tuenthic muddi gerston; Geli uan themo seluon tharpa thru gerstina malt gimalana. Uan Uohshem: Nizo tein muddi gerstinas maltes gimalana. Uan Butilingtharpa: Hameko ahto muddi gerstinas maltes gimalanas, ende thrithic muddi gerston;
140. Witzo uan themo seluon tharpa tein muddi gerstinas maltes ende tein muddi gerston; Mannikin uan themo seluon tharpa tein muddi gerstinas maltes ende tein muddi gerston. Uan Birison: Suithiko en gerstin malt gimalan ende fiftein muddi gerston; Athelhard uan themo seluon tharpa en gerstin malt gimalan ende tuenthic muddi gerston. Uan Bikiesterron: Boso tuenthic muddi hauoron ende tuenthic muddi gerstinas maltes gimalanas; Azelin uan themo seluon tharpa en gerstin malt gimalan ende ahte muddi gerston ende tein muddi hauoron. Uan Gesta: Iloio
150. tein muddi gerstinas maltes gimalanas ende nigon muddi hauoron ende ses muddi rockon; Thiezo ende Eizo ende Mazil an themo seluon tharpa also uilo. Van Hamorbikie: Thiezelin tuenthic muddi gerston. Uan Stenbikie: Eilo tuenthic muddi gerston. Van Eeunghuson: Lieuold tuenthic muddi gerston. Uan Uuersteruuik ²): Azelin tuenthic muddi gerston; Thicza uan themo seluon tharpa tein muddi gerston ende tein muddi hauoron. Uan Hasleri: Hiddikin ses muddi gerstinas maltes gimalanas ende fierthic muddi (4ᵃ) hauoron. Uan Pikonhurst: Eiliko tuentich
160. muddi gerston. Uan Uilomaringtharpa: Abbiko tuenthic muddi gerston. Uan Amonhurst: Sahssiko en malt rockon; Mannikin

---

1) *Am rande.*   2) *l.* Uuesteruuik.

an themo seluon tharpa ses muddi rockon. Uan Heppingtharpa: Iko en gerstin malt gimalana. Uan Cleibolton: Lieuiko tuenthic muddi gerstinas maltes gimalanas. Uan Enniggeralo: Thiediko ende Thieziko iro ieuuethar siuon muddi gerstinas maltes gimalanas; Ghielo uan themo seluon tharpa ahte muddi gerstinas maltes gimalanas; Liuddag uan themo seluon tharpa tue malt gerstina gimalana; Hitzil an themo seluon tharpa ahtetein muddi
170. gerstinas maltes gimalanas; Willa tue gimalana malt gerstina. Gingo uan Bikieseton tuentihc muddi gerstinas maltes gimalanas; uan themo seluon tharpa Hereman siuon ende tuentihc muddi gerstinas maltes gimalanas. Uan Uuerlon: Heppo tue gerstina malt gimalana. Uan Liuoredingtharpa: Hezil ahte muddi gerstinas maltes gimalanas. [¹) Van themo houa to Aningeralo sculon geldan III ande fiftich houa uppan thena spikare mid themo foreuuerca].

*Hs. K.* Uan Hotnon Lieuiko sehs muddi rokkon. Raduuard an themo seluon thorpa en malt rokkon ende tuentich muddi gerston.

Uan Gronhurst Makko tein muddi gerstinas maltes gema-
180. lenas. Hemuko an themo seluon thorpa sehs muddi rokkon, tein muddi gerstinas maltes gimalenas.

Tiezo an themo seluon thorpa tuentich muddi hauoron. Lieuikin an themo seluon thorpa tein muddi gerstinas maltes gimalena ende tein muddi hauoron. Uan Stelting thorpa Boio tuentich muddi gerstinas maltes gimalenas. Uan Vriling thorpa Abbo ²) thritich muddi

*Hs. M.* Uan Hotnon: Lieuiko ses muddi rockon; Raduuard an themo seluon tharpa en malt rockon ende tuenthic muddi gerston; Azezil an themo seluon tharpa en malt rockon ende ahte muddi gerston. Uan Gronhurst: Makko tein muddi gerstinas maltes gimalanas; Hemuko an themo seluon tharpa ses muddi rockon, tein muddi gerstinas maltes ³) gimalanas; Thiezo an themo seluon tharpa tuentihc muddi hauoron; Lieuikin an themo seluon tharpa tein muddi gerstinas maltes gimalanas ende tein muddi hauoron. Uan Steltingtharpa: Boio tuentihc muddi gerstinas maltes gimalanas. Uan Urilingtharpa: Abbo †⁴) trithich muddi

---

1) *Am rande.*   2) *Am rande* Cuniko.
3) u *aus* u.   4) *Hinter* Abbo†, *am rande* † Guniko.

hauoron endi an themo seluon thorpa tuentich muddi hauoron. Sizo an themo seluon thorpa en gerstin malt gimalan endi tuentich muddi hauoron. Neribarn an themo seluon thorpa sehs malt hauoron ende ahte
190. muddi. Wizil an themo seluon thorpa en malt huetes. Eiliko uan Pikonhurst en embar hanigas.

Thit sint thie sculdi the an then hof seluon geldad to Aningerola.

hauoron, endi an [1]) themo seluon tharpa tuenthic muddi hauoron; Sizo an themo seluon tharpa en gerstin malt gimalan ende tuenthic muddi hauoron; Neribarn an themo seluon tharpa ses malt hauoron ende ahte muddi; Wizil an themo seluon tharpa en malt huetes. Eiliko uan Pikonhurst en embar hanigas.

Thit sint thie sculdi the an then hof seluon geldad to Aningeralo

Hs. M. themo meira seluomo: van Datinghouon Haddo (4[b]) tue malt hauoron ende tue muddi huetes. Uan Aldonhotnon: Sizo enon sclilling [2]) penningo uan enoro uuostun houa. Van Livordingtharpa: Hizel ses muddi gerston, ende uan themo uuostun landa en malt gerston. Uan Ghronhurs: Makko ses penninga; ende an themo seluon tharpa Lieuikin ses muddi erito. Uan
200. Urilingtharpa: Wenni ahte penninga. Te Berison: Athelhard ses muddi gerston ende tue muddi huetes; ende an themo seluon tharpa Suitthiko tue muddi huetes. Van Butilingtharpa: Sizo sestein muddi gerston: ende an themo seluon tharpa Hemoko tein muddi gerston. Te Bogingtarpa: Iseko fif muddi huetes. Te Fohshem: Wizikin ende Rading iro ichuethar enon schilling penningo; Nizo an themo seluon tharpa tein muddi hauoron. Te Hoththarpa: Iko en malt hauoron. Te Astanuelda: Eppika en malt gerston. Te Mudelare: Eniko enon sclilling [2]) penningo. Te Bekisterron: Boso tein muddi hauoron. Te Narht-
210. tharpa: Immo tuenthic penninga. Te Gunderekingsile: Hizel tein muddi gerston ende fierthic muddi havoron. Te Uphuson: Tetiko enon scilling penningo. Te Spurko: Uadiko enon scilling penningo. Te Hamorbikie: Tiezelin tein muddi gerston. Te Suninnghuson: Boso tuenthic muddi hauoron. Te Amorhurst: Sahsiko enon scilling penningo. Te Hohurst: Mannikin enon scilling penningo. Te Hrotmundingtharpa: sestein muddi.

---

1) an *fehlt*.   2) *l.* schilling.

*Hs. K.* Thit sint thie sculdi uan themo houa seluomo to Baleharnen: tuilif gerstina malt gimalena ende fiertich muddi gerston, ende sehs malt hauoron ende ahte muddi to tegothon, 220. ende tein malt huetes ende siuon muddi ende ahte tein muddi erito ende fier malt rokkon ende ahte muddi ende tuulif sculdlakan ende fif koii ende tue specsuin ende fier kosuin ende tue suin iro iahuethar si ahte penningo uuerth ende thria embar hanigas ende other half hunderod honero ende tue muddi eiiero ende sehs ende nichonte [1]) muddi saltes, ende thie ferscanga ende thie kiesas the to themo thienoste hared.

That thero Abdisscon en suin thes is ehstein penningo uuerth ende en scap ende tue embar hanigas ende sehs muddi huetes.

230.

Ende uan thes meiieras huse ende uan then houan the thar

*Hs. M.* Thit sint thie sculdi uan themo houa seluomo to Baleharnon: tuilif gerstina malt gimalana, ende fierthic muddi gerston, ende ses malt hauoron ende ahte muddi to tegothon, ende tein malt huetes ende siuon muddi, ende ahtetein muddi erito, ende fier malt rokkon ende ahte muddi, ende tuilif sculdlakan, ende fif koii, ende tue specsuin, ende fier kosuin, ende tue suin, iro iauuethar si ahte penningo uuerth, ende thru embar giscethanas smeras, ende tue embar hanigas, ende other half hunderod honero ende tue muddi eiro (5ª) ende sesse ende nichentein muddi saltes, ende thie ferscanga ende thie kaseos the to themo thienoste hared. Ende thero abdisscon en suin the si sestein penningo uuerth, ende en scap, ende tue embar hanigas, ende ses muddi huetes.

([2]) Fan themo ambahte to Balehornon sculun kumen XXXIIII.. uppan thenæ spicare gerstinas maltes ande II pund hraro gerston IIII malt.

De [3]) Balehornon sculon uppan thena spikare geldan sexaginta IIII houa med themo forewerca to Suihtenhuuile).

Ende uan thes meiras huse ende uan then hóuan the thar

---

1) *l.* nichontein.  
2) *Am rande auf der länge von s.* 5ª.  
3) *A. r. a. d. l. v. s.* 5b.

in hared, uan thero hóva bi themo dica ende uan Rugikampon eua kó ende tue gerstina malt gimalena ende fier muddi huetes ende tue maldar brades eueninas ¹) to Meinhardes gerasdaga.

Uan Sihtinhouile Mannikin sehsta half malt gerstina gimalena ende tuentich muddi gerston ende fiertich muddi hauoron to tegathon ende sehs
240. muddi erito ende fier malt rokkon ende en muddi, ende en muddi huetes ende tue specsuin ende tue suin iro iahuether ahte penningo uuerth. Uan Uuedisscara Bunikin ende Jebo iro iahuethar tue gerstina malt gimalena. Uan Uorkonbikie Geba tue tue gerstina malt gimalena. Uan Rokkonhulisa Amoko thritich muddi gerston. Uan Asschasberga Winiza ²) siuon muddi gerstinas maltes gimalenas ende siuontein muddi gerston. Wiziko bi themo Hu-
lls. M. ninghova tue malt gerston.

in hared: uan thero houa bi themo dica ende uan Rugikampon enan uaccam, ende tue gerstina mallt gimalana ende fier muddi huetes ende tue maldar brodes eveninas to Meinhardes gerasdaga.
<small>panis</small>

Van Suihtinhouile Mannikin sesta half malt gerstina gimalana, ende tuentihc muddi gerstan, ende fierthic muddi hauoron to tegathon, ende ses muddi erito, ende fier malt rockon ende én muddi, ende en muddi huetes, ende tue specsuín, ende tue suín iro iauuethar ahte penningo uuerth. Van Uuedisscara: Bunikin ende Jebo iro iauuethar tue gerstina malt gimalana. Uan Uorkonbikie: Geba tue gerstina malt gimalana. Uan Rokkonhulisa: Amoko thrithic muddi gerston. Uan Asschasberga: Winizo siuon muddi gerstinas maltes gimalenas ende siuontein muddi gerston. Wiziko bi themo Hugerston. Uan Stenhurst: Hoyko thrie

scillinga penningo thero samnanga to thero missa sancte crucis.
250. Uan Hursttharpa: Heppo sestein penningo, tue malt gerston ende thru muddi Uan Uorsthuvila: Bunikin fiftein muddi gerston. Uan Uuerneraholthuson: Eppo en malt ³) gerston; Lanziko an themo seluon tharpa fiertein muddi gerston. Uan Bikietharpa: Sahsa tue gerstina malt gimalena. Uan Paneuuik: Inggizo tuena scillinga penningo, ende tuena Azelin van Bierahurst to uuinscatte, ende en malt gerstan gimalan uppan spikera. Uan Mcclan: Fizo en malt erito then gimenon iungeron. Uan Auonhu-

---

1) Fischer: fueninas.     2) Fischer: Wuuza.     3) *Darüber* XVI modii.

uila; Alikin thrutein muddi gerstinas maltes gimalenas ¹). Uan
260. Brath: Deiko tuentihc muddi gerston ²). Uan Rammashuuila:
Azelin tein muddi gerston ende tein muddi hauoron. Uan (5ᵇ)
Astrammashuuila: Mannikin thritihc muddi gerston. Uan thero
Harth: Mannikin ses muddi rockon ende nigon muddi gerston;
Liudger an themo seluon tharpa nigon muddi gerston. Uan
Scandforda: Rothhard fiertihc muddi hauoron; Bunikin an themo seluon tharpa thritich muddi hauoron. Uan themo Luckiss-
conhus: Fretheko en gerstin malt gimalan, ende thru malt gerston ende siuon muddi. Uan thero Uuissitha: Tiezo tue embar
270. hanigas. Uan Huuttingtharpa: Sirik tuentich muddi gerston
ende fiertich muddi hauoron. Uan Uuest Judinashuuila: Liuzo
en gimalan malt ende tuentich muddi gerston; Emma an themo
seluon tharpa ses muddi rockon ende ses muddi maltes; Ibiko
an themo seluon tharpa en gerstin malt gimalan ende en malt
gerston; Makko an themo seluon tharpa tuentich muddi gerston. Uan Isingtharpa: Hoyko en gerstin malt gimalan ende
fiertich muddi hauoron. Uan thero Angela: Meinziko thritich
muddi gerston. Uan Eclan: Memo tuentich muddi gerston. Uan
Athorpa: Benniko tuentich muddi gerston. Uan Gesthuuilæ:
Meinziko en gerstin malt gimalan ende fiftein muddi gerston;
Ibiko an themo seluon tharpa fiftein muddi gerston; Azelin an
themo seluon tharpa tein muddi gerston. Uan ³) Gestlan: Tiezo
280. en gerstin malt gimalan; Ibiko an themo seluon tharpa en gerstin malt gimalan, ende en malt gerston, ende en malt hauoron ende en suin to gers dage sanctae Thiethilda alemonsnon ⁴);
Hoyko van themo seluon tharpa tuentich muddi gerston. Uan
Aningeralo: Imikin fiftein muddi gerston. Uan Hukillinhem:
Lanzo en malt gerston. Uan Polingon: Sahsger tein muddi gerston; Azelin an themo seluon tharpa tuentich muddi gerston.
Uan Thralingon: Iliko fiftein muddi gerston; Eppiko an themo
seluon tharpa tuentich muddi gerston; Eilger an themo seluon
tharpa tuentich muddi gerston ende fiertein muddi gerstinas
290. (6ᵃ) maltes gimalanas; Azelin an themo seluon tharpa tuentich
muddi gerstinas maltes gimalenas. Uan Utilingon: Wizil tuentich
muddi gerston; Alikin ende Tiezo an themo seluon tarpa iro

---

1) *hs.* ggimalenas, *das erste* g *wegradirt.*  
*wegradirt.*     3) *Rasur.*

2) *hs.* ggerston, *das erste* g  
4) *l.* alemosnon.

iauuethar alsa vilo; Wizo an themo seluon tharpa en malt
huetes. Van Kiedeningtharpa: Eilikin tein muddi gerstinas maltes gimalanas, ende tein muddi gerston; Wizo ende Faderiko
ende Mannikin an themo seluon tharpa iro allero gihuilik siuontein muddi gerstinas maltes gimalenas. Uan Hotnon: Hrodbrath
ende Reinzo iro iahuethar fiftein muddi greston [1]); Iziko an
themo seluon tharpa siuontein muddi gerstinas maltes gimale-
300. nas. Uan Kiedeningtharpa: Burchheri tuentich muddi eueninas
maltes ende tein muddi gerstinas. Uan Hotnon: Eilhard ende
Hazeko iro iahuethar fiftein muddi gerston; Esik iro gibur
tuentich muddi geerston [2]); Ekko an themo seluon tharpa thru
embar hanigas. Uan Liuoredingtharpa: Manni en malt rockon.
Uan Narthliunon: Azelin tuene scilling penningo thero samnanga uischkapa. Uan Gasgeri: Reinzo fif scilling penningo;
ende uan Felin tuene ad pisces [3]). Uan Kiediningtharpa: Eilikin
ende Wizo ende Vaderiko ende Burchheri ende Mannikin iro
allero gihuilik en biersuin.
310. Thit scal themo meira seluamo ieldan an then hof. Sin chebur
Eppo tuentich muddi gerston ende tuentich muddi hauoron. Uan
Utilingon: Witzo ende Witzo iro iahuethar tuentich muddi gerston; Razo an themo seluon tharpa en malt hauoron. Uan Scar-
ron: Azo tue ende tuentich muddi gerston. Uan Thatinghovan:
Rothing thritich muddi gerston. Uan Telchigi: Hozo en malt
gerston. Uan Meklan: Fizo tein muddi maltes. Uan Auonhuuila:
Alikin fiertich muddi gerston. Uan Hriponsile: Azelin en malt
gerston. Uan Rammeshuuila: Azelin tein muddi gerston; Ha-
320. meko an themo seluon tharpa en malt gerston ende (6[b]) tuentich muddi hauoron; Mannikin an themo seluon tharpa tein
muddi gerston. Uan Santforda: Rothhard tuentich muddi hauoron; Hizel an themo seluon tharpa ses penninga. Uan thero
Harth: Liudger en malt rockon. Van Iudinashuuila: Ibiko en
malt gerston: Van Isingtharpa: Hoiko siuon muddi gerston.
Uan thero Angela: Makko fiertein muddi gerston; Meinziko
ende Hoio bi thero Angela iro iahuethar ses penninga. Tiezo
uppan thero hetha tue malt gerston. Uan Heclan: Sibraht fif-
330. tein muddi gerston. Uan Illeon: Eiliko tue malt gerston. Uan

---

1) *hs.* gerston.     2) *Das erste* e *ist in der hs. wegradiert, aber der obere teil doch noch stehen geblieben.*     3) *Zusatz.*

Liueredingtharpa: Hizel tuentich muddi hauoron. Tiezo bi themo dica tuentich muddi hauoron. Uan Rothmundingtharpa: Manni tuentich muddi hauoron. Uan Langonhuuilæ: Azekin tuene scillinga. Uan Humbrathtinghuson: Liuzo ende sin gebur iro iahuethar tuentich muddi saltes. Uan Biresterron: Razi sestein penninga. Uan Wanumelon: Abbilin en malt rockon. Uan Jesthuuila: Abbiko enon scilling penninga. Uan Uuernerahotlhuson: Lancikin tuene scillinga penninga ende sin gebur ses penninga.
340. Uan Forthhuuile ahte muddi gerston. Uan Ringie enon scilling penniggo. En land van Medebikie ende othar van Suththarpa iro iahuethar ahte penninga. Uan Haringtharpa ahte penninga. Uan Hamerethi: Uokko thrie scillinga denarios to kietelkapa, ende uan Balleuo tue malt hauoron; [Uockilin 1 sol.[1])] eht te kietel[capa]. Van Elmhurst: Sahsger enon scilling penninga themo bathere.

Uan Liuzikon ammahte: uan Bocholte Tiediko tue malt rockon then batheron. Uan Aningeralo themo ammahte: Aluerik van Hótnon enon scilling penningo. Van themo [2]) ammahte te Uaretharpa: Wizo uan Uariti ses muddi rockon then batheron.
350. Uan Jecmere themo ammahte: Azelimian [3]) Hlacbergon ses muddi rockon then batheron. Uan Aningeralo themo ammahte: Uokko an Gronhurst ende Boio van Teltingtharpa iro iahuethar enon scilling penningo then muleniron.

(7ª) Thit sint thie sculdi uan themo houa seluamo uan Jecmari: ses muddi gerstinas maltes uppen spikeri, ende en kó, ende en kosuín, ende tue specsuín, ende tue suín iro iahuethar ahte penningo uerth, ende thrio an ger fieri ande thritich kieso, ende thriu half embar smeras, én giscéthan ende tue
360. huite, ende fieri ende thritich honero ende tue muddi eiro. Ende thero abdisscon sie tuene, van Jecmeri ende uan Uaretharpæ, en suín sestein penningo uerth, ende én scáp, ende tue embar hanigas, ende en malt rockon; ende Attiko uan Uuerst fif sculdlakan thero abdisscon. (Fan themo ambahte to Jukmare sculon geldan uppan thena spikare XXXIII hova [4]). Uan Smithehuson: Azeko tuentich muddi rockon; Manniko uan themo seluon tharpa fiftein muddi rockon ende tue muddi melas;

---

1) | | *Nachtrag zwischen den zeilen.*    2) tharpe *ausradirt.*
3) *l. Azelin uan.*    4) *In margine.*

Azelin ende Hizel an themo seluon tharpa iro iauuethar fiftein
370. muddi rockon ende tue muddi melas; Ricbrath an themo seluon tharpa én malt rockon; Bettikin ende Tizo an themo selvon tharpa iro iauuethar tuentich muddi rockon ende tue muddi
melas; Gerrik an themo seluon tharpa tue embar hanigas. Uan
Uuclastharpa: Manniko fiftein muddi rockon, ende tue muddi
melas ende en embar hanigas. Uan Galmeri: Gelderik fiftein
muddi rockon ende tue muddi melas. Uan Hgumorodingtharpa:
Ibikin tuentich muddi rockon; ende [ [1]) van themo ammahte
to Jecmare sculon geldan uppan thena spikare XXXII houa]. Uan
380. Marastharpa Fadiko ende Thiedcrik iro iauuethar tuentich muddi
rockon, ende tue muddi melas. [ [2]) Adistharpa: Lieuiko tuentich muddi rockon ende tue muddi melas]. Uan Bunistharpa:
Azeko tuentich muddi rockon, ende tue muddi melas. Uan
Winikingtharpa: Meinciko tuentich muddi rockon, ende tue
muddi melas, ende tue embar hanigas. Uan Winkila: Aluerik
tuentich muddi rockon ende tue muddi melas. Uan Glano:
Saleko én malt rockon. Uan Sarbikie: Hoio tuentich muddi
rockon. Uan Katingtharpa: Liudiko tuentich muddi rockon.
Uan Huttingtharpa: Dudo tuentich muddi rockon ende tue
390. muddi melas, ende én embar hanigas. (7[b]) Uan Thánkilingtharpa:
Wizel tuentich muddi rockon ende tue muddi melas; Ammoko
an themo seluon tharpa fiftein muddi rockon ende tue muddi
melas. Uan Lacbergon: Athelbrath tuentich muddi rockon;
Azilin an themo seluon tharpa tue malt rockon. Uan Thúrnithi:
Reinzo en malt rockon ende en gerstin malt gimalan. Uan A'st-
hlacbergon: Mannikin tue embar hanigas. Uan Bergtharpa: Aldiko fiftein muddi rockon ende [thru [3]) muddi melas]. Uan Lem-
bikie: Azelin thritich muddi hauoron ende tein muddi gerston.
400. Uan Popponbikie: Azo thru gerstina malt gimalena. Uan Holthuson: Frethiger en gerstin malt gimalan ende fiftein muddi
gerston.
 Thit sint thie sculdi the themo meira seluamo an thena hof
geldad. Uan Smithehuson: Azeko ellouan muddi gerstinas maltes; Bettikin an themo seluon tharpa tue muddi huetes. Uan

---

1) *In klammern und unterstrichen; soll hier wohl eliminiert werden müssen.*
2) [ ] *An dem unteren rande.*  3) *Ueber* thru *steht* tue, *der* [ ] *passus in der hs. eingeklammert u. unterstrichen.*

Galmere: Gelderik enon scilling penningo. Uan Vvelestharpa: Manniko eleuen muddi gerstinas maltes. Uan Marastharpa: Siger fiftein muddi rockon; Tiederik an themo seluon tharpa
410. enon scilling rockon. Uan Adistharpa: Lieueko en malt gerston. Uan Bunistharpa: Sizo en malt rokkon. Uan Peingtharpa: Boio fiertein muddi rockon ende fiertein muddi gerston. Uan Thankilingtharpa: Wizel ende Ammoko iro iauuethar eleuan muddi maltes. Uan Katingtharpa: ses muddi rockon Willezo. Uan Hlacbergon: Azelin tuena scillinga penningo, ende ses muddi rockon. Van Westonuelda: enon scilling penningo. Van Alfstide: Azo sestein penninga. Uan Bergtharpa: Aldiko eleuan muddi maltes.

Thit is thiu scult the van houa seluamo geldid te Varetharpa
420. uppan spikare: ses muddi gerstinas maltes gimalenas, ende ena kó, ende en kosuín, ende en suín sestein penningo uuerth, ende tue suín iro iauuethar ahte penningo uuerth, ende thru malder kieso, ende tuuliva ... ende thriuhalf embar smeras, én giscethan ende tue hufte, ende fieri ende thritich hónero, ende tue muddi eiro. Uan iauuethero (8ª) stida Jecmare ende uan Faretharpa ses sculdlakan then iungeron. Uan Fariti: Wizo
ˢᵒˡⁱᵈᵘᵐ
ses muddi rockon. Uan Hringie: Athelword tein muddi rockon ende tue muddi melas. Uan Aldontharpa: Hizel en malt rockon
430. ende tue muddi melas; Aliko an themo seluon tharpa tue malt rockon. Uan Uuersetharpa: Tizo en malt rockon ende tue muddi melas. Uan Lingeriki: Uadiko fiftein muddi rockon; Meinhard an themo seluon tharpa ende Faderiko iro iauuethar tuentich muddi rockon ende tue muddi melas. Uan Uuestarbikie: Liefheri fiftein muddi rockon ende én embar hanigas; ende ... an themo seluon tharpa en malt rockon. Van Hramisitha [1]): Thiczo tein muddi rockon; van themo seluon tharpa Azelin thritich muddi hauoron. Uan Asithi: Aliko thritich muddi hauoron.
440. Uan Holthuson: Ekkiko thritich muddi hauoron; Tiziko an themo seluon tharpa én linen lakan that si fiftein penningo uuerth. Uan Thiediningtharpa: Abbo fiertein xv [2]) muddi rockon; Buno an themo seluon tharpa sinontein muddi rockon. Uan Hékholta: Gelderad sinontein muddi rockon ende én ammahtlakan thero samnanga; Boso an themo seluon tharpa ahte muddi roc-

1) *Das* ll *übergeschrieben.*  2) xv *steht über fiertein.*

kon. Uan Asscon: Lihtger tue embar hanigas ende en ammahtlakan thero samnanga. Uan Holla: Jezo tue embar hanigas. Uan Adistharpa: Lanzikin tue embar hanigas. Uan Wide: Geliko tue embar hanigas. Uan Grupilinga: Wizel tuentich muddi roc-
450 kon uppan spikare, ende thero abdlisscon tein muddi rockon ende en embar hanigas. Uan Fariti: Wizo ses muddi rockon te mezaskapa an thie uuinfard.

Thit sint thie sculdi the thamo meira seluamo an than hof geldid. Uan Buruuide: Reinzo sestein penningo. Uan Thiedelingtharpa: Abbo sestein penningo. Uan Uuartera: Boso enon scilling penningo. Van Kleikampon (8ᵇ) ses penningo. Uan Muschinon: Ekkiko enon scilling penningo. Uan Ekholta: Thiedorik en scultlakan. Uan Aldontharpa: Hizel ón malt rockon.
460. Uan Uuersitharpa: Rotholf fiftein muddi rockon; Williko an themo seluon tharpa nigon muddi maltes. Uan Sinegan: Fastmar sestein muddi rockon. Uan Uuretharpa: Alikin en malt rockon ende én malt gerston; Meinzo an themo seluon tharpa en malt rockon. Uan Húndesarse: Oda fier muddi rockon. Uan Merschbikie ahte penninga. Uan Bunistharpa: Azeko en malt rockon. Uan Fariti: Liudulf fiftein penninga. Van Farethorpa: Heriman ses penninga. An thena hof to Jekmare themo meira seluamo: uan Gumorodingtharpa: Ibikin en malt hauoron; uan Huttingtharpa Dudo tein penninga. Explicit [1]).

470. Fan themo ammahte to Faretharpa sculon geldan uppan thena spikare XXIII houa.

Thit sint thie olligeso fan themo houa to Beruarnon [2]): Thuringas ende Bauon thes helegon auandas te nigemo gera tue gimalena malt gerstina, ende én gód suin, ende fier muddi rukkinas bradas, ende eht te sancte Petronellun missa also uilu. Ende ses muddi huetes te thero dachuilekon prevenda.

Thit sint thie olligeso uan then forenuerkon: van Gésthuuila ahte gerstina malt gimalena, ende tue malt huetes, ende nigon
480. suin; ende uan Telgei fier gerstina malt gimalena, ende en malt huetes, ende fier goda suin; ende uan Elislare tue gerstina malt gimalena, ende ses muddi huetes, ende ena kó, ende tue embar hanigas, thit scal he giuan te thero missa

---

1) *Das folgende von einer hand aus dem ende des* 11. *jh. die aber wenig von der vorigen abweicht.*  2) *l.* Beuarnon.

sancti Bartholomei. Ende uan Dunningtharpa tue gerstina malt gimalena, ende en malt huetes, ende tue suin iro iauuethar sestein penningo uuerth. Van Berniuelda fif gerstina malt gimalena, ende fiftein muddi (9ª) huetes, ende fif goda suín. Ende uan Berga thru muddi huetes, ende én gerstin malt gimalen, 490. ende én gód suín. Ende uan Radistharpa tue gerstina malt gimalena, ende fier muddi huetes, ende fier muddi rockon gibák, ende én gód suín; ende van Gestlan tue gerstina malt gimalena, ende uier muddi huetes, ende én suín. Themo timmeron fier muddi gerston.

Thit is fan themo ambehta uan themmo uehusa: fifte half punt rockon ende thriutein muddi rockon; uan themo ambehta Aningeralo: siuothohalf malt rockon; uan themo ambehta te Balohornon: tue malt rockon; uan themo ambehta Jukmare: tue punt rockon ende nigentein muddi rockon. Uan themo ambehta 500. te Uaretharpa: én punt rockon. Thes sindon allas áhte punt, ende fiertein muddi gerstinas maltes.

Te Aningeraló: Waliko sestein muddi gerstinas maltes. Te Pikonhúrst: Eliko tue muddi rockon, ende fier muddi gerston. Te Stenbikie: Eilo tue muddi huetes. Te Hasleri: Hiddikin tue muddi huetes.

In natiuitate Domini x modios ordei te themo hereston altare et xvi modios auéne ad diuidendum singulis altaribus; ende tharto viiii ruslos ande ses x stukkie flesscas de coquína, et archipresbïtero en malt gerston, et in quadragesima vi modios ordei ende tue malt gerston themo hudere, et decáno semel in 510. anno viii modios auene. In uigilia natiuitatis Domini en malt to then hiúppenon ande to themo ingange thero iungereno en half malt; ande to sancti Johannis missa fier modios ande to octavo Domini et in epiphania Domini similiter; et in anniuersario sancte Thiedhildis to then neppenon, ande to then almoson ande to themo inganga thero iungereno tue malt; et in cena Domini et inuentione sancte crucis et in festiuitate omnium Sanctorum similiter. Ande te thero liethmissa fier modios maltes te themo inganga thero iungereno, ande alle thie sunnon520. dage an thero uaston ande te sancte Marion missa an thero uaston similiter. (9ᵇ) Ande te Paschon en half malt then iungeron integande. Ande te then neppinon én ful malt. Ande te thero cruccuuikon én malt then iungeron integande. Ande te

pinkieston én half malt integande then iungeron, ande en
malt to then neppinon. In festiuitate sancti Bonifacií en halt
malt then iungeron integande; ande te thero missa sancti Uiti
fier modios then iungeron integande.

Ande te then middensumera VI modios integande then iungeron; ande te thero missa sancti Petri similiter, ande te then
530. misson bethen sancte Marie similiter; Cosme et Damiani fier
modios te themo inganga; Antonii et Eonii similiter. In festiuitate sancti Michahelis VI modios te themo inganga. In aduentu
Domini fier modios te themo inganga. In festiuitate sancti An-
dree similiter, et in festiuitate sancti Maximi similiter. Themo
koka fier modios gerston; themo bakkera similiter; then male-
ren VI modios auene te than quernon, endi fier modios gerston
fan themo necessario; themo maltere VI modios auene te than
quernon; uan then suegeron en modium gerston Ekgon; then
kietelaren XVIII modios gerston. Te sancti Laurentii missa endi
540. te sancti Mathei missa VI modios gerston then thienestmannon;
themo uuidera en modium gerston te iuctamon. Te than gimenon alemoson te thero missa sancte Marie VI modios, ende eht
te sancte Marion missa similiter. Thesas alles sundon en endi
XXX malto, fierthe half malt rockon IIII modii, ane the retton
prauendi; ande V malt ande V modii to themo meltetha, si
sestein penningo uuerth.

Thit hared to thero uuinvard: Uan Liuzikon themo ammaht-
manne tuulif kiesos, ende tuena penninga ende tue muddi rukkinas melas ende fier penning uuerth pikas; uan Aningeralo
ende uan Baleharnon thie ammahtman iro iauuethar also uilo.
550. Uan Jukmare Hizel, ende Jezo uan Faretharpa, iro iauuethar
enon penning ende én muddi rukkinas melas ende ses kiesos;
ende Jezo uan Faretharpa giued éno siuon (10ª) gibunt kopan-
bandi ende allero gibundo huilik hebba siuon bandi.

Thit is thiu asna thiu to themo batha hored; de Balohornon:
uan Elmhurst enon scilling; de Aningeralo: uan Hotnon enon
scilling; uan themo ammathta te Jukmare: uan Laebergon enon
haluon scilling; ende uan themo ammathta te Uaretharpa: uan
560. Uarete enon haluon scilling. De Thurron-Bokholta: uan themo
ammathta to then uehus it scillinga. Uan Ikicon ammahte
scal cuman XXVIII bracia ordei et XXVIII et VI modios gimeltas
maltes ordei.

Hec est summa tocius prebende que singulis annis in granario communi in hordeo et in auena reponitur, dum plene persoluitur: ducenta ac XXVI bracia de ordeo, et centum ac IIII bracia de auena et VI modios; fiunt ex toto CCC et XXX bracia Ex his enim si unicuique mensi per decem menses XX bracia attribuuntur, CC ad prebendam dispensantur, C et LX ordeacea et
570. XL auenina, et remanent C et XXX bracia et VI modios LXX ordei et LX ac IIII auene et IIII modios de auena et VI modios.
*Fol.* 10ᵇ *ist leer.*

11ᵃ De ¹) imperatore nostro Heinriko: Hebo VI. lakan; Natrik V, Uuerin I lakan, I cot; Gero IIII; Hodi III Imma II; De Bernhardo V solidos; de Uualdmoda I solidum, I lakan; Thuring et Bauika VI solidos; Imiza II solidos; Hacika XVI deñ. De abbatissa XX III deñ. Abbiko XVIII mod. ord. VIII deñ.; Attika XVIII mod. de sale. Helmburg II solid. Meinuuord duos solid. Meinzo II solid. Hoburg XV mod. sigl. ²), XIIII deñ. Gisla II
580. solid. Uuiking XX deñ. Diddo II solid. Hecbrath II solid. Bettika XVI deñ. Odheri V deñ. Abbiko V solid. Ubbo II solidos. Geliko III solid. Ubbi II solid. Hibbo VI deñ II solid. Aluing IIII solid. Boiko II solid. Abbi I solid. Lanzo XX deñ. Tiazo XVI deñ. Hoiko similiter. Codingtharp I solid. Tiazo XVIII deñ. Huno III solidos. Uuenni II solid. Liudzo II solid. Riziko similiter. Boso X deñ. Boio I solid. Imiko XVIII deñ. Adiko I solid. Razo et ³) X den., II solid. Uuecil similiter. Hillo XVI deñ. Tilo
590. I solid. Eilico X deñ. Benno VI deñ. Seger VI mod. ord., IIII deñ. Ibiko I solid. Habo II solid. Siman III solid. Etzo similiter ..... IIIIᵒʳ deñ. Boli VIII deñ. Abbo III solid. IIII deñ. Benno IIII solid., VIII deñ. Tidiko II solid. Heribarand I solid. Tiazo I solid. Uuenniko I solid. Sicco V deñ. Eizo VIII deñ. Manniko VIII deñ. Uuicger XX mod. ord. Liuppo VI deñ. Aliko VI deñ. Hedi I solid. Abbo I mod. ord. Liudciko XV mod. aveñ., VIII deñ. Atcilin X deñ. Hesiko VI mod. ord. Buniko V mod.
600. ord. Canco I den. Hatziko V deñ. Elikin X mod. aveñ. Lievico XVIII deñ. Hoiko XXXII mod. ord. Eila III solid. Frater Baldingi VIII deñ. Hillo X deñ. Licuikin VI deñ. Tidiko XV deñ.

(11ᵇ) Hoc est totum: XVI saga et XXII saga et sex libre.

---

1) *Von einer hand des* 12. *jhs.* (1111—1123).   2) *Soll wol heissen* siliginis.
3) *Rasur.*

De Astonuelda: Gieliko et Liuzaka I solid.¹) De Markiligtharpa: Hildimar XX modios ord.
De Pikanhurst: Atzilin XX modios ord., I titici, I mellis.
De Hanhurst: Isiko XX modios ord. De Berison: Tieziko XX modios ord.

610. De Liudburga: Eilhard V siclos et IIII^or denarios et unum porcum saginatum et xenium, III modios auene, Ticzo II siclos et xenium, II modios auene, [Odrad XXX denarios et xenium, II modios auene ²)], Eiliko III siclos.
De Sickon XV modios sigili.

---

1) Hier steht ħ, ebenso nach *ord.:* ħm⁊. Friedlaender nimt an, dass das letzte verschrieben ist für II ð = II denarios u. dass diese II ð vor *De Markiligtharpa* eingeschoben werden sollen, was das ħ anzeigt; ħ findet sich in der hs. in dieser weise allerdings mehrmals gebraucht.

2) *Am rande, mit* ħ *an diese stelle gewiesen.*

# NAMEN VON HÖRIGEN VON KORVEY.

Hs. I, 132 pergament 22 × 15, enthält im ersten teil einen quaternio, drei angeklebte blätter, einen quaternio und einen quatern, wovon 4 blätter weggeschnitten sind: s. 1 eine urkunde und einige aufzeichnungen über eclipse vom 12. und 13. jh. (Jaffé, Bibl. Rer. Germ. I, 72, f.); s. 2—18 erst eine aufzeichnung aus dem 13. jh., dann folgen namen der hörigen von Korvey von verschiedenen händen, die erste wohl noch aus dem 11. jh., die letzte nicht später als der anfang des 12. jhs.; s. 19 leer; s. 20—22 eine lateinische urkunde von Widikindus abbas aus dem anfang des 12. jhs.; s. 22 folgt ein verzeichniss von gütern von Korvey aus dem 12. jh., s. 23 die namen der zinspflichtigen Stephanus, Heremannus, Wichmannus, Ezeke, Helmbrach, Conradus, Tamme, Helmbolt, Sigehardus, Johannes, Sifridus mit den abgaben, welche sie „*in festo s. crucis*" zahlen müssen, von einer hand des 13. jhs.; s. 24—44 ein sacramentarium des 11. jhs., der schluss fehlt. Auf der letzten seite unten am rande und auf s. 45 befindet sich eine lateinische urkunde des abtes Conradus aus dem ende des 12. jhs., s. 46 enthält ein verzeichnis von einkünften aus Curia Hanoresuord, Beueren, Eleressen, Keffliken, Sarnurchusen, Nattusunge und Luchtingen, in schrift des 13. jhs.

Mit s. 47, welche abgeschabt ist, fängt eine zweite hs. an; diese is später mit der ersten zusammen gebunden. Sie besteht aus einem quaternio von vier (47—60), drei quaternionen von 5 lagen (61—80, 81—100, 101—118); ein blatt ausgeschnitten vor 109), und einem quaternio (118—130). Diese seiten, nl. 61—131, sind in einer sehr saubern schrift aus dem ende des 11. jhs.

oder anfang des 12. beschrieben mit einem lectionarium, wovon die initialen mit rot gemalt sind. Auf s. 51—60 stehen einige urkunden in schrift des 12. jh.; s. 60 s. Jaffé, l. c. I, 603 n°. 472.

Mit s. 131 fängt ein dritter teil an von einem quaternio (131—146). S. 131, 132 urkunden von Widikindus abbas (vgl. Jaffé l. c. I, 604, 605) geschrieben von einer hand des 12.—13. jh.; s. 133—145 ein fragment eines gebetbuches aus dem 11.—12. jh.; s. 146 eine urkunde des Widikindus.

Die namen der censualen von Korvey, welche s. 2—18 verzeichnet sind, sind meist von einer hand aus dem ende des 11. jhs.; eine spätere hand fügte unten einige namen hinzu, diese sind aus dem 12. jh. und unterscheiden sich von den vorigen durch lateinische ausgänge; s. 9 fängt eine andere, ziemlich gleichzeitige hand an, welche wieder durch andere hände abgelöst wird. Die letzte hand schrieb nach der zeit des priors Hugo (s. s. 18[2]; 1219—24). Alle schrieben die namen in zwei spalten.

Der unterschied zwischen den verschiedenen händen scheint sprachlich nicht sehr gross zu sein. Die späteren hände haben umlaut in *Methilt*, *Mehthild*, wofür sich auf den ersten seiten nur *Mahthild* findet. Eine grosse freiheit herscht besonders in der darstellung der consonanten: *t*, *th* und *d* wechseln ab, so auch *g*, *ch*, *hc*, z. b. *Sifrid*, *Sifriht*, *Adelheiht*, *Adelheith*, *Adalheith*, *Adalrat*, *Adalrath*, *Adelbert*, *Adelbreth*, sowie *th* für und neben *ht*: *Berhta*, *Bertha* und *Beretha*. *Willeburch*, *Hadeburhe*, so *Chunrath* und *Chûnrat*, *Godescalch* und *Gothscalch*, *o* neben *ô* und *û*: *Ricmot*, *Rotmunt*, *Conrad* und *Rôtrart*, *Rôzela*, *Cônrad* und *Chûnrat*; *f* und *v* in *Frenkin* neben *Vrenkin*. Neben *ch* statt *k* weist auf hochdeutsche schreibweise *Purchart*, *Volcpraht*; auch *ph* statt *f* in *Harthleph*.

Im anlaut erhält sich *th* unverändert: *Thancgart*, *Thideric* u. a., im inlaut auch *d*: *Frideric*, meist *Fritheric*. Zwischen vocalen steht *b* und *v*: *Geva*, *Euerhart*, aber *Ibico*; nach *l* vor *e*: *Aluerat*, *Elueric*; neben *Ibiko*, *Ibikin* stehen *Ebbiko*, *Ebbikin*. Einige male findet sich *ch* statt *c*: *Godescalch*, *Wlurich* neben *Godescalc*. Statt *g* steht *k*, *c* in *Ekbertus*, *Hecbertus*, *kk* in *Ekkehart* (neben *Ekihard*), *Vvikkere*. Vor *r* fällt *h* weg: *Ropret*, *Röpertus*, *Rudolf*, auch inl. vor *l*: *Ekbertus*, *Röpertus*, aber da-

neben zahlreiche *ht* und *th;* vor *s*: *Sasso* neben *Sahso.* Vorgefügt
ist *h* in *Hecbertus*, *Hermengart*. Aus *swinth* ist meist *swîth* geworden, einmal *sunint: Frithesuuint*, so neben *ôs* in *Osbern* etc.
*Anshelm. r* hat metathesis erlitten in *Euerhrat* neben *Euerhart* u. a.

*a* wird vor *l* im letzteren gliede der zusammensetzungen mit
*bald* und *wald* zu *o: Vuerinbold*, *Hildebolt*, *Adelbolt*, *Harolt*,
*Reinolt*, *Vuidolt* u. a., aber *Balduuin*, *Balding*, *Walderic*, *Waldburgis*, daneben aber *Wolburch*, *Wolbarn* und *Wolbodo; -ward* und
*-gard* bleiben unverändert, nur *Gôzordvs.* Statt *hart-* einmal
*hert-* in *Hertmodis.*

Umlaut von *a* ist *e* und *æ*: *Vuerinbold*, *Ezzelin*, *Ethelin*, *Vestyko*
u. a., *Aetheler*, *Aezelin* u. a. Vor *ht* steht im anfang *a* in *Mahthild*, von s. 14 meist *Mehthilt*, *Mehtilt. Agi* ist zu *ai, ei, æi*
geworden: *Eike*, *Æiliea*, *Eylica*, *Reinhere*, u. a. Ebenso ist *igi*
zu *i* geworden in *Simer*, *Sifriht*, aber *Sigebodo.* In einigen worten ist *ę* und *e* vor *i* zu *i* geworden: *Vuirinbury*, *Imico*, *Ibico*,
neben *Vuerinbold*, *Vuerinsunith*, *Ermindrud*, *Ebbiko* u. a., 17,2 auch
*Ginehart*, meist *Genehart. Wulf* ist in compositis *olf: Adolfus*,
*Geldolf*, *Bernolf*, *Rudolf* u. a.; *u* für *iu* in *Luttgart;* da von *iu*
das *i* zeichen den *i*-strich misst, ist es schwer zu sagen ob *iu*
oder *ui* gemeint ist, ich habe im text *iu* dafür gegeben. Für
*eo, io* findet sich *ie* in *Thietmunt*, *i* in *Thideric*, *Thitmar* u. a.;
*e* in *Thetmar*, *Thederadis.* Als endung des nom. sg. findet sich
*o: Liuzo*, *Meinzo* u. a.; *e: Eike*, *Ebbeke*, *Röthere*, *Ŏde*, *Hizike*,
u. a.; *a: Bertha*, *Rozela*, *Ŏda*, *Hizeca*, *æ* neben *e* in *Auæ*, *Aue*,
und die lateinischen ausgänge *us*, *is*, *a.*

Als feminina sind belegt: *Waldburgis inclusa*, *Tetteke uxor*,
*Xristina*, *Adelmût*, *Methitdis*, *Athelheidis*, *Hertmodis.*

# NAMEN VON HÖRIGEN VON KORVEY.

(Liber beati Viti martiris in Corbeya).

p. 3. 1. Vuindilheith. Ermingart. Liudolf. Godescalc. Thideric. Bertolt. Thideric. Gerdhrut. Ekihard. Imiza. Reinhere. Frenkin. Aldburg. Adelheiht. Vrouuin. Adeluuart. Vuirinburg. Vuernhilt. Eike. Lambert. Liudolf. Ibikin. Vuerinbold. Adelbert. Chrispinus. Adalburg. Engilbert. Vuelder. Vestyko. Hatheuuich. Fritheric. Meinburg. Vuarburg.

2. Thanegart. Geruin. Helmeric. Vuiburg. Liutmar. Adalheith. Thetmar. Saburg. Balduuin. Hello. Marburg. Liudolf. Liutburg. Vineburg. Vuidolt. Adalheiht. Vualthere. Ricmot. Balduuin. Adalsuuith. Hildebolt. Reinbert. Gerdhrud * [1]). Acela. Ilazeca. Ammo. Vuinihthere *. Berninc. Vuindilburg. Altburg. Gerlint. Tammo. Vuindilburg.

p. 4. 1. Johan. Bertha *. Auæ. Ippo. Lucia. Halburg. Hildegart. Aetheler. Vulhart. Merhilt. Vuinike. Bern. Rözelin. Gelike. Brunuuif. Hizeka. Adelburg. Adeluuart. Inditha. Rethere. Ebbike. Buno. Ratburg. Hizeca. Reinhere. Frithesuuint. Lambert. Thietmunt *. Hizel. Vuerinsuuith *. Adelbert. Helmburg. Thietbert. Reinhilt. Cônrad. Adelheith *. Reingart. Adalôch. Hizica. Thideric. Liutburg. Osdach. Meinuuard. Vuieburg. Reinhere. Cônrad. Siburg.

2. Azala. Liuzo. Röthere. Vuichilt. Euerunin. Fritheric. Gelsuuith *. Vuiviken. Engilbert. Ricburg. Reinolt. Hathesuvith *. Adalburg. Godescalc. Gerunich. Auæ. Mar-

---

1) *Wo h durch ein zeichen angedeutet ist, ist dies durch einen stern angezeigt, vlg. das facsimile.*

burg. Vueringrim [1]). Gerunc. Mazeca. Erenburg. Euer
nuin. Giselbert. Euerhart. Bezelin. Atheluue. Otburg.
Cŏnrad. Mazeca. Atheluue. Cŏnrad. Hauuart. Einico.
Reinurith *. Adaldach. Ezico. Suanchilt. Thideric. Lief-
suuith *. Thideric. Thitmar. Ratburg. Christina. Ratburg.
Snel.

p. 5. 1. Ida. Ekeric. Vuernhere. Suuaneca. Godefridus. Eylica.
Enica. Euerhard. Ermingard. Adelheith *. Berta. Hazeca.
Ermindrud. Rözelint. Dudike. Hildeburg. Gozmar. Not-
burg. Siburg. Tetta. Reinuuart. Suuanchilt. Livdric.
Fritheburg. Gerhart. Reingart. Liuthere. Otburg. Vual-
there. Arnolt. Herebolt. Godescalc. Hathuwich. Hemmo.
Thegenhart. Hartman. Adelbert. Thitmar. Höger. Folc-
mar. Elueric. Alduuart. Thideric. Mahthild.

2. Hizike [2]). Alfuuart. Hizica. Alfuuart. Liuthilt. Otvuin.
Rötheger. Christina. Halecman. Adelheith *. Hildemot.
Cocorbolt. Liuzico. Heiluvif. Meinburg. Reding. Balding.
Wazo. Reinhere. Fritheburg. Liutburg. Folcmar. Vuazzo.
Azala. Adalbert. Hunico [3]). Hildemar. Ertmŏt. Salaman.
Burchart. Adelheith. Burchart. Livdolf. Vuerthart. Alu-
arat. Linder. Reinbert. Vualthere. Iskica. Liuthart.
Hŏnuart. Eiluuart.

p. 6. 1. Gerhart. Folcmar. Hizeca. Poppica. Hizica. Ricuuin.
Idę. Othelburg. Hildeburg. Thietburg. Merehilt. Alne-
rat. Hildeburg. Vualthere. Vualde. Herebert. Vuindel-
burg. Hereburg. Vuindelburg. Reinburg. Thietburg.
Gozbertus. Vualderat. Heregot. Helmburg. Adesuuith *.
Arnold. Hameca. Heinric. Benne. Bernhart. Buno. Adel-
uuart. Hereman. Mahtilt. Hameco. Memmelof. Godefrid.
Bertolt. Menne. Helmburg.

2. Edica. Thideric. Thietburg. Vuenica. Helmburg. Eppo.
Hildeburg. Thiethart. Bazeca. Eilhart. Mehthilt. Adal-
burg. Volchart. Aue. Thietmar. Thideric. Reinzo. Hazeka.
<sup>pipersole</sup>
Richilt. Banę. Immica. Vuennezen. Hacole. Retlend.
Bertolt. Helmburg. Thizeca. Verdemar. Folchart. Hizica.
Adalburg. Harman. Blithilt. Ibico † [4]). Erlenvin. Ber-

---
1) r aus n    2) k über c.    3) H aus B.    4) In der hs. o = obiit
über dem namen.

tolt. Baue. Vuernart. Gunderat. Ebbica. Eike. Merkhilt ¹).
p. 7. 1. hart. Godefrith. Denniken. Meinfrith *. Mahthilt. Germŏt. Österlint. Adelheith. Brun. Adalburg. Bernhard.
Hauuart. Simer. Reinmot. Wilsuuith. Geltmar. Poppikin. Gerhart. Thancsuuith *. Godesscalc. Ratburg. Gerhart. Vulfere. Bertolt. Reinolt. Vualsuuit. Ibike. Abakę.
Mazeca. Oser. Hizica. Oser. Hereuuich. Meregart. Heinric. Eilmar. Hazeca. Gersuuith *. Volpert. Reinburg.
Isico. Eico. Heinric. Reinhilt. Meinrat. Reinmot.
2. Gelsuuith *. Fritherun. Hildegunt. Azzo. Cuningunt.
Altburg. Thitmar. Helmburg. Ricsuuith *. Adelmar.
Adelburg. Sigebodo. Gerburg. Bertold. Euerhart. Vuizel. Meregrete. Mahttild. Meinhard. Liutmer. Tabeke.
Ermingart. Fritheburg. Hereman. Ermingart. Vualsuuith *. Nenthere. Ermingart. Mazeca. Lieuelinc. Österlint. Meregart. Bernhart. Vuirinburg. Rötburg. Lantburg. Hauuart. Ricvuin.
p. 8. 1. Adelhart. Vuener. Geila. Vrenkin. Volburg. Marburg.
Snelhard. Vuichheithe. Haluwę *. Thideric. Mŏduuin.
Fritherun. Reinburg. Imico. Hizel. Adelheith *. Ebbikin.
Liutburg. Ibikin. Livtburg. Röthölf. Ebbiko. Azela. Ebbikin. Vuindelmöt. Engelbert. Balduuin. Ŏdę. Titmar.
Azala. Vroburg. Azala. Eilmöt. Lambert. Hazeca. Timmo. Gerhart. Gerburg. Hereman. Thancmar. Vualburg.
Vuindeldach. Adelbertus.
2. Mahtild. Ŏde. Azala. Suanehilt. Fritheric. Machtild. Röth˅lf. Vueninee ²). Helmburg. Hazeko *. Helmburg. Mereburg. Vualderic. Reinsuuith *. Ezico. Mahthild. Vuizel.
Marburg. Richert. Iskico. Vuern. Hildegart. Aueke. Hildegart. Uualbert. Hathuvuich *. Ŏtik. Bertolt. Ŏda. Meinburg. Reinolt. Hereburg. Brun. Thietburg. Uolburg.
Mahtild. Adelbert. Auæ. Adalbert. Adeluuin. Thideric.
Thettikin. Ethilhirt. Adaluuart.
p. 9. 1. Hunuuart ³). Berta. Hameco. Baldeuuin. Adelsuit. Liudolf. Hazeke. Walderic. Vuernhilt. Gerhart. Willemöt.
Iko. Vuillemöt. Rozelin. Gerhart. Liuprant. Sifrid. Hart-

---

1) Hier fehlt wohl ein blatt.  2) n aus r.  3) Von anderer hand.

mŏt. Hildegunt. Burchart. Bernsuith. Ezzelin. Lindburg. Vuinithere. Euerhart. Helmdach. Hameke. Hadeuuich. Helmuuich. Liudolf. Ekkehart. Hizzeke. Ŏdike. Ekkehart. Bezzelin. Enike. Vuechenlenze. Sibert. Mazeka. Vualbert. Aue. Rŏthart.

2. Vuilburg. Arnolt. Rŏthart. Marcuuin(?)[1]). Hizzeke. Adalman. Ibike. Immike. Reinhere. Hizzike. Liuthere. Gerdag. Oddo. Thietman. Vuader. Sigeburg. Vuicburg. Dude. Aue. Tettike. Liucię. Elueric. Ratbodo. Godescalc. Helmburg. Vuernhilt. Helmburg. Ezzelin. Azele. Bernhart. Thensike. Christina. Euerhart. Edike. Sileke. Cŏnrad. Hazeke. Cŏnrad. Mehthilt. Gernant. Ibike. Hizzike. Thiederich*. Radolf. Osburg.

p. 10. 1. Vizeke. Issere. Imme. Hildeuuart. Ermingart. Euerhart. Hatheuuich. Benno. Vuinnezen. Berta. Azeke. Hameke. Rŏtbert. Azele. Rŏtbert. Rethart. Suanehilt. Gisla. Burchart. Gelsuith*. Gunthere. Hildeburg. Hizzel. Bazeke. Balduuin. Liudolf. Hizzel. Hereburg. Adelmar. Roze. Adelburg. Ŏden. Dude. Vualtbert. Haric. Godeste. Adelmot. Vualthere. Berta. Eizo. Reder. Benno. Vuizzel. Adelbolt.

2. Reinburg. Liudolf. Wernolf[2]). Hildeburg. Bernhere. Bezzela. Hildebrant. Tiemmo. Wernhart. Thieder. Ŏsanna. Hildeburg. Hereman. Bernhart. Fritheburg. Helmsuith*. Willegunt. Azela. Eilica. Wazo. Adelbrath*. Azela. Bertha*. Hazeka. Adelbero. BruN. Gerhart. Hereman. Eilika. Rethburg*. Cunigunt. GoDeHart. Adelmot. Frithelo.

Regelint [3]). Erenfrid. Wernhere. Walderic. Geruuard. Eremgast. Arnold. Berthold. Bertha. Marcuuard. Gisla. Thideric. Azzela. Hathewich. Ekswid. Folcmar. Adalrath. Thideric.

p. 11. 1. Mazeca [4]). Liuder. Adalrat. Adalrat. Helmburg. Ibe. Sineke. Vualderic. Aluerat. Bertheith*. Adelheith*. Hildegart. Buno. Rikenze. Azele. Thiederic. Adelrat. Radburg. Adelgart. Helmsuith*. Vvlburg*. Thiethwi. Germot·

---

1) *Verbessert aus* Mantuuin (?).    2) *Von hier ab von erster hand.*
3) *Von anderer grosserer hand.*    4) *Von erster hand.*

Hameco. Adelburg. Vvalthere. Elueric. Alfsuith. Suenehilt. Tizeke. Vvluer. Reimbreht. Hereman. Adelwich. Hartman. Hildebug. Ticzeke. Sahso. Seburg. Vvaltburg. Lambreht. Adelheith. Vvizzeke. Vvazza.

2. Vvazzala. Adelbreht. Vvernhilt. Hildeburg. Bernsuith. Thideric. Odo. Gerthrud. Gerhart. Vvikkere. Vvindelburg†. Liuzeein†. Anshelm. Tideka. Rotheger. Vvindelheith [1]). Volcpraht. Mahthilt. Elueric. Ermingart. Emica. Tiedvvin. Gerbreiht. Marcrad. Kristan. Liutgart. Berthrad. Folcmar. Fritheric. Thiezuith. Geuehart. Reinherc. Sibcke. Vvinica. Adelheith. Liutgart. Thietmar. Enika. Osdag. Liefhart. Eilgotus†. Meinburg. Adelburg. Vvindelburg. Bernhart.

p. 12. 1. Ratuuart. Bertold. Vizzo. Azeco. Mereburg. Risker. Walthere. Ernest. Adelbertus. Sigerda. Megenheith. Ekbertus. Berta. Immika. Hamot. Thancward. Ermingart. Immico. Thietburg. Hartman. Liudolf. Adelmot. Benniko. Gerburg. Liudico. Damet. Liutburg. Gözuuin. Lantburg. Harolt. Herevvin. Thiemmo. Ellenhart. Marcsuit [2]). Adelheith. Vvizzel. Berta. Hunico. Herenuart. Helmburg. Hoico. Rikenze. Thietmalt. Wernsuith. Ratburg. Wirik. Burchart.

2. Ebbeke. Pöppo. Meinzo. Ammeke. Reinward. Adelheith. Ortwin. Adalgart. Arnolt. Mersuith. Wikmöt. Berta. Sifrid. Halmburg. Meinzeke. Liudolf. Hildeburg. Walthelm. Eilike. Vlrad. Vvindelburg. Benno. Mehthilt. Memmelic. Reinze. Ammeke. Herevvart. Nerenuart. Hartman. Rikenze. Reinburg. Bernolf. Waltburg. Ezelen. Riksuit. Hartman. Hamake. Arnolt. Vuindelmôt. Vuareburg. Vualthere. Hunuuart.

p. 13. 1. Röppret [3]). Ecsuit. Meinleph. Willibure. Heymo. Willis [4]). Thiez. Gothefridus. Cônradus. Wartherus. Heilrad. Gözordvs. Beregherus. Otcher. Gödeschalc. Grimheith. Livtgart [5]). Harthleph. Hildegunt. Johan. EtheliN†. Hadeburhe. Rotpertus. Conrad. Adelheith. Hunold. Hazeka. Osterlint. Rother. Walder. Eva. FrithebvRch.

---

1) *Das erste i übergeschr.*   2) *c übergeschr.*   3) *Von anderer hand.*
4) *Von anderer feiner hand.*   5) *Von anderer grosser hand*, 12. *jh.*

Helmburch. Sigerus¹). Otcherus. Hecbertus. Adelbertus.
Ava. Liutgardis. Hildegundis. Walderadis. Mathildis.
Helmburch²).

2. Thederadis. Landegardis. Liutmodis. Kunegundis. Osbern. Windelburgis. Helburch. Adelgit. Bertherat. Mathilt. Berctha. Officia. Fritherun. Mabilia. Helsuit.
Hamelberg. Ida. Adolfus. Wernher. Heinric. Thimo.
Werin. Euerhart. Liudolf. Godefrit. Gernant. Æthelcher.
Rudolf. Bernhart. Volmar. Warmunt. Haduuerc. Bouo.
Boso. Mascc. Liuthero. Rehardus. Heremannus. Weremburch. Hermengart. Hildelint. Freburch. Menia. Adelgart. Bertha. Otburc. Helmburch³). Berthold. Frideric.
Rauenold.

p. 14. 1. Sasso. Seburch. Sasso⁴). Thideric. Gernuard. Robert.
Luttgart. Balduuin. Reinhart. Reinolt. Vuindelsuith.
Imme.Thithart. Richél. Nithart. Æilica. Gerburc. Fritheric. Hildigart. Osterlint⁵). Brvn. Methilt. Eric. Erenfrid.
Conrad. Erenfrid. Burchard. Gertrvdis. Methilt. Iche.
Rotmunt. Herebolt. Bigc. Bertha. Cristina. Rŏzela.
Hereward. Bertha. Odilia. Bern. Hesrman⁶). Thideric.

Wezelen. Godesa͡lc. Ropret. Meinze. Tietmar. Thegenhart. Herrad. Hildeburch⁷). Wernher. Adelburg. Livdiko.

p. 14. 2. Helmdag. Reinhere. Berta. Rŏpertus. Widego. Adelwin.
Rigburg. Gela. Ellenhard. Rigsuit. Hazeca. Elueric.
Conrad. Germot. Azela. Gelico. Brunwif. Hizeka. Eilwart. Reinmot. Bertha. Adelhart. Thietsuit. Wernher.
Frenkon. Hizzel. Wizeka. ARnold. Werengart. Godescalc.
Antonia. Hizzel. Hizzel. Wernhelt. Reinolt. Elueric.
Warbrug. Meinburg. Anselm. Helmbrug. Heimo. Thieduc. Werenburg. Bruno.

p. 15. 1. Eneka. Rŏtwart. Walther. Godefrit. Othelgart⁸)†. Livthart. Thideric. Elfhill. Gumprat. Reinmot. Adelmot.
Conrad. Hawart. Mazeka. Conrad. Ebbekin. Hildeburg.
Thideke. Azela. Helmwig. Folcbert. Euerhrat⁹). Widegus.

---

1) *Von späterer hand des 12. jh.*
2) *Dieses Wort allein ist v. späterer handhinzujefügt.*   3) *Von anderer hand.*
4) *Von anderer hand.*   5) *Von anderer hand.*   6) *V. a. h.*
7) *Von roher hand.*   8) 1 *übergeschr.*   9) *Das zweite* r *übergeschr.*

Waldburgis iuclusa ¹)†.
X Kal. Maii. obiit Hathewic.
Ibica. Gerdrut. Waldrat. Chûnrat. Gerdrut. Uolchart. Reinolt. Rûdolf. Gerdrut. Sigefrit. Gerhart. Meinze. Gothsalch. Antonius. Lvttolf. Lvttgart.
2. Tietthilt. Adelheit. Wenere. Lvttgart. Livtpurch. Hildegart. Vlgart. Berhtram. Eilige. Christina. Hazzika. Berhta. Reinbote. Gerburch. Hildegart. Hazege. Imme. Euerhardus ²). Æsterlent. BRVNO. Rudeger. Mergart. Mûettrike. Everharth. Adelheit. Adelbreth. Winnike. Ymmize. Gerhart. Gv̊te. Reimbote. Gundrat. Gerdrut. Johan. Purchart. Volchart. Wichmann. Regelint. Dietrich. Gerbuch. Bernhart. Gerburch. Chunrath.

p. 16. 1. Meinrath. Osanna. Meinrath. Reimv̊t. Adelheit. Eilwart. Poppe. Fizzike. Hezel. Willike. Walburch ³). Adelbhreth et uxor eius Tetteke cum filio suo Berhtoldo. Wichmannus molendinarius. Frideburch uxor eius Christina. Wernherus. Adelmût filia Popponis. Theodericus. Mahtildis. Erdrûn. Eiko bubulcus. Gertrûd. Wlurich. Adelint. Hauuart. Waltherus. Fizzike. Godefrith. Godefrit. Hezzeke. Godesalch. Reimbarn. Herrat. Richenze. Othett.
2. Ermbertus. Windelgart. Hildegart. Gerhart. Hildegunt. Wernhere. Richinze. Liv̊tgart. Mv̊dtrike. Volcwin. Iudith. Hezel. Aue. Mahthilt. Ortrun. Richart. Willeburch. Margareta. Berhtram. Gundrat. Reinhart. Merburch. Margareta. Wineke. Windelmût. Hildegunt. Berhtheit. Minneloch. Gerbreht. Sophia. Wermburch. Helmburch. Gerloch ⁴). Richenze. Herrath. Wolbarn. Thise. Gerdrut. Adelbreht. Walburch. Mergart.

p. 17. 1. Bitterolt. Conrat. Helmburch. Thideric. Walburch. Hartman. Windelmot ⁵). Osanna. Godescalc. Margareta. Sigebodo. Bernolf. Wezel. Othett. Gertrut. Mehthilt. Richenze. Othelric. Lendegart. Cunigunt. Liutgart. Cunigunt. Ethelint. Richenze. Herrat. Heinric. Ermbret. Wernhart. Hardunc. Arnolt. Wiric. Wernhere. Heinric.

p. 17. 2. Thetburch. Modreke. Modreke. Luttgart. Rikeze. Ma-

---

1) *Von feiner hand.*    2) *Von anderer hand.*    3) *Von anderer hand.*
4) *Von anderer hand.*    5) 1 *übergeschr.*

zeke. Volcuuin. Wernhere¹). Hereman. Wernhere¹). Lambreht. Johan. Wernhere. Eueke. Arnolt. Thideric. Ermfrith. Heinric. Hereman. Bertolth. Giselbreht. Geldolf. Liudolt. Adelheit. Gerhart. Emilric. Ratburch. Adaluuart. Ibike. Meineke. Godefrith.Wolburch. Hiszeke. Widege. Thideric. Gertruth. Burchart. Heinric. Meinhilt. Weneken. Cunigunt. Willehelm. Adelbret. Popeka. Ricbreht. Eppo. Thideric. Bitterolt. Bezelin. Walbret. Helmburch. Arnolt. Methilt. Giuehart. Helmdach.

p. 18. 1. Methilth. Iliana. Hildeburch. Helena. Reinuuade. Aue. Gerebreth. Liutburch. Sigeburch. Eiko. Brunsuitht. Fritheric cytarista. Reinhilt. Reinsvitht. Ernest. Luidolf. Bertha. Lambreht. Wilberge. Adelue. Conraht. Liudolf. Adelbreht. Fritheric. Sifriht. Ade. Methilt. Poppeca. Ethelint. Adelburch. Hildeuuart. Ida. Imma. Godefridus. Wernhere. Reinhere. Helmwich. Menne. Ethelint. Ethelindis. Hildegunt. Hildeburch. Godeschalcus. Godefridus. Iudita. Iudita. Reinolt. Athelheit. Bertram. Margareta.

p. 18. 2. Heinric. Methilt. Wolbodo. Lvcia.

Isti sunt qui se contulerunt beato Vito in ius censualium tempore Hugonis prioris.

VI mancipia in Stale. BeRtholdus. ConRadus. AlexandeR.
Johannes. ^mater Methildis. ^filia Athelheidis. De Suthem Johannes. De Corbeia HeRtmodis cum uno filio et duabus filiabus suis.

---

1) *Das erste* r *übergeschr.*

# VI.

## WIENER HANDSCHRIFT.

# BESCHWÖRUNGSFORMELN.

Die beschwörungsformeln befinden sich in einer hs. der K. K. Hofbibliothek in Wien. Der codex n°. 751 [1]) (theol. 259) folio 20 × 30 cm... die letzte seite (f. 188) 20 × 27 cm. besteht aus vier teilen, alle im 10 jh. geschrieben. Pag. 1 des 4. teiles oder 163 der fortgesetzten paginierung enthält sermonem S. Augustini de ebrietate, fol. 167 folgen canones, fol. 173ᵇ brevis adnotatio capitulorum, in quibus constitutiones conciliorum Mogontiacence Remis et Cabillone et Turone et Arelato gestorum concordant; fol. 188 befinden sich lateinische und altsächsische beschwörungsformeln.

Die hs. kam wahrscheinlich aus der gegend von Münster nach Wien. Wie? ist aber unbekannt: so viel ich weiss, bietet weder die hs. noch der ein band irgend einen hinweis, woraus die herkunft zu erschliessen wäre. Für die annahme, dass sie oder dass wenigstens die formeln im Münsterlande geschrieben seien, dafür spricht das von Scherer (Denkm. ² 279) angezweifelte *hers* für *hros*. Eben in der gegend von Münster findet sich dieses wort in dieser lautform. Die Oxf. glossen, welche wohl aus Münster stammen (s. o. p. 144), haben *wihherses*, und während die Herzebrocker Heberolle, welche eine abschrift eines älteren originals ist, *Hrossabrock*, *Rossabroch* hat, erscheint (ed. P. Eichoff 1882) schon bald danach die form *Herzebroc*, welches zu *Herzebrock* umgebildet wurde.

Hieraus ist zu schliessen, dass die volkssprache *hers* für älteres

---

1) *Diese hs. enthält s. 132 ff. die hochd. glossen zu Esaias und Jeremias, zuerst Diutiska II, 190, neu von Steinmeyer in Ahd. gl. I, 618 herausgegeben.*

*hors*, *hros* hatte, während sich in der Heberolle noch die ältere form zeigt.

Unsere formeln beruhen wohl auf heidnischem brauche und glauben. Sie gehören zu den beschwörungen, wovon die rede ist in der Homilia de sacrilegiis (ed. Dr. C. P. Caspari Christiania 1886) § 14 ff. „Quicumque super sanctum „simbulum et orationem carmina aut incantationes paganorum „dicit, in animalibus mutis aut in hominibus incantat, et pro„desse aliquid aut contra esse indicat; et qui ad serpentes mor„sos uel ad uermes in orto uel in alias fruges carminat et quod„cumque aliud facit, iste non christianus, sed paganus est.

„Carmina uel incantationes, quas diximus, haec sunt: ad „fascinum, ad spalmum (d. i. spasmum), ad furunculum, ad „dracunculum, ad aluus, ad apium, ad uermes, id est „lumbricos, que in intrania hominis fiunt, ad febres, ad frigu„ras [1]), ad capitis dolorem, ad oculum pullinum, ad inpedigi„nem, ad ignem sacrum, ad morsum scurpionis, ad pulli„cinos. Ad restringendas nares, qui sanguine fluunt, de ipso „sanguine in fronte ponunt. Nam quicumque ad friguras non „solum incantat sed etiam scribit, qui angelorum uel salamo„nis aut caracteres suspendit, aut lingua serpentis ad collum „hominis suspendit, aut aliquid paruum cum incantatione bibit, „non christianus sed paganus est".

Alle beschwörungen unserer handschrift, welche hier erwähnt sind, sind gesperrt gedruckt; contra sagittam Diaboli konnte ich nicht finden.

Die altsächsischen formeln wurden zuerst herausgegeben von H. F. Massmann in Dorows Denkmälern alter sprache und kunst I, 2 u. 3 Berlin 1824, s. 261 ff. mit facsimile; dann von E. G. Graff Diutiska II, Stuttgart und Tübingen 1827, s. 189 f., von Müllenhoff-Scherer in Denkmäler [3] IV, 4 und 5. Die altsächsischen und die lateinischen wurden abgedruckt in J. Grimm Mythologie, Göttingen Berlin 1835, anh. CXXXII, 1844 s. 1183, 1184, wo mehrere segen und sprüche verzeichnet sind. Die zweite formel ad vermes occidendos findet sich mit kleiner abweichung wieder im Tegernseer codex 524,2, cod. lat. 18524 der K. bibliothek zu München. Jüngere

---

1) *l* frigores *frösteln*.

varianten dieser formeln finden sich in J. W. Wolf Beiträge zur Deutschen mythologie I, 256; vergl. auch die „Segensprüche aus niedersächsischen handschriften des 14—15 jhs." von mir mitgeteilt Germania 32, 452.

Betreffs der sprache ist zu bemerken dass das *or* in *hors*, aus *hros*, zu *er* geworden ist (s. o.); dass *aftar* nicht zu *ahtar* geworden ist. In der ersten formel steht *druhtin*, die zweite hat *drohtin*; ferner steht im ersten spruch *u*, *v* statt *f*: *visc*, *uerbrustun*, im zweiten *f*: *fan*, *flesg*, etc. Statt *sc* steht im auslaut in der zweiten formel *sg*: *flesg*, im inlaut *sgk*: *flesgke*. In der ersten der dativ sg. f. *theru*, in der zweiten as. formel *thera*; der dat. sg. m. ist *themo*. Accente finden sich nur in **ad vermes** auf *ût*. Die beiden formeln scheinen also verschiedenen ursprungs zu sein. Das wort *Spurihalz* ist wohl dem hochdeutschen entlehnt, altsächsisch würde es *Spurihalt* heissen.

# BESCHWÖRUNGSFORMELN.

SI....... D SPURIHALZ DICIMUS.
S i in dextero pede contigerit: si in sinistro sanguis minuatur. Si in sinistro pede in dextero aure minuatur sanguis.
AD VERMES OCCIDENDOS.
F eruitia dei gracia plena tu habes triginta quinque iudices et triginta quinque medicinas quando dominus ad cœlos ascendit memorare quod dixit. AD APES CONFORMANDOS.
U os estis ancillę domini. Vos faciatis opera domini, adiuro uos per nomen domini ne fugiatis a filiis hominum.
AD PULLOS DE NIDO.
C rescite et multiplicamini et uiuite, et implete terram.
CONTRA SAGITTAM DIABOLI.
P alamiasit, palamiasit, calamia insiti per omne corpus meum, per ista tria nomina per patrem et filium et spiritum sanctum. aius aius aius, sanctus sanctus sanctus. In dei nomine cardia cardiana de necessu propter illum malannum, quod domnus papa ad imperatorem transmisit, quod omnis homo super se portare debet. A M E N :·: TRIBUS VICIBUS.
DE HOC QUOD SPURIHAZ¹) DICUNT. PRIMUM PATERNOSTER. Visc flot aftar themo uuatare, uerbrustun sina uetherun; tho gibelida ina use druhtin. The seluo druhtin thie thena uisc gihelda thie gihele that hers theru spurihelti.
AMEN.

CONTRA VERMES.
Gang út nesso mid nigun nessiklinon.
út fana themo marge an that ben;
fan themo bene an that flesg;
ut fan themo flesgke an thia hud;
ut fan thera hud an thesa strala;
drohtin uuerthe so.

---
1) l. spurihalz.

## VII.

## HAMBURGER HANDSCHRIFT.

# HAMBURGER GLOSSEN.

Die handschrift 83 der Hamburger stadtbibliothek enthält s. 1 (1ᵇ)—158 die capitularia des Ansegisus (Pertz M. G. Leges I, 27, ff.); 158 und 159 waren blanco, sind im 10. jh. beschrieben, s. 160 capitula Legis Salicae; s. 208 capitula Legis Ribuareorum, s. 238 capitula Legis Alamannorum; s. 274 und 275 in schrift des 10. jh. „qualiter sacerdotum accusatores examinandi sunt".

Der codex 4°. 25,5 × 18 cm. aus dem 9.—10. jh. mit paginierten seiten (einband des 17. jh.) enthält in den cap. Ansegisi und in der Lex Alamannorum einige altsächsische glossen Dieselbe hand, die die handschrift geschrieben hat, hat auch die glossen hinzugefügt; wo nämlich der raum nicht genügte für die worte in semiuncialschrift, hat der schreiber die letzten buchstaben klein geschrieben, und diese kleineren buchstaben weisen dieselben schriftzüge auf wie die der glossen. Der codex ist sehr sauber und regelmässig geschrieben von einem geübten schreiber. Wie die worte auf der ersten, nicht paginierten, seite (1ᵃ) zeigen, gehörte er ursprünglich nach Corvey: *Liber iste pertinet ecclesie corbeie liber juris*. Lindenbrog hat ihn nach Hamburg gebracht.

# HAMBURGER GLOSSEN.

Ansegisi capitularium lib. IV.
131ᶜ 53. et de faidis pacandis. i. g e u e h i d a.
132ᶜ 57. tributum quod transturas vocant. h e r i s t i u r a.
133ᶜ 63. De forestibus. i. v o r s t.
238 Capitula legis Alamannorum.
241 (Pertz. Leg. V, p. 125) bissontem aut bubulum. i. v u i s u n t.
272 (Pertz. Leg. V, p. 168 c. XCIX) bissontem. v u i s u n t.

# VIII.

## WOLFENBÜTTLER HANDSCHRIFT.

# LAMSPRINGER GLOSSEN.

Die hs. n°. 601 (Helmstedt 553) der Wolfenbüttler bibliothek, pergament, 22 × 16 cm. enthält in schrift des 11. jh. f. 1—55ᵇ Poetae Saxonis annalium de gestis Caroli Magni imperatoris libb. V, f. 55ᵇ—72ᵃ Vita et passio s. Adalberti episcopi auctore Johanne Canapario; f. 73—138 Juvenci historie evangelice libb. IV metrice. Auf fol. 1 steht Liber s. Adriani in Lamespringe.

Die handschrift enthält in „Poetae Saxonis Annales" und in „Juvenci historie" altsächsische glossen, von Steinmeyer herausgegeben, Althochd. gl. II, 351, 366. Sie sind von zwei zeitlich nicht viel verschiedenen händen geschrieben. Ausserdem befinden sich im texte der Annalen noch einige sächsische wörter.

Poetae Saxonis Annales.
7ᵇ I, 319. Nouiomagum. niumagan ¹).
16ᵃ II, 281. sequester. grieduuard.
17ᵃ II, 323. circumsessum. bisetenne ²).
17ᵃ II, 331. obses. gisl.
21ᵇ III, 31. suggeret. scu<sup>re</sup>nde.
23ᵃ III, 110. Regina in urbe. i. reinesburg.
32ᵇ III, 580. Pyrate. ashmen ³).

---

1) *Auf rasur von* nim.    2) *Von anderer späterer hand.*
3) as *ausradiert, aber noch völlig erkennbar.*

Juvenci historia evangelica.

73ᵇ I, 43. (Praefatio) uergentibus annis. ginegindun¹).
77ᵇ I, 231. palumbes. ringelduffe²).
82ᵃ I, 463. fortia vobis provenient hominum praepulchria indagine. spuringu. lucra quos et Jordanis dirimit fluento³).
82ᵇ I, 487. stagnante. stathiente¹mu.
87ᵃ I, 698. tignum. lattan.
89ᵃ II, 2. nox cerula. grebline.
89ᵇ II, 15. vulpibus in saltu. an theru rother stidiu. rupes excisa latebram praebet.
90ᵇ II. 70. subulci. suenas.
107ᵃ III, 63. lance. scutalan inferri praesentia munera poscit¹).
115ᵃ vs. 464. Ecce Pharisaei tentantes querere pergunt.
Conjugis an liceat rejectum scindere vinclum | etnimeg..
Quidquid erit. laesi tangit quod corda mariti. | nenem...
117ᵃ III, 555. et sua tum jussit cultu vineta polire. grauan.

---

1) *Von anderer tinte und anderer, wenig späterer hand.*     2) rigel *ebenso.*
3) *Fast ganz erloschen.*     4) *Von derselben hand wie* 17ᵃ bisetenne.

# IX.

## BERNBURG-DESSAUER HANDSCHRIFT.

# FRAGMENTE EINER PREDIGT ÜBER PS. IV, 8—V, 11.

Zwei blätter, kl. fol., von herrn professor von Heinemann, z. z. archivar des herzoglichen archivs zu Bernburg, aufgefunden als umschlag einer aus dem kloster Gernrode stammenden rechnung. Seit juni 1868 werden sie in der Herzoglichen Gypskammer zu Dessau aufbewahrt. Sie enthalten in schriftzügen der letzten hälfte des 9., oder der ersten jahre des 10. jahrhunderts ein fragment einer homilie über Psalm IV, 8—V, 11.

Beide blätter sind in sehr schlechtem zustande und stark vermodert. Jedes blatt ist in zwei stücke zerfallen; nur durch aufkleben auf wachspapier und belegen mit glas konnten die fragmente erhalten werden.

Zuerst wurden sie herausgegeben in der Germania XI, s. 323 von Hoffmann von Fallersleben; besser von M. Heyne, Altniederdeutsche Denkmäler (1867, s. 59; 1877, s. 60), welche ausgabe sich auf eine erneute vergleichung der handschrift und eine in früherer zeit von Prof. von Heinemann genommene abschrift stützte. Zuletzt gab Scherer nach erneuter collationierung sie heraus in Müllenhoff-Scherer Denkmäler [2] p. 184.

Der neue hier folgende abdruck ist zu stande gekommen teilweise mittels einer sehr genauen photographie verschiedener teile der fragmenten; zu einem grossen teil ist sie ermöglicht durch die freundliche hülfe von professor Dr. F. Kindscher, archivar zu Zerbst, der die blätter auf meine bitte vor sehr starkem lichte einer sorgsamen prüfung unterzog und der mir auch die punkte und striche angab, welche an einigen stellen von den buchstaben übrig geblieben waren.

Indem ich mich auf die von M. Heyne (in seiner vorrede IX) als quellen der Homilie nachgewiesenen commentare des Hieronymus und Cassiodorus stützte, habe ich versucht neben dem diplomatisch getreuen abdruck der buchstaben und teile von buchstaben einen zum teil reconstruirten text der predigt zu geben. In den anmerkungen sind die lesarten der ausgaben von Müllenhoff-Scherer und von Heyne, mit kleineren buchstaben was prof. von Heinemann las, verzeichnet.

Prof. Dr. F. Kindscher teilte mir als seine meinung mit, dass das erste blatt von anderer hand sei als das zweite, und dass dieser unterschied sich bei den buchstaben *a b c d e f g h i k l m n o p r st t u v I T V* zeige. Auf der photographie war mir dies nicht sichtbar. In der sprache zeigt sich auch kein unterschied zwischen dem ersten und dem zweiten blatte.

Jedes blatt enthielt wahrscheinlich 21 zeilen. Vom ersten blatt sind die drei obersten zeilen der beiden seiten verloren. Hierdurch ist eine lücke von den zeilen entstanden zwischen zeile 21 und 26. Die erste zeile auf seite 1[b] enthielt wahrscheinlich das ende des auf der vorigen seite unvollendet gebliebenen satzes. Die folgenden zeilen enthielten vielleicht eine überschrift zur einleitung von psalm V, in ähnlicher weise wie sie sich im Sermo LXXVI S. Augustini findet (Müllenhoff-Scherer Denkmäler 170).

Das zweite blatt hat auf recto und verso 21 zeilen. Die beiden blätter waren wahrscheinlich mittelblätter eines quaternio.

Wie Heyne überzeugend dargethan hat, ist der stoff genommen aus dem Commentar zu den Psalmen des Cassiodor und aus dem Breviarium in psalterium, welches dem H. Hieronymus zugeschrieben wird [Sancti Eusebii Hieronymi Stridonensis Presbyteri operum tom. VII, 2 Venetiis 1769][1]).

Dieser stoff war wahrscheinlich von irgend einem commentator zusammenfassend bearbeitet. Meine nachspürungen in bibliotheken sind in dieser hinsicht vergebens gewesen. Nur der von

---

1) Öfter findet man in psalterien sätze aus diesen beiden autoren in margine geschrieben. So fand ich in Lüttich in der Universitätsbibliothek eine hs. der psalmen mit vielen marginalglossen aus Cassiodorus, Hieronymus und Augustinus, für ps. V nur sehr wenige. In Trier in der städtischen bibliothek ist eine hs. mit vielen glossen und bemerkungen aus den beiden erstgenannten schriftstellern, die ersten psalmen sind aber verloren. Schanat Vindem. litt. 3,8 erwähnt einen catalog aus Weissenburg (n° 1043), worin verzeichnet sind „Tria volumina Cassiodori in Psalmos, Hieronymus in Psalt., Remigius in Psalt."

Steinmeyer verzeichnete früher der Ausburgerdom bibliothek gehörige, codex Clm. 3729 in qu. aus dem 10. jh. enthält einen psalmcommentar, welcher, wie Steinmeyer Denkmäler II, s. 373 mitteilt, manche stellen hat „an denen er näher als der angeführte wortlaut des Cassiodor und des pseudo-Hieronymus zum deutschen stimmt".

Aus diesen commentaren war wahrscheinlich eine lateinische predigt verfasst, welche für den vortrag unter dem volke in der landessprache übersetzt war, oder die homilie war unmittelbar in der sächsischen sprache verfasst. Dass es worte sind welche an das ohr gerichtet waren und nicht für die lectüre dienen sollten, erhellt aus satzteilen wie: *wi sculun ferneman* (44), *gethenked* (48), *wola* (62, 64). Die wörter *verba mea* u. a. weisen auf den lateinischen text, der in der homilie immer der ausgangspunkt einer neuen exhortatio sein muss. In dem sermo Augustini sind diese wörter bloss übersetzt, in unserer homilie wurde wahrscheinlich erst der lateinische text gesprochen und dann folgte die übersetzung, entweder getreu, wie in 8, 9, 53, oder frei, wie in 28.

Da der verfasser eine praedicatio schrieb, hat er die sätze aus Cassiodorus und Hieronymus in freier folge verwendet; das eine mal hat er treu die worte der commentatoren übernommen, dann wieder hat er ihre gedanken umgearbeitet, bisweilen nur ganz kurz den hauptgedanken angegeben. Es kann dieses aber auch seinen grund haben in einem uns unbekannten psalmcommentar der als vorlage gedient hat.

Auf die frage wo diese fragmente geschrieben seien, wurde von Heyne folgende antwort gegeben: Da der commentar älter ist als die stiftung von Gernrode, das zwischen 961 und 963 gegründet sein muss, ist Werden wohl der entstehungsort gewesen. Durch vermittlung des bischöflichen stuhles Halberstadt, dessen bischof Bernhard das frauenstift Gernrode weihte, kam es nach Gernrode, vielleicht befand sich unter den weihgeschenken Bernhards die handschrift. Nach Halberstadt würde dieselbe gekommen sein... wol durch den vierten bischof Hildegrim II (853—888), der lange zeit seines lebens in Werden zugebracht hat und im jahre 875 in gemeinschaft mit erzbischof Willibert von Cöln die klosterkirche zu Werden weihte.

Dass dieser bischof lange in der abtei Werden lebte, ist aber nicht unbedingt sicher. Gegen Werden spricht auch dass in der Homilie ein acc. sg. des pron. pers. *mik* sich findet, wofür man in der gegend von Werden *mi* hört, während *mik* in den östlichen und südlichen gegenden gehört wird [1]).

Mit Heyne halte ich es für wahrscheinlich dass die homilie aus Halberstadt, dem bischofssitz Nord-Thüringens nach Gernrode kam. Möglich ist es auch dass sie in Halberstadt geschrieben ist, in der stadt wo ein bischof wie Haymo, der freund des Hrabanus Maurus, der ehemalige scholasticus in Fulda, für die predigt des Evangeliums arbeitete und seine psalmerklärungen (Migne CXVI, 695) verfasst hat. So lange nicht mehr sicherheit für die Werdener herkunft gegeben werden kann, ist es besser anzunehmen dass sie in der nähe von Gernrode in Halberstadt geschrieben sei, wo eine reiche bibliothek war und von wo viele handschriften nach den klöstern in der nähe gelangt sind.

Auch in der sprache ist eine eigentümlichkeit welche hierfür spricht. Statt *sl* findet sich immer *scl: sclapan, sclahid*. Dieses weist auf südlichen einfluss. Am Nieder-Rhein findet sich *scl*, *schl* erst im 14. jh. Im 9en und 10en jh. wird es aber gefunden in schriften aus Thüringen, Mainz (Beichte) und Alemannien (Braune Ahd. gramm. § 169 anm. 3). In Halberstadt war einfluss von Mainz oder Fulda denkbar, um so mehr da die bischöfe suffragane des erzbischofs von Mainz waren.

Bemerkung in sprachlicher hinsicht verdient noch das folgende. Für *eo*, *io* steht *ia* in *sialun, niauuiht*, *o* wird *uo* geschrieben: *tuonuardig, guodlica, bluodu, fuoti, duonne*; *u* neben *o* in *drohtines, druhtines* (zusatz), *ie* neben *i: friethu, frithu*. In nebentoniger silbe steht *o* vor *n* in *unfernuandlondelik, neriondon*; assimilation von *e* zu *i* in *leuindigon*, synkope von *a* in *mangan*. *w* wird *vu* und *uu* geschrieben; *j* ist *i: restian, neriondon*; *n* vor spirant fällt aus: *muthe*, daneben aber *munthe*. Der pl. praes. ind. hat *ed: anbrenged, hebbed* etc. Inl. *b* ist *u: seluo, leuindigon*; *bn* wird *mn: emnista, bd* ist *dd: haddun. F* bleibt im anlaut: *flehselik, frithu*; nur in *verunandlod* steht *v*, (Scherer las *ieuuand-*

---

[1]) Seelmann Korrespondenzblat des Vereins für Ndd. Sprachf. III, 34. Babucke Ndd. Jhrb. VII, 71. II. Jellinghaus zur Einteilung der Ndd. mundarten s. 41.

*lod*, von Heinemann *beuuamllod*, Kindscher sah *ve* mit über *v* stehendem *r*; dass das *v* im anlaut für *f* nur hier erscheint, macht die lesung nicht unzweifelhaft). In *genuftsamidu* findet sich *ft* aus *ht*. *ll* ist weggefallen in der verbindung *hw: uuetes*, *vuelik* u. a.; fiel ab im auslaut in *thuru* neben *thurug*; *ht* steht in *forhtn*, *gisihti*, *niauuiht* u. a. Zugefügt wurde *h* in *flehsclik* und *nthledi*. Statt *th* steht *ht* in *erhtlikon*, meist aber *th: hettinun*, *muthe* u. a. Das pronomen hat dat. sg. m. *imo, them, themo*, fem. *theru, thineru*, gen. pl. *iro, thero*.

In dem hier folgenden facsimile ist die photolithographische reproduction des zweiten fragmentes etwas grösser geraten als die der anderen. Die grösse der buchstaben ist aber dieselbe wie auf den anderen blättern.

Das facsimile beabsichtigt nicht eine absolut getreue nachahmung des charakters der schrift; es soll nur dazu dienen, anzugeben was von den buchstaben ungefähr sichtbar war und wo sie auf dem blatte stehen.

4  thing            sia sindun mid thero fruhti thes
5  vuetes   endi   vuines    ifulda   vuan   the   fiond
6  vuiruid   tote   them   thia   thar   beuuollan   uuer
                         endi
7  thed   an   iro   githankon   an   iro   flehsclikero   freuui
8  di   thia   the   thar   niauuiht   genamun   thes   frithes
9  an   thero   genuftsamidu   thero   gifullithu   endi
10 the   thar   gifulda   sindun   mid   then   vuerold
11 likon   dadion.   endi flehsclikemo vuillion.   In   pace.
12 Ik scal sclapan endi restian an themo friethu the
13 ther an negana vuisa veruuandlod vuerthan ne mag
14 endi then. the then erhtlikon dadion angehafted
15 vuerthan ne mag. neuan the vuirthid imo gige
16 uan geuuisso the thar tuovuardig. endi ungi
17 rimendo . . . . . . . is. guodlica rasta vuirthid
18 gigeuan then heligon endi the frithu the ther
19 an    euuithon    endi    unferuuandlondelik    is.
20 vuan that is gekuthid an themo vuorde: ik
21 scal sclapan endi restian that ik an themo

---

4    Ps. IV, vs. 7 (sec. Hieron.)        a fructu frumenti
5  et vini eorum repleti sunt.
6    Cass. ad vs. 7 Redit ad eos qui rebus carnalibus
7  probantur intenti. Clm. illi enim non ubertate carismatum
8  multiplicati sunt, sed pessimis terrenis actibus et mundana
9  voluptate completi.
10   Cass. id. ista Dei non habent peccatores sed sua id est
11 terrena unde corpus vivat non anima perfruatur. In pace
12   Ps. IV, 8. In pace in id ipsum dormiam et requiescam.
13   Cass. Pax enim ista habet tranquilissimam vitam, quae
14 cum sua mente non litigat. — Quam habere non possunt qui
15 secularibus actibus implicantur — sed in domini beneficiis
16 perseverans amoena tranquilitate perfruitur.
17   Requiescam futuram beatitudinem indicare monstratur quan-
18 do iam requies dabitur sanctis et gloriosa pausatio. — Sed ne
19 pacem istam temporalem putares, addidit „in id ipsum dor-
20 miam et requiescam". — In id ipsum quippe dicitur quod
21 nulla rerum vicissitudine commutatur sed ipsum in se per-
   manens incommutabili perennitate consistit.

```
                                                    1
                                                    2
                                                    3
 ...g                                               4
vuerefen.. ui .fi                                   5
vuiruid tote the mi ti.u. nar be                    6
                        endi
thed an irogithankon.....flehfelib                  7
dichiathe-ie- niauuihigi namui                      8
anthero ge nuftamidu therogi'u                      9
the thar gifulda findun midtierv                   10
likon d.dion.endi hu'....?                         11
Ik feal felapan endi refti i ...emo friethi        12
theran n ira vuifa .iuuandlod vuerthan             13
endi then.the then erhrlikon dadionange            14
vuertha. mag.n euan the vuirthid imogige           15
uū genuifio ...ie thar tuovuardig.endi ungi        16
rimende........i. guodlica rafta vuirthid          17
         di the friethu the ther                   18
            iuandlondalik if.                      19
            emo.vuorde÷ ik                         20
            th÷÷ikan themo                         21
```

z. 4 *Heyne liest das* g *auf zeile* 5 *in der mitte*; *ebenso Scherer*. 6 *Heyne* to te themo. 7 *Heyne* flehseli; *Sch.* flehselik. 8 *H.* the ther — ginamun; *Sch.* the thar — ginamun. 9 *H.* genust anir.. thero giu; *Sch.* ginuft samidi thero .i. gi ... u. is 11 *H. Sch.* likon dadion. endi. 12 *H. Sch.* Ik seal sclapan endi restian an themo frethu. *Der* i-*strich ist undeutlich, und kann auch eine falte im pergament sein.* 13 *H.* an nana (*raum für zwei buchstaben*) *Sch.* negana. — *H. Sch.* ieuuandlod *mit der bemerkung das* i *unsicher.* 14 *H. Sch.* endi thena (*bei näherer untersuchung zeigte sich dass dieses* a *kein* a *sondern ein punkt war*). 15 *H. Sch.* vuerthan. 17 *H. Sch.* rimendes. 21 *Sch.* that ik.

22 frethu sclapu. . . . . . . . . . . . . . .
23   . . . . . . . . . . . . . . . . . .
24   . . . . . . . . . . . . . . . . . .
25   . . . . . . . . . . . . . . . . . .
26 Uui horad that godes erui scal kuman an thia
27 cristes    heligun    kirikun.    Berehton    antfahid
28 thiu samnunga that godes erui, that is that euuiga
29 lif an himilriki thurn then neri$\overset{n}{o}$don crist. Thes
30 . . . . . . . erui    that    ther    an    themo    anaginne
31 . . . . . . . thu    kuman    an    themo    endi    thero
32 uueroldes that    is    that    erui    that    uni    haddun
33 so    an    themo    anaginne,    so    an    themo
34 endie. Verba mea. Thiu heliga samnunga bidid
35 that gelesan vuerthe, that the stimna endi iro ge-
36 screge gihorid uuerthe fan gode endi fan imo
37 fernom$\overset{n}{a}$ vuerthe. Intende. Thu uilo thurugthige-
38 no    herro    hore    thu    mik    an    mid    thinon
39 oron,    neuan    mid    then    oron    thera    godehedies
40 Thu    bist    min    god
41 vuan    thu    bist    mine    craft    mid    thineru    hederun
42 angesihti.

---

5   *Cass.* Brevis inscriptio capitalis: Ecclesia bona Domini adit
6 et possidet. — Expositio). Haec bona domini salvatoris adit
7 ac possidet. Hereditatem vero ideo [a Deo] consequi dicitur
8 quia Christo resurgente ad eam bona spiritualia pervene-
9 runt i. e. fidei insuperabile fundamentum, spei certissimum
10 praemium, etc. quarum rerum nunc tenet imagines et in
   futuro est perenniter possessura virtutes. Rursum ecclesia
   domini vocatur hereditas etc. *Clm.* Recte enim pro ecclesia,
   quae hereditatem, hoc est vitam aeternam per dominum Jesum
   Christum accipit, psalmus iste praetitulatur etc.
11   *Hieronym.*) De ecclesia quae in fine et consummatione mundi
12 haereditatem consecutura est universis nationibus Christo
13 credentibus psalmus iste contexitur. Verba mea. *Clm.* his
14 verbis ecclesia rogat ut eius oris psalmodia a deo audiatur
15 et perfectus cordis affectus intellegatur ab eo qui non auri-
   bus sed lumine suae divinitatis intelligit cuncta. (*Cass.*) In-

## PREDIGT ÜBER PS IV, 8—V, 10.

.... eſhe. c .. u ſamnu ............ erui . thaz iſ thaz euuiga
kuman thia
un. Bere hron anfahid
........... thuru then neriodon criſt thes
ʹ ... erui. tha. ther an themo anaginne
uarrheʹ thu li man themo endither.
...... ther ........... that. hadd n
an their n o an themo
Verba mea. Thiu brlion ſmrungabidid
..... le ſan vuer the thaz the ſtemnäge
forge gihorad uuerthe fan gode. di fanimo
fer noma vu..:he. wſo huruq thige
no herro... b, e t .u. mik .... mid thinon
oron neuan mid ther theriode...
Thu biſt min god
vuan thu byſt min.
ange ſihte.

---

5 kuman ᵃⁿthia *II.* kuman, *Sch.* kuman thia. 6 *II.* e The.
7 *II.* s armu, *Sch.* sarmu g. 8 *II. Sch.* then nerio*n*don. 9 *II.* erui.
ther. *Sch.* erui *th*er. 10 *in* thu *ist* u *nicht so deutlich wie hier
angegeben ist.*

---

tende, dicit, voci quae solet audiri. (*Ps.*) intende voci orationis meae intellige clamorem meum.
(*Ps.*) Rex meus et deus meus quoniam ad te orabo. Domine mane exaudies vocem meam. (*Cass.*) Aures autem divinitatis ad similitudinem corporalem dicuntur
*Hieron.*) Tu es deus meus, quia non est venter deus meus... quoniam tu virtus es et ego cupio habere virtutes.

43 Thu hatos then the unreht vuorkid, vuan the that un-
44 reht vuorkid he gisclahid dod neuan sine sialun;
45 auur thia heretikere thia lugina ther sprekad, sia giscla
46 hed also mangan man, so sia thia lugina anbrenged.
47 Thesa is man thero bluodo the thar beuuollan vuir
48 thid mid mennisscemo bluodu endi the dithod [1])
49 vuo he thia fremitha hand aflitid thia ferevelhed to
50 vuerkenne. Vui sculun ferneman that the dro-
51 htin hatod thia rotta thia ther iogivuelik unreht
52 vuorkid endi thena the ther is fel mid hethi-
53 nun he hatod. That is fereueldat manogfald
54 bosu endi otheri misdat gerstlikamodu. Githen-
55 ked that heretikeri is man thero bluodo, the
56 dagauelikes fergiotid that bluod thero manno,
57 endi the .h. homicidia mansclagon
58 ..... isto gisclahid bethiu an sialun endi an
59 likhamon. Introibo. Ik scal an thin hus gangan
60 endi ik scal bedon an thinero forhto tote thi-
61 nemo heligon temple. Thurug thia mikili
62 thero ginathono. So is that godes hus, that
63 is thiu himiliska hierusalem, that is getimberid mid

---

1 *Ps. V.* 5. Odisti omnes qui operantur iniquitatem. *Hier.*)
2 Qui enim operatur iniquitatem suam tantum animam occidit;
3 qui autem hereticus est et loquitur mendacium tot occidit
4 homines quot induxerit. *Clm.* vir sanguinum est qui vel in
  anima vel in corpore proximum extinguit.
5 *Cass.*) Vir quidem sanguinum est qui humano cruore pol-
6 luitur sed et ille qui decipit vivum.... Dolosus autem illos
7 significat qui scientes malum alienum operari nituntur exitium.
8 Dum dicit *Abominatur* significat omnes, quos superius dixit
9 a regno Domini reddendos extraneos.... Completae sunt ab
10 utraque parte ennoematicae difinitiones, quae sententiae in
11 magnam utilitatem hominum videntur expressae, ut breviter
12 intelligerent peccatores, quos Dominus execratur et abjicit. —
13 *Hier.*) Vir quidem sanguinum omnis haereticus est quotidie

---

1) *Unsicher ob* thihtod *oder* dihtod. *Vgl. ags.* dihton *to dispose.*

ıt vuorkid rıan thethat ın 1
felah.... fine fialun 2
au........... er thia lugina ther sprekad hagisela 3
hed also mınganman. So hia thia lugma anbrenged 4
sa The'is man thero bluod ..the thar beuuollan vuir 5
thi....d eunisseemobluodu endi the chi.... 6
vu. h. thia sremitha hand afliid thia ferev. He to 7
vuerkenne. vuiseulun ferneman that tı........ 8
hein :...... hra vote : thia ther iogi vuelik unreht 9
vuirk........... en... the theriffel mid het ki 10
n....h......od. That isferenel dat manog.... 11
bo.. endi otheri. m: dat gekamodu G...... 12
ked............keri is man thero bluodo. t.. 13
desgauclikes fe..., .....: .....: bled.......s anno 14
. nd. th...th.....    homicid.  an felagou................ 15
.............isto gisela.    berhmanfialunen....un 16
...,.mon. Inzroibo. Ik seal ..thinhur gangan 17
....ik seal bedon an thinero forhto tote thi 18
......ohei i jon temple. Thurug thia mikili 19
thero ginathono. So ist hat godes hus. that 20
..th..u himilika hieru sat that qetimberid. mid 21

---

1 H. Sch. unreht. — that un. 2 H. selahid ... k ... rthosines..1..
Sch. reht uuorkid selahid ..... rtho sine sialun 3 H. au ... ir. Sch.
auur so heretikere. 4 H. Sch. hed also mangan — brenged. 5 H. Sch.
Thesa man. H. thero bluodo Sch. thero bluodo. H. Sch. the thar beuuol-
len uuirthid. v. Heinemann las Thesa is man. 6 H. Sch. thid. H. mens-
seemo, Sch. menniseemo. H. Sch. endi thit thit. 7 H. Sch. vu : : : : th
rem: tha... flitid thia fer.. v ... d to. 8 that thit is. 9 H. be ... thero
Sch. thero. — H. i o thia the roginuelik unreht; Sch. . o . . th the
ioguuelik unreht. 10 H. Sch....... h.. elr ... the is fel m the
the. 11 H. Sch. n..... od. That is f.... that man. 12 H. Sch.
o .. endi otheri ... uat ge. kvamod. G. In dem facs. ist r nicht deutlich genug, die ganze stelle ist etwas cerwirrt. 13 H. eri ... eri is man
thero bluodo t. Sch. ke... heritikeri is man thero bluodo...t..
14 H. Sch. g .. ikes... g ... blo.... no. 15 H. und. th..e...

64 then  leuindigon  stenon, that  is  mid  theru  menigi
65 mines  drohtines  heligono. thar  scal  ik  bedon  tote
66 themo  heligon  temple, that  is  te  mines  drohtines
67 likhamon, thes  helires, mid  theru  manungu  thero
68 forhtu.  Dom.  deduc  me. Vuola  thu  drohtin  uth-
69 ledi  mik  an  thinemo  rehte, thuru  mina  fianda  en-
70 di  gereko  minan  vueg  an  thinero  gesihti,  vuola
71 thu  drohtin  gereko  min  lif  tuote  thineru  hederun
72 gesihti, thuru  thin  emnista  reht, tote  then  euu-
73 igon  mendislon, thuru  mina  fianda  endi  thia  here-
74 tikere  endi  thia  hethinun. That  is  min  te  duonne
75 that  ik  mina  fuoti  sette  an  thinan  vueg  endi  that
76 is  thin  te  duonne  that  thu  minan  gang  girekos.
77 Vuelik  is  thesa  vueg? neuuan  thiu  liccia  heligero  ge-
           thes drohtines           in ore
78 scriuo. Thiu  vuarhed  nis  an  themo  munthe  thero
79 heretikero. vuan  thiu  idalnussi  beuualdid  iro  her-
80 tono. Vuan  thiu  tunga  folgod  thena  selfkuri  thes
81 muodes, vuand  sia  ne  hebbed  thia  uuarhed  an  iro
82 muthe, that  is  Cristen, vuan  sia  ne  hebbed  sia  an
83 iro  herton. Vuan  alla  thia  besuikid  the  fiond
84 the  he  ideles  herton  findid.

---

14 animarum  sanguinem  fundit. Recte  dixit: et  homicida  est
15 et  dolosus.
16
17  *Ps. V*, 8. Introibo. Introibo  in  domum  tuam, adorabo  ad
18 templum  sanctum  tuum  in  timore  tuo.
19  *Ps. V*, 7. Ego  autem  in  multitudine  misericordiae  tuae. —
20 *Hier.*) Ipsa  est  domus  quae  templum. *Clm.* i. c. caelestem
21 Hierusalem  et  adorat  cum  compunctione  timoris. *Cass.*) Sed
1 quia  illa  futura  Jerusalem  lapidibus  vivis  sanctorum  creditur
2 multitudine  construenda. *Ps. V*, 8.) Adorabo  ad  templum
3 sanctum  tuum — *Cass.*) Templum  sanctum  corpus  est  domini
4 salvatoris; sequitur „in  timore  tuo". Ut  cordis  compunctio-
nem  declararet, timoris  intulit  mentionem: quia  tunc  fides
solida  est, quando  amori  casto  formido  divinitatis  adhibetur.
5  *Ps. V*, 9. Dom.  deduc  me] Domine  deduc  me  in  tua  iu-

then leuundigon stenon. that is
mines drohtines heligono. th... kai
themo heligon temple. that if te mr ...... in..
likhamon. thes he lires. mid theru manungu thero
forhtu. dom. ded uc me. Vuola thu drohtin uth
ledi mik an thinemo rehte. Thuru mina fi.. da..ent
di gerekominan vueg an thine rogesihti. vuola
thu drohtin gereko min lif euotethineruhedenint
gesihti. thuru thin omnista reht. cote then euu
...mendislon. thuru mina fianda. endi...here
...... endi thia hethinun. that if min te duonne
... mina fuoti sette an thina nvueg. endi that
if ....... duonne that thu mina nganggirekos
v........ .....ueg. neuua.. thiu liccia heligeroge
the druhtines            more
......... iu vuarhed ... an ... hemom.... the ...ro
heretikero. vuan thiu ... nussi beuual......
tono. vuan thiu ...ga folgo thena selfkur....
muodes. vu. is ne hebbed thia uuarhed......
muthe. that if criston. vuan siane hebbed .....
iro herton. vuan alla thia besuikid the fi...
the he ideles herton findid.

---

8 .. anselage Sch. .nd. th..e..f...anselage. 16 H. Sch.. isto..
gi.. la. H. ethiu an sialun en an en. Sch. bethiu an sialun endi an.
17 H. endimon Sch. likhamon. H. Sch. Ik scal an thin hus gangan.
18 H. Sch. endi ik scal bedon an thinero forhto tote thi. 19 H.
Sch. nemo heligon. Thurug. 20 H. Sch. thero. 21 H. Sch. is thiu
himiliska hjerusalem. H. that is getimberd. Sch. getimberid mid.
2 H. heligeno. Thar scal. 10 H. euugon mendislon. 11 H. heretikere — te duonne. 12 H. that ik, — thinan. 13 H. S. is thiu te
duonne, — girekos. 14 H. an thinan vueg. Sch. nuelik is thesa
                                                      duonon
vueg. H. ne uua, Sch. neuuare. 15 H. vuan thiu vuarhed nis an
themo muthe thero, Sch. seriro. Thiu uuarhed etc. 16 H. heretikero, — idalnussi beuualdid iro her. 17 H. tunga folgo thena self-
                                                   d
kuri thes. 18 H. vuand sia, — uuarhed an iro. 19 H. hebbed sia
an. 20 besuikid; d verbessert aus n.

6 stitia, propter inimicos meos dirige in conspectu tuo viam
7 meam
8    *Cass.*) Vitam meam perduc ad tuae serenitatis aspectum.
9 — Ait enim „in tua institia". — Postulans Dominum ut
10 iam ad aeterna gaudia deducatur. — Propter inimicos, id
11 est propter haereticos et paganos. *Hier.*) Meum est pedes
12 ponere in via tua tuum est corrigere gressos meos.
13    *Clm.* postulat se deduci ad aeterna gaudia.
14    *Hier.*) Quae est autem ista via? Lectio scripturarum.
15    *Ps. V.*) Quoniam non est in ore eorum veritas. *Hier.*) Descri-
16 buntur haeretici. *Cass.*) Recte enim dicitur in ore ipsorum non
17 esse veritatem quorum cor vanitas possidebat. Lingua enim
18 sequitur mentis arbitrium *Hier.*) Non est in ore eorum veri-
19 tas. Non habent Cristum veritatem in ore suo, quia nec in
20 corde habent. Cor eorum vanum est. Melius habetur in
21 Hebraeo ἐπίβουλον. Vere enim insidiatur cor haereticorum
   omnibus quos decipit.

## X.

## MERSEBURGER HANDSCHRIFT.

# MERSEBURGER GLOSSEN.

Codex 42 des Merseburger Domcapitels enthält eine handschrift in zwei spalten auf quarto pergament, 123 bl., welche durch ab- und einschnitte, feuchtigkeit, anwendung von reagentien u. s. w. vielfach beschädigt sind. Auf dem alten lederumschlage steht *Isidorus de vita clericorum*. Der anfang fehlt, wie auch der schluss und im innern ein quaternio. Der titel bezieht sich nur auf Isidorus; es finden sich aber auch auszüge aus büchern des Augustinus, Prosper, Gregorius u. s. w. Die seite ist 27,5 cm. hoch, 20 cm. breit. Die quaternionen sind sehr unregelmässig; die meisten sind von 4, 2 von 5, 1 von 6 doppelblättern.

Diese seiten sind an einigen stellen mit sächsischen glossen versehen. Viele sind abgekratzt, andere sind mit älterer tinte übergeschrieben, wieder andere sind in älterer zeit mit reagentien bestrichen und ganz unleserlich gemacht, andere, besonders die welche mit einem bläulichen reagens bearbeitet sind, sind deutlich zu lesen. Es gelang mir besonders durch photographische abbildung der stellen einige der nahezu unleserlichen zu entziffern. Wo nur die spuren zu sehen waren dass eine glosse abgekratzt war, konnte dieses verfahren natürlich nichts helfen.

Die glossen von s. 103$^c$—110 wurden zuerst von H. Leyser in Haupts Ztschr. III, 280 f. publiciert, dann von Heyne in „Kleinere altniederdeutsche Denkmäler" s. 92, 2$^e$ ausg. s. 95; eine genauere collation wurde von H. E. Bezzenberger in Zeitschr. f. D. Phil. VI, 291 gegeben, wobei jedoch die vor s. 103$^c$ stehenden glossen übersehen wurden.

Die glossen sind nicht alle einer hand. Von grösserer alter hand sind die auf s. 4$^c$ und 4$^d$, 75$^c$ und vielleicht 121$^d$. Die auf 15, 67 und 76 sich befindenden eigennamen sind von verschiedenen händen. Die hände der übrigen glossen sind nicht genau zu unterscheiden, da einige den eindruck machen mit späterer tinte übergeschrieben zu sein, nl. 103c : 1, 2, 3, 4, 7, 104c : 2.

Wo ein wort in klammern gestellt ist, stand das sächsische wort in der hs. interlinear; wo dieselben fehlen, ist es marginalglosse, oder eine zwischen den spalten stehende glosse.

M. Heyne hat Kl. Altnd. Denkm. XIV u. f. übereinstimmung der mundart dieser glossen mit der Thietmars von Merseburg aus Walbeck nachgewiesen. O. Bremer, der Beitr. IX, 581 reste der anglischen sprache darin sieht, weist auch auf das stift Walbeck zwischen Braunschweig und Haldensleben als ort des herkommens und stellt die glossen ins 10. jh. Da jedoch Merseburg noch bis im 14. jh. niederdeutsch war (Tümpel Beitr. VII, 18 ff.) und das Merseburger Todtenbuch (Zf. für Archivkunde s. L. T. Hoefer I, 101, Neue Mitth. a. d. Gebiet hist. antiqu. Forschungen d. Thür. Sächs. Vereins. XI, 228), welches aus dem 10. jh. datiert, namen enthält, welche dieselben mundartlichen eigentümlichkeiten bieten, wie die wörter unserer handschrift, ist nichts dagegen anzunehmen, dass auch die Merseburger glossen im Hassegau, in Merseburg selbst geschrieben seien (vgl. Seelmann Jahrbuch des Ndd. Sprachvereins XII, 89 ff.).

Dass Thietmar die mundart Walbecks gesprochen haben sollte, ist auch deshalb weniger wahrscheinlich, da er schon im frühen knabenalter Walbeck verlassen hat um in Quedlinburg erzogen zu werden. Nur sieben jahre war er probst in Walbeck, die meiste zeit verlebte er aber in Merseburg und auf den gütern seiner familie bei Magdeburg, in Heslingen bei Zeven und Eisdorf bei Merseburg.

Zwei der hier vorkommenden eigennamen finden sich im Merseburger Todtenbuch wieder: *adalger* 15a und *ædilger diac. ob. Kal. Jan.* des Todtenbuchs; *liuthard* 67a und *liutherd pr. ob. XIIII Kal. Martis*. Enge beziehung zwischen beiden ist also wohl unabweisbar.

Neuerdings ist die mundart unserer glossen so wie die der eigennamen des Todtenbuches und Thietmari Chronicon für die vocale genau beschrieben von Hugo Hartmann Grammatik der ältesten Mundart Merseburgs, Norden 1890. Von Bremer wurde PB. Beitr. 9, 579 die sprache der glossen behandelt. Die hauptsächlichen abweichungen des dialectes sind die folgenden: die tonerhöhung von *a* zu *e: forsekenun, dege* u. a.; vor gedeckten nasalen ist *a* zu *â* geworden: *onstândanlica*, in monosyllabis zu *o: on* in *onstândanlica, son;* übergang von *a* vor *r* in *e* findet sich in *therua; e* wird *æ* geschrieben in *hærdrad*, daneben *uuerthan, iernihed* u. a. Abweichend vom Todtenbuch ist das *a* in *Adalger* wofür inn Todtenb. *ædilger*, sowie *Liuthard* für *Liutherd* im Todtenbuch; *o* ist *o* auch in offener silbe: *utbislotenun*. Für got. *ê* steht *é* in *iletene*, neben *á* in *hærdrad; ó* erscheint als *o* in *botun, idomde, gascopun*, undeutlich zu lesen ist *gibnotet* (103c); für *dóan* findet sich *dáuan; ai* ist *æ* in *æschiaϑ*, *é* in *mest, ginuegid*, u. a.; *eo* ist *ia* und *ie: unforthianadlucæ, niatela, nietath*.

In nicht betonten silben steht für *i* einmal *u* in *unforthianadlucæ*, neben *i* in *untellica, onstândanlica; é* wurde zu *i* in *uulisticn* neben *nullust (inullestian* oder *inullistian*). Das adverb hat *a* und *æ: uuislicæ, unforthianadlucæ*, neben *untellica, onstândanlica*. Als praefixe finden sich *ga* in *gascopun, ge* in *genuegid* (von anderer hand), *gi* ist zu *i* und *hi* geworden in: *iletene, idomde* u. a., *hiburilicuru*, einmal steht *g* ohne vocal: *gsculan*. Zu den consonanten ist zu bemerken die darstellung des palatalen *k* durch *ki* in *kieliirithi*, während *g* vor *i* und *e* zu *i* geworden ist, sodass das praefix *gi* als *i* erscheint in *idomde, inuegde, inullistian* etc.; als *hi* in *hiburilicuru; g* als *i* in *kieliirithi, iernihed*; daneben *genuegid* (von anderer hand). *h* ist abgefallen in *selfedia*, neben *iernihed*; ausgefallen in *thesma; ht* wurde *tt* in *attedun; ht* ist *ϑt* (oder *th?*) in *lithurstheϑti; b* ist *u* in *therua, f* in *bithurfen, forgefen* (von anderer hand): *f* wird meist *ſ* geschrieben, *u* in *nulisticn, nullust; ſſ* aus *ϑj* in *biseſſe*. Th wechselt mit *ϑ: nietath, æschiaϑ, uuerthan, uuerϑen; unforthianadlucæ, kieliirithi*: Für *st* steht *s* in *uuislicæ*, wenn nicht vielleicht zu lesen ist *uuistlicæ*. Der plur. praes. ind. hat als endung *-ath, -aϑ: nietath, æschiaϑ*; der plur. praes. opt. *-en: uulisticn, uuerϑen*.

# MERSEBURGER GLOSSEN.

4ᶜ Quid ergo est, nullum aliam curam habebant actores nisi ad sacra texta facienda aut quaecumque fuissent uexata. g e u u e g i. in aedificatione templi aut delapsa per eosdem actores de thesauris dominicio reficerentur.... et redigit apud se totius possessionis instrumenta originalia. e r s t l i c a.
[above thesauris: gid]

4ᵈ Unde exerceat scilicet donum quod illi est ob spiritu sancto. f o r g e | f e n. concessum secundum apostoli praeconum. Exorcistas enim memorat apostolus cum dicit numquid omnes donationes habent sanationum.

15 ¹) a d a l g e r dc.

21ᵇ (*excerptum ex lib. Augustini*) cum sacerdos ..... ²).
a m s c i n i. non agat bona quae loquitur ei etiam sermo sub trahitur ne loqui audeat quo dominum operatur sicut per prophetam dicitur.... a l l a s p r....

67ᵈ l i u t h a r d.

75ᵃ C. item eiusdem (*Jsidori*) d e r e g u l i s c l e r i c o r u m.

75ᶜ conuiuia publica fugiant et priuate non tantum pudica sed et sobria colant et usuris nequaquam incumbant | n o t b e | ³).
[below be: dun]

76ᶜ g e r o n i m u s pbr.

78ᵃ nam cum praepositis delinquimus, eius ordinationi, qui eos nobis. m a n n a ⁴). praetulit, obuiamus.

82ʳ l i u d g e r d ⁵).

92ᶜ CXIII. s e r m o s e c u n d ū d e u i t a e t m o r i b u s c l e r i o r u m.

---

1) *Zwischen* a *und* b.      2) *Durch reagens verdorben und unlesbare glosse.*
3) *Grob.*                    4) *Grob, bleich.*      5) *Feinere hand.*

99ᶜ nolumus cum detrimento uestro magnam ... re mercedem minus ibi habeamus et tamen uobiscum ibi regnemus. explicit. lonestsap ¹).

99ᵈ ita nimirum ea sectari nolentes aeternis subplicis mancipantur. Memoratur itaque sanctorum patrum sententias.

103ᵃ CXXI. Quod canonica institutio evangelica et apostolica auctoritate fulta ceteris superemineat institucionibus.

103ᶜ ²) monachis, qui secundum regularem institutionem *sagtiorem* ³) dicunt uitam penitus inhibitum esse uerumtamen in cauendis uitiis et amplectendis (nuuardianun⁴) uirtutibus eorum monachorum distare debet. uramst. uita. Monachi namque qui euangelicum preceptum sequentes distractis. forsaldun ⁵) endf forsekenun. atque renuntiatis patrimoniis sua Xristo dedere merito de facultatibus ecclesię subsidium acipiunt temporale. At quia toto mentis desiderio caelestia appetunt, sic in ⁶) ac peregrinationis uia sumptibus (botun ⁷) dominicis sustenlentur (thet se ti then thingun⁸)..... buotet uerd. n ⁹) qua*t*inus ad ea quae contempserunt minime redi.

103ᵈ re qualibet necessitatis causa conpellantur et quia nihil sibi proprium reliquerunt. Manifestum est illos copiosioribus (manigerun ¹⁰) ecclesic sumptibus (botun ¹¹) quam canonicos, qui suis et ecclesie licite utuntur (nietath ¹²) rebus indigere (bithurfen ¹³).

103ᵈ CXVII. Quod sint res ecclesie......

104ᵃ locupletem fecerunt ecclesiam ut his et milites Xristi alerentur, ecclesie exornarentur, pauperes recrearentur et captiui pro temporum (hiburilicuru¹⁴) oportunitate redimerentur... sed et sententia beati hieronimi non solum prelatis sed etiam ceteris qui rebus utuntur ecclesie uigilanter perpendenda est..... ¹⁵).

104ᵇ Ergo res ecclesię pauperibus et militibus Xristi stipendi-

---

1) *Uebergeschrieben, steht zwischen* 99ᶜ *und* 99ᵈ.    2) *Abgebrochen.*
3) sagt *übergeschrieben.*    4) *Grob, übergeschrieben, der erste teil abgebrochen.*
5) *Uebergeschrieben.*    6) *Wahrscheinlich eine zeile übersprungen.*    7) botun *fein.*    8) thet se ti then thingun *übergeschrieben.*    9) *Vielleicht* iht buotet ueróun, *beinah unlesbar;* buotet ueró.n *in verdorbener stelle.*    10) manigerun *fein.*    11) *Fein.*    12) *Fein.*    13) *Fein.*    14) hiburilicuru *bleich.*
15) undru..... o *unlesbare glosse.*

arie (uuislicę ¹) debent intellegi....... et subditos gubernent et pauperes foueant (uulistien ²).
104ᶜ ...... Ineffabiliter (untellica ³) remunerari mereantur.
Quod diligenter munienda sint claustra canonicorum.
Praepositorum officii: ut subditorum mentes sanctarum scripturarum lectionibus assidue muniant, ne lupus inuisibilis aditum inueniat, quo ouile domini. so sagd ⁴). ingredi et aliquam ouium subripere ualeat et quamquam ab hic hoc instantissime (onståndanlica⁵) spiritaliter fieri oporteat.
104ᵈ Sint etiam interius dormitoria, refectoria, cellaria et ceterae habitationes usibus fratrum in una societate uiuentium necessarię, qui uero haec que permissa (iletene⁶) sunt iuxta quod possibilitas subpetit (iuulestit⁷) agere rennuerit impar minusque idoneus ad cetera ecclesiastica officia peragenda habendus ⁸) est.
CXVIII. Qui in congregandis canonicis modus actionis sit tenendus.
Cauendum summopere (allera mest⁹) praepositis ęcclesiarum est, ut in ęcclesiis sibi commissis etc.
105ᵃ Nec ipsos gubernare nec ceteris ecclesię necessitatibus ut oportet ualeant. iuullestian ¹⁰). adminiculari.... cui nec animae nec corporis curant solatia uullust ¹¹) exhibere.
105ᵇ Gule (kieliirithi ¹²) et ebrietati et ceteris suis uoluptatibus dediti.....
CXIX. De his qui in congregatione sibi commissa solummodo ex familia ecclesiae clericos aggregant.
105ᶜ Ut si quando eis aliquid incommodum (unimetes ¹³) fecerint aut stipendia oportuna subtraxerint, nihil quęrimonię

---

1) uuislicę s ist lang durchgezogen bis l (ob es st bedeutet?), fein.
2) uulistien fein.  3) untellica fein.  4) so sagð. bleich, grösser (der strich durch d der sichtbar ist gehört zu einem buchstaben der über d gestanden hat. Das a ist sichtbar wenn man das pergament vor das licht hält).  5) onståndanlica schwarz.  6) praemissa ausgebessert iletene fein.  7) estit lesbar, obwohl an verdorbener stelle, fein.  8) so sugd von 104c kann auch hierzu gehören.  9) Fein.  10) iuullestian, e oder i nicht sicher, fein.
11) Fein.  12) kieliirithi i ist nicht deutlich.  13) unimetes schwarze tinte.

(cláge¹) contra se obicere (dúuan²) praesumant, timentes scilicet ne aut seuerissimis uerberibus afficiantur (iuuegde uuerthan³) aut humanae seruituti denuo (son) crudeliter addicantur (idomde uuerden⁴). Hoc autem non ideo dicitur ut ex familia ecclesię probabilis uite in congregatione non sint admitendi, praesertim (tithursledti⁵) cum apud dominum non sit (selfédia⁶) personarum acceptio, sed potius ut propter quam intulimus (gascopun.... ⁷) occasionem, nullus prelatorum seclusis (utbislotenun⁸) nobilibus uilestantum in sua congregatione admittat personas.

105ᵈ CXX. Qui clerici in·congregatione canonica constituti ecclesiastica accipere debent stipendia.

Quia sanctorum patrum supra notatę sententię docent, clericos non diuitiarum sectatores esse, nec res ecclesiarum inofficiose (unforthianadlucæ⁹) accipere debere non ab re putauimus (niatela attedun¹⁰) nonnulla capitula libri prosperi ad medium exempli causa deducere, in quibus ita legitur: qui ecclesie seruiunt etea 106ᵃ quibus opus (therua) non habent aut libenter accipiunt aut exigunt (æschiad¹¹), nimis carnaliter sapiunt. Item ibi: satis quippe indignum est, si fidelis et operosa (uuerklic) deuotio (iernihed) clericorum propter sti[pendium] seculare premia sempiterna contemnat.

106ᵃ necesse est clerici studeant in accipiendis ecclesiasticis sumptibus, suum uitare (mithan¹²) periculum.

106ᶜ CXXI. ut in congregatione canonica equaliter cibus et potus accipiatur.

107ᵃ restat ut falce iusticie¹³) resecetur (san... ¹⁴).

CXXII. De mensura cibi et potus.

Illud quoque congruen 107ᵇ tissime | tenendum ee | ut in singulis locis in | ¹⁵) socialiter canonice domino militatur, panem et pulmentum. thesma¹⁶) et elimosinarum partes qualiter canonici accipiant.

---

1) cláge *schwarze tinte*.  2) dúuan *schwarze tinte*.  3) iuuegde uuerthan *schwarze tinte*.  4) idomde uuerden *schwarze tinte*.  5) tithursledti *oder* -slethi *nicht sicher*.  6) selfédia *schwarze tinte*.  7) gascopuu m....  *schwarze tinte*.  8) utbislotenun *schwarze tinte*.  9) unforthianadlucæ *schwarze tinte*.  10) niatela attedun *schwarze tinte*.  11) æschiad *schwarz und blau*.  12) mithan *schwarze tinte*.  13) *Unlesbar*.  14) san *schwer lesbar*.  15) *Abgebrochene zeilen*.  16) thesma *grob*.

109ᵃ Dent quippe eis pulmentum iuxta quod uires suppetunt et loca eis congrua adtribuant in quibus nutrimenta fiant ut necessaria pulmenta. hærdrad¹). habeant, exceptis his quae de ecclesie uillis uel oblationibus fidelium accipiunt.

109ᵇ CXXIII. Quod a praelatis gemina pastio sit subditis perpendenda.

110ᵈ Quatenus eas pastori omnium Xristo uidelicet summo pontifici secum. (an themu dege fvrht uuerthan gsculandi....²) intremendi examinis die inlesas presentantes non cum reprobis et diuina ultione feriendis dannentur, sed potius cum electis pastoribus perpetua felicitate a domino remunerentur.

121ᵇ CXXXVIII. De praepositis.

quatenus a domino de fideli administratione gradum bonum adquirant, erga huiusce³) modi uero delinquentes et obedientiam sibi commissam bene non adminis trantes modus superius ... n prehensus tenendus est.

121ᶜ CXXXIX. Qualis cellerarius sit constituendus.

121ᵈ Debet procurare praelatus ut fratribus cellerarium non uinolentum non superbum non tardum non prodigum sed moribus honestum ac deum timentem constituat qui et stipendia fratrum. biseffe⁴). fideliter seruet et diligenti cura administret.

---

1) *Ueber* hrædrad *steht noch* ssic̄... 2) an themu dege fvrhtuuerthan gsculādī. *Sievers las* (1872) *hiernach noch* ur, *zweiter hand.* 3) *Hierzu* necgle..... *ob* neglegentia *zu lesen?* 4) *Grob.*

# XI.

## VATICANISCHE HANDSCHRIFTEN.

# ABRENUNCIATIO DIABOLI UND CREDO.

Der codex palatinus 577 der Vaticanischen bibliothek ist ein sammelcodex, dessen erster teil in der letzten hälfte des 8. jh. verfasst wurde; etwas später aber noch ungefähr aus derselben zeit scheint der zweite teil zu sein. Bis auf die letzte n°. ist die ganze handschrift von einer hand geschrieben.

Der codex klein folio enthält 75 bll. in 9 quaternionen. 1) 1ª und 1ᵇ theologica, später vorgebunden. 2) 2ª De diversis causis de lapsu episcopi vel praesbiteri. 3) In der mitte dieser seite Dicta Hieronimi presbiteri. 4) 4ª Karlomanni Concil. german. a° 742. 5) 5ª Concilii Leptinensis canones a° 743. 6) 6ª Nomina episcoporum qui missi sunt a romana urbe ad praedicandum in Gallia. 7) 6ᵇ Nomina episcoporum seu abbatum qui apud villam Attiniacum etc., Synodus anni 765. 8) 6ᵇ unten, die abrenunciatio. 9) 7ª Das credo. 10) Auf derselben seite der Indiculus. 11) 7ᵇ Alloquutio sacerdotum de coniugiis inlicitis ad plebem anfangend mit Ezech. 3,17. 12) 8ᵇ Eine allocutio über den sabbat. 13) 9ª Clemens Jacobo carissimo in domino aeterno salutem — endet mit (in roten buchstaben) Explicit deo gratias. Hiernach folgt 14) s. 11ª—70ª Der erste teil der canonensammlung des Dionysius Exiguus, i. e. die concilien. 15) 70ª Incipit de evangelio tractatus. 16) Concilium Vernense, a° 755 sub Pippino celebratum a° 755; hiermit fängt eine andere hand an.

2—13 gehören zusammen und sind wie Scherer in den Denkm.² 497 nachgewiesen hat „mit beziehung auf die Sachsenmission in Fulda zusammengestellt, wahrscheinlich gleich zu anfang dieser mission, welche bald nach 772 begann und 779 endigte". Da der erste teil in chronologischer ordnung steht[1]) folgt das Credo nach den namen der bischöfe, welche 765 zu Attigny versammelt waren. Das capit. de part. Sax. (Richthofen z. lex Saxonum s. 128 f. etc.), das wahrscheinlich von 777 datirt, ist noch nicht in dem codex enthalten; er muss also vor diesem jahre zusammengestellt sein, zwischen 772 und 777.

Dass er in Fulda geschrieben ist, erhellt, nach W. Giesebrechts aufsatz Scriptura Scotica in Schmidt Zs. f. Geschichtswissensch. 17, 564 f., aus der schrift. Dieser codex trägt nl. wie der eines Jordanes und der chronik des Marianus Scotus die notiz „iste liber pertinet ad librariam sancti Martini ecclesie Moguntine". Die chronik des Marianus ist „von zwei durchaus verschiedenen händen geschrieben". Die erste hand, die bis f. 149 geht, „zeigt die deutlichste verwantschaft mit der in den beiden bereits erwähnten handschriften, nur dass sie sich in dem geschlossenen *a* als jünger erweist". Diese schrift, im mittelalter scriptura scotica genannt, scheint sich in Fulda am längsten erhalten zu haben. In dieser schrift waren auch die älteren Traditiones Fuldenses geschrieben.

Marianus (geb. 1128, † 1086) lebte von 1059 bis 1069 in Fulda und gieng von da nach St. Martin zu Mainz, wo er sein Chronicon Universale vollendet hat. Wahrscheinlich hat er sich in Fulda eines schreibers bedient, der der dort üblichen schreibart folgte, während er sich in St. Martin eines andern schreibers bediente, der die karolingische minuskel gebrauchte.

Der Jordanes und der Codex Palatinus sind aus älterer zeit als die stiftung St. Martins (ungefähr 1037). Marianus Scotus hat sie wahrscheinlich aus Fulda mitgebracht und sie dem neuen kloster geschenkt, nachdem sie ihm als quellen für sein geschichtswerk gedient hatten (Pertz Archiv. 5,304).

Die in diesen codex aufgenommenen altsächsischen denkmäler wurden also in Fulda für das südliche Engern (vergl. Einl.) wahrscheinlich von einem Angelsachsen geschrieben. Dass er ein Angelsachse war, ist ersichtlich aus dem *á* für alts. *é*, urgerm. *ai*, und *and* für *endi*. Das original hatte wahrscheinlich hierfür sächsische laute, denn *and* findet sich nur in den später hinzugefügten worten *and anordum* etc., während das vorhergehende *end*

---

[1]) Wie aus den datirbaren stücken hervorgeht.

(original wahrscheinlich *endi*) hat. Die hochdeutsche farbe die in *goles* und *forsachistu* zu tage tritt, kommt wohl daher dass das ganze die umarbeitung eines hochdeutschen vorbildes ins sächsische ist, wie auch die taufgelöbnisse aus der Merseburger handschrift 58 und der Speierer handschrift (München hofbibl. germ. g. 37) *forsachistu* haben. Die taufordnung zu Fulda stimmt überein mit der in der Mainzer diöcese und der an dem hofe Karls des grossen (MS. Denkm.² s. 499).

Frühere ausgaben sind: S. Pauli Miscella antiquae lectionis Argentorati 1664, s. 73, 74. H. Conring De Origine iuris germanici liber unus, Helmestadii 1665 3e ausg. s. 349. Ph. Labbé Sacrosancta concilia 6 Paris 1671. Monumenta Paderbornensia ed. 2ª. Amstelodami 1672 s. 336. E. G. Graff Diutiska II, 191. Pertz Monum. Germ. Leges I, 19. F. H. von der Hagen N. Jahrbuch der Berl. Gesellschaft für deutsche Sprache II, 61. H. F. Massmann Die deutschen abschwörungs-, glaubens-, beicht- und betformeln (1839) 1. 67 (mit facsimile). M. Heyne Kleinere altniederd. Denkmäler, Paderborn 1867, 1877, s. 86. Müllenhoff-Scherer Denkmäler deutscher poesie und prosa, Berlin 1863, 1873, 1892 n°. LI.

# ABRENUNCIATIO UND CREDO.

Forsachistu diobolae? et respondeat: ec forsacho diabolae end allum diobol geldę? respondeat: end ec forsacho allum diobol geldae.

End allum dioboles uuercum? respondeat end ec forsacho allum dioboles uuercum and uuordum, Thunaer ende Uuoden ende Saxnote ende allēm them unholdum the hira genotas sint.

Gelobistu in got alamehtigun fadaer? Ec gelobo in got alamehtigun fadaer.

Gelobistu in Crist godes suno? Ec gelobo in Crist gotes suno.

Gelobistu in halogan gast? Ec gelobo in halogan gast.

# INDICULUS SUPERSTITIONUM ET PAGANIARUM.

Der sogenannte Indiculus befindet sich in derselben handschrift wie die Abrenunciatio und schliesst sich unmittelbar ohne titel daran.

Er ist wahrscheinlich ein wenig jünger als die Abrenunciatio und das Credo und ungefähr aus derselben zeit wie das Capitulare Paderbrunnense von 782 (wie v. Heinemann, oder 785 wie Pertz III, 48 angiebt), welches strafbestimmungen für die hier verzeichneten misbräuche enthält; jedoch, wie aus dem in den einleitung der Abrenunciatio gesagten erhellt, vor 777.

Der Indiculus war wahrscheinlich ein verzeichnis für den missionar um dasjenige zu wissen worauf er zu achten hatte; wie auch das Capitular des Karlomann a° 742 sagt: „Decrevimus ut secundum canones unusquisque episcopus in sua parrochia sollicitudinem adhibeat, adiuvante gravione, qui defensor ecclesiae est, ut populus Dei paganias non faciat, sed ut omnes spurcitias gentilitatis abiciat et respuat; sive sacrificia mortuorum, sive sortilegos vel divinos, sive filacteria et auguria, sive incantationes, sive hostias immolatas, quas stulti homines iuxta ecclesias ritu pagano faciunt, sub nomine sanctorum vel martyrum vel confessorum, Deum et suos sanctos ad iracundiam provocantes; sive illos sacrilegos ignes, quos niedfyr (niedfeor, neidfyr *in anderen handschriften*) vocant, sive omnes quaecumque sint, paganorum observationes diligenter prohibeant (Pertz. Leges I, 17)".

Der priester hatte also auf heidnische misbräuche zu achten, welche den neubekehrten noch anklebten, und sie zu wehren. Das Capitulare Paderbrunnense schärft gerade für die sächsischen gegenden schwere strafbedrohungen gegen den hier genannten unfug ein; es wurde gegeben nachdem der widerstand der Sachsen zum teil gelähmt war. Hieraus ist für die vergleichung mit dem Indiculus anzuführen:

„3 Si quis ecclesiam per violentiam intraverit et in ea per „vim vel furtu aliquid abstulerit vel ipsam ecclesiam igne cre„maverit, morte moriatur.

„6 Si quis a diabulo deceptus crediderit secundum morem „paganorum virum aliquem aut feminam strigam esse et homi„nes comedere et propter hoc ipsam incenderit, vel carnem eius „ad commedendum dederit, vel ipsam commederit, capitis sen„tentiae punietur.

„7 Si quis corpus defuncti hominis secundum ritum paganorum „flamma consumi fecerit, et ossa eius ad cinerem redierit, capite „punietur.

„9 Si quis hominem diabulo sacrificaverit, et in hostiam more „paganorum daemonibus obtulerit, morte moriatur.

„21 Si quis ad fontes aut arbores vel lucos votum fecerit aut „aliquid more gentilium obtulerit et ad honorem daemonum „comederet; si nobilis fuerit, solidos sexaginta, si ingenuus „triginta, si litus quindecim, etc.

„22 Jubemus ut corpora christianorum Saxonorum ad cimiteria „deferantur et non ad tumulos paganorum.

„23 Divinos et sortiligos ecclesiis et sacerdotibus dare consti„tuimus".

Der Indiculus war der vorläufer, er gab nur ein verzeichnis dessen, worauf die bekehrenden priester zu achten hatten. Später kam das gesetz und bestimmte strafe auch für das was mit der neuen kirchenordnung in widerstreit war.

Eine Pseudo-Augustinische Homilia de Sacrilegiis [1]) steht wahrscheinlich auch zu dem Indiculus in enger beziehung.

Nach der eingehenden untersuchung Caspari's datirt diese Homilia eher aus dem 8. als aus dem 7. jh. und muss sie in den nördlichen gegenden des fränkischen reiches entstanden sein. In dem hier folgenden abdruck des Indiculus habe ich die übereinstimmenden stellen der Homilia am fuss der seite mitgeteilt.

Auch in Trier, Stavelot oder Echternach war im 18. jh. noch

---

1) Dr. C. P. Caspari, *Eine Augustin fälschlich beigelegte Homilia de Sacrilegiis* Christiania, 1886.

ein dokument erhalten, das sich wahrscheinlich auf den Indiculus bezog. In Brüssel ist auf der K. Bibliothek eine handschrift erhalten, welche aufzeichnungen des bischofs von Antwerpen, Franciscus de Nelis, enthält, welcher sie im jahre 1783 in den klöstern von Trier, Stavelot und Echternach aus den dortigen handschriften gesammelt hat; leider sind die augaben nicht sehr genau. Er verzeichnet sachen ex codic. ms. bibliothecae S. Maximini, aus cod. parg. Stabulensi, Epternacensi. Hierin finden sich s. 16: Notationes ad Indiculum superstitionum.

„I. De sacrilegio ad sepulchra mortuorum synodus habita sub „Carolomanno in vita S. Bonifacii lib. 1. Ut populus Dei paga„nias non faciat sed ut omnes spurcitias gentilitatis abjiciat sive „sacrificia mortuorum. An ergo sacrificia ad sepulchra mortuorum „erant sacrificia?"

„II. De Spurcalibus in Februario, Nos hodieque Februarium „vocamus Spurekal.

„III. De sacris Mercurii et Jovis. Dicta s. Augustini: quia „audivimus quod aliquos viros et mulieres ita diabolus circum„veniat ut quinto sabbati nec viri opera faciunt, nec mulieres „laneficiunt, coram Deo et angelis eius contestamur, quia quo„cunque hoc observare voluerint, nisi per prolixam et duram „poenitentiam tam grave sacrilegium quesidaverint. Ubi arsurus „est diabolus ibi et ipsi damnandi sunt. Isti enim infelices et „miseri". Vgl. auch Caspari l. c. s. 27.

Die in diesen „Notationes" genannte synode ist die von Liftinae (743 oder 745). Ein zusammenhang zwischen dem Indiculus und dieser synode war auch von Seiters [1]) angegeben, wurde aber bestritten von Hauck [2]). Dass die chronologische anordnung dagegen streitet, ist noch kein beweis gegen den zusammenhang, denn es können sehr wohl einzelne bestimmungen in der synode zu Liftinae getroffen sein, während der Indiculus erst später in dem grossen krieg der kirche gegen die superstitiösen handlungen, welche sich am zähesten in den sächsischen gegenden erhielten, verfasst wurde. Die annahme von Boretius: „ab homine privato in Saxonia saeculo octavo conceptus esse videtur", ist iedenfalls nicht ganz begründet. Von der Homilia unterscheidet

---

1) *Bonifac.* p. 379, f.
2) *Kirchengeschichte Deutschlands* II, 357 anm. 1.

sich wieder der Indiculus dadurch, dass einzelne bräuche, wie die am 1. januar, sich hier nicht finden.

Eine andere aufzeichnung von De Nelis aus der zeit Karls des grossen hat auch die Renunciatio Satanae zum gegenstand. Sie ist mitgeteilt im Bulletin de l'acad. de Bruxelles X (1843) p. 166 [1]). Ich lasse sie hier noch einmal folgen: „Domino meo „Karolo serenissimo imperatore augusto acto, coronato, magno „et pacifico regi Francorum et Longobadorum ac patritio Roma- „norum. Gratias etenim agimus Domino omnipotenti, qui tan- „tam sapientiam cordi vestri inspirare dignatus est, ut semper „sanctam ecclesiam defendere et servientes ecclesiis nullo tempore „ammonere desistis. Venit enim nobis epistola serenitatis vestrae „in qua scriptum erat qualiter nos vel suffraganei nostri in „ecclesiis Domini presbyteros et populum nobis a Domino com- „missum docuissemus. Nos vero, Domino adjuvante, in quan- „tum valuimus, secundum traditionem patrum et antecessorum „nostrorum, ecclesiasticorum virorum, responsum dare satagimus. „Primitus enim paganus catecuminus fit; catecuminus enim dici- „tur imbutus vel instructus, accedens ad baptismum ut renuntiet „maligno spiritui et omnibus dampnosis eius pompis. Pompas „autem nos dicimus s i n i u g e l p a n d a s i n e n u u i l l o n [2]).

„Tunc fiunt scrutinia ut exploretur serius an post renunciatio- „nem Satanae, sacra verba data fidei radicitus corde defixerint, „sicut in sacramentorum continetur etc."

Woher dieses stammt erzählt De Nelis nicht. Es folgen nur noch die worte: „Caetera epistolae non addam, quia ex his vestra paternitas, et maxime ex verbis in illa germanicis, facile sciat an sit edita vel non".

Die ausgaben sind dieselben wie die der Abrenunciatio et Credo. Vergl. hierzu auch A. Boretius Capitularien im Lango- bardenreiche, Halle, 1864 und J. Grimm Mythologie s. 614.

---

1) Dr. W Seelmann hatte die güte mich hierauf aufmerksam zu machen.
2) De Nelis schreibt Sin iugelp ardasinen uuillon.

# INDICULUS SUPERSTITIONUM ET PAGANIARUM.

1 De sacrilegio ad sepulchra mortuorum.
2 De sacrilegio super defunctos, i. dadsisas.
3 De spurcalibus in Februario.
4 De casulis, id est fanis.
5 De sacrilegiis per aecclesias.
6 De sacris siluarum, quae nimidas uocant.
7 De hiis, quae faciunt super petras.
8 De sacris Mercurii vel Jouis.
9 De sacrificio quod alicui sanctorum.
10 De filacteriis et ligaturis.

---

3. *Hom. Aug.* § 17. uel qui in mense februario hibernum credit expellere, uel qui in ipso mense spurcos ostendit... non christianus sed gentilis est. *Vgl. auch* Caspari s. 36.

5. *Hom.* § 14. Quicumque super sanctum simbulum et orationem dominicam carmina aut incantationes paganorum dicit, etc.

6, 7. *Hom.* § 2. Quicumque ergo, fratres, nomen Christi credet et fidem catholicam suscipit, reuersus est sicut canes ad uomitum suum, qui ista obseruare uoluerit: id est antiquas aras aut lucos, ad arbores et ad saxa et ad alia loca uadet, vel de animalibus siue aliut ibi offert, uel ibi epulatur. Sciat, se fidem et baptismum perdedisse.

8. *Hom.* § 12. Qui dies aspicet, quos pagani errantes soles, lunes, martes, mercures, ioues, ueneres, saturni nominauerunt.... uel ipsum diem, quem ioues dicunt, propter iouem colet et opera in eo non facit, iste non christianus, sed paganus est.

10. *Hom.* § 22. uel qui per incantationes et radices et pociones herbarum et anolum et brachiales in corpore suo portando etc.

*Hom.* § 19. Quicumque salomoniacas scripturas facit et qui caracteria in carta siue in bergamena, siue in lamiuas acreas, ferreas, plumbeas uel in quacumqne christum uel scribi hominibus uel animalibus mutis ad collum aligat i. n. chr. s. p. c.

§ 21. Et qui de anolo aureo uulnus circat, uel qui propter dolorem oculorum annolum qualecumque sibi super ipsum oculum ligat, et qui cornu aut lorum ecruinum propter effugiandos serpentes sibi ligat, iste grauiter peccat.

11 De fontibus sacrificiorum.
12 De incantationibus.
13 De auguriis uel auium uel equorum uel bouum stercore uel sternutationes.
14 De diuinis uel sortilogis.
15 De igne fricato de ligno id est nodfyr.
16 De cerebro animalium.
17 De obseruatione paganorum in foco vel in incoatione rei alicuius.
18 De incertis locis, quae colunt pro sanctis.
19 De petendo, quod boni vocant sanctae Mariae (hs. pentendo).
20 De feriis, quae faciunt Joui vel Mercurio.

---

11. *Hom.* § 3. Si quis neptunalia in mare obseruat, aut ubi fons aut riuus de capite exurget, quicumque ibi orauerit, sciat se fidem et baptismum perdedisse.

12. *Hom* § 14. Quicumque .... in animalibus mutis aut in hominibus incantat et prodesse aliquid aut contra esse iudicat; et qui ad serpentes morsos uel ad uermes in orto uel in alias fruges carminat et quodcumque aliut facit, iste non christianus sed paganus est.

§ 15. Carmina uel incantationes, quas diximus, haec sunt: ad fascinum, ad spalmum, ad furunculum u. s. w.; *s. o. p.* 206.

13. *Hom.* § 9. Et qui cum orcios diuinare confingit, et qui cum lanas et acias ad diuinandum trahit, et qui passeres et quascumque aues uel latratus canum et reclamationes hominum per sibelos et iubilos et sternudus auguria colit, iste n. chr. s p.

§ 10. Et qui signa caeli et stellas ad auratum inspicet et qui boues, quando primum arare incipit, et cum arietes et hircos in grege dimittit, qui ista omnia obseruare se dicit, sciat se fidem perdere, non esse christianum sed paganum.

§ 27. Sternudationes considerare et obseruare nolite nec nullas auiculas cantantes nolite adtendere.

14. *Hom.* § 5. Et qui diuinos uel diuinas, id est pitonissas, per quos demones responsa dent, (consulit), qui ad eos interrogandum uadet et eis que dixerint credet, uel ad scultandum uadet, ut aliquit de demoneis audeat, non christianus sed paganus est.

§ 6. Qui sortiligia obseruat et qui manum hominis greue aut leue, uel quando accipit calicem, in ipso aspicet, iste sacrilicus est.

17. *Hom.* § 25. Sunt enim, qui in kalendas ianuarias focum uel aliud quodcumque beneficium de domo sua non porrigant. Alii mensas in illa nocte plenas multis rebus conponunt et sic conpositas esse uolunt, credentes ut per totum annum conuiuia illorum in tale habuundantia perseuerint.

18. *Hom.* § 2. qui ista obseruare uoluerit: id est antiquas aras aut lucos, ad arbores et ad saxa et ad alia loca uadet.

20. *Hom.* § 12. Qui dies aspicet, quos pagani errantes soles, lunes, martes, mercures, ioues, ueueres, saturni nominauerunt, et credet sibi per hos dies uiam agendam uel negotium faciendum, uel in quacumque utclitate alia per ipsos aut iouamen aut grauamen fieri posse, uel ipsum diem quem ioues dicunt, propter iouem colet et opera in eo non facit, i. n. chr. s. p. e.

21 De lunae defectione, quod dicunt uinceluna.
22 De tempestatibus et cornibus et cocleis.
23 De sulcis circa uillas.
24 De pagano cursu, quem yrias nominant scissis pannis uel calciamentis.
25 De eo, quod sibi sanctos fingunt quoslibet mortuos.
26 De simulacro de consparsa farina.
27 De simulacris de pannis factis.
28 De simulacro, quod per campos portant.
29 De ligneis pedibus uel manibus pagano ritu.
30 De eo quod credunt quia femina [1]) lunam comendet [2]), quod possint corda hominum tollere iuxta paganos.

---

21. *Hom.* § 13. Quicumque signaculum crucis oblitus fuerit, uana adtendit et nouam lunam contralunium uocat, et in aliqua utilitate operis sui, siue ad agendam uiam, siue ad agrum arandum uel letamen uehendum aut uineam potandam atque colendam, aut in silua ligna incidenda, aut domum continuandam aut quocumque aliud agendum, et per lunam sibi fieri impedimentum credit, iste non christianus sed paganus.

§ 16. Quicumque defeccionem lunae, quando scuriscere solet, per clamorem populi uasa lignea et erea amentea battent, ab strias depositam ipsa luna reuocare in caelum credentes...

*Vgl.* Liv. XXVI, 5; Seneca Nat. quaest. VII, 1; Tac. Ann. I, 28 *u. a*; *in* Poenit. Vindob. c. 99 Si quis Vince, luna, clamauerit, *so auch* Poenit. pseud. Theod. c. 12, § 15; Hrabanus Maurus „Homilia contra eos qui in lunae defectu clamoribus se fatigant" (Opp. V, p. 605*b*), *u. a. vgl.* Caspari l. c. p. 31.

22. *Hom.* § 16... Uel qui grandinem per laminas plumbeas scriptas et per cornus incantatos auertere potant, isti non christiani s. p. s.

30. *Vgl. zu* 21 *und* 22.

---

1) *hs.* fămina.    2) *l.* comedet.

# RUNENALPHABET UND BUCHSTABENNAMEN.

Cod. Vatic. 266 fol. membr. 9.—10. jh., 195 seiten, 30 × 19 cm. enthält schriften des Ambrosius und s. 1 die hier erwähnten runenzeichen und buchstabennamen. Diese wurden 1886 von Prof. Dr. Reifferscheid in Bonn in der Vaticanischen bibliothek gefunden und Germania 13, 77 von F. Dietrich herausgegeben. Später wurden die runenzeichen und namen wieder abgedruckt bei G. Stephens The old. Northern Runic Monuments of Scandinavia and England III (1884) s. 9.

Nach Enck Zeitschrift f. V. u. A. (37$^b$, 212) soll sie namen enthalten der mönche aus Hethi, welche später Korvey gegründet haben; wenn dies der fall ist, muss die handschrift nach 822 entstanden sein (v. Einl. XIV). Die namen scheinen nur zum teil sächsisch, einige sind wohl fränkisch, wie Heligaudus, Sichaudus, Audinus. Diese sind wahrscheinlich namen der aus Corbie mit hinüber gekommenen fränkischen geistlichen.

Dietrich hat es versucht eine erklärung der buchstabennamen zu geben; ich verzichte darauf, da die namen zum teil sehr entstellt scheinen und ich von einigen keine befriedigende erklärung zu geben weis. Da die runenzeichen mir fremd und ganz abweichend vorkamen, bat ich Professor Dr. Sophus Bugge mir seine meinung über diese zeichen und namen mitzuteilen. Ich lasse hier die mir freundlichst gegebenen bemerkungen folgen.

„Über den Charakter des zweiten Alphabets und der dazu „gehörigen Namen spricht sich Dietrich nicht entschieden aus, „allein nach seiner Vermutung ist das Alphabet „im wesentlichen „ein [volksmässiges] Runenalphabet aus der Gegend der Hand„schrift, welches beträchtliche Umwandlungen und Verrenkungen „durch Abschreiber erlitten hat" (S. 89). Stephens sagt dagegen „von den beiden ersten Alphabeten der Corveyer-Handschrift: „They are fanciful and barbarous characters, a jumble of Latin

„and Bastard and Runic marks, brought together in the usual
„way by some ingenious or idle monk as ciphers for secret
„writing".

„Ich meine, dass die angeführte Vermutung Dietrichs unrichtig
„ist, und ich betrachte die Alphabete wesentlich wie Stephens.
„Namentlich leugne ich entschieden, dass ein altes *volksmässiges*
„westfälisches Runenalphabet zu Grunde liegt. Das Zeichen des
„*e* ist zwar ein deutliches Runenzeichen. Allein dies ist nicht
„durch uralte Tradition im deutschen Volke bewahrt; es ist viel-
„mehr (wie das Verhältniss bei den Buchstabennamen lehrt) aus
„einer deutschen Handschrift, in welcher das *angelsächsische* Ru-
„nenalphabet abgeschrieben war, übertragen.

„Ueber die Buchstabennamen spricht sich Stephens nicht aus.
„Dietrich erklärt dieselben als altsächsische Dingbezeichnungen,
„und er vermutet in diesen Dingbezeichnungen volksmässige
„deutsche, speziell westfälische Runennamen. Davon, dass die
„nur hier vorkommenden Buchstabennamen alte deutsche volks-
„mässige Runennamen seien, kann nach meiner Ansicht gar nicht
„die Rede sein. Denn die Runen wurden bei allen germanischen
„Stämmen, welche dieselben aus heidnischer Zeit her kannten, mit
„wesentlich denselben Namen benannt, welche (wenn wir von *yr*
„absehen) von den hier vorkommenden Namen weit verschieden
„waren. So z. b. ist für *b* als got. Buchstabenname *bercna* auf-
„gezeichnet; der angelsächsische Runenname für *b* ist *beorc*, der
„nordische *bjarkan*; dagegen hier heisst *b bina*. Jedoch kann die
„Übereinstimmung vieler hier vorkommenden Buchstabennamen
„mit altsächsischen Dingbezeichnungen, wie Dietrich dieselbe
„nachgewiesen hat, nicht zufällig sein. Z. B. *Heled* ist ja offen-
„bar ein altsächsisches Wort (= *helid*, s. Heliand). Wie ist also
„der Ursprung dieser Buchstabennamen (welche nicht alte volks-
„mässige Runennamen sind) zu erklären? Ich meine, dass diese
„Buchstabennamen von einem westfälischen Mönche willkürlich
„gebildet sind. Er hat die angelsächsischen Runennamen, wie
„dieselben von hochdeutschen Schreibern entstellt waren, gekannt.
„Diese Runennamen waren in derjenigen deutschen Handschrift,
„in welcher er dieselben las, den angelsächsischen, in der Rei-
„henfolge des lateinischen Alphabets aufgestellten Runen beige-
„schrieben. Die dem westfälischen Mönche bekannte Aufzeichnung
„der angelsächsischen Runen muss mit den Aufzeichnungen Nr.

„24 bei Stephens Runic Monuments (I S. 107), Nr. 44 (I S.
„111 = W. Grimm Wiener Jahrbücher Vol. 43 S. 23) und Nr.
„52 (I S. 112) nahe verwandt gewesen sein. Diese Runennamen
„änderte der westfälische Mönch willkürlich, um wirkliche alt-
„sächsische Wörter als Buchstabennamen zu erhalten. So hat er
„den Namen von *b bina* (d. h. Biene) durch Änderung von *bira*
„(Stephens Nr. 24, 44, 52) gebildet, und dies *bira* ist wieder
„Entstellung aus dem Runennamen in deutscher Form *biric* oder
„*birich* d. h. Birke; *ota* (d. h. Morgen?) ist Änderung von *otil*
„(Stephens Nr. 24, 44, 52), der hochdeutschen Form des angel-
„sächsischen Runennamens *eðel*, *oeðil*; *calda* mittellat. (d. h. Klee)
„hat den Runennamen *kalk* (Stephens Nr. 24) zur Voraussetzung;
„*rorot* (d. h. Röhricht, nach Dietrich) ist Umbildung von *rehrt*
„(Steph. Nr. 24), und dies ist wieder durch *rehit* (Steph. Nr. 44,
„52) aus *reit*, d. h. dem angelsächs. Runennamen *rád*, entstellt. Der
„Runenname für *x helac* (Steph. Nr. 44, Umbildung des angel-
„sächs. *eolx*) hat dem Mönche die Idee zum Namen des *h helcð*
„(d. h. Held, Mann) gegeben.

„In *yr* hat er den Runennamen ungeändert behalten (Steph.
„Nr. 24 *yu*, aus *yr* entstellt; *hyr* Steph. Nr. 44; *yri* Steph. Nr.
„52); *quinon* ist Lesefehler statt *quiron* (d. h. Mühle) und be-
„weist, dass wir in der Vaticaner Handschrift nicht die Original-
„aufzeichnung des Erfinders der altsächs. Buchstabennamen haben.
„Als Runenname findet sich *quirun* in einer Wiener Handschrift
„Nr. 277 (W. Grimm Deutsche Runen S. 106); statt dessen
„haben Steph. Nr. 24, 52 *qhon*. Auch *ka cana*, wofür wol *kana*
„zu lesen ist (d. h. Kanne?), steht dem *can* in derselben Wiener
„Handschrift nahe; dies *can* ist Entstellung des angelsächsischen
„Runennamens *cen* (wie auch in Steph. Nr. 24, 52 geschrieben ist).
„Bei der Bildung seiner Buchstabennamen hat der westfälische
„Mönch oft gleichen Ausgang verschiedener Namen gesucht. So
„-*da* in *zSda* (aus *zeta* nach Dietrich), *calda*, *lida*. Ferner -*ta*:
„*ponta* (Umbildung des Runennamens *pert* Steph. Nr. 24), *dotta*,
„*faneta*, *ota* (vgl. oben), *tonta* (in naher Übereinstimmung mit
„*ponta* gebildet). Ferner: -*on*: *non*, d. h. hora nona (Umbildung
„des Runennamens *not* Steph. Nr. 24, 44, 52?), *quinon* (vgl.
„oben), *uegon* d. h. Wagen? Der Runenname *quiron* (= *quirun*
„in der Wiener Handschrift) gab das Vorbild für diese Endung
„ab; vgl. *dhron* Steph. Nr. 44? Bei der Bildung des Buchstaben-

„namens *mis* (d. h. Tisch) hat der Runenname des *i is* vielleicht
„Einfluss gehabt. Vgl. auch hiermit *gas* oder *gos* (d. h. Gans).

„Als eine Möglichkeit will ich es noch nennen, dass der west-
„fälische Mönch auch ein anderes Vorbild als das von mir schon
„genannte gehabt hat. Denn einige seiner Buchstabennamen sind
„den Buchstabennamen des *irischen* Alphabet „bethluisnion" (bei
„O'Donovan Grammar s. XXXII und Grimm Geschichte der
„deutsch Spr.² s. 111) ähnlich: *a* heisst bei ihm *alma*, in dem
„irischen Alphabete *ailm*; *n* bei ihm *non*, irisch *nion* (vgl. *p*
„*ponta*, ir. *pethpoc*; *c calda*, ir. *coll* d. h. Hasel; *t tonta*, ir.
„*tinne*). Auch die irischen Buchstabennamen sind zum Teil von
„den angelsächsischen Runennamen beeinflusst; dies wirt durch
„ir. *q queirt*, *u ur* bewiesen

„Dass der westfälische Mönch nicht überall wirkliche sächsische
„Wörter als Buchstabennamen wählte, kann nicht Wunder nehmen:
„*ponta*, *tonta* sind wahrscheinlich nie wirkliche Wörter gewesen.

„Eine treffende Analogie zu diesen von einem westfälischen
„Mönche erfundenen Buchstabennamen haben wir in den von
„Nemnivus erfundenen *britischen* Buchstabennamen, die in der
„Grammatica Celtica von Zeuss und bei Zimmer Nennius s. 132 ge-
„druckt sind („Alphabetum brittonicum. Nemnius istas reperit
„literas nituperante quodam scolastico saxonici generis quia
„brittones non haberent rudimentum"). Hier wird also ange-
„deutet, dass der Erfinder der britischen Buchstaben und
„Buchstabennamen die angelsächsischen kannte. Die britischen
„Buchstabennamen sind zum Teil nach den angelsächsischen
„gebildet. Bei dieser Umbildung hat der Erfinder wirkliche
„britische Wörter als Buchstabennamen zu erhalten gesucht.
„So hat er z. b. nach dem angelsächs. Namen des *r rád*
„(d. h. „Ritt" und „Wagen") *rat* als den Namen des *r* gebildet:
„allein dies bezeichnet im Britischen „grace, favour" (neucymr.
„*rhad*). Mehrere der britischen Buchstabennamen sind jedoch nicht
„wirkliche britische Wörter, gerade so wie einige der von dem
„westfälischen Mönche erfundenen Buchstabennamen nicht wirk-
„liche sächsische Wörter sind.

„Zum Schluss bemerke ich, dass ein Zeichen und ein Name
„des *i* in der Handschrift fehlt. Auch dies beweist, dass wir hier
„nicht die Originalaufzeichnung haben".

# RUNENALPHABET UND BUCHSTABENNAMEN.

1ᵃ Incipiunt nomines. sacerdotales. Fratres, Hug¹bertus, presbiter, Leutricus monachus, Hadlebertus, Berengarius, Theotradus, Uiuerius, Rotradus, Randuinus, Giselmundus, Aldbertus, Heligaudus, Noduinus, Sichaudus, Lantharius, Drotbertus, Leotuualdus, Irmenulfus, Hodo, Lantharius similiter, Ermenharius, Rodouuardus, Berengarius, Aodoldus, Audinus.

Alma, bina, calda, dotta, emera, faueta, gas [1]), heleð, ka cana, lida, mis, non, ota, ponta, quinon, rorot, sisso, tonta, uegon, y yr [2]), Z&da, &.

[1] *Dietrich hat* „ges oder gos".
[2] yrr *oder* yyr *oder* y yr.

# XII.

## ST. GALLER HANDSCHRIFT.

# ABCDARIUM NORDMANNICUM.

Codex 878 der stiftsbibliothek von St. Gallen des 11. jh., 394 seiten zu 33 zeilen, meist von einer hand auf ungleichem, öfter beschmutztem pergament, 21.5 × 13.5 cm.; n°. 100 des Tschudischen nachlasses [1]).

Die hs. ist nicht in St. Gallen geschrieben; woher Tschudi sie bezogen hat, wird nirgends angegeben.

S. 283 befindet sich eine chronologie, welche bis 809 p. Chr. lauft. Deshalb wurde die hs. von Ildefons von Arx ins 9. jh. gesetzt. Dieselbe chronologie, bis j. d. w. 4761 (809 p. Chr.), befindet sich in der hs. 899 4° aus dem 10. jh., in einem miscellancodex n°. 397, s. 141 und in n°. 732, s. 142 bis 810 p. Chr., diese beiden hauptsächlich aus dem 9. jh. Da diese chronologie eine copie ist, giebt sie keinen beweis für das alter. Der eng zusammen gerückten schrift mit scharfen abschnitten wegen wird sie jetzt von G. Scherrer im Verzeichniss der hss. wohl mit recht ins 11. jh. gestellt. Er irrt sich aber, wenn er (s. 308) schreibt, dass dieselben runen mit ähnlichem text auch in einer Salzburger hs. vorkommen (Philips in Wiener Sitz.-Ber. 44, 508). Diese stimmen vielmehr mit den runen im codex Sangall. 270, s. 52 überein [2]).

Der codex 878 enthält s. 5 „Donatus minor"; s. 18 „Incip. declinationes nominum"; s. 82 lehre vom verbum; s. 50—69 und 72—91 „Donatus maior"; dazwischen s. 70—71 lateinische gedichte (gedruckt bei Goldast Manuale bibl. s. 75).

s. 91—148 „Capitula libri Bedae de arte metrica".

---

1) G. Scherrer, *Verzeichniss der hss. der stiftsbibliothek v. St. Gallen.* Halle, 1875.
2) W. Grimm, *Ueber deutsche Runen* s. 106.

s. 148 inc. „Institutio Prisciani grammatici de nomine et verbo".

s. 170—171, 174—176 „De declinatione"; s. 171—174 „Isidori Orig." VI, c. 2. s. 176—177 „De XII signis".

s. 178—240 „Computus Hrabani"; s. 240—41 „De XII signis".

s. 242—276 „Beda de natura rerum" (Opp. II p. 6 et 43).

s. 277 „Excerptum de libro Albini magistri" (ohne text); s. 278—283 „Abbrevatio chronicae" (chronologie bis a° m 4761, 809 p. chr. (vgl. cod. 899 p. 68); s. 284 nochmals die chronologie. s. 284—302 „Ratio quomodo feria qua Dns passus est invenitur".

s. 302—303 monatsverse, s. Wiener Sitz.-Ber. 43, 71. s. 303—315 Excerpte aus Orosius und Cassiodor's Historien und Epistola Hieronymi n°. 72.

s. 315—320 „Isidori de accentibus etc."

s. 320 „Hebraice littere". s. 321 das griechische alphabet, die angelsächsischen runen und ABC nord.

s. 322—323, 340—344 „Disputatio de vera philosophia Albini magistri".

s. 324—327 kalender mit den namen Bonifatius und Willebrord. s. 327 „Epistola Ipogratis"; s. 331—334 recepte; s. 333 eine grabschrift; s. 335 sittensprüche in prosa.

s. 335—339 „Epistola Karoli regie ad Albinum magistrum".

s. 348—350 „Seneca Lucillo". s. 352—378 „Inc. epistola Antimi medici inlustr. ad Titum imperat. et ad Teodericum regem Francorum".

s. 378—391 excerpte aus „storia ecclesiastica"; s. 390 beschwörungsformel; s. 392—393 recepte. s. 394 Leoninische sittensprüche.

Die auf s. 321 befindlichen runen sind nordische runen, in drei reihen verteilt, und sollen, nach Wimmers ansicht (Die Runenschrift Berlin s. 236), zu demjenigen alphabete stimmen das auf dem Tryggevaelder steine u. s. w. benutzt ist.

Die dazugehörigen altsächsischen memorialverse sind von K. Müllenhoff behandelt in Haupts Zs. f. d. alterthum XIV. 1869 s. 123 und Denkmäler[2] 284.

Die namen der runen sind teils altnordisch, teils althochdeutsch oder angelsächsisch. Wahrscheinlich ist, wie auch W. Grimm Ueber Deutsche Runen s. 144 meint, das nordische alphabet von einem Angelsachsen aus Niedersachsen nach St. Gallen mitgebracht und dort abgeschrieben. Daher die altnordischen namen und die angelsächsische form eines wortes wie *rát*, so wie die ags. runen *wreat* unter *feu forman*, daher die althochdeutschen laute in *rát* (ags. *rad*), *naut* (altn. *nauð*), *chaon* (altn. *kaun*). In *oboro*, *habet* kann *b* das altsächsische *b* sein oder ein hochdeutsches *b*, das für alts. *u* oder *b* geschrieben ist.

Die älteren ausgaben sind: in W. Grimm Ueber Deutsche Runen Göttingen 1821 s. 138, 140—147, mit facs. von Ildefons von Arx. W. Grimm Abh. z. Litt. d. Runen, Wiener jahrb. (1828) 43 s. 26 mit zweitem facsimile nach anwendung von reagentien. Massmann in Aufsess. Anzeiger für Kunde des deutschen Mittelalters (1832), s. 32. K. Lachmann Ueber das Hildebrandslied (1833), s. 129. H. Hattemer Denkm. I St. Gallen, 1844, Taf. I. C. G. Coopers Reports Appendix p. 36 Plate III. Dietrich in Haupts Zs. XIV s. 119. K. Müllenhoff Haupts Zs. XIV, 123. Denkmäler Deutscher Poesie und Prosa n°. V., 1873, 1892. L. F. A. Wimmer Die Runenschrift (übersetzt v. Dr. F. Holthausen) Berlin 1887, s. 236.

Auf dem facsimile ist neben einem bilde des jetzigen zustandes der seite eine abbildung der seite gegeben, wie sie Ildefons von Arx wiedergegeben hat, vgl. Wimmer l. c.

# ABECEDARIUM NORDMANNICUM.

Feu forman, Ur after, Thuris thritten [1]) stabu, Os ist imo [2]) oboro, Rat endost [3]) uuritan.
Chaon [4]) thanne cliuet [5]) Hagal Naut habet Is, Ar endi sol.
Tiu, Brica [6]) endi Man midi [7]), Lagu [8]) the leohto, Yr al bihabet [9]).

---

1) *v. Arx* ² thritn, *Massmann* thritten, *Hattemer* thricten, *Piper*, *MS*. thritten.
2) *v. Arx* ¹ imo, *Massmann* (hiemo? keno??) obero, *Hattemer* heno.
3) *v. Arx* ² ratend os uuritan, *Massmann* rat end(i) os uurit(a), *Hattemer* racen os uurita.
4) Chaon = *altn.* Kann. *v. Arx* ² Chaon, *Piper*, *MS*. Chaon.
5) *v. Arx* ² diuct *Piper*, *MS*. cliuot.
6) *Massmann* isu *Lachm.* tir, tiu. *v. Arx* Brita, *Massmann* brica?, *Piper*, *MS*. brica.
7) *v. Arx* ² *Piper*, *MS*. Lagu, *v. Arx* ¹, *Hattemer* Laga.
8) midi *v. Arx* ¹: „*etwas verwischt*", *Piper* uid.
9) *v. Arx* bihabe, *Massmann* bi habet, *Hattemer* bihab. *J. Grimm ZsfdA.* 14, 131 bihabendi *durch falsche verbindung von* endi (*für* midi) *mit* bibabe.

# XIII.

## STRASSBURGER GLOSSEN.

# STRASSBURGER GLOSSEN.

Diese glossen befanden sich in dem codex c IV, 15 der alten universitätsbibliothek zu Strassburg. Von dieser handschrift kann nur eine sehr dürftige beschreibung gegeben werden, da die hs. bei der belagerung der stadt in 1870 in den flammen der universität mit zugrunde gegangen ist. Nach **Graff** Diutiska II, 195 — und dasselbe findet sich bei M. **Heyne** Kleinere altniederd. Denkm. s. 92, der leider bei seiner ausgabe von 1867 den codex nicht wieder durchgearbeitet hat — soll die schrift aus dem 8—9. jh. datiren; nach **Pertz**, Archiv 8, 462 und 11, 510, aus dem 10. jh. oder aus dem anfang des 11. jhs.

Vorn standen, nach Pertz l. c., die worte: „Werinharius episcopus dedit S. Marie". Dieser Werinharius war von 1001 —1029 [1]) bischof von Strassburg. Er war sehr befreundet mit dem kaiser Otto III von Sachsen und wie dieser ein grosser freund und förderer der wissenschaften. Wie seine vorgänger, unter denen besonders Erkambald [2]) hervorzuheben ist, hat er die cathedralbibliothek mit vielen handschriften bereichert und seine eigenen codices der kirche geschenkt. Unter ihm war die Strassburger schule berühmt, und viele hss. wurden hier abgeschrieben [3]). Wenn die hs. in Strassburg auf seinen antrag aus einer anderen hs. abgeschrieben ist, so muss sie aus dem anfang des 11. jhs. datiren. Möglich ist es auch dass Werinharius sie auf seinen reisen im norden gekauft und nach Strassburg mitgebracht hat, so dass sie in diesem falle im 8. oder 9. jh., wie **Graff** meint,

---

1) Grandidier *Oeuvres inédites* I, 439.
2) Grandidier l. c. s. 2. Wimpheling. *Catal.* s. 35, f.
3) Grandidier l. c. s. 438

geschrieben sein kann [1]). Um 1500 wird die hs. ohne irgendwelche bemerkung erwähnt von J. Wimpheling in Catalogos Episcoporum Argentinensium (1651 herausgegeben von J. M. Moscherosch) [2]).

Graff Diutiska II 192 teilt mit dass der codex ausser einem teil der Isidorischen Etymologien enthalte: Beda de Natura rerum, de Ratione temporum, Augustini Dialectica, Boethii in Topica Ciceronis commentaria, Boethius de syllogismo hypothetico, Beda de ratione calculi, Hieronymi Expos. sup. epist. ad Ephes. Die stücke aus Isidor's Etymologien befanden sich auf s. 4$^b$ bis s. 14$^b$.

In der hs. muss ein blatt unrichtig geheftet gewesen sein, denn die glossen zu Lib. XII c. 7 n°. 22, 24 und 28 finden sich in umgekehrter ordnung nach c. 7 n°. 70. Das blatt war zuerst gedreht, so dass verso an die stelle von recto kam, und dann an unrichtiger stelle geheftet.

Zwei glossen, die Graff hinter L. XII, c. angibt, 8 (*vesicula blasa* und *displosa testotan*) konnte ich nicht auffinden. Wahrscheinlich sind es randglossen gewesen; zum texte von Lib. XII, c. 8

---

[1] Die hss. worin die worte „Werinharius Episcopus dedit S. Mariae" waren viele und sehr kostbare Die in der bibliothek von Strassburg gebliebenen sind 1870 zerstört. Viele aber sind in früheren zeiten nach Bern gekommen, wo sie noch an dieser inschrift zu erkennen sind, so eine historia Orosii, eine historia eccl. Eusebii u. a.

[2] Jacobus Wimphelingius, *wie Robertus Bellarminus cardinalis in „De Scriptoribus ecclesiasticis" schreibt*, Presbyter Ecclesiæ Spirensis, orator, Poeta et Historicus non contemnendus, vivebat anno Dom. 1500, scripsit praeter alia: Epitomen rerum gestarum per Germaniam. *In seinem Catalogus führt er folgende hss. als in der bibliothek der kirche vorhanden auf*: Origenis expositio super Penthateuchum, Esitius super Leviticum de sacrificiis, Hieronymus super minores Prophetas, Historia Pauli Horosii (*in Bern*), Epistolæ Hieronymi, Augustini et Hisidori, Liber Gregorii Turonensis, Georgii Florentini de miraculis, Textus quinque librorum Moysis etc. Commentarium in Perihermenias Aristotelis, Isidorus Etymologiarum (*unsere hs.*), Geometria ex graeco in latinum a Boecio translata (*in Bern*), Proprietatis et dispositiones signorum coeli, Vita S. Martialis, Exameron S. Ambrosii, item de Paradiso, item de Caym et Abel, item de adhortatione virginitatis. De perpetua virginitate beatæ Mariæ, Passiones Vitalis et Agricolæ, Expositio super Danielem, Ambrosius de officiis ministrorum, Periarchon Origenis et quattuor libri de natura rerum et temporum ratione, Verba dierum Paralipomenon, Parabolæ Salomonis cum tribus sapientialibus, In Musica, De naturis certorum animalium et hominum, Item Regulæ Geometriæ, Beda de naturis rerum, Dialectica Augustini, De ratione calculi, Expositio Hieronymi super Epistolam ad Ephesios, Musica Boecii, Liber Cremoniarum (l. ceremoniarum) Pontificale."

gehören sie nicht, denn mit *gurgulio* schliesst dieses capitel ab.
Die glossen wurden zuerst herausgegeben von Graff Diutiska
II, 192; dann von M. Heyne Altndd. Denkm. n°. XI (1867
und 1877). Einige glossen sind nachgetragen in A. Holtzmann
Althochdeutsche Grammatik I, X; hierin *delirant douod, statim
solat(?), compita uuegsceh, conche scalim, dispendium arnithi, car-
dine nuéruon.* Diese sind hier nach einer neuen abschrift der hs.
von herrn prof. H. Lang gegeben. Auch Schmeller scheint
für sein Glossarium saxonicum die hs. durchgesehen zu haben,
denn er hat schon unter *arbed arnithi* und s. 93 *uuegsceth.* Dass
aber *uuegsceh* in der hs. stand, scheint sicher durch das verzeichniss der glossen in Pertz Archiv. 11, 510, wo *nuegseh*
aufgeführt wird. Hier finden sich auch die bei Graff verzeichneten
glossen *coppodi, hringodi*, wofür Heyne ohne angabe des warum
*coppod, hringod* liesst.

Im Archiv 11, 510 wird mitgeteilt, dass ein „*Tractatus de
mundo. Mundus pingitur sicut homo sapiens verso capite*" etc.
folgt. Dann folgt der brief des unbekannten königs Premo; ein
brief der, wie die beschreibungen der weltteile des Isidors, voll
fabelhafter nachrichten, und gleichsam eine ährenlese aus diesen
capiteln ist; während bei Graff Diutiska II 194 nur zu lesen ist:
„Hierauf folgt: *Epistola Premonis regis ad Traianum imperatorem*
worin über *onagro* die glosse **uuildi esil** und über (*eliopolis*)
*constructa aere et ferro cooperta* die glosse **erin timbar,
isarnin thecina** steht".

Von den früheren herausgebern ist nicht angegeben ob alle
glossen von einer hand waren. Wenn man auf die lautformen
achtet, würde man geneigt sein dieses zu bezweifeln, denn neben
*háp* haufen findet sich *hopa*, neben *old* und *niuoldaran, caldondion*, so *hluttaro, hringodi* aber *umbiuérbi.* Für *á* steht *o* in
*monohtlic*, daneben mit *á drani*; *é* in *sciep*, neben *máristun, biuaid*.
Sonst finden sich wenig abweichungen. Der umlaut von *a* erscheint
regelmässig in *thrihendiga, mengidamo* u. ä. Ein *e* für *a* weist
*gles* auf, *e* vor folgendem *i* in *brennid.* Regelmässig auch *ó* aus
*au* und altgerm. *ó*, in *douod, tuihobdiga, wasdoma, noti, hou*
und *blod; eo* als *ie* in *nietat, iu* in *sniumia.* Aus *egi* ist *ci* geworden in *eislic* und *cia; cyithassa* behielt *egi.* Vor *e* findet sich
nach *k* (*c*) ein *i sciep. b* ist *u* geschrieben in *douod delirant, bd* findet
sich in *tuihobdiga. F* ist meist *u* geschrieben: *noti, uarbudun,*

*uallandia*, *biuaid*. Vocaleinfügung fand statt in *kanagit*. *h* blieb in *hl*, *hluttaro*, *hring*, nicht in *umbiuérbi*, ist ausgefallen in *uuassad*, *uuasdoma*, *biuaid*; *ht* blieb unverändert: *nahtigala*, *suht*. *Th* blieb meist unverändert: *nithiromo*, *matho* u. a., nur *ht* statt *th* in *uuarht*, *monohtlic*, und im auslaut *t* in *nietat*, *d* in *douod* u. a. Statt *t* steht *d* in *hold*. Von flexionsformen seien nur verzeichnet: dat. sg. m. n. adj. u. pron. *mengidamo*, *gimalanamo*, *nithiromo*, *themo*; praes. ind. pl. 3. -*ad*, -*od*: *suellad*, *uuasad*, *telliad*, *nietat*, *uuandlod*; plur. praet. -*on*: *uurthon* neben *uarbudun*.

# STRASSBURGER GLOSSEN.

Isidori Origenum lib. XI. c. I, 140 De femine nomine.
4b menstrua. monohtlic.
    c. II De aetatibus hominis.
27 delirant. douod. senes enim per nimiam aetatem delirant.
    Lib. XI. c. III De portentis.
7 bicapites. thui hobdiga.
7 trimanum. thri hendiga.
10 cani. grisa.
    Lib. XI. c. III De gigantibus.
18 labro subteriore. nithiromo.
21 aduncis naribus. crumbon.
    Lib. XI. c. IV De transformatis.
1 de illa maga famosissima. maristun.
2 sceleratorum. sundigara.
3 scarabei crabrones. hornoberon.
    Lib. XII. c. I De pecoribus.
18 dictamnum. stafuúrt [1]).
20 villosos armos ut hirci. boi.
29 color fulvus. falu.
38 *Asinus*. Animal quippe tardum. so lat. et nulla ratione renitens statim ut voluit sibi homo substrauit [2]).
29 pernicitas. tálhéd.
29 pilis in contrarium versis. struua.
39 nascentibus masculis zelant. ándod.
43 vivacitas. quiched.

---

1) *Dass die zeichen acute waren und nicht circumflexe, wie Graff schreibt, erhellt aus der abschrift von prof. H. Lang.*
2) *Die glosse so lat gehört wohl zu quippe tardum; Holtzmann statim so lat.*

58 Iacob contra naturam colorum similitudines procuravit, nam tales foetus oves illius concipiebant, quales umbras arietum desuper ascendentium in aquarum speculo [contemplabantur [1]). Sulic so the scimo uuas thero uuetharo an themo uuatara, so bli uurthon thia sci̇ep.
59 generosos equos. athilarion.
61 burdo ex equo et asina. pruz.
   c. II De bestiis.
10 pardus. lohs.
34 per compita semitarum. uuegsceth [2]).
   c. IV de serpentibus.
4 cristatus draco. coppodi.
6 olfactu suo eos necat. stunka.
20 tractu corporis circulato. hringodi.
22 obturgescunt. suellad.
34 lacertus. egithassa.
   c. V De minutis vermibus.
10 teredonas greci vocant lignorum vermes. matho.
15 tarmus vermis est lardi. matho.
   c. VI De piscibus.
16 serratam cristam. scarpam camb.
21 cauda tortuosa. struua [3]).
24 ingeniosum. glauuuon.
45 prevalidos lacertos. starca.
45 quamlibet ad cursum veloces alligari pedes. traga uoti.
48 conchae. scalun.
48 incremento lunae. uuasdoma.
48 membra turgescunt. uuassad.
48 Luna... auget humorem. blod.
49 De quibus hii qui de animantium scripsere tradunt. telliad.
51 eorum carnibus vivunt. nictat.
51 crodit. cnagit.
59 negant quidam canes latrare quibus carnis in offa rana viva detur. giuuelid.
   c. VII De avibus.
12 prepetes volatus. sniumia.

---

1) *Heyne: fehlt, weil ein Stück pergament abgerissen.*
2) *Nach Schmeller; Holtzmann* uuegsceeh.     3) *abl. sg.*

14 grues. kraru¹).
16 cornices. kraiun.
18 collum... inflexum. in gebogdon.
37 luscinia. nahtigala.
37 acredula. nahtigala.
39 bubo. huc²).
39 avis feralis. eislic.
43 (corvus) hic prior in cadaveribus oculum petit. kanagit.
44 cornix annosa. old.
46 pice. agastriun³).
46 poetice. scoplico.
46 discrimine vocis. scetha.
50 si auro liquescenti misceatur. gimalanamo.
52 deprehensus est. beuundan uuarht⁴).
54 aurarum signa. uuedaro.
57 falconem. falx vel segisna.
61 columbae dictae, quod eorum colla ad singulas conversiones colores mutent. so siu umbilocod⁵) so uuandlod siu ira bli.
61 venerias. herlica.
65 ortigometra. ueldhon.
65 semina venenorum. hettaruurtio.
65 vetuerunt. uarbudun.
65 caducum morbum. uallandia suht.
66 cristis. stralon.
70 garrula avis. scricondi.
70 sollertissima. clenlistig.
28 fulice. meridier.
24 ave. vel chere. hel uues.
24 institutione. uan lernunga.
22 rogum sibi construit. hap.
81 ovorum autem tantam vim esse dicunt, ut lignum eis perfusum non ardeat ac ne vestis quidem contacta aduratur. hold lescid uan eia, uuadi ne brennid.
81 admixta quoque calce. mengidamo eia et calca.
81 glutinare feruntur vitri fragmenta. renuian tibrokan gles te hopa.

---
1) *l.* kraue *oder* krauu.  2) *ll* huo *unrichtig; wohl* huuo, *vgl. s.* 286, 63*d.*
3) *nom. plur.*  4) *i. e.* uuarth.  5) *Graff* ambilocod

c. VIII. De minutis animalibus.
2 fuci. drani.
6 cucendela. golduuiuil.
8 papiliones. uiuoldaran.
8 florentibus malvis. pappillan.
13 culex. muggia.
15 oestrum. bremmia.
16 bibiones. uuin uurmi.
17 gurgulio. hamstra [1]).
    vesicula. blasa [2]).
    displosa. testotan [2]).
    Lib. XIII c. I. De mundo.
8 (cardines mundi) in ipsis. uuéruon.
    Lib. XIII c. VII. De aere.
1 aer, nam ille subtilis. the hluttaro.
1 commotus. genuagit.
1 congelautibus nubibus. caldondion.
1 turbulentius. gesuorkan.
    c. XXI. De fluminibus.
7 incremento (suae exundationis). anfluzi.
7 limum. lemon.
9 post multos circuitus. umbiuérbi.
    Lib. XIV c. I. De terra.
1 in modum centri. dodron.
    c. II. De orbe.
1 orbis. hehhring.
1 ambit. biuaid.
    c. III. De Asia.
25 fatescunt. tefarad.
28 mercibus. medon.
    c. IV. De Europa.
3 Germania. thiudisca liudi.
    c. VI. De insulis.
6 alvearia. bikar.
7 gummi. drupil.
14 aeris. ér.

---

1) *Graff* ham'tra.
2) *Diese stelle findet sich in Isidori Origenes*

33 tyrannorum. mermahtigaro.
33 aratro. eridú.
34 sales Agrigentinos. scirion salt.
40 apiastro. érda.
41 intervalla. etto.

*Auf die Etymologien des Isidorus folgt:* Epistola Premonis regis ad Trajanum [1]).

*Hierin noch folgende glossen:*

s. 197 reliquum corpus onagro simile. uuildi esil.
   „   eliopolis constructa aere et ferro cooperta. erin timbar isaruin thecina.

---

[1]) *Der ganze brief steht abgedruckt bei Graff, Diutiska* II, 195 ff.

# XIV.

## CARLSRUHER HANDSCHRIFT.

# GLOSSENSAMMLUNG AUS S. PETER.

In der Carlsruher hof- und landesbibliothek befindet sich ein codex, 106 blätter, 33 × 23 cm. pergam., welcher aus dem kloster S. Petri im Schwarzwalde stammt. Er enthält, wie der titel auf dem hölzernen deckel angiebt, *exposiciones terminorum biblie*. Zwei vorblätter sind von derselben hand (10.—11. jh), die auch 101ᵃ—106ᵇ schrieb. Der anfang lautet: „In Xristi nomine incipit liber S. Eusebii Hieronimi presbiteri super Hebraica nomina secundum Hebraicam veritatem". Diese anfangsbuchstaben sind von einer anderen hand als der text. S. 3ᵃ steht über dem anfang eines vocabulars aus dem anfang des 15. jh. [1]): „Emit Philippus Jacobus Abbas [2]) aᵒ 1781". Dieses vocabular nimmt die folgenden seiten bis 57ᵇ ein. Dann folgen vier leere seiten. Mit 62ᵃ fangen die Glosae divinorvm librorvm an, welche, nach Graff, Diutiska II, 167, dem 9. jh. angehören; mir schienen sie etwas späterer zeit, vielleicht noch dem ende des 10. jhs. anzugehören. Diese glosae laufen durch bis 100ᵇ. Mit 101ᵃ fangen die „glose idem interpretationes uel proprietates sermonum excerpte de libris autenticis auctorum translatę ab Eusebio Hieronimo presbytero" wieder an.

Der codex besteht aus drei teilen, welche zusammen geheftet sind: 1) zwei vorblätter, 2) 5 senionen s. 3—61 (58—61 leer) und 3) 5 quaternionen und ein ternio 62—106.

In den zweispaltig geschriebenen glossen von s. 62ᵃ—100ᵇ befinden sich interlineargiossen und marginalglossen in kleinerer schrift, welche aber derselben hand anzugehören scheinen,

---

[1] Vgl. H. Usener, *Rhein. Museum für Philologie* N. F. 24, 388.
[2] Philipp Jacob Steyer war abt von S. Peter, vgl. Mone, *Quellensammlung der badischen Landesgeschichte* 1, s. 63.

welche die hauptmasse schrieb, da mehrere buchstaben, u. a. z, dasselbe characteristicum haben. Sowohl die hauptmasse der glossen als die später beigefügten glossen enthalten lateinische und germanische wörter.

An und für sich liefert diese handschrift schon den beweis dass sie abgeschrieben worden ist: z. b. 65$^b$ wo *Philistim* für *Philistini*, 94$^a$ *boctibret* für *beddibret*, u. a. steht, oder dadurch dass worte an unrichtige stelle geraten sind, wie *hangilla, capsilin*, u. a. So beweist *grashisarn* (celatura) abschrift aus einer hs. welche *grafhisarn* hatte. Der abschreiber scheint aber mehr als einen codex bei der anfertigung dieser handschrift benutzt zu haben denn er sagt 68$^b$ in margine zu *defecatius*; „alter liber dicit defectuus".

Eine andere hs., welche zum teil auf dasselbe original zurückgeht, ist cod. 292 4° der S. Galler stiftsbibliothek. Diese weist aber zum teil andere glossen auf, zum teil finden sich in ihr glossen unserer hs. nicht wieder, während die glossen, welche beiden hss. gemein sind, oft dialectisch von einander abweichen. Ungefähr 229 wörter der hs. aus S. Peter finden sich nicht im S. Galler codex.

Die wörter, welche bestimmt sächsisch sind, wie 62$^c$ *unimpal* i. *hullidok, uostmoder, godenuelhi, bradbaccari*, 63$^a$ *nappas, giuogithan*, 63$^b$ *gibokod, hallingas*, 67$^a$ *an themu norchurgi*, 83$^d$ *scoon*, 95$^b$ *faldistolas* finden sich nicht in der S. Galler hs. Diejenigen, welche beiden handschriften gemeinsam sind, werden in meiner ausgabe durch einen stern angedeutet.

Viele giebt es, welche sowohl niederfränkische wie altsächsische wörter sein können, z. b. *thistil* (68$^a$), *lidrogan uuerthit* (71$^c$), *honitha* (76$^c$), u. ä. Daneben viele andere wie *distil* (70$^a$) u. ä., welche niederfränkische oder mitteldeutsche formen sind, andere wieder zeigen hochdeutsche characteristica. Diese wörter können, da sie so verschiedenen dialecten angehören, aus verschiedenen glossensammlungen entlehnt sein; dieses ist um so mehr wahrscheinlich, da wir hier eine oft fehlerhaft abgeschriebene handschrift vor uns haben. Möglich ist es dass in dem original hände von mönchen aus verschiedenen gegenden glossen eingetragen haben, aber auch dass der schreiber seine schrift aus verschiedenen sammlungen zusammengestellt hat. Eine genaue vergleichung der verschiedenen glossensammlungen, u. a. des Prudentius, welche jetzt in Steinmeyer-Sievers Althochd. glossen II erschienen sind, wird vielleicht hier einige klarheit bringen können.

Von prof. V. E. Mourek wurde im programm des gymnasiums zu Budweis a° 1873 eine vergleichung beider glossensammlungen gegeben. Er kommt hierin zu dem schluss das „in S. P. „hs. ein Mischdialekt zu Tage tritt, eine aus fränkischen und „niederdeutschen Elementen gemischte Sprache, wie sie sich in „jenem Striche (*nl. im Moselgau*) entwickeln musste, wo das „Hochdeutsche durch die Franken mit dem Niederdeutschen „benachbart war". Die sache bedarf aber einer näheren untersuchung, um so mehr da die ausgaben, auf die die vergleichung Mourek's sich stüzte, nicht alle glossen enthalten.

Die erste ausgabe ist die in Graff's Diutiska I, 341. II, 168—188; 311—354.

Eine nachlese wurde gegeben von F. J. Mone im Anzeiger für Kunde der teutschen Vorzeit V (1836), 229—234. Während Graff glossen ausgelassen hat, hat Mone ausserdem viele lateinische wörter mit aufgenommen (so u. a. *uastor natile* l. uas tornatile), mehrere unrichtig gelesen. Eine textgetreue ausgabe wurde gegeben von A. Holder, Germania 22, 392.

Die S. Galler handschrift wurde herausgegeben von Graff Diutiska II, 168, dann von Hattemer Denkmahle des Mittelalters. Von beiden hss. sind die glossen jetzt, verteilt über die auctoren, aufgenommen in Steinmeyer-Sievers Althochdeutsche glossen.

# GLOSSENSAMMLUNG AUS S. PETER.

62ᵃ Glosae Divinorum Librorvm.
De prologo libri Genesis.
suggillatio (suffocationem) erthempunga ¹).
De libro Genesis.
virgultum (sumer lode).
perizomata (questa).
versatilem i. uibrabilem (quekilik).
appetitus (giritha).
leuigatis (githigenon).
62ᵇ bitumen est feruentissimum et uiolentissimum gluten (uastosto lím).
in cubito. R. cubitus. élina. que fit dimidii brachii extensione. Ulna uero extensis ambobus efficitur.
sementis (i. seminis).
Bethel (domus dicitur) et Ain (oculus).
Campestria. pharan. giuildi*.
Subtemen. Vueual*.
in canalibus: ennohin vel indrogin*.
pulmentum (vel suual).
62ᶜ Vadum. uórd*.
Polimita tunica i. multi coloris. R. imelot vel decorata sliht.
Teristrum. R. uuimpal i. hullidok.
Arrabo. R. pant vel uueddi.
Armillę (armborg) ²).

---

1) *Zwischen klammern stehen interlin. glossen; mit R. sind die randglossen bezeichnet.* Vgl. *Steinm. Ahd. gl. I*, 318 *ff*.   2) *l.* Armbovg.

obstetrix (uostmoder).
coccinum. R. vel godeuuebbi quod sericum uocatur.
pincerna. R. butticlari.
pistor. R. bradbaccari.
canistrum (zeinna).
coniector (interpres). R. Antprest.
Amigdalum (mandale).
Aerarium (tresecamere).
coluber (slango) [1]).
cerastes (hornuurm).

62ᵃ Exodus.
Fiscellam scirpeam iuncinam textam in modum naris. R. Coruilin. binizzin.
in carecto (enbinizze).
Rubus (bramalbusc).
Ad conficiendos lateres (tieglan).
Scinifes (knellizze) musce minutissime aculeis permoleste.
muttiet (ni gellot).
folliculus (balg) in quo granum est.

63ᵃ pilum (stamp)*.
coriandrum (kullundar).
subula. siula.
stips (gitiuht) [2]).
comestrum (uretan).
scabro (hurniz).
sciphi (nappas).
sperulas (sciuan) [3]).

63ᵇ cortine (umihank).
fibula (nusgia)*.
incastraturę tabularum id est compaginationes (giuogithan).
craticula (hurd) a crate (harst).
celatura est sculptura eminentior a cęlo (grashisarn [4]) uocata.
opere plumario in modum plumę (gibokod).
paxillus parvus palus (bil. pal. pin).

---

1) g auf radiertem d.
2) Steinm. = giziuc entstanden aus gitiuhc.
3) l. spherulas.
4) l. grafhisarn: der querstrich durch den langstrich des s ist vergessen.

cidarim (h u u a n).
in occipicio (h a u i d  l o c a) uitta est constricta.
ex urina (m i g g e).
capicium (i. h o u i d l o c)*.

63ᶜ Feminalia (b r o g) *.
Azima (t h e r p).
Panis oleo conspersus (g i k n e d a n) in medio concauus et tortus (r i n g i l i n g).
Reticulum (n e t t i) iecoris (l e b e r o n)*.
obolos (h a l l i n g a s).
Labrum (b e k k i n).
culter (i. u u a f a n s a h s)*.

63ᵈ De libro Levitico.
Strues (h u f f o) *.
ascellas (o h h a s e).
Lagana (t h e r u i) panis lata et tenuis.
Sartago (p a n n e).
Renunculi (l u m b a l a) *.
Noctua (V u u i l a) dicitur eo quod nocte circumuolet, eadem et nocticorax (n a h t r a m) avis lucifuga.
Bubo (h u u u o).
merchus (d u c a r i).
onocratalon (onocratulus h o r o d u m i l).

64ᵃ Vpupam (u u i d o h o p p a).
Corcodrillus. animal quadrupes ac croceo colore dictum. gignitur in nilo. mahna auis et iacet in litore aperiens os suum dormiendo et tigris uenit et insilit ori eius et moritur corcodrillus. Migale (n i c h  h u s)* ignota bestia ¹).
Stelio (m o l).
Lacerta (e u u i d e h s a).
Talpa (m u  u u e r f).

64ᵇ Spatule (s u e r d u l o n). i. elate. folia palmarum eo quod erecte et spatis (i. gladiis) sint similes.
pinnula (p e n n a).
Herniosus (h a l a d i).

De libro Nvmerorvm.
Zelotipie (f i r i u u i z  g e n. ²) i. suspiciens).

---
1) *Die glosse nich hus gehört zu corcodrillus, s. Steinm. Ahd. gl.* I, 355.
2) *l. firiuuizgerni, s Steinm. Ahd. gl.* I, 364.

Acinum (lura) quasi aquidum).
64ᶜ Pepo (pedena) *.
clunabulum dictum quod religetur ad clunes (huffin)*.
Trieris (kiol)*.
De libro Devteronomii.
64ᵈ scabies. asperitas. cutis cum pruritu (mid ruden).
De prologo libri Hiesv Nave.
Sirene (meri minnon).
65ᵃ De libro Hiesu Nave.
Sudes stipites (stekcon)*.
De libro qvi Hebraice Sophim, latine Ivdicum dicitvr.
mallevs (hamar).
Inaures (oringa).
65ᵇ problema (radisli).
Anoboladium (saban) amictorium lineum fęminarum, quo humeri operiuntur, quod graece et latine sindonem uocant.
In libro Rvth.
Area (denni)*.
De Prologo Regvm.
coniectorem (i. ratiri)*.
De libro qui Hebr. Malachim, Latine Regum dicitur.
65ᶜ cacabus et cucuma (cohcma)*.
Fuscinula (crauuuil)*.
Fenus. vúeddi*.
extales (grozdarm).
Sistartię proprię sunt nautarum. dictę quod sint sutę. malaha vel dasga*.
Sarculum (fossorium) gét ísarn*.
tridens (greife)*.
fornix (suiboga).
Cubitus. clafdra*.
Palmus. munt*.
Ocrea. beinbirga*.
licetorium (mittul)*.
Formella (forinizzi) casei.
65ᵈ alligaturis (hangilla)*.
Capsella. capsilin*.
De parte II Samvel.
66ᵃ Infatua. bidumbili*.

Pthipsanę (spriu)* grecum nomen est et dicuntur quod in pila fieri solent de ordeo decoratico.
Stratoria (beddiuuadi) lectoria (vel lectilia).
Gemineus (gizuinelo) vel bela. locus oraculi.
66ᵇ De parte III Regvm.
De dolatis lapidibus. gimezzoten*. (steinon). latomi. mezzon*.
Coclęę (scala ¹)*.
Cęlatura (irgrabida)*.
lapidis politi. gimeztzot)*.
reciacula (nuzzi) i. retinacula.
Istriatarum ²) (Vuieron).
Grossitudo (thikki).
Luter (label). uas aeneum. XL. batos capiens. alii endo dicunt.
Axis (ahsa).
Humeruli (luni). qui in extremitatibus axis fiunt. ne de eo rota labatur.
Radii (speichun).
medioli (nabun).
66ᶜ Scutrę (bahuueigon) eędem et cucumę uasa aenea aequalia in fundo et ore desuper cooperta.
Forcipes (cluuui).
Fuscinula (crouuil)*.
Mortariola (morsari)*.
Renes (lendil ³)*.
ilia. lanca*.
tilia (linda)*.
66ᵈ lechitum (amballa).
Zelatus sum (andoda)*.
Pedissequus. pedestris. uéndo*.
Furibundus. vuadender*.
De libro IV Regvm.
Ficiiles muri. i. thahine* vel lignei.
fundibularii cum funda (slengira) iacientes.
67ᵃ Coloquintida. cucurbita. agrestis ualde amara. que similiter ut cucurbita (curbiz) per terram flagella tendit.

---

1) Nach Steinm. l. c. 446 lat. gl.  2) Vulgata Striatarum.
3) l. lendin wie codex S. Gall. 292.

burdo (genus paruorum equorum) bigenerum animal est quod nascitur ex equo et asina sicut mulus ex equa et asino.
cabi stircoris¹) (croph. col²)* uacui inanis (columbarum) R. Alter liber dicit: Quarta pars cani stercoris columbarum.
Calaueria (gibilla)*.
Tritura. areę (flegilunga)*.
67ᵇ camum (chain)³)*.
Ariolatus est (gaugeleda)*.
in secunda hierusalem (an themu noreburgi)⁴) intra exteriorem murum, qui ad augendam ciuitatem factus est.
Exedra. absida. R. cum circulo facta. thuerehhus*. vel locus ad sedendum.
Trullę (drugula).
Tridens (greifa).
In libro Isaie prophete.
tugurium (huttia)*.
Cucumeres a terra sunt ortę ad similitudinem peponum. i. melonum. pedenon*.
coccinum. rubrum. (gelan. kruago)*.
Scoria (sinder)* sordes metallorum.
olfactoriola (disoma) uasa odoramentorum apud mulieres.
67ᶜ Ticio (brant)⁵)*.
sarculum (spado).
67ᵈ iuncus (binuz).
Vicia. uuicca*.
Milium (hirsi)*. milli.
Propinabo. (skenkio et est verbum). potum administro vel do.
Gith et ciminum infirmiora sunt semina (smalsad).
Trieris. durco. nauis magna. i. kiol.* migma hebreus sermo est. i. mixtura.
68ᵃ Vrticę (nezzilun)*.
paliurus (thistil)*.
lamias (agengunt)*.
cataplasma (i. plastar).
buxus (buhsboum).

---

1) *l.* stercoris.  2) *l.* collum.  3) *l.* cham, *Cod. S. G.* cam
4) o *aus* u.  5) r *aus* l.

circinus (circil).
68ᵇ runcina. ieda.
De libro Hieremie prophete.
68ᶜ De libro Hiezechihel prophete.
69ᵃ Nundinem (iarmarkat) mercimoniam.
69ᶜ De libro Danielis prophete.
69ᵈ Intriuerat (in stungeta)* in alueolo (in capisterio).
 De prologo Oseae prophete. De libro eiusdem.
 Lappa (kleddo).
 De libro Iohel prophete.
  ligones (seh).
 De libro Amos prophete.
 De libro Ione prophete.
70ᵃ De libro Miche prophete.
 paliurus (distil).
 De libro Navm prophete.
 De libro Abbacuc prophete.
 De libro Sophonie prophete.
  Onocrotalus (horo dubil)*.
  Nugax (bosiling) vanus fatuus est.
 De libro Zacharie prophete.
  Cidaris (hunt).
70ᵇ funda (slengira)*.
 De libro Malachie prophete.
 De prologo libri Job.
70ᶜ De libro beati Job.
 Exactor (suachit) qui res exigit.
70ᵈ scirpus (binuz).
 Carix (saherai).
 Aruina (smero)*.
 Decipula (falla)*.
71ᵃ Macula (masgo).
 Humectus (fuhtinunga).
 Librum (rinda)*.
 Inquilini (in knehda)[1]).
 Glarea (grioz).
 Obrizum (gismelcit).

---

1) *Holder las* in knebda.

71ᵇ Cardo (ango).
    cartilagines (brustbeini).
71ᶜ kalamus. kanna. arundo ¹).
    Hamus. uncus (angul)*.
    Frustrabitur (bidrogan uuerthit).
    Sternutatio (ruzzunga).
    incus (anabolz).
    De libro psalmorum.
72ᵃ reuereantur (interet uuerdou)*.
72ᵇ susurratio (runizunga)*.
    Quando ueniam (uuanue hic quome)*.
    Ventilabimus (uuineuuere fetemus²)*.
    Commutatio (uuehsal).
    Glutinum (lim).
    Nouacula (scarascah.
72ᶜ non dimidiabunt) ni medel scaffon.
    Ramnus (agalthorn) est. Spinarum genus permolestum quod prius in herbam mollissimam (agaleia) pubescit.
    Reuerentia (inderunga)*.
73ᵃ Erugo (milidou).
73ᵇ Pellicanus (sisegomo).
74ᵃ Coturnices (quattulon) aues paruae.
    Iniciati sunt (heilizidun).
    salsugo. alia editio. Salsilago. R. sulza in paludibus.
74ᵇ Fenerator (bifolihari).
    Inpulsus. anagistozaner*.
74ᶜ Nouella (nuuilendi). oliua niuidis.
    ad excusandas. excusat. ziursagenne*.
75ᵇ dum adhuc ordirer. girauuit vuurti³)*.
    Aculeus. ango. acerbitas mortis.
    De prologo Salomonis.
    Prelum (pressiri) quo uva calcata premitur.
    De libro quem Hebrei Masloth, Greci Parabolam, Latini Prouerbium uocant.
75ᶜ marsupium (saccus)⁴)*.
    Cancellus (piliri)*.

---

1) *Cod. S. Gall.* rora.      2) *Steinm. l* uuintuuere fetomes.
3) *Diese und die folgende glosse sind aus Isaie* 28,12.      4) *Lat* yl

Stertit (r u z z e t).
Ascella (o c h a s a n) *.
Fideiussor (b u r i g o)*.
75ᵈ Clauus (c o l b o) est quo regitur (clauum n a g a l) nauis.
Dehonestaueris (i n t e r e t  u u e r d i s).
Ptipsanę (sucus priroruin vel u u i r z), de ordeo fiunt polenta et ptipsane.
Sanguissuge (e g e l a) ¹) *.
Emungor (u z s n u z o) * inde emunctorium (s n u z u n g a).
Stragula (g i p l u m o r).
De libro qui hebraice coelech graece ecclesiastes dicitur.
Contignatio (u b a r t i m b r i).
76ᵃ De libro qui vocatur cantica canticorum.
Vermiculata (g i u u o r m o t) *.
76ᵇ Ferculum lectum (vel r i e n s o *) est quod portari solet ²).
Propugnacula (b r u s t u u e r) *.
De libro Sapientie.
76ᶜ Turbedo uenti g i d r u a b i d a ³) *.
Conuentiones (g i z a m u n g a) *.
Muscipulum (m u s f a l l a) *.
Ortigometra (vel recta mensura). dux ortigiarum. i. coturnicum (q u a t t u l a).
Respectus a respicio. respiceris. f i r s i o.
De libro Jhesu filii Sarach, qui ecclesiasticus dicitur.
Decus turpe (h o n i t b a).
Susurro (r u n i z a r i.
Strues. congeries (h u f f o) *.
76ᵈ Perdix. r e p h u a n *.
Eruginat. e r r o s t e t.
Cacabus (c o h m a).
Liuido (b l a u u e m o).
inpensa (s p e n d u n g a).
Platanus (a h o r n).
Saccus. h a i r r a *.
in percussura (r i t e r u n g a) * cribri.
77ᵃ Asseres (first s c i n d e l u n).
De Prologo libri Paralipomenon.

---

1) g aus l.   2) Steinm. l. mensaᵇ   3) In cod. S. Gall. interl.

Cornix (craa).
De libro quem Hebrei Dabreiamin Greci paralipomenon.
77ᵇ De Prologo Eszre de libro eiusdem.
De verbis Neemie.
77ᵈ De libro Hester.
differbuerat (firebbita).
Insolescat (ergeile).
Veredarii (barafridara).
Obélo. i. ueru (spiz)*.
Libri II. De libro Tobie.
Proselitis (hagastalt)*.
78ᵃ Textrinum (dunc)*. opus. i. feminarum.
Brantia (kio) est quam habent pisces in confinio capitis et corporis.
De cassidi (burssa)* de sacello. vel sacciperio (kiula)*.
De prologo libri Iudith. De libro eiusdem.
Dextraliola. armilon*.
Ascopa (flasga) similis utri*.
Lapates (brocco) ollę minores*.
Conopeum (flugnezi). rete est quo culices excludantur in modum tentorii, quo magis Alexandrini utuntur, quia ibi ex Nilo culices copiosi nascuntur unde et conópéum dicitur. nam conopea aegyptus est.
De libro Machabeorum.
78ᶜ De praefatione IIIIᵒʳ euangeliorum.
De libro Mathei evangelista.
78ᵈ repudium (firdribunga).
79ᵃ Philacteria (bleho vel custodia ubi inscripta fuerunt decem uerba leges) carmina vel cantica turpia dicuntur.
Parapsis. gebita* vel cotinus vel acetabulum maius.
79ᵇ De libro Marci evangeliste
79ᶜ Effeta i. adaperire (indan unird).
De libro Luce evangeliste.
79ᵈ Siliqua folliculum (vel boletus buliz) leguminis siue fructus arboris, qui colliguntur a porcis.
diffamatus (bisprohhan)*.
80ᵃ cribrarent (ridcrodin)*.
De libro Iohannes Evangeliste.
Trapezeta (munizzari).

80ᵇ Purpura. deindihet follo¹) uariatum.
De libro actuum apostolorum.
81ᵇ De epistola Iacobi.
De epistola Petri apostoli.
   Discolis (missituhtige)* indisciplinatis.
   Hospitales (gasluome)²) ut hospites uoluntatem habeant.
De epistola II eiusdem.
De prima epistola Iohannes apostoli. de II eiusdem. etc.
81ᶜ De epistola I ad Corinthios.
   Pedagogus. pedestris. uendo.
   Anathema (firuuaznissi) perditio*.
81ᵈ Auortium (urunerpf).
De epistola II ad Corinthios.
   Parcam. borgen.
De epistola ad Galatos.
De epistola ad Effeseos.
82ᵃ Captiuitatem (elilentida).
   Captiuam (elilenda).

82ᵈ De virtvtibus apostolorum³).
   Peluis. label*.
   Basis. stollo*. scinka*.
   Dorcas (nomen) interpretatur simia (affo)*.
   Comparare (couffan)*.
   Scortator (huuarari)*.
   Assentatio. gehengida*.
   Falx. sichila*.
   Declupo (zeanfalt)*.
   Stips (pruanta)*.
   Sarcofagus (corb)*.
   Squama (scuobba)*.
   Sarmentum (spah)*.
   apostaticus (abdrunniger)*.
   Preditus (gioder)*.
   Prestrigium⁴) (zoubar)*.
   Congelanero (zisamene gi)⁵)*.

1) *Steinm. l. c. s.* 740: „*l fello; in deindihet steckt wohl ein particip*".
2) *l.* gastluome.
3) s. *Steinm. Ahd. gl. II*, 738.
4) *l.* prestigium
5) *i. e.* girenno, *wie in S. Gall.*

deliro. auuitzon*.
Giro (umbikeru)*.
Therebintus arbor gerens resinam prestantissimam. resina est fliod* et sciffa* et harza¹)*.
Infestatio (biuuillida)*.
Maritima (selih)*.
Tristigium (solari)*.
carectum. scirpus (binuz)*.
Pauimentum (esdrih)*.
83ᵃ Theatrum (spilehus)*.
  Carruca (currus) carruh*.
  Piscina (uuiheri)*.
  Formica (ameizza)*.
  Zaberna (malaha)*.
  Sponsio. erborgida*.
  Mica brosma*.
  Incutio. anasmidon*.
  Fiscale. fisclih*.
  Rubeta. bofo*. krota*. rana inquieta.
  Sphalangius musca uenenosa (fliega).
  Terebro. boron*.
  Pulli. huaner*.
  Ferio. ferias. uiron*.
83ᵇ conciono. nas. digon*.
  Hydrops. uuazarkalb.
  Verenda. heidrosi*.
  Thussis. huasto*.
  citerior. gendra*.
  Pincerna. scenko*.
  Cementum. balstar*.
  Sugillo. erdempfu*.
  Lanx. bahueiga*.
  Therma (bad)*.
  Lentum. horo*. tus²). per partes mollitus (giuuichiter).
  Arteria. senadra*.
  Matrona. idis*.
  Nummularius. munizari*.

---

1) c. S. Gall. cl seipha.  2) i. e. lentus

Colobium. godeuuebbi*.
scandalia. girumi¹)*.
Amentum. laz*.
lunaticus. manuduuiliger*.
Troclea. rota. per quam funes trahuntur. kurba vel furca*.
Fuligo. ruaz*.
Stips. bisanct. stoc*.
Ablactatus. intuueniter*.

83ᶜ Fantasia. drugida*.
Profectio (fuara)*.
Pannosus. pannis (loderon*) plenus.
Fiscus. fisccamera*. fiscus lim*.
Conflictus. baga*.
Scrinia. capsa. Caps. kefsa*.

De Sancto Martino ²).
Detrimentum. ungifuari*.
Pannonii (huni)*.

83ᵈ Vertigo. suindilud* uiuntes* brut³).
Cultro. sahse*.
Peniculum. (duach)*.
Parisius. peris*.
Pateram. poculare uas (kennih).
Conicere. radisson*.
Calceis. scoon.
Incude. anabolz*.
Secretarium. sigindri⁴)*.
Pesculum. grindil*.
Toga. selecho*.
Tolose. (Tul)*.
tugurium (hutta)*.
detrimentum (ungifuri).

84ᵃ Carica (figon)*.
Armaria. domus librorum (bibliotheca).
Byrrum. kottus (kotzo)*.
Fiscalis. reda. dominicalis equitatus. bára*.

---

1) c. S. G. girnmi.           2) Steinm. Ahd. gl. II, 759.
3) c. S. G. suindilut.        4) c. S. G. sigersto.

Ritúdula (sitelosa *) serua sine ritu.
Pessuli. grindila (scubila)*.
Esox (salmo)*.
84ᵇ Eulogio (ofe lene) benedictione.
Absis. caps.

De sancto Sebastiano ¹).
primus scrinius (camerari).
Súerent. siuuidin.
vncus. ungula (nagal).

De Sancto Dionisio ²).
Bitalas simore. talassis (more).
84ᶜ Questus sum. klageta.
84ᵈ Catasta. genus pęnę aculeo simile. in rámon.
Sequana. sigana.
Campana glogga.

De Pastorali ³).
Queritur. arguit. klagot.
Mola asinaria. mola asine (mulin sten).
Cellas. cameras. luhhir.
85ᵃ Pertinax (einstridih).
Gybbus. houaradi.
Lippus. bodanbrauui⁴).
Impetigo. zitdruas.
Ponderosus. Holiter.
Hebetes. inutiles. dumbe.
Pupille (afful). rotunditates oculorum.
Palpebra. slegibraua.
Grossescunt. grozzent.
Armum. buag.
Bis tincto cocco. zuiro giduncot.
Coccus. uermiculus (uuormo).
Mala punica. affricana (epheli).
Bovi trituranti. riderendemo.

---

1) *Steinm. Ahd. gl. II*, 763.  
3) *i. e.* Gregorii. *Steinm. Ahd. gl. II*, 241.  
1) *Steinm. Ahd. gl. II*, 744.  
4) *St. l.* bchanbrauui.

In libris moralibus. sidelichen.
Laterem (ziegelon).
Frixura (rostunga).
Obtrectatio (bisprachida).
Derogant. bisprehhent.
Fascinavit. bizouberata.
Ostentare. ruaman.
85ᵇ serio (skirno).
Duplicitas (ziuusgili)[1]).
ericius (igil).
Pila. stok.
Pilus. stamfiri.
Tipsana (hirsi. spriu).
Stagnum (cin).
plumbum (bli).
Digestum uinum (fideuuit)[2]).
Repo (slichu).
Venalis (kouflik).
Sacculum (seckil).
pertusum (bistozzan).
Desipisco. intuuizo.
Terit pede (zispizit).
Dissensio. ungizunt[3]).
Galaad. aceruus testimonii. huffo.
Debrico (ordrenko).
Tignus (sparro).
Resarcio. uidarsiuui.
conglutinata est (zisamenegiran).
Dilinio (gilindizu).
Volutabrum. vualzunga
Culix (mugga).
Menta (minza).
Anetum (dilli).
propino (stenko)[4]).
palestra. luctor. ringo.
animadversio (drauua).

---

1) *l.* zuuisgili  
3) *l* ungizuntt.  
2) *l.* firdeuuit.  
4) *l.* scenko.

De regula s. Benedicti Abbatis [1]).
85ᶜ Temperius (gizitor).
   Contumax (frazorer).
   Apostatare (narrizan).
   Edax. deuorator (fraz).
   Cuculla. offena.
   Pedules (fuazduocha).
   Obstinatus (absturniger).
   Zelotipus (bi zihtiger).
   suspiciosus (firiuuizgerner).
   Absurdum. contrarium (abscelli).

De Dialogo [2]).
   Calicula (soc.).
   Capistrum (halefdra).
   Plelum (stampf).
   Camisa. hemithi.
   Merola. amasla.
   Tortitudo (krumbi).
   Siliquas. eichelon. buliza.
   Curialis (spragman).
   Sago. filz. lachan.
   Spatarius. armiger. suerdrago.
   Tripedica. stual ubi uasa ponuntur.
   Conicere (radisson).
   Dispareo. euaneo. (uarsuindu).
   in posterum. hindirin.
85ᵈ Vuanga [3]) (houuua).
   Oscito. geskon.
   Clauus (nagal).
   Clauis (sluzzil).
   Mauron i. nigrum. inde maurus (mor).
   Armentarius (sueigeri).
   Vulgar. popularis. bulgari.
   Latercula. scindela.
   Tegula. latta.

---

1) *Steinm. l. c. II*, 53.    2) *i. e.* Gregorii Dialogi. *Steinm. l c II*, 260.
3) *Ed.* vangas.

Cassari. negagan.
Sábana. saban.
Eunuchizare. furen.

Versus sequentes.
86ᵃ Craticula. rost.
Lippitudo. bodumbrauue.
Rimula (runcilo).
Armilla. armboug.
Pusio. zeizo.
Vagiens. uueindi.

Incipiunt capitula legis Ribuariae.
Ramo. rise. (aste).
Dilatura quod longe est (vel totidem) quod non persoluitur (laiscat) [1])
Sonestis. stuat rura. suanus [2]).
scrofa. su. cum uerre. ber.
Festuca. halm.
Tangano. ducatum (comitatum).
Mannire (menan) bannan.
Strudem. distructionem (cigistertanne).
Spata. cum scogilo. mahal.
Fideiussor. burigo.
Beneficium (lehan).
Interciauit (anafangeda).
Conmorsum (gibeizdan).
Inconuulsum (uneruuendit).
Truitis (druʰin).
Retorta (uuid).
Cappulauerit (firhouuuid).
Cambortus (etar).
Traucus (stigilla).
Scrutinium (hussuacha).
Vicarius. nicedomnus vel uogat.
Connca. quenela.
Idonea (giuuaroda).

1) l. laistat?  2) l. suanur.

Multa (glet)¹).
Arte. roth.
Butina. lach.
Mutilifacto. marcsteina.
Litus. laz.
Emunitas. hantfeste.
Balista. slengira.
Lacina (uuegeuualida).
Lacata ²) (standente).
Fissa. gispaltan.
Decorticatum. biscindit.
Inclida. biscilbit.
Excorticauerit. biscindit.
infatimire. zigifadimanne.
De voce. (etc.) ³).
87ᵃ Vadatur. erborgeda.

87ᶜ De tropis.
    Catacresis. Secundum indicium. i. andari.
    Torrere. bachan*.
    Testudo. scerdi federa*.

Incipit ars Donati grammatici urbis Romę.
88ᵃ Nepos. neuo. et luxuriosus.
    Aries. animal quadrupedum. et signum in celo et petherari*.
88ᵇ Palpo. greifari.
    De Genere.
    Porrum (porro).
    Cephas dicitur caput inde cepe. surio
    Forum. marcat.
88ᶜ Sinapi (sinaf).
    Pomilio. nanus. giduerg*.
    De Numero. De Figura. De Casibus. etc.
    De Qualitate.
88ᵈ Sorbillo (suffo).
    Sugillo. sugo.

---

1) *i. e.* mulcta. (gelt).    2) *l.* locata.
3) *S Donati Ars. Steinm l. c. II*, 158.

Vacillo. uagor (u u a n c o) membris.
89ᵃ De Participio.
Tunica dicitur a tuendo (s c i r m e n t o) [1]).
De Prepositione.
expresso (e r r a c t o).

89ᵇ Prudentius incipit carmen [2]).
89ᶜ Incipit liber catemerinon.
Ederas. e b a c h i *. (H. a. cib.).
Pampinus (b l a t) *.
Palmes. t h o n a *.
Siliqua. f e s a *.
Mulctra. m e l c u b i l i n *.
Caueam. (k e u i o n) *.
percitata (e r h a u e n e r i t) *. (H. a. inc. luc.).
89ᵈ Feriatum (g i f i r a t) *. (H. a. Somn.).
Seta. b u r s t a *. (H. ieiun).
Lanugo (a s c o r u n g a) *.
Notas (i n z i h t i) *.
Metallum. z i m b a r *.
Molares (k i n n i z e u i) *.
Inpexa (u n g i s t r a l i t) *.
Indumentum (l a ͪc h a n) *.
Papilla (b r u s t) *.
Lappa (k l e d d o) *. (H. p. ieiun).
Sudes (s t e k k o n) *.
Carduus (d i s t i l) *.
Cratem (h u r t) *.
Obstacula (i n g e g e n s t a n u n g a) *.
90ᵃ Obice (g r i n d i l) *.
Glutinum. lim.
Scyphus (u r c i l) *.
Parapsis (i z i n a r i) *.
Tinxit (z e h e t a) *.
Perizomata (q u e s t a).
Lanx. u u a g a *.
Incipit liber Apotheosis.

---
1) *hs.* scirinto.  2) *Steinm. l. c. II,* 494.

Diuortium (thanakerunga)* aduertendo.
Pruriat. iukke*.
Plectiles. giflohtan.
Versipelli (uuandalhuti).
Uersutie (glauui).
Recrementum (spriu)*.
Lolium. radan.
90ᵇ Thiara (huuit).
Obses. gisal*.
Mola (quirn).
Surculus (zuig).
Gete (Gothi).
Culter (mezzeres).
Frustrator (bidrugit).
Fornix (suibogo).
Pusio. nondum nominatus infans dicitur pusilin*.
90ᶜ Scatebras. (quellon).
Resudat (suizta).
Crudus (rauuer).
Ruder (aruzz).
De Natura anime.
Linia (linna).
Oblita (biklenan).
Fabrum (uuinda)*.
Ingenita macula. naturalis (anagiborau).
Quorsum (uuarasun).
Destituit (zisazza) [1]*.
Infictos casus. anafeh (tende).
Incipit Amartigenia.
Sarculum (getisan vel celo)*.
90ᵈ Coniectare (radisson).
Examina. suarma)*.
Neruos (seneuuon)*.
Plagis. masgon*.
Anfractibus curuis circuitionibus (zibrochidon).
Suppellex (gizauua)*.
Culta (gilenti)*.

---

[1] *l.* risazta

Brucus (keuera)*.
Cicuta (scerning)*.
Incerat (uuahsit).
Iacinthis sutilibus iachenton. giriget¹)*.
concharum. calculus albens. qui sumitur a conchis (musculon in mari).
Pectitur (gikemmit)*.
Versicolor (missi uaro)*.
Indumenta plumea (giplumet)*.
peregrino puluere (peregrino odore hisemo)²)*.
Vegetamina (fouronga)*.
Fotibus. nutrimentis (boungan)*.
Dotes (predia eigana)*.
Pupula. papilla (seha)*.
Ganeo (slinto)* glutto (fraz)*.
Proscenia. a scena. (uestibulum). (furikelli)*.
Obtrectatio (bisprachida)*.
Casside (helme)*.

91ª Limes (marcsten).
Manica (menichilo).
Limat (filot)*.
Limo (ziegelon).
Botria vel botrus (drubo).
Lituus (ludihorn).
Aries. peterari*.
Propugnacula (uuihhus).
Charon (ferio).
Vendat (fircoufe).
Fornix. suibogo ubi lupanar erat. vel arcus trumphalis.
Argumentum (urthanca).
Menta. (kinni).

91ᵇ Forum. mercatum (vel angar).
Propolas (hutten).
Tortę. sętę. funna. masga.
Compes (truth)³).
Speculum (seha).
Concreta (girunnida) coagala oculorum.

---

1) c S. Gall. girigeton     2) l. bisemo.     3) l. thruch.

palpebralibus (sleibrauuon).
setis háron.
Pupula seha*.
Luxus. i. luxuria (getilosi)*.
91ᶜ Specibus. (holon).
castrata. (erfurit).
exhalent (anhebent).
Incipit Psychomachia.
buculas (cuauui)*.
Matrona (idis).
Gluten (lim.
91ᵈ Torax (brustroch)*.
Capulum (helza)*.
Cassis (helm)*.
Pudendi décoris. sconi*.
cicatrix (ani mali)[1]) ulcela*.
carbasea (segelahti)*.
Lupatum. kammindil*.
Ridiculum (gamanlih)*.
Friuola (bosa)*.
Stipula (halm)*.
Vmbo (rand).
Prodiga (ferliesa)*.
Marcida (uuelku)*.
Ales. arundo. (zein)*.
Neruum (sineuua)*.
Amentum (lazo).
Axis (naba)*.
Radiorum (speicheno)*.
Electrum. (quecsilbar)*. obrizum. ubarguldi*.
Ganearum deuoratricum (hazisso)*. vel guldi.
Vernantes (gruanente)*.
Mitra (huat)*.
Cyatus (stouf)*.
Crapula (ubarazzi)*.
Offa (bizzo)*.
Sistrum (ludihorn)*.

[1] *l.* ana-mali?

Peplum (oral)*.
Crinalis. acus (spinela)*.
Fibula (nusca)*.
Strofium. reuersio (nuindila)*.
92ª cruminis (sekilon)*.
Fiscos (sekki)*.
Vngues (krouuila)*.
Moneta (muniza)*.
Parapsis (sulzkar)*.
Anathema. alienatio. perditio. (fir uuazan)*.
Manicis (handruhin)*.
Loculus (ekkil) [1]*.
Foenore (erlehnunga)*.
Palpitat (zabelota)*.
Venalibus (fircoflingen)*.
Victrices aquilas. signa (in quibus guntfanon)*.
Calx (calc)*.
Plectrum (zidarpin)*.
Castrensis porte (hereherclil) [2]*.
Stationes (heriberga)*.
Vela. carbasa (segela)*.
Stertens (ruzzenti)*.
92ᵇ Harundo. pertica (rouda)*.
Dolata (erholot)*.
Concha. label.
92ᶜ Prudentius contra Symmachvm.
Tabentis uulneris (eittergiu).
92ᵈ olor (elbiz)* cignus quasi totus albus.
Pessulus (grindil)*.
Cuneus (uueggi)*.
Incantare (bigoug golan)*.
Penis. (gimath).
Proluit. profudit (bigoz)*.
Celindros. uirgulas de palmite (uuinton)*.
Functis. defunctis (ginuzziden)*.
93ª Unguento (smalzze).
93ᵇ Vitricus (stiffader).

---
1) *Cod. S. G.* sekkil.     2) *l* hereberclih; *Cod. S. Gall.* eriberclil.

Priuignus (stiefsun)*.
Venustas (kusgi)*.
Sol est unum sidus VII planetarum que in aera pendent. vel natant (suebont).
Trabea (gigaruuui).
Sella curulis (sprahhus).
93ᶜ Hebetat (bitunkulat). Nimbosa (bitunkulat) elementa. tenebrosa idola.
veteres nugas (bosa). gentiles errores.
Lamnis enis. aeneis lamminis (blekkot)*.
Lima (fila)*.
Scabra erugo. (lahhantirost)*.
Transmissis alpibus. elboli¹)*.
Suspiria (suftunga).
Fossis (grabon)*.
93ᵈ Nugis (boson)*.
Mimica sollemnia (scernunga)*.

De Sedulio ²).
Irretitus (binazter)*.
Supercilium (uuintbra auia).
Niliacis biblis. Nilus fluuius Egipti ipse est et Geon in quo nascitur. paffur.
Labrusca (haneberi).
94ᵃ Orbita (uuaganleisa)*.
Paliurus (distil)*.
Tholus (rouhhus)* est in medio templo.
Lanio (mezelari)*.
Arista (ehir).
Pimia (nuint berga)*.
Cimba (flat scip)*.
Scapula (scultira)*.
Mancus. manube (lamer)*.
Uitreos (glesing)*.
Lichnus (carz)*.
Turgida. tumida (ziquebit)³).
Linteolum (saban).

---

1) *Cod. S. Gall.* elbon.   2) *Steinm l. c. II*, 619.   3) b *oder* h?

Pactus mercatus (u u i n i s c a f f e n d e r)*.
Nomisma (m u n i z a)*.
Sudes (s t e k k o)*. aliger (alas gerens gallus).
Apostata (a b d r u n i g e r)*.
Falx (s e g e s n a)*.
Falcicula (s i c h i l a).
Coccus (k r i l a g o)*.
Setiger. setas gerens (b r u s t u n).
Abustus (g i b r a t a n).

Sedvlivs de Greca [1]).
 Scaturire (q u e l l a n)*.
 Sponda (b o c t i b r e t)[2])*.
 Ocrea (b e i n b e r g a)*.
 Vdones (s o c k a). pedela*.
94 Braga (b r o a h)*.
 Patella (p a n n a)*.
 Frustellum (s t u k k i l i n).
 Lucanice. lupini (f i g b o n u n).
 Analogium. ambonem. (pulpitum. lector)*.
 Norma (r i g i l s t a p)*.
 Creta (c r i d a)*.
 Lardum (s p e k)*.
 Taberna (t a u e r n a)[3])*.
 Sacrarium (s i g i t a r i).
 Liquamen (s m a r z)*.
 Gobio (c r e s s o)*.
 Anguilla (a l)*.
 Tructa (f o r c h n a)*.
 Caulos brasica (k o l i)*.
 Nucleus (k e r n o)*.
 Cuba (b u d i n)* et doleum.
 Forpex (s c a r a)*. inextricabilis.
 Poples (k n i r e d o)*.
 Librano (n f u u a n i z e n t i)*.
 Cambota (k r u c k a)*.
 Cunis. cunabulis (n u a g a)*.

1) Steinm. l c II, 123.  2) l beddi bret.  3) u aus b oder b aus u.

Scotica (geisla)*.
Licia (fizza)*.
94ᵃ Incipiunt Glosae de diversis auctoribus.
95ᵇ Curia. sprekhus. inde curules dicuntur (faldistolas) ¹).
99ᵇ curiositas (fkuukzkfrnk) ²).
satisfaciens (kfubgpnis) ³).
liqueor (pffbnbkn) ⁴).
nauseo (mkrxxkllpt) ⁵).
Enucleo (aperio). sereno (rbchkspn) ⁶).
100ᵇ *Ende des textes.*
101ᵃ—106ᵇ Inc. glossę translatę ab Eusebio Hieronimo presbitero.

---

1) *Diese scheinen glossen aus Boethius zu sein; s. 97 steht eine randglosse:* Tempore Theoderici regis insignis auctor Boetius claruit..... In quo (*in carcere*) repositus hos quinque libros per satiram edidit, imitatus videlicet Martianum Capellam.
2) *fuuizkerui* l. firuuizkerui. 3) *ifuagonis.* 4) *offan bin.*
5) *mir uuillot.* 6) *rachison.*

# XV.

## PARISER HANDSCHRIFT.

# PARISER PRUDENTIUSGLOSSEN.

Ms. latin. 18554 der Bibliothèque nationale zu Paris, pergament 24 × 18 cm. enthält in einer schrift des 10. jh.: 1⁰ fol. 1—55ᵃ Sedulii carmina, 2⁰ fol. 55ᵇ—111ᵃ Arator, 3⁰ fol. 111ᵇ—138 Prosperi epigrammata, 4⁰ fol. 140— 168 Prudentii Psychomachia, anfangend mit vs. 43.

Die ersten drei stücke gehörten wohl zusammen und bildeten ein ganzes, welches später mit dem vierten abschnitt zusammengeheftet wurde. In den drei ersten findet sich am rande ein commentar und auch einige interlinearen glossen, worunter einzelne tironische zeichen.

Im vierten abschnitt stehen spärliche glossen, welche ungefähr aus derselben zeit wie die handschrift sind. Der sprache wegen sind beachtenswert *ruft* für *hruft*, scabrosa sordes, *biuongenę* für *biuangene* fusi, *unaruuonianđilikę* inopina, *muhtbita* für *muthbita* offas, *hodscohe* für *handscoh*, *houerhilinđ* subsistente procella, wohl vorgefügtes *h*; *f* ist *ph* geschrieben in *senkiphatu* calathos. Viele sind mir unverständlich. Die schrift der glossen ist klein und blass, sodass nicht alle worte ganz deutlich zu lesen sind, während der text in schöner romanischer minuskel, mit rubricirter aufschrift und roten initialen, geschrieben ist.

Die hs. scheint aus dem norden Frankreichs zu stammen: auf s. 139 finden sich namen von dörfern aus der gegend von Béthune. S. 140 steht der name Ant. Loisel. Dieser Antoine Loisel war gebürtig von Beauvais, freund von Pithou, avocat im parlement von Paris (1536—1617); er hatte sich eine handschriftensammlung gemacht, welche er seinem enkel Claude Joly, cantor in der Notre-Dame, hinterliess, nach dessen tode die hss. im besitz der kirche kamen und mit den anderen hss. dieser kirche 1756 an die königliche bibliothek verkauft wurden [1]).

Frühere ausgaben sind: Graff Diutiska II, 309 ff., wo die hs. citiert ist als P; Steinmeyer-Sievers Ahd. Glossen II, 505.

---

[1]) Ich verdanke diese mitteilungen der güte des Herrn H. Omont, Conservateur-adj. du Cabinet des Mss. à la Bibliothèque Nationale, der diese bogen für mich mit der hs. verglichen hat.

# PARISER PRUDENTIUSGLOSSEN.

Psychomachia.
142ᵃ 48. tedas. R. facla.
143ᵇ 95. rotet. R. eduuinde.
106. scabrosa sorde. ruft.
151ᵃ 327. calathos. R. senkiphatu [1]).
335. crepitantia lora. sel.
337. radiorum. speca.
151ᵇ 343. ganearum. meretrices. slinderi.
358. cesariem. loci.
152ᵇ 403. En ego sobrietas si conspirare paratis. R. gisomn-
uard.
153ᵃ 411. formi dine fusi. R. binongene.
153ᵇ 426. quas hauxerat offas. R. muhtbita [2]).
154ᵇ 435. Ludebant resons meditantes vulnera. R. Hillabant [3]).
448. crinalis acus R. ab acone, quem Latini kotem dicunt.
449. fibula. Nuske.
449. flammelum. kappe.
strofium. halsphano.
155ᵃ 460. fiscos. R. male vel bulge.
466. Eumenidis. R. Vuunhiurlika [4]).
470. fuluis. brun rad. radiare ceraunis.
155ᵇ 477. civilis. sueslic.
485. nec oppositum (nul [5]) baculo temptare periclum.
157ᵃ 541. mesta. R. clagunga.
haurit. achar.

---

1) *l.* scenkiphatu.
2) *l.* muthbita.
3) r *oder* n; *vielleicht* irridebant.
4) *Steinmeyer las* Unnhiurlihea.
5) *l.* mit.

157ᵃ 553. virtus. R. Fiebat et non frehtc.
157ᵇ 567. manicis. hodscohc.
158ᵇ 587. fatescat. R. gistillide.
159ᵇ 611. recreet. gilaua.
160ᵇ 661. subsistente (houerhilind) procella.
161ᵃ 667. inopina. R. thiu unaruuoniandilikę.
161ᵇ 688. ostentans festis respondit laetó coreis. R. mot sandium.
162ᵃ 697. Quid juvat indomitos. cum. ferro¹) sedasse furores. R. gistillian.

---

1) *Ed.* bello

# XVI.

## BRÜSSELER HANDSCHRIFT.

# BRÜSSELER PRUDENTIUSGLOSSEN.

Hs. 9987 der Bibliothèque Royale zu Brüssel, pergament
24 × 16 cm. enthält 154 blätter beschrieben im anfang des
11. jhs. mit den werken des Prudentius. In der Psychomachie
finden sich mehrere bilder. Die hs. gehörte im 16. jh. einem
Theodor Pulmann, wie s. 1 angiebt: Theodoro Pulmanno
Joannes Hacchtius dono dabat anno CIƆ.IƆLXXX
die xi Decembris.

Durch die ganze schrift zerstreut sind von einer hand glossen
geschrieben. Diese glossen sind wohl aus einer andern handschrift abgeschrieben, wie sich ergiebt aus den fehlern, z. b.
*floz* für *floz*, *s. mithon* für *smithon*, *i. senina* für *isenina*. Dieser archetypus gehörte wahrscheinlich noch dem 10. jh. an,
denn von *hw* und *hr* hat *h* sich erhalten: *huuiton*; *ê* in *spêgal*,
*ó* in *hrót*, *uo* in *fuotsuh*, *ó* in *stoti*, *roi*; *au* ist *o*: *bom*; *ai* ist
*e*: *egan*, *hethinissa*, neben *heithenisse*, *e* für *i* in *gethegenhet*,
umlauts-*e* in *kempio*, auch *â* hat umlaut: *kieseuath*, *ht* in *lahter*,
pron. dem. dat. sg. *themo*; als 3. plur. des prs. ind. der verba
erscheint *bigrauant* tumulant, eine pluralform wie in den Werd.
Prud. gl. und hs. C des Heliand. Steinmeyer war ZfdA. 16, 2
der meinung, die hs. dürfte der sprache nach aus einem kloster
in der Maasgegend stammen. Mir scheint die sprache sächsisch
und vielleicht dem Werdener gebiete zuzufallen.

Die glossen wurden zuerst von Bethmann ZfdA. 5, 200,
lückenhaft, herausgegeben, dann revidiert von E. Martin
ZfdA. 14, 192, wieder abgedruckt von Steinmeyer ZfdA.
16, 92 und Ahd. Gl. II, 572.

# BRÜSSELER PRUDENTIUSGLOSSEN.

H. a. gallicantum.
   1ᵃ 13. strepunt. cragent.
      14. culmine. firest.
H. matut.
   2ᵃ 21. uersuta. inderscreukisᵃ.?
H. a. cibum.
   2ᵈ 18. seria. gethegenhet.
      ludicra. spil.
      uerba. spraca.
      iocus. lahter.
   3ᵃ 42. pedicis. clouon.
   3ᵇ 69. coit. gerinn &.
      70. calatho. kieseuath.
      82. flatibus balgun.
      fidibus. snarin.
   3ᶜ 120. dedecus. houitha.
P. Cassiani.
   28ᵇ 15. pugillares. haudtaflicon.
      pugillares. R. pugnus pugillus. pugil (kempio) pugna. pugillar (masculinum).
      49. laris. R. handtbflb. [1]).
   29ᵃ 50. impacta. R. anagfstp.tfnb. [2]).
      53. curta tumens. R. vvfrpandi. kfriudi. [3]).
      55. secatur. R. gkrizot thurustfcan. uu:rd. [4]).
      56. uiscus. inathiri.

---

1) *i. e.* handtafla.      2) *i. e.* anagestutena.
3) *i. e.* vverpandi. kerindi.      4) *i. e.* girizot thurustecan uuard.

29b   76. ferias. spil.
      77. piangere. anastotan.
      78. catenis. figurarum reizeu s. stilorum.
30a  104. nutantem. R. uuincpndi.¹). dubia. tuiulig.
P. Hippoliti.
   31a   63. uno ²). crappon.
   31b  107. instigant. stp'ftxn. ³).
   32b  153. pomeria. R. pomarium. domus pomorum. pomerium.
             bpmgard. ⁴).
   33a  186. speculum. spég:l. ⁵).
   33b  225. tribunal. lector.
P. Petri et Pauli.
   34a   17. subter. uither.
   34b   32. canens. R. huuitpn. grauupn. ⁶).
         42. lacunar. him.l.c. ⁷).
P. Laurentii.
   39a   55. massis. R. gfgptpn. ⁸).
         56. monete. mxuiton. ⁹).
   39c   77. predia. eg:n. ¹⁰).
         79. exheres i. ᵛuerkup ¹¹).
         84. nudate. gearmen.
         89. publicus. frpup. ¹²).
   40b  190. rudera. arvt.
   41a  282. maculentis ¹³). rottpgpn. ¹⁴).
        283. mentum. ciuui.
        324. acroma. sppt. ¹⁵).
   43a  533. cui. thfmp. ¹⁶).
P. Eulaliae.
   44a   80. friuula. gfbpsf. ¹⁷).
P. Romani.
   44²b  26. ictu. stikf. ¹⁸).

---

1) *i. e.* uuincondi.  
3) *i. e.* stóftun.  
5) *i. e.* spégal  
7) *i. e.* himilic.  
9) *i. e.* muniton.  
11) *i. e.* uncriuo.  
13) *l.* muculentis.  
15) *i. e.* spot.  
17) *i. e.* gebose.  

2) *l.* unco.  
4) *i. e.* bomgard.  
6) *i. e.* huuiton. grauuon.  
8) *i. e.* gegoton.  
10) *i. e.* egan.  
12) *i. e.* frono.  
14) *i. e.* rottogon.  
16) *i. e.* themo.  
18) *i. e.* stike.

45ᵃ 53. perduelles. milites. g i t h i c u i. ¹).
   79. procella. i'r r a r i.
46ᵃ 117. extuberet. tumeat. tuber. i. m a s b r. ²).
46ᵇ 156. lapis nigellus. a g a h t.
   essedo. s a m b o c.
   172. supinus. c a f f e n t̃.
47ᵃ 182. amasionum. R. amatorum. f r x t h k l p. ³).
47ᵇ 240. cur si Neaere. R. Dum Herculem in quadam tex-
   trina i. d u n c h.
48ᵃ 245. algis. R. alga. i. s é m i h.
   258. Ybis. genus auis. ibix s t f n b y h d. ⁴).
   261. fuliginosi. R. fuligo. h r p̈́ t. ⁵).
   264. sarculatis. g e g e d e n e n.
   269. forceps. t b n g b. ⁶).
48ᵇ 291. mentorem b i l i d : r i ⁷). qui commentum fecitillis.
   294. caminis s. m i t h o n. ⁸).
   296. Pago. paganismo. h e i t h f n i s s e. ⁹). R. pagus dicitur
   g p. ¹⁰). pgum. h f t h k u k s s :. ¹¹).
   301. ignosco. n i x x î t x. ¹²).
50ᵃ 383. offellis. b r a t o n.
51ᵃ 436. pupilla. R. puppa. s k p. ¹³).
   467. catasta. h b r p h p. ¹⁴).
51ᵇ 485. pleurisis. R. s t f. c h f. t h p. ¹⁵).
   495. podagra. f u o t s u h.
   arthesis. R. articulorum dolor. i. c r ā p p. ¹⁶).
52ᵃ 500. scalpella. R. scalprum. i. s c r o h i s a r.
55ᵇ 745. uagitibus. puerorum. x x e i n : n. ¹⁷).
61ᵃ 1080. stigmaret. R. stigma. h a n t m a l i.
Apotheosis.
68ᵃ 148. sambucas. h o l a n t e r e.

---

1) Vgl. Ahd. gl. II, 398 vs 197, 206
2) i. e. m a s a r.
3) i. e. f r u t h i l o.
4) i. e. s t e n b u h c.
5) i. e. h r ó t.
6) i. e. t a n g a.
7) i. e. b i l i d a r i.
8) l. s m i t h o n.
9) i. e. h e i t h e n i s s e.
10) i. e. g ö.
11) Pagum. h e t h i n i s s a
12) i. e. n i n u î t u.
13) i. e. s i o.
14) i. e. h a r p h o.
15) i. e. s t e c h e t h o.
16) i. e. c r a m p o.
17) i. e. u u c i n a n.

69ᵃ 293. cippo. stoche.
ficulni et stipitis unctor. tillodon.
70ᵃ 344. unguine. errore uel salba uel suco.
72ᵃ 473. uerbena. i. senina ¹).
73ᵃ 537. tumulant. bigrauant.
76ᵃ 725. rudere. mina dicitur. arize.
738. muribus. musiu.
76ᵇ 765. gleba. scorso.
79ᵃ 917. uena. ída.
80ᵃ 984. uenam. idun.
Hamartigenia.
86ᵇ a42. repagula. floz. ²).
87ᵃ 289. scutulis. R. scutulatis uestibus. sckfbttkn. ³).
296. peregrino. bisamo.
Psychomach. Praef.
98ᵃ 31. greges equarum. stptk. ⁴).
31. buculas. lábala. coi. R. genus uasorum. vel rantboga. vel geuuaigi.
33. bacis. rakinzun.

---

1) *l*. isenina.   2) *l*. sloz.
3) *i. e.* scifatin.   4) *i. e.* stoti.

# ERRATA ET ADDENDA.

s. XI. z. 22 überbleibsel, l. überbleibsel der bibliothek.
s. XVI. anm. 3 *vita Willehradi*, l. *Willehadi*.
s. XVII. anm. 2 vergl. hierzu E. Mühlbacher *Neues Archiv d. Ges. f. ä. d. G.* XVIII, 282, ff.
s. XX. z. 19 *ellero*, l. *allero*.
s. XXI. z. 4 v. u. *helagan*, l. *helagon*.
s. XXII. zu den Heiligen tagen vergl. *Erhard Reg.* I, 180.
s. XXIII. z. 3 *abhebbian*, l. *ahebbian*.
s. XXV. z. 12 v. u. l. *bikeran*.
s. XXVI. z. 4 die durch eine mischung, l. die zu stande kamen durch eine mischung.
s. 25. z. 3 hinzu zu fügen: nom. pl. *hliuningos, houidbandos;* acc. sg. *mi*.
    z. 12 v. u. zu streichen: *gibeldure*.
    z. 2 v. u. *ht* in *nicht* neben *ft*, l. *ht* in *nicht;* *ht* (für *ft*) neben *ft*.
s. 29. II, 16 et it timore, l. et ita timore.
s. 31. z. 3 v. u. egrotationis, l. egrotationes.
s. 32. z. 8 v. u. perescutionem, l. persecutionem.
s. 34. z. 2 et hic ad monemur, l. et hic admonemur.
s. 36. z. 14 favere, l. facere.
s. 37. z. 11 v. u. contumeliau, l. contumeliam.
s. 38. z. 9 uestamento, l. uestimento.
    z. 11 v. u. grauiore, l. grauiora.
s 40. z. 9 v. u. dimitteratur, l. dimitteretur.
s. 43. z. 8 l. persecutione.
    z. 22 eum Pilato, l. cum Pilato.
s. 44. z. 6 ex patriam, l. extra patriam.

s. 46. z. 12 l. rectitudinis.
z. 10 v. u. l. impleuerit.
s. 48. z. 16 v. u. manducam, l. manducem.
z. 5 v. u. qui, l. quis.
s. 113. z. 5 v. u. anm. 7 *stellen*, l. *stelle*.
s. 114. z. 9 v. u. l. und im dativ sg. von eigennamen; *ó* im gen.
s. 121. z. 8 v. u. l. Die sitte nach solchem formular zu beichten.
s. 128. z. 17 l. die züge einer hand *b*.
s. 130. z. 10 *vuichman* (51ᵇ), in 37ª, l. *vuichman* (51ᵇ), *g* im anlaut in 37ª.
s. 192. ff. passim. Korvey, l. Corvey.
s. 271. z. 11 v. u. *niuoldaran*, *caldondion*, l. *niuoldaran* steht *caldondion*.
z. 10 v. u. aber *umbiuérbi*, l. neben *umbiuérbi*.

# INHALT.

|  | Seite. |
|---|---|
| Einleitung | I—LI. |
| I. Heliand-handschriften | 1. |
| II. Essener und Lindauer handschriften | 15. |
| Essener Evangeliar | 17. |
| Lateinische glossen im Essener Evangeliar, welche sich nicht in dem Lindauer Evangeliar finden | 59. |
| Lindauer Evangeliar | 86. |
| III. Düsseldorfer handschriften | 105. |
| Gregorii Magni Homiliae in Evangelia | 107. |
| Essener Heberolle | 115. |
| Homilie Bedas | 117. |
| Beichte | 120. |
| Prudentius-glossen | 127. |
| IV. Oxforder Vergil-handschrift | 151. |
| Vergil-glossen | 153. |
| V. Münsterer handschriften | 167. |
| Die Freckenhorster Heberolle | 169. |
| Namen von hörigen von Corvey | 192. |
| VI. Wiener handschrift. — Beschwörungsformeln | 203. |
| VII. Hamburger handschrift. — Glossen | 209. |
| VIII. Wolfenbüttler handschrift. — Lamspringer glossen | 213. |
| IX. Bernburg-Dessauer handschrift | 217. |
| Fragmente einer predigt über Ps. IV, 8 — V, 11 | 219. |
| X. Merseburger handschrift. — Glossen | 233. |
| XI. Vaticanische handschriften | 243. |
| Abrenunciatio und Credo | 245. |
| Indiculus superstitionum et paganiarum | 249. |
| Runenalphabet und buchstabennamen | 256. |
| XII. St. Galler handschrift. — ABCDarium Nordmannicum | 261. |
| XIII. Strassburger glossen | 267. |
| XIV. Carlsruher handschrift. — Glossensammlung aus S. Peter | 281. |
| XV. Pariser handschrift. — Prudentius-glossen | 314. |
| XVI. Brüsseler handschrift. — Prudentius-glossen | 317. |

# NACHTRAG.

## I.

## ZU DEN HELIANDHANDSCHRIFTEN.

In folge der entdeckung Zangemeisters wurde die ausgabe dieses bereits druckfertigen buches um einige monate verzögert. Ich wollte nämlich den subscribenten der vollständigkeit wegen gern ein facsimile der neuentdeckten Heliandfragmente beigeben. Allerlei unfälle bei der herstellung derselben zwangen mich länger zu warten als mir lieb war. Ich hoffe indessen, dass man diese verspätung gerechtfertigt finden wird, um so mehr als ich dadurch in den stand gesetzt wurde einige neu entdeckte Werdener fragmente mit aufzunehmen.

Im jahre 1894 wurden fragmente (V) des Heliand und der altsächsischen Genesis von K. Zangemeister in der Vaticanischen bibliothek aufgefunden im Cod. Palat. lat. 1447; 32 pergam.-bll. 32,6 × 21 cm.; die hs. war früher in Mainz, cf. s. 3ª Iste liber pertinet ad librariam sancti Martini ecclesie maguntinensis. M. Sindicus subscripsit anno 1479. Der codex enthält astronomisch-kalendarische mitteilungen, nach Zangemeister wohl eher in der ersten als in der zweiten hälfte des 9. jhs. geschrieben, s. 1ª „de solstitio et equinoctio", 21 zeilen, der rest der seite ist im 9. oder 10. jh. beschrieben mit altsächsischer Genesis 1—25; 1ᵇ „regulares feriarum in Kal. XII mensium"; 2ª und 2ᵇ enthalten Genesis 151—280 und Genesis 280—337, 27—107; 3ª „tempora unde dicta sunt", etc., 3ᵇ „feriis constare credimus"; 4ª, 4ᵇ, 5ª „De die", 5ᵇ „continentia circuli eiusdem", 6ª „cyclus idem paschalis — finit deo gratias, amen"; von anderer hand des 9. jhs. „Breue de quattuor tempore"; 6ᵃ—10ᵃ „argumenta de titulis paschalibus", *etc.* 10ᵇ Genes. 108—150. 12ᵃ—17ᵇ „kalendarium" [1]). 27ᵃ ist beschrieben mit dem Heliandfragment 1279—1324, während nach 31ᵇ—32ᵃ „De temporibus anni", auf 32ᵇ „vita sanctorum dormientium" u. a. folgt, und der letzte teil der seite beschrieben ist mit Hel. 1324—1358. In der ausgabe von Zangemeister und Braune, Neue Heidelberger Jahrbücher IV, 2 ist dies alles ausführlich erörtert und sind also herausgegeben Heliand 1279—1358; Genesis 1(790 [2])—26(817), Genesis 27—150, Genesis 151—337, zwischen welchen abschnitten sich bedeutende lücken finden. Genesis 1—26 bestätigt auf treffende weise Sievers' vermuthung, dass die ags. Genesis 235—851 aus dem altsächsischen übersetzt sei. Konnte Braune zu keiner festen überzeugung kommen ob mehrere hände an der abschrift beteiligt waren; Sievers gab Zs.fd Ph. 27, 536 in überzeugender weise die merkzeichen dreier verschiedenen hände an. In meiner facsimile-sammlung sind zwei seiten, welche proben der drei hände enthalten, auf der genauen grösse reproducirt. Der erste schreiber endigt sein wirk mit *explicit*; dann fängt der zweite an, während der dritte das Heliand-fragment schrieb. Vielleicht war noch eine vierte hand daran beteiligt [3]). Zangemeister dagegen meinte dass alle fragmente von einer hand waren.

Braune hat der ausgabe eine ausführliche einleitung und ein genaues verzeichniss der wortformen und wortregister beigegeben. Durch seine untersuchungen kommt er zu dem schluss, dass die vorlage von diesen excerpten eine hs. war, welche Heliand und Genesis enthielt. Die abschreiber haben hieraus einiges copirt, um den leeren raum der seiten zu füllen. Welche hs. sie vor sich hatten? Nicht eine der uns bekannten hss.; denn sowohl von M wie von P und C weicht die darstellung der laute ab.

---

1) Das kalendarium wird mit den andern as. kalendarien und necrologien publiciert werden. Woher es stammt ist schwer zu sagen, da namen wie Bauc, Rathelm, u. a. ziemlich allgemein waren; in meinen registern von Werdener und Corveyer namen finde ich sie öfter; auch die mitteilung über Magdeburg besagt nichts, da ähnliche erwähnungen von festen anderer örter in den kalendarien sich auch sonst vorfinden, z. b. Ess. Miss. C. VII id. Oct. in Colonia S. Gereonis et sociorum eius. Es spricht nur für einen ort der beziehungen zu Magdeburg hatte. Jostes bereitet eine nähere untersuchung über die geschichte der hs. vor.

2) Zwischen klammern stehen die versangaben der anglosächsischen Genesis.

3) Vgl. meinen aufsatz in Taal en Letteren V.

Kann es vielleicht die hs. des Helianils gewesen sein, welche Siegler in Würzburg meinte gesehen zu haben (s. Einl. p. XL)? Wo haben sie abgeschrieben, welchem dialecte gehörten sie an? Fragen deren lösung ziemlich schwierig ist, fast unmöglich, da wir nichts von der vorlage wissen. Sie können dem hochdeutschen sprachgebiete angehört haben, wie Kögel s. 15 des Ergänzungshefts zur Geschichte der Deutschen Litteratur I schliesst, und doch in Werden oder in einem andern sprachgebiete gearbeitet haben; in andern as. hss. haben wir ähnliche hochdeutsche wortformen zwischen altsächsischen (vgl. Einl. XLV); eigene sprache und schulbildung sind gewiss von grossem einfluss, aber der vielgewanderte nimmt von mehreren dialecten immerhin in sich auf. Nicht unmöglich ist auch dass die eigentümlichkeiten des fränkischen, hochdeutschen, friesischen nicht diesem abschreibern zur last zu legen sind, sondern schon in der vorlage dieser abschrift zum teil sich vorfanden und von frühern abschreibern herrühren. Die fragen zu welchen diese fragmenten veranlassen weiter zu besprechen gestattet mir der raum dieses nachtrags nicht; nur sei erwähnt dass die häufigen abschwächungen der endungen, und die verwirrung beim anlautenden *hl*, *hr*, so wie die verstösse gegen den stabreim die abschrift eher dem 10. als dem 9. jh. zuweisen; hierfür meinte ich auch in der schrift eine stütze zu finden.

Kritische bemerkungen zum text gaben B. Symons, Over de onlangs ontdekte fragmenten van eene oudsaksische bewerking der Genesis (Versl. en Meded. der K. Akademie van Wetenschappen, Afd. Letterk. 3e reeks, 11, 123) s. 149, R. Kögel Ergänzungsheft z. G. d. D. Litt. s. 9, ich selbst Tijds. voor Ned. Taal- en Letterk. 13, 303, Genes. vs. 288, und Taal en Letteren V; Th. Siebs Altsächsische Bibeldichtung, Beilage zur Allgemeinen Zeitung 1895, n°. 54, Sievers, Zs.fdPh. 27, 534 ff. F. Holthausen Zs.fdA. 39, 52; M. H. Jellinek ib. 39, 151; G. A. Hench Modern Language Notes 9, 490 ff.

## II.

## DÜSSELDORFER PRUDENTIUSFRAGMENT.

In dem einbande einer wahrscheinlich Werdener handschrift der Düsseldorfer landesbibliothek wurden zwei doppelblätter pergam., 27,9 × 19,6 cm. mit 25 linien auf der seite gefunden. Der text enthält in schrift des 9. bis 10. jhs. von der Passio Romani des Prudentius 1ᵃ vs. 776—800, 1ᵇ 801—825, 2ᵃ 876—900, 2ᵇ 901—925, 3ᵃ 1026—1050, 3ᵇ 1051—1075, 4ᵃ 1125—1140; 4ᵇ von der Apotheosis, praef. I, 10—36. Ein doppelblatt und das mitteldoppelblatt des quaternio sind also verloren gegangen.

Ueber dem texte befinden sich glossen von einer nicht viel späteren hand, welche sich alle in der hs. des Prudentius F. 1 (vgl. s. 127 ff.) derselben bibliothek wiederfinden. Bloss in den accenten, welche hier wie dort über die buchstaben gesetzt sind, finden sich einige abweichungen; 881 *nádára* fehlt, so wie 907 *rrémmúnthi*, 1036 *rp uuendid*, 1038 *thuru flotid*, 1042 *vvíthar liáhád*, 1047 *rénúnga*, 1056 *marestada*, *gódohéddi* u. s. w. Die glossen welche in den buchstaben ziemlich genau übereinstimmen sind die der hand *c* in F. 1, während bei 1066 *mahti* und 1139 *biuuendi*, welche in F. 1 von der hand *h* sind, hier für *bérréudi* (in F. 1) *biuuendi* steht. Der schreiber von F. 1 scheint in 1033 *ruithar dvváid* das *d* hineingefügt zu haben. Bemerkenswert sind die *v* in F. 1, wofür sich hier *u* findet.

# DÜSSELDORFER PRUDENTIUSFRAGMENT.

Peristeph. P. Romani.
1ᵃ P. Rom. 797 exarabant. r í t t u n.
    800 ignauos. t r á g á.
1ᵇ    822 sectę. b í g é n g í t h ú.
2ᵃ    878 criminosus. ḿ e n f ú l l í g o.
    889 qui medetur. l á k n ó.
    899 tractat. h á n d l ó d á.
2ᵇ    902 scalpellum. g r á f í s á n r ¹).
    918 abdomina. á m b ó n.
3ᵃ    1034 subiectans. u n d a r u u e r p a n t h *i* ²).
3ᵇ    1053 restagnat. u ú i t h á r u ú a í d.
    1066 genitalia. m a h t i.
    1139 transfer. b i u u e n d i.

1) *l.* grafisarn.
2) Das stück pergament ist abgebrochen oder abgerissen, die hälfte eines h ist sichtbar.

# III.
# WERDENER FRAGMENTE.

Professor Dr. F. Jostes in Freiburg (Schweiz) hat die im pfarrarchiv zu Werden befindlichen alten handschriften der abtei Werden durchsucht und beim lösen der einbände mehrere teile alter handschriften gefunden, welche er mir mit freundlicher uneigennützigkeit zur veröffentlichung anbot. Die nähere untersuchung wurde mir auf sehr angenehme weise ermöglicht durch Dr. P. Jacobs und den Herren Dechanten Gisbertz, der mir bereitwilligst die hss. zur verfügung stellte.

1) Werdener Prudentiusfragment.

Zwei blätter und ein halb abgeschnittenes blatt, pergament, $30\frac{1}{2} \times 20\frac{1}{3}$ cm., enthält in schrift aus dem ende des 10. jhs. 1ᵃ contra Symmachum II, vs. 882—906, 1ᵇ 907—906 (prosa) —910, 2ᵃ 911—935, 2ᵇ 936—960. Auf s. 1ᵇ und 2ᵇ einige glossen von ziemlich gleichzeitiger hand.

2) Fragment eines glossars (Werd. gl. A).

Ein blatt eines glossars, pergament, $14 \times 19\frac{3}{4}$ cm. Die deutlichen schönen schriftzüge weisen auf das ende des 9. oder anfang des 10. jhs.; wie im Prager fragm. wechselt das semiunciale $N$ mit $n$ (vgl. s. 10). Das blatt ist, als es zum einbinden verwendet wurde, in zwei teile zerschnitten.

Der untere teil der linken seite ist stärker beschnitten; von der oberen ist seite ist rechts etwas mehr weggeschnitten. Oben links ist noch etwas vom rande sichtbar.

Die linke spalte enthält 18 zeilen, die rechte 19 zeilen. Da

die rückseite photographiert ist, so ist es auf dem facsimile die
linke welche 19 zeilen hat. Dieses glossar enthält neben lateinischen
worten auch einige altgermanische glossen; diese sind
grösstenteils angelsächsische; einige sind aber wohl nicht angelsächsisch,
sondern altsächsisch; von andern lässt sich nicht mit
sicherheit sagen ob sie in altsächsischer oder in angelsächsischer
sprache geschrieben sind, da hier die formen beider sprachen
übereinstimmen.

3) Fragment eines glossars (Werd. gl. B).

Zwei doppelblätter und zwei auseinander geschnittene pergamentblätter,
ein bogen 28 × 20, die andern 27 × 19½ cm., enthalten
teile eines lateinischen glossars in schrift des 9/10. jhs.
1 und 2 bilden einen bogen; es folgen lose blätter 3 und 4,
während 5 und 6 wieder zusammen gehören. Die blätter enthalten:
1ª „auctimat. estimat. dicit. Nominat" — „austis. potatis.
inanitis". 1ᵇ „auspicia. augoria" — „babilonia confusio".
1ᶜ „basilla. regina" — „balcei. genus. affricana". 1ᵈ „barriter" ¹)
— „bilem. amaritudinem. inuidia. tristitia. ira". 2ª „cornipes" —
„cornat. frondet". 2ᵇ „commenta. astutię. machinationes" —
„concentum. quod hinc et inde canitur". 2ᶜ „conpaginauit. coniunxit"
— „conserimus. conponamus". 2ᵈ „conatus. voluntas"
— „conlegium. societas conlegarum in uno honore possitorum".
3ª (der vorderteil der seite ist abgeschnitten) „duxit. nutrix" —
„farius. ferox. inmansuetus" ²). 3ᵇ „effrenatus-immoderatus" —
„elogium". 3ᶜ „elicite. prouocate" — „eminulis. modice eminentibus".
3ᵈ „emicat. splendit vel subito apparet vel exilit" —
„eneruum. emortuum". „ilogus" ³) „nixus. ⁴) manifestus. largus
vel levus" — „novissima pars contrauersie flebilis ad misericordiam".
4ᵇ „epularius. qui epulis dat opera" — „ergata. uicinus
uel operatus. g.". 4ᶜ „Erus... erum. domine. dominum" —
„euocare. cum honore uocare". 4ᵈ „euixit. extauit. sublimauit" —
„excusit. deiecit". 5ª „saba. pappa. uinum quasi dulciatum" —
„scitum. decretum. indicium". 5ᵇ „scrupea. saxa nigra aspera
uel glaria" — „scandit. ascendit inde etiam scandi uersus dicun-

---

1) *Diese und vier folgenden ohn. paraphrase.*
2) i. e. *effarius s.* Corp. gl. IV, 60, 35; 231, 10.
3) *i. e.* epilogus.  4) *zu ergänzen:* enixus.

tur quia pedibus conponuntur quibus ascenditur". 5ᶜ „scurra quasi parasitus publicus qui non deserit cenas puplicas" — „seuerus. modestus uel iratus nel ueredicus. crudelis". 5ᵈ „septimontium. dies festus. urbs rome quia supra VII montes sedit" — „seueritas censura. districtio. austeritas". 6ᵃ „testudo. densit [1]) romanum" — „tergiuersator. calumniosus et callidus". 6ᵇ „trophea. spolia punitorum" — „tyara. pilleum frigeum". — 6ᶜ „torpor. crimen uel error. signities" — „trepudians. exultans". 6ᵈ „traducere" — „trophaeum dicitur quoties deuicto hoste barbares putate armis hostium occisorum ipsa sunt trophaea."

Jede seite ist zweispaltig beschrieben und zählt 31 linien, welche durch punkte am anfang und ende angegeben sind.

### 4) Münster-Werdener fragmente.

Nicht in Werden, aber wohl aus Werden sind die sechs pergamentblätter lateinischer glossare, welche sich jetzt unter der signatur ms. 271 in der Paulinischen bibliothek zu Münster befinden. Prof. Ständer hat sie von buchdeckeln abgelöst, welche sich nicht mehr bestimmen lassen. Durch die gütige erlaubniss des vorstandes der Paulinischen bibliothek wurde es mir gestattet diese fragmente auf der hiesigen universitätsbibliothek mit den Werdener fragmenten zu vergleichen, und es ergab sich dass die schrift von derselben hand ist, dass sie die nämlichen abbreviaturen und ligaturen aufweist, und dass in der ecke des pergaments dasselbe merkzeichen, ein kreuz, steht welches sich auch in den Werdener fragmenten findt; auch die grösse der linien, die interlinien und die zahl der zeilen, 31 auf der spalte, stimmen überein.

Steinmeyer, der diese fragmente zuerst veröffentlicht hat (ZsfdA. 33, 242), hat schon darauf hingewiesen dass jedes der drei doppelbll. einer besonderen lage und einem besondern glossar angehört haben muss, und hat näher erörtert, wie sie sich verhalten und welchem glossar einige hiervon einmal angehörten haben.

Er weist die schrift „eher dem neunten als dem zehnten jh." zu, und hält ihr format (jetzt sind die blätter bis hart an die schrift abgeschnitten, ± 26 × 19 cm.) für ursprünglich folio.

---

1) Lucke.

Auch diese fragmente sind m. e. als Werdener hss. zu betrachten; um so eher als mehrere bücher aus Werden nach Münster gekommen sind. Noch mehr wird es wahrscheinlich, wenn wir den inhalt der drei glossare betrachten.

### Die glossare A, B, C.

Wie von Steinmeyer ausführlich nachgewiesen worden ist, gehörten die Münsterer fragmente drei glossaren an: bll. 2 und 5 enthalten partien der Glossae Nominum, Corpus glossariorum latinorum (Lipsiae 1888) II, s. 563—597, einer glossensammlung wozu auch die von F. Deycks im Index lectionum der academie von Münster für 1854/55 veröffentlichten glossen, sowie die glossen der Erfurter hs., codex Amplon. fol. 42, drittes glossar, gehörten. Meine versuche die Deyckschen glossen, welche sich angeblich noch im besitze der familie Deycks befinden sollen, ausfindig zu machen, scheiterten. Nicht unmöglich ist es dass auch der codex Amplon. 42, hs. des 9. jhs., aus Werden stammt, wie der Erfurter Katalog s. 35 angiebt: lebte doch Amplonius längere zeit am Nieder-Rhein, auch im anfang des 15. jhs., als in Werden ein zügelloses weltleben herschte, und die hochadligen äbte öfter in geldnot waren [1]).

Um so mehr halte ich Werdener herkunft wahrscheinlich da die schriftzüge der Erfurter hs., so weit ich nach dem etwas verkleinerten facsimile von Schum [2]) urteilen konnte, in vielen hinsichten mit denen dieser fragmente ähnlichkeit haben. Die meisten buchstaben haben dieselbe bildungsweise; ich würde also nicht anstehen diese hss. demselben schreiber, oder wenigstens derselben schreib schule zuzuweisen.

Diese Werdener fragmente sind wohl alle von derselben hand geschrieben; wie gesagt, findet man dieselben abkürzungen, aber auch im gebrauch gewisser buchstaben sind dieselben eigenthümlichkeiten nachweisbar: so findet man häufig *b* für *u*, z. b. in *larba*, neben *larua* in Münst. fragm. 4d, Werd. fragm. (280,37) *conibo*, und einmal *b* für *u* Werd. fragm. (278,70) *colubiem*, alle zum glossar B gehörend, während glossar A *octaba die* hat

---

1) Dr. P. Jacobs Geschichte der pfarreien im gebiete des ehem. st. Werden, Düsseldorf, 1893, s. 183.
2) W. Schum Exempla Codic. Erfurt, 1882.

u. s. w.; bisweilen steht auch *u* für *f: uiscale*; *o* für *u: augoria*, *decorio*, etc.; *œ* und *ae* sind selten, nur Werd. fragm. 279,36, meist *ę* und *e*; *h* wird oft vorgefügt: *harena*, *holera*. Alle glossaria sind wohl aus andern abgeschrieben; dies beweist z. b. glossar C *preduo talminus uel mon recte scriptum*, wo die vorlage wohl hatte *preductal minus uel non recte scriptum;* häufig ist die verwechslung von *r, s* und *n*. In der ausgabe der glossen von F. Deycks und Amplon. 2. kommen viele solche verlesene wörter vor.

Betreffs der vielen fehler, welche der abschreiber gemacht hat, sei darauf hingewiesen dass *r, f, s, n,* ags. *w, H* und *N* und auch *th* und *d, a* und *u* durch ihre form dazu veranlassung geben konnten.

Ich habe die glossaria A, B, C genannt. Das glossar A. (Münster fragm. 1 und 6, Werden halbblatt) steht zu keiner der mir bekannten glossensammlungen in näherer verwantschaft; nur mit den Leid. cod. Voss. lat. 69 4°, der aus St. Gallen stammt, hat es mehrere wörter gemeinsam, wie in den fussnoten nachgewiesen ist. Im Werdener sowie im Münsterer fragment sind zahlreiche wörter durch *g* als griechisch bezeichnet.

Das glossar B stimmt überein mit dem Erfurter zweiten glossar (Amplon. 2), herausgegeben Corpus Glossariorum latinorum a. G. Loewe (Lips. 1894) V, 259, ff. Die Werdener fragmente bildeten mit dem Münsterer eine handschrift. Wir haben hiervon übrig *auctimat — bilem;* dann eine lücke; von *cornipes — conibo;* lücke; *duxit — expers;* lücke; *indita — laterculus;* lücke; *saba — sententiores;* lücke; *testudo — trophæum*. Der letzte teil ist deshalb wichtig weil im cod. Amplon. nach fol. 33 eine seite verloren scheint, deren inhalt sich zum teil hier wiederfindet. Jetzt fehlen noch das ende des *s* und der anfang des *t*.

Das glossar C giebt teile der Glossae Nominum, abgedruckt im Corpus gloss. latin. (Lips. 1888) II, 563—597. Die von F. Deycks im Index lectionum in academia Monasteriensi a 1854/55 veröffentlichten glossen gehörten hierzu, wie schon Steinmeyer in seinem aufsatze Zs. D. A. 33, 242 nachgewiesen hat, als er die worte des Münster fragmentes s. 5 zum ersten male herausgab. Ich lasse hier der vollständigkeit wegen noch die altgermanischen glossen von Deycks[1]) und die Mün-

---

[1]) Vgl. Kluge Angelsächsisches Lesebuch, Halle 1888, s. 4.

sterer glossen folgen, welche beide wohl zu einem Werdener codex gehörten.

Schrieb doch Deycks fol. 5. „Octo scilicet sunt folia eius „formae quam quartanam solent nominare" (dies wohl infolge des abschneidens), „quorum quidem quatuor ultima dimidia „paginae parte sunt mutilata, quum librorum tegumento quon„dam inservierint. Fuerunt in bibliotheca olim celeberrima mo„nasterii Werthinensis ad Ruram". Germania 13, 479 weist er die schrift dem 10. jh. zu, dagegen im index s. 5 dem 11. jh.; er erwähnt dass die seite zweispaltig beschrieben war.

Der Münsterer fragment enthält gll. von *inscriptio — laberna*, und von *picens — puluinus*; letztere seite ist deshalb wichtig da die einzige hs. welche auch die ae. glossen hat, der cod. Ampl. gloss. 3 mit *liburnum* aufhört, während der codex Cantabrigiensis andere glossare zwischen die Glossae Nominum eingeschoben hat. Ich habe bloss die ae. wörter aus Deycks und Amplon. 3 abgedruckt, die Münsterer glossen dagegen vollständig mitgeteilt so weit sie sich nicht mit den worten des Amplon. 3 decken.

Erklärung und verbesserung der lateinischen wörter habe ich nicht gegeben, da dieses aus den ramen dieses buches fallen würde; eben so wenig habe ich es versucht die beziehungen zu bestimmen, welche diese glossare zu andern glossensammlungen haben. Nur sei darauf hingewiesen dass einige wörter sich wiederfinden in dem neulich von C. Wotke herausgegebenen Liber instructionum des Eucherius (Leipzig 1894), der auch s. 140 ff. mehrere worterklärungen enthält, welche vom glossator des Essener und dem des Lindauer Evangeliars benutzt sind. Zu den Werdener denkmälern, welche as. worte enthalten, können desshalb auch diese glossare gerechnet werden, da nicht alle worte welche sich hier finden wie oben gesagt der angelsächsisch zu nennen sind; eine scheidung ist aber bei einigen schwer zu machen. Dieses und die wichtigkeit dieser glossen für die kenntniss des wissenschaftlichen lebens in Werden veranlasste die aufnahme aller germanischen wörter.

Die as. worte blieben unbezeichnet, diejenigen welche so wohl as. wie ags. sein können, sind mit einem * versehen, die angelsächsischen sind mit † bezeichnet.

# WERDENER FRAGMENTE.

### 1. (Prudentius-fragment).

Carmen contra Symmachum II.
1b prosa. iustisque priuilegiis (peculari scripti. gisuasscarou)
    rubigo (vuintbrant)
2b c. Symm. II, 837 ad ostia Thybris ¹). Rgl. ostiacium vbi
    tibris mare influit vel gemundi
„    „    „ 946 corna (cornilberi).

### 2. (Glossarium Werthinense A).

Münsterer fragment.
1a   cratera  patena
    crates  gaerdes†. cirographa ²)
    cur[ia senatus cultus sinus maris [enatus de cunctis
    curia  conuentus et contio idem est i. curas
  5 curiosi dicuntur qui vacant ³) sibi otio et detraunt ceteros
    curia id est domus a cruore dicta in qua conponuntur
    omnia siue martyres occiduntur siue epistolę accipiun-
    tur et ipsi homines qui ibi seruiunt minores uel
    maiores curiales dicuntur
    cuturno  crincę†
    curricula  qui non stant sed currunt
    cuniculum  dicitur flux uentris
10 cupellulus  bula* ⁴)

---

1) *Editio* Tibris.
2) crates *flechtwerk ist wohl mit einem plural* gaerdas *zweige glossiert; später mit* cirographa, *für* chirographa, *das eigentlich gl. zu* cartas *war.*
3) *l.* uacant.    4) *Steinmeyer meint,* bula *stehe für* ampulla.

curua .g. scorta
cumba idolum est iuxta quod uia est appia quam | appi
fecit et aquaductum in | urb a curando
curator et procurator idem est qui uicem eius tenet.
curcilio  uermis frugibus nocens
15 curiales  qui seruiunt in curia .i. domus quę a cruore
et simulacris dicitur
curiales  et decuriones qui curilia munera procurant
[quando parate fiunt
Data die .i. misserunt epistolę eo die misse sunt
dascalias .g. latine doctor.
dactulus  fructus digito similis. dactulus .g. digitus.
20 defensores  qui defenderunt plebem contra nobiles et senatores.
dilator  qui detegit quod latebat
degustatos  depastos
deuote grece ueni hic
delibras delibras
25 dexe .g. tene
1b denotare iurare
deporeat depereat
defexum decliuium ę s d y n i† [1])
dextralia a r m b a g e s [2])
30 destupatorium  spugtamine .i. qui stupe sputum noctantur meando
dementicastis  obliuioni tradidistis
dcuotauit  despexit
de triuio  de diuersisuis [3])
de ogduade  de octaba die
35 defectior  putior.
decorio  Nomen gradus ut centorio
derogat .i. detrahit dei longior
defecatum  liquidum
dependisset. sustinuisset
40 desinteria  u t s y n h t.† [4])
disparuit  exoleuit

---

1) *l* ęfdyni.   2) *Leid. gl.* armilla ermbocg.
3) *l.* uiis.    4) *l.* utsyht.

Disiria. diuicultas urinę
discolatis .i. a discolorato quasi stero lesum
differenda est species diuitionis ut illud diuinitur uel terrorem et tyrannum rex. mod ÷ et temperans tyrannus est crudelis
45 diocisus .g. latine terminus uel locus subiectus
discarruta solue carrum .i. o n d h l e l t h ; [1])
dilicatus dilicís pastus
dispredulus a c u a e r n a † [2]) uel sciron
dialogus .g. dualis dictio et dialectica unum est.
50 dispicati sediuisis
dipondio duo minuata
dionimus qui duo nomina habet
dilaturas [3]) l y b i s n ę † sāx
dos mui [4]) d o m e sāx
1c 55 dolatorium .g. ascia latine. a e t s a † sāx [5]).
doleta uascula sunt magna lapidea et uitrea alia capientes modia .e alia ccc. alia que diuersę magnitudinis sunt doleum uas fictile ducentis decimatis ɪɪ siclos capere potest.
dorcus g i r e c [6]) sāx.
60 docheatas probatus
dorium indiculum
domuncula domus dimidium
dracontopedes homines draconum similes
drómedarię. naues dicuntur. xxx in quo remigant qui gubernant et trahunt draconem. que capiunt L uel LX homines
65 duellum dicitur quod duę sunt partes pugnantium
dudum u n g e o r a †
Ebratio ebrietas
eculium tormentum uel quo sursum et deorsum tenditur homo
economica disputatoria
70 editione ut causas uel fabulas audiat

---

1) *l.* ondhlath.  2) *Leid. gl.* scira acurnn.
3) *Entstellt aus* philacteria.s.  4) *Griechisch* δός μοι.
5) *l.* aecsu.  6) *l.* g r i c c. dorcus *jär* doricus, *s. Dfb. i. v.* dorica.

edituum templum edituus *begart ift*

egis .g. habes
egregi salta isrl egregi cantator.
egero .g. surge
75 egiro .g. leua
eleogabellj nomen gradus
eludit s a i g d ę † ¹)
elegans ab electione
elein .g. benedic
80 elogis uerbis
eleuanda .g. lepra ²)
1ᵈ elifansios quasi mons .g. elisio mons dicitur.
elefantiacus norbus ³) ex similitudine elifantis. pro duritia pellis et quia ingens est ut animal ipsud
epistola epi super stola scriptio a stilo dicta
85 emina melius sextarius ɪ libros. ınx. sextaris liquidis in siccis xɪ habens
embrimiis plumaci
emorphos .g. pulcher
enigma questio obscura ut de conmede ⁴) nēx | cibus exisrł
encratine continentes
90 ependiten tonica uel cocula
epilentici demonicsi
epentiditen et colophium unum sunt quasi tonica sine manicis
epidicta demonstratiua
epistua .g. capitella
95 epistolias id est litteras commonitorias
epicaustorium ubi carbones mittunt ad ministerium
epistolia .g. quod est latine opertorium
ertatur traitur
erucę qui comedunt caulos
100 erapsa dapulas
erchese .g. uenis

---

1) *l.* waigde *für* waegde; *ags. w wurde als s gelesen.*
2) *Eine spätere hand fügte hinzu* elegeris a lectione.  3) *l.* morbus.
4) *Hinter* pulcher *mit verweisung. vgl.* Judith 14, 14.

etomologia origo uocabulorum uel proprietatas
equa lance equa diuisio
equionas equa dictio
105 eufonus foenustas locutionis
eulogias .g. benedictiones ex arcus patricus ex asse ex
uno siue ex omnibus.
expendere tollerare
ex commode ex toto.

6ᵃ panigericis in laudibus
110 parethris ministeris
panarethos conpositum est pan .g. omne arethis uirtus
paretí perstrigium
parriat palmam tribuat
parcheris prestrigus
115 parafrasten Non translatorem
pancratiasten luctator
pauxillum Nomen mensure
paxmatium demedia libra II pāx lib una
pala scoful* sāx
120 patricius pater patrie
patricius ordinat magistrum militum. magister militum
tribunum iste uicarium trib et uicarius optionem
pastinares uineas plantare
papauer holus somnifer
pangentes ordinantes uel manducantes
125 paneos .g. similitudo dicitur
parasin in testimonio parens
perduellio rebellatio.
personacia clifc† .i. est clata*.¹) clatacrop;
pergule uirgę ferreę que pendentes in catenis cyprinis in
basilica beati petri. in quibus pendunt aurea ornamenta.
130 perodites opertorium oculorum
peripsima superhabundans purgamenta uel gisupop²)

---

1) Leid. gl. clate.
2) l. gisuuop, oder gisuuep; Leid. gl. peripsima gaesuop.ę. Bosw. Toller 56ᵃ aswáp
peripsema purgamentum; ags. w wūrde verlesen.

peryzoma corporis obsena tegit
per fragmaticum per negationem
pergaminis membranis quæ solitum est radere
135 pegulium ¹) m i n t ę*
6ᵇ pellicentes maculantes
pedi sequa
pecodes oues tantum, pecora cetera animalia
pessuli quo cluditur cornu peride
140 peculum lammina aurea
peles concubina uel bigamus
perendie die tertia
pensor qui penderator
p&ulcum instabile uel inpura
145 p&ulcus a p&endo
pessimus darent circumdarent
pedales citius
per agilitatem per uelocitatem
per agerem pro exercitu apuli inuitabor ²)
150 petra .g. lytargicus dicitur
pedules strapulas
pelues quod pedes ibi labantur
pin .g. bere
pius .g. qualis
155 pison .g. fac
pinsit densitudo
pilosi incubi ³)
piscarius qui uendit pisces
piscine aque frigidę iuxta termas ad utilitatem balnei.
160 pinguitudo uel crama ⁴) liquor de quo buterum conficitur
pistillus lignum breui quo holera comminuntur in mortariolo.
pinnaterre .i. angulus
pipones .g. melones latine.
pigmens meor a cubito .g. uocatur qui cubitalis est.
165 pothen .g. unde
phalances turbe

---

1) *l.* pulegium *s. Steinmeyer l. c.*  2) iuvitabor, *Leid. gl.* 2 Inuitabor.
3) *Leid. gl.* 33.  4) *vgl.* Wright-Wülcker 1, 366, 18.

6ᶜ     plexus truncatus
plageatur .dolus est fallax.
placentas de farina et melle panes
170 plagearii fures scruorum destructores ¹) pecodum alienorum
plectrans funes de palmulis
platesa genus piscis f l o c † ²) sāx
pontia insola
politica ciuilis
175 pomiliones pullios homines
poma generaliter dicuntur
portia insola est in portum rome et neapolis
polopis et crinitus .i. g r ō n a
pompa fallacia
180 posterula ianua
podagra tumor pedum
posteritas quasi postera etas
pophirio pulcher auis
pręsto est ad est
185 presul prouisor uel defensor
preruptum h a e n g i c l i f † ³)
prelum ubi torquitur oleum de uuis
prassus ⁴) g r o e n i † ⁵)
prestatio custodia
190 precentor qui uocem premittit in cantu
pretores exprefecti idem sunt quasi perceptores uel prepositores
presides qui president prouincis
proceres quasi procedes ciuitatis
propulenta semina diuersa conmixta ad medicinam uel ad cibum fiunt
195 programma proconscriptio
6ᵈ     promuscides ali narem esse dicunt. alii manum tam longam ut cum ea fenum colligere potest et in ós imter'..
i uel aquam obsorbere

---

1) *Epin* 20, 15 *distractor*.
2) *Leid. gl.* platissu f o l c; *Corpus gloss. lat.* platisa f l o o c.
3) *Vgl. Aelfr. gl.* 101 hengeclif.
4) *l* prasius.      5) *nicht* greeni; *von späterer hand hinzugefügt* viridus.

proitor sporgorium quasi pluuiam ....
prosapia presagia futurorum uel genus
proaulum proatrium
200 promontorium hooh* ¹)
pro dolor et pro pudor aduerbia sunt
proximus aproximate saguinitate
propetatio prophetia
prologus .g. prephatio
        dici
205 proelium pars pugne pugnaumus
procurator qui curatoris uicem tenet
proton primum
propositura propositus .i. uestis regiae
proriginem bloot*
210 prunus lignum, prunum fructus .i. plūm†. ²)
primicerius qui totas cartas et scriniones seruat
primicerius uicediuinus et consiliarius et aliter primicerius defensor
princeps quod prim*us* ³) capiat
psalterium triangulum est
215 pug*ulum* ⁴) quodam genus gladii
pulpita capsella que sub pedibus stat in basilica petri
 de tribus tabulis coniuncta.
    .s.
pugillum handful*
puu&enus ⁵) oð middil† *
pungius gladius
220 puncio id pede
purulon*ta* ⁶) foetido
purum extersum
*ganz unten steht* XIII

---

Werdener fragment.
1ᵃ  telis gr. uolo
     .s.
  terebrantes borendę. ⁷)

---

1) *Leid. gl.* hog.    2) (*oder* plum).    3) us *oder* um *unsecher.*
4) ulum *undeutlich.*    5) (*i. e.* pube tenus).    6) (ntw *undeutlich*).
7) *Leid. gl.* terebrantes borgenti.

225 terga dorsa hominum sunt terga animalium
termas pro calo*r*e quod calor.... mas dicitur
termas idem est cassa ampla rotunda uel quadrata habens defforis fornaces XII ad caljficandum domum istus pauimentum de marmore constructum et piscinas XI contre hanc fornaciorem ut per plumbeas fistulas accipiant aquam q quedam calide sunt ualde quedam frigide
thema figura
thestéas [1]) cenas uel cenas scelere
theatrum de lignis sit ubi ludunt homines et spectacula faciunt
230 thia [2]) .g. amita latine siñ pat he [3]) dicuntur extranea.
theobile theos deus bule uel consilium quasi consilium dei.
titulatio conpunctio
1.b  toga dicta quod corpus tegit est autem palleum purum.
torques. halsberigolth* circuli aurei sunt. (sax)
235 toga palmata quam merebuntur qui de hostibus palmas portabant [4])
tosta dura uel califica
tor .e. pauis in modum coronę. torton .g. . . . . . . .?
panem . . . . . .
toronicam genis ligni
toracia haeslin† [5])
240 tor. ces satrapes
toxica bellica a ligno toxo quod est uenenosa
tor. des ymagines
to..ñ .i. occasio ubi occidit sol
t...es uraninia .i. męndia pars celi
245 t...eamus moramus
tr..olia cla f re (s.)
tr..dentes c..ag.a. [6])
tr.poda thripil (s.)

---

1) e *oder* i.
2) *vgl. Schlettst. gl. Zs.* 5, 355,7 patruus uel zius. fetirro. amita uel thin. Pasa.
3) *Durchlöchert.*  4) *vgl. Corp. gl.* IV, 185,6.
5) *Leid. gl.* toracina haeslin.  6) *l.* creagra.

tra.elap.us .g. admixto nomine hircie et.cerui
..... us. Nutriunt uel incauer.ur
1c 250 trocleis. hledre+ [1]) i. funibus
tributum quod tribuitur censum quod censori soluetur
tribulibus tribubus
tropheum pretia herihyd+
trallis [3]) Nomen ecclesiae
255 traducem deformem
trionimus .g. qui tria nomina habet
tribunal domsedil.
traducere transducere
trien .g. tertia
260 tribuni quod tribuunt plebibus opem.
triplunas .g. nuge
tricorium ubi III ordines stant obsequentium
triclinium a tribus lectulis. clina .g. lectulus
tubuli stemne theuta [3]).
265 tut..rus vel mansionarius .i. dot [4])
turno .i. nodo
turdus. staer+ [5])
tu .g. illa

1d    uectigal a uechendo tributum est uiscale peculiaris. pecunię
270 nicedominus y conimus dispensator ecclesie
uitta son ð+ [6]) sax.
uimelle aures sicli per quem sansa mittunt
uicarii custodes locorum. uicar enim custus est locus
uinacia folciculi uuarum.
275 uia lata in roma est laetior quam cetere uie ubi iacet
corpus sci. macelli.
uitalia uiscera.
uia ostensi. de ostensi ciuitate est.
uiridarium a uiridorum dicitur.
uir. fibrarum .i. dar* [7]).

---

1) *Leid. gl.* trogleis hlędrę.    2) *Corp. gl.* V, 580, 50.
3) *ags.* theote.    4) n und s undeutlich; dot verstehe ich nicht.
5) *Leid. gl.* stęr und scruc.    6) *ags.* snod
7) darmana vgl. *Voss.* 69, 23, *Ahd. gl. II*, 596, *Corpus* 870

280 uicus. u u i c\* ubi mercatores moran*tur*.
nilicus qui de uilla ratione reddet propria tenet.
uia appia quam appius fecit et aquas claudius d. c̄ ¹) in urbem unde aqua claudia dicitur.
ultor auis nigra maior aquile et mandu.

---

### 3. (Glossarium Werthinense B).

Corpus Gloss. V. 269 ff. (Amplonianum Secundum).

*Abweichungen der Werdener fragmente.*

1ª  269  21 ²) auctimat estimat dicit nominet
          24  auena herba messibus noxia uel arunco agrestis
          29  aurora matutinum diei initium uel nubes rubes ante solem.
          30  austri nimbus aliter uenti
          31  augurans ominans
          36  augor qui aues colit. qui per auspicia diuinabat auium uoces
          39  auctoratio benedictio nam sub auctoratione sunt glatiatores qui se benedicunt
              aucmentum fundunt.
          40  auspicium ab inspiciendo auis nuntium quod in aue aspiciatur uel uotum uel augorium
          41  auitus subaudis ut ager quem possedit obos
          42  auguriam signa auium uolantium
1ᵇ         49  auspicia augoria
          55  auixessus augmentum
          58  ausilis praesidiis
    270  3  aurorans inluminans colore rutilo
           4  auxibimum romanum aut latinum
           7  autocefalus per se ipsos habent caput.

---

1) *lücke im pergament.*
2) *vor* 269, 21 *in cod. Amplon.* 2 *die folgenden glossen:*
260, 42 acidus acaesore; *l.* adic sore, *i. e.* sure, *vgl. hd. gl.* acidus essich saur.
265, 56 auchit beruit\*; *l.* berit, *vgl. Epinal.* 91, *Corpus* 216.
266, 20 anser auca *i. e.* gos\*,
  „  54 anser siluatica gregost.
268, 30 argata u a l t u e†; *vgl.* ergata.

       11    bachenalia bachationes uel forores
       12    barrit eleuans cum uocem emittit
       18, 19 babbus *hinter* baptismum, babilonia *hinter* baccus.

1c     22    basiliscus serpens est qui flatu suo uniuersa que attigerit inurit
       29    balagiaem uitium linguę
       30    barrus elefans
       38    batioca patera
       41    baxea genus calcei mulieris
       45    baiolus gerelus

1d     50—54 barritor — beluę *ohne paraphrase.*
       55    bellum intestissimum. bellum ciuile.
       61    bellum cibricum gallicum quod cibri galli it [1])

271   1    bellum mitridaticum quod gessit mitridates rex ponticę prouincię.
        6    bellum pelopuniensi grauum pelopensis dicitur ciuitas grecie.
       14    belli potens mas uel menerua
       18    bilem amaritudinem. inuidia. tristitia. ira

2a 278 53 [2]) cornipes etc.
       63    cohortatē nata est
       65    coturnus calciamenti genus
       70    colubiem sordem

279   2    colophium simplex cappa
        3    comma breuis dictio uel duę particule dictionum.
        7    comminus simul in se uel pro se uel proximus uel prose
        9 [3]) comminiscitur recordatur commemoratur

2b    11    compagines coniuncturę
       14    commissatio bonitas innocentia uel rubana loqea-
                         i
            stitiosus

---

1) item sunt.
2) *zwischen* 271, 18 *und* 278, 53 *folg. gll. in Amplon.*
274, 35 cartilago g r u r z a p a dicitur rustice; *l.* g n u r z a n a, *vgl. ndd.* gnorscbot.
275, 25 cancer n e f e r n; *l.* h e f e r n †.
    28 capcinica h r a m s a; *l.* cacpinica h r a m s a\*; *i. e.* cacpinica *oder* allium ursinum *wofür ndd.* ramse.
277, 18 cunabula c y n n e †.
278, 11 clauculas u i l u c a s †; *i. e. ags.* weoloc, *engl.* whelk, *auch lat.* murex.
3) *fehlt in Amplon.* 11.

|  |  | 17 | comitius locus honorum ubi donantur honores |
|---|---|---|---|
|  |  | 18 | comitia tempora honorum quando \| uel locus sub consules designantur honor \| es sed ubi sunt mulieres |
|  |  | 29 | comméndo insinuo dico |
|  |  | 30 | comptus uoti sui adsecutus effectum. |
|  |  | 31 | commerus publice. |
|  |  | 35 | comiter hornate. benigne |
|  |  | 36 | comuexæ in rotundo uergenti |
|  |  | 37 | commatores argentarii |
| 2c |  | 41 | concinnent consonent conpaginant uel conponent |
|  |  | 52 | conmentabar conmemorabar |
|  |  | 60 | conchula ligna arida uel uasa aerea |
|  | 280 | 1 | consentaneum conueniens. aptum. concors. |
|  |  | 7 | conpagatum iterum nascendi |
| 2d |  | 13 | contio conuocatio populi uel ecclesia et conuentum hominum |
|  |  | 15 | conferrata consociata |
|  |  | 19 | consiti. constipati. condempsi. |
|  |  | 24 | conclasare adiungere classem |
|  |  | 31 | confectus finitus |
|  |  | 37 | conibo concordes coniuncti |
| 3a | 288¹) | 7 | duxit nutrix. |
|  | 288 | 13 | edulia fehlt. |
|  |  | 28 | etquis aliquis |
|  |  | 37 | efferius ferox inmansuetus. |
| 3b |  | 43 | effeni adolescentes |
|  |  | 46 | effenes inberbes |
|  |  | 51 | effertus fractura facit a faciendo |
|  |  | 53 | abgeschabt. |

---

1) *zwischen* 280, 37 *und* 288, 7 *folgende gll. im Ampl.*
281, 10 continuus ¹) forstud*; *vgl. ags.* feorstudu *pfahl. ndd.* studde *und* stude *kleines gehölz.*
282, 4 conductium g i i n d i; *Dfb.* gimidi; *l.* g i m e d i t conducticium.
283, 19 *ob in dem verdorbenen* delictus ferru dan clatu *quem dr. eine lat. oder ags. gl steckt kann ich nicht entscheiden; mann könnte denken an* ferrum d a l e, *aber das andere bleibt dunkel.*

1) *l.* contignus.

|  |  | 54 | *egregius* ¹). Nobilis magnus summus |
|---|---|---|---|
|  |  | 55 | ego inquio. ego dico |
|  |  | 58 | eglypsis defectio solis aut lunę. |
|  |  | 63 | eiectat emittit eructuat |
|  |  | 65 | elapsus effugit |
| 3ᶜ |  | 70 | mixtum *fehlt*. |
|  |  | 71 | electrum aurum et argentum incoctum uel mixtum. ignis aer aqua terra |
|  |  | 72 | elementa. cęlum. terrae. aer. sol. ignis |
|  | 289 | 13 | Elisei cartaginienses pro eo quod dido elisa alisa nomine diceretur |
| 3ᵈ |  | 25 | emolo similem |
|  |  | 34 | eminiscitur in memoriam reuocauit |
|  |  | 41 | emitogium demedia toga |
|  |  | 42 | emensus transactus |
| 4ᵃ | 290 | 2 | ensiclum a secundo uel ab ense |
|  |  | 8 | enisi cum labore conari |
|  |  | 17 | epicurei genus lossophorum. |
| 4ᵇ |  | 25 | ephemerces quam habent mathematici unde conligunt singulem diem. |
|  |  | 26 | epechebos adolescens qui barbam non habet |
|  |  | 27 | epifates f a e r b e n u † ²) |
|  |  | 33—37 | *ausradirt*. |
|  |  | 46, 47 | ergastulum carcer uel locus. ergastari ubi dannant aut marmoria secant aut aliquid operantur nam grecum est quod ficium latini metallum appellant. |
| 4ᶜ |  | 51 | *weggeschnitten*. |
|  |  | 54 | erumpit euassit |
|  | 291 | 1 | esto etsi portaberis |
|  |  | 5 | ethna mons in sicilia fumigans |
|  |  | 10 | euitatus perterritus uel occisus aut priuatus. |
|  |  | 14 | euiratus (euinceratus) eneruis |
|  |  | 17 | euerenda tolleranda |
| 4ᵈ |  | 27 | extitit deflicit |

---

1) *abgeschabt*.
2) *Amplon. ebenso* epifates faerbenn. epifates *für* Gr. ἐπιβάτης *schiffjahrer; vgl.* Ags. Gesetze 368, 50. *nicht* rusticus *wie* Northc. Toll. i. v.

28 excidium euersio expugnatio
30 exorcesta adiurans probare
37 exorsus locutus
41 exmanare (*oder* exinanare) euacuare
47 [1]) expers ignarus. inscius uel grarus | scius uel euigilans

*Abweichungen des Münsterer fragmentes* 3ᵃ—4ᵈ.

3ᵃ Corp. gloss. V 302, 74. *inpubis puer inberbis — indoluit*
303  5  indita (*über* uie)
     7  infecta. Non facta uel tinta
     8  infit fatur id est dicere incipit
    10  inducię pax bellâ manente uel delationes
    19  inuexit intruxit
    21  incentium *cu*piditas uel intritamentum.
    25  incumbere superuere

3ᵇ *incestus — incaluit*
    31  incestus sactimoni uexatio uel cremen est inpie commissum cum sorore aut filia aut cognita
    32  infincię Nogotationes.
                soi
    39  iuscuabilis qui uulnerari non potest
    48  intempestate noctis. media nocte
    52  internuntii qui inter partes nuntium afferunt
    54  inpostremo postera
    55  indicium decuriendum. [2])
    56  inexsosabilis qui nullis precibus flectitur.

3ᶜ *innoxius solutus — interlunium*
    61  inferaces suinas. hoc est infructiferas
304  2  insuitare insolerter inuadere.
     7  infiscauit perscripsit titulum posuit
    13  infitior nego

---

1) *zwischen* 291, 47 *und* 302, 74 *folg. gll. im Ampl.*
294, 22 fau arbor id est b o c\*; *l.* fagus.
. 51 fisuras. scisuras id est s l o a c †  sax.; *vly. ags.* s l o h æ.
295, 7 fideius. b r o g\*. sax; *l.* fideiussor. b o r g\*. sáx.
297, 49 gania anisque dicitur s t e r n\* sax. *Hier ist wohl die* sterna hirundo *oder* seeschwalbe *gemeint*.
298, 26 genesco. m u s s c e l\*.
2) testimonium, *in Ampl. 2 von 2d hand, fehlt hier.*

14 insimulat acusat
16 infitetur Non fi̊tetur ¹) negat
3ᵈ *inferiç obsequia mortuorum in quorum honore captiui occidebantur — incentiua.*
304 29 incolę cultores in terra aliena
30 infectum tinctum
36 inpinsę Inpensus diligeñt solerter.
37 insolescit Non solitus erat et inportunus
39 increpuit insuit
42 ingluiomo indiscensio. ne... mollio
44 indidem inde de ipso loco
45 incapedo interuallum
46 incestare contaminare conmaculare
4ᵃ *intercipit prohibet. uetat — iouissomam etc.*
58 inpendia solacia
59 indere scribere texere
64 Inpost mentis insanus mente
305 4 in propatulo in publico in manifesto
9 indiculum parua epistola
13 inposturas facis
15 Iouisomam in libia in nouissima parte affricę colitur in harenosa regione. ammos enim arena .gr.
4ᵇ *iouanti ós aperienti — istriv*
20 irudo sanguisuga
22 ister danubius .g.
24 Itidem ad uel aduerbium est quasi iterum
25 iuuar initium solis. ortus solis
28 iugerat coniunxerat
31 iubilum sibilum
   iubilat sibil-
35 iudicium recuperatorium ubi agitur ob recuperandas rés nostras.
36 iuris consultus iuris peritus
   iuuencus ut uitulus qui arare iam potest dictus a iuuando.
38 iuuenelaia et iuuenili unum est
39 iustitium luctus in publicum.

---

¹) *i. e.* confitetur.

4ᶜ *latibulum* — *lauerna*
   305  52   lacunaria aurata camara
         56   lababit contigit siue superficit
         57   labes. ruinę maculę uel pestilentię
         58   lacenosum panneosum
   306   5   lacerti murices in brachis lacerti et tori unum est idem quod indurat in humeris taurorum.

4ᵈ *latumnia* — *lapicedina*
         12   lauescit furtunam perdit
         18   laubos labosicum onor onom.
         19   lautitię munditię
         25   lanugo prima cabillatio in barba quasi a similitudine lanę.
         26   lancinat bellicat trucidat
         28   lammina fasciola cuiuslibet metalli quomodo ferrę
         30   lacunareas aliquid de lacuna
         31   lagina grecum est
         33   latex aqua que latet in uenim
         34   laterculus codex membranaticius illic sunt nomina promutorum nam non est latinum

*Abweichungen des Werdener fragmentes* 5ᵃ—5ᵈ.

Corp. Gloss. V 330, 34 [1]) saba pappa uinum quasi dulciatum
         41   satis superque.. satis abundeque
         44   Sardanapallus rex fuit uoluptuosus
         46   scandare ascendere
         50   sambuca lignum ellęn̄ sāx [2]).

---

1) vor 330, 34 *folgende gll. im Ampl.*
306, 51 lapsanus .coydic\*; vgl. raphanus *ndd.* ködik.
 „  54 lacerta adexe\* sax
312, 32 muccus sax. horch\*: *l.* horth *für* hroth. *i. e.* hrot.
 „  65 nascurcium cressa\* sax.; *l.* nasturcium.
316, 15 omentum .maffan̄; vgl. *Epinal. gl.* 17ᵈ, 23.
318, 58 patellas lempite \* sax.; *vgl. ndd ndl.* lampet.
321, 25 pila thotthurn̄ *vgl. Epinal.* 787, *Corpus* 1584.
326, 11 putrenum gandi; *l.* gundi, *vgl. os.* gund *pus.*
327, 44 ratis. fluite sax : *vgl. ags.* flcot.
 „  45 racana huitilt sax ; *vgl. ags.* hwîtel.
329, 7 reniculus lenli hrednn̄; *l.* lendibreda.
 „  21 ricinus ticia\* sax ; *vgl. ndd. Geld.* tike.
2) *ags.* ellen.

|     |     | 52  | sarabaides uagatores uel si iuentes. |
|     |     | 55  | scera scoena suspensa |
|     |     | 59  | scoema figura |
|     |     | 60  | scopon puritas ¹) |

5ᵇ 331    4    scordiscum corium p̊essimum uel cruduͮͤm

         13    seris doctor
         17    scribe delicius qui ex sedili est si uocatur propter edilitatem.
         20    scipitiones uirge consulum
         21    scrupulatur sollicitatur
         25    scandi uersus dicuntur qui pedibus conponuntur quibus ascenditur.

5ᶜ    26    scurra quasi parasitus publicus qui non descrit cenas puplicas
         27    sclactarilis portator armorum.
         36    sedulo sollicituetudo uel uel asiduus
         42    setha aperi
         46    serculum pullenum campestrum (leuium)

5ᵈ    58    sensim leniter uel molliter
         60    sextertius duo asse et demedium
         63    seplasium uicus in campaniẹ ubi sunt unguentarii
   332    1    seplasiari qui ubi sunt
         13    seruit (*ausradirt*) dixit seminauit
         14    sector usurpatur
         15 ²) sententiores integre indicans

*Werdener text.*

6ᵃ    1    testudo densit ³) romanum.
         territus turbatus
         tenus usque aliter sine
         teretis rotundi
         5 temetum temulentus uinum

---

1) *wie in Ampl*
2) *Nach* 332, 15 *in Ampl, noch folg. gll.*
332, 24 setes b r y s t i † sax.
333, 3 senapiones c r e s s a * sax. qui in aqua crescit.
  „   34 spalagius musca uenenosa. est autem similis f i f e l d a c † sax.; *vgl. Epinal. gl.* 160, 78.
3) *lücke im pergament.*

temeratum. uiolatum. pullutum  
terido uermis in ligno  
terris confundis  
teda ut supra p' ditoñ  (ego)
10 tentorium casa militaris uel tabernaculum quod dicunt miles papiliones.  
tẹdẹ lampades uel faces nuptiales  
terribula formidolosa  
terementum nutrimentum  
temulentia ebrietas  
15 tesararius prepositus currorum qui bella nuntiant  
tensus tedet  
teger niger  
tericius obscurus niger  
tenelis qui potest teneri  
20 tetricius seuerus  
tenticula quasi retia quẹ tenduntur leporibus uel auibus  
tempestiuum oportunum  
telonium quasi omnium litorum fiscalis conductio.  
tectoriatus tecto coopertus  
25 tetraciti quasi quartam partem regni tenent  
testudo coniunctio scutorum  
terminati exultati  
teres tundus  
tergiuersator calumniosus et callidus  
30 trophea spolia punitorum  
thitis mare  
thimiamate odor suauitatis  
thalamus .g. cubiculum sponsi et sponse nuptiale  
thanthon .g. habes dō  
35 theca domus  
titerani proni siue tenebrosi  
titulat significat  
timiamate odor suauitatis  
tinniens sonans  
40 timiama incensum cuius fumus expellit putores  
tintis mare  
tintan .g. sol

tyronica initia rudimenta
tipum formam similitudo
45 tiasis laudes uirginum
tipo dracho
titulum .g. capitulum
tiro lignorum nobos
tigillum diminutiue a tigno
50 titanes filii terrę facit illos sol et nomine hostium sub-
actorum et ipse titan dictus est
tinia ¹) bidin† .sax.
tybris tyberis a tibero rege
typum .g. superbia
typus frigus
55 tyberimus ut amor
tyrsus asta cum papinno
tyberis fluuius italię
tyara pilleum frigeum
6c torpor crimen uel error signities
60 toles mémbra sunt circa uuam
torpet languet defecit
torridum tossum siccum
toruus ferus uiolentus
tonse remi
65 tori lectio aliter quod indurat in humeris taurorum
toreomata quae tornarasa sunt
tolor asta
torax lurica
torrore cremare
70 tongelatim singillatim
torbus ratus
torpor frigor
torpedo animal piscis a torpore eo quod uno loco stet
torfus asperteda facula
75 torgepurium ²) toga pura
toga pulla toga nigra
toga palmata quę palmas habet

---

1) *l.* tunua.   2) *l.* togipurium.

torus acubitus
torrens fulmen conceptum á pluuis
80 tori lacerti brachiorum
toros riparum uiridissima loca
toracata acies cum toracibus ambulantes toraces enim dicuntur genera monimentorum quę portant.
troiae ab oris a troię finibus
trophea spolia punitorum
85 trutinati pensatur
trapezeta mensura larius
trepudians exultans

6ᵈ traducere dehonestare [1])
trus tres
90 tramite uię transuersę
trabea uestis regia uel toga purpurea
transtra sedilia nautarum
trochus rotę genus ad lusum.
trachis gentilis
95 trucis asper
transitum transmotatum
translaticius qui transmotatur de alio loco ad alium
trans per medium uel trans fluuium.
transcribit per scripturam tradet
100 traicus uel motus uel gestus uel comicus
trapete. mole [2])
trapudium hilaritas
tribunalia cathedrę
tritile quod teri potest
105 tritonia genus est ferri in mari
triumphalis dies gaudi dies
tritor ab eo quod est tritus
tripudium. nomen est auguricum auis tundendo terram aliquid leti significat
triclinium ante usus topa diorum in tribus lectulis recumbebantur. lectus enim grece clinos dicitur.
110 tropeum preda de hostibus facta
Corpus Gloss. V 333, 63 tropheum signum uictorię

---

1) *lücke im pergament.*  2) *latein. oder sächsisch?*

trophæum dicitur quoties deuicto hoste barbares putate armis hostium occisorum. ipsa sunt trophea.

## 4. (Glossarium Werthinense C).

### Glossae Nominum [1]).

| Codex Amplon. gloss. III (Corpus gloss. II, 563). | Werdener fragment (ed. Deycks). |
|---|---|
| 563, 43 abusus foruerit* | |
| 564, 22 adfectuosus leubuendiϯ sāx | adfectuosus amabilis leubuendiϯ sax |
| 37 ador spelta (*aus* spleltor *corrigiert*) | |
| 565, 9 aeditus templi uel edis minister rendēgnϯ | |
| 21 aequi manus .bylipti ϯ. sax [2]) | aequimanus. bilyptiϯ .sāx. |
| 43 alga herba marina .uārϯ | herba marina uārϯ |
| 566, 2 albeus genus nasis trōg* | genus nassis trōg* |
| 8 aleator tebleriϯ. [3]) aleae | aleator teblēriϯ |
| 9 alia tefilϯ [4]) | alea tefil.ϯ alacer tēfleriϯ |
| 15 altile saginatum | altile saginatum foēdilsϯ |
| 19 amisarius stoedaϯ et homo fōr [5]) | amisarius stoeda et homo ferus |
| 567, 22 aquiluus fuluus bruun locar* | aquiluus fuluus bruun* |
| 568, 4 arquamentum dixl | arquamentum dixl |
| 22 ascia ferramentum .etsa. [6]) | ascia ferramentum æesaϯ |
| 569, 5 auctoracius .i. .g. monachus [7]). cempa* | |

---

1) *Bis* 582, 42 *sind nur die germ. wörter verzeichnet.*
2) *l.* aequanimus. *l.* biliuuit.
3) *Leid. gloss.* teblheri.
4) *Leid. gloss.* tebl.
5) *l.* ferus.
6) *l.* ęesa.
7) *l.* monomachus.

qui est ab exercitu
electus.

| | | |
|---|---|---|
| 569, | 17 axis a ē x † | axis a e x. † |
| | 28 battulus s t ā m.* sāx | battulus s t ā m* sāx. |
| 570, | 9 biplex. duplex. tuiłi* | bilix uestis duplici licio uel |
| | 10 bilis uestis duplicio uel lurica. | lorica. t u ī l g*. |
| | 14 blaciarius. primicularius, byrdistrae† ¹) sāx. | blatiarius prinicularius b y r d i- s t r a e † sāx |
| | 15 blanx bene moratus | blanx bene moratus k i i. ²) |
| | 20 bemer s c ā e r † | bomer s c ā r. |
| | 27 baccula uitula c u- c ā e l f † | baccula uitula c u c a ē l f † |
| | 29 bucula umbo r a n d- b a e g † | buccula. umbo r a ñ d b a e g † |
| | 30 bustum. ustrina b e e l. † ³) | b ē e l † |
| | 31 bustuarium cauterium incisio mēmbrorum. p e r i n f i r ⁴) | |
| | 32 buris s c a ē s † ⁵) | buris .s c a ē r †. p r i n f i r ⁴) |
| 571, | 2 cata bestiolae genus quod dicitur merth† | m ē r t h |
| | 4 casma ⁶) c a e s t † | casma ⁷) c ā e s t † |
| | 25 carbonarius locus carbonum: c o n s t u c ⁸) | carbonarius. locus carbonum c o n s t ū c ? |
| | 26 capriolus r ā a † | capriolus r ā a † |
| | 36 calcatiosus s p ū r u l* | calcatiosus s p ū r u l* |
| 572, | 13 caper porcus dimisus. b a ā r † | caper porcus dimisus b a ā r † |
| | 21 calcar sporonus s p o r a ⁹) | calcar sporonus s p o r a |
| | 33 ceriarium. ubi inciduntur panes et amminis | |

---

1) *l.* b y r d i s t n æ.  2) *l.* blandus; — k i s; *vgl. ags.* cís.
3) *Leid. gl.* beel uel ad  4) *l.* propter infirmitatem.
5) *l.* s c ā e r †.  6) *l.* clasma.  7) *D. liest* casina.
8) *Kluge* colstuc; *vielleicht mit Cantabr.* constructus.  9) *ags.* spura.

| | | |
|---|---|---|
| 572, | 34 ceruix posteriora colli hnecca* | ceruix posteria colli hnēcca |
| | 34 cessius glaucus ualdēn egi† ¹⁾ | cessius glaucus ualdenez† |
| | 39 censor rimator pretiator echtheri† | censor rimator pretiator echthēri† |
| 573, | 4 cista cēst† arcula. | cista cēst† arcula |
| | 24 cella lignaria. fīn* | cella lignaria fīn |
| | 32 classis nauis collectae flōta* | classis . . . . . |
| | 37 curnicula genus auis crę† | cornicula genus auis crāe |
| | 43 colum .lorg†. couel. | colum lōrg† .coūel |
| 574, | 5 colus lorg† | colus lorg† |
| | 13 corbis mōnd† | corbis mōnd† |
| | 15 colles bergas* | colles bergas* |
| 575, | 9 | conciliatio uāeg† |
| | 12 | conductio²⁾ giuīsa* |
| | 25 | concessor gisēd³⁾* |
| | 54 | culleum ēylli† |
| | 55 | cuneus uēcg† |
| 576, | 30 | delassatio tiūrung† ⁴⁾ |
| 577, | 37 | ducadetum suūr* milc |
| 578, | 8 | effractabilis hūs brycil† |
| | 31 | ephiphonima causa contentio ēfat⁵⁾ rēub.⁶⁾ |
| 579, | 30 | farrago. brora. ⁷⁾ scāefr†⁸⁾ |
| | 51 | fenicium. acerbum feni. hrēc† |
| | 58 | ferruminatus gisnētit |
| 580, | 7 | felis ferunculus mērth† |
| 582, | 5 humilia manus.⁹⁾ duērh† | |
| | 7 iaculum sciūtil | |
| | 8 iactus. boltio. sagitta .scīutil | |

---

1) *l.* ualhen egi, *oder mit Kluge* nuæden egi.    2) *l.* conductor.
3) *für* gisetha.    4) *vgl.* Sievers *Beitr* 19, 442, *anm*    5) *vgl. ags.* cofot
6) *vgl. ags.* reofan *onr.* riúfa.    7) *für* brona *d. i.* broma *oder* brionia ?
8) *l.* scaefn *d. i. abgeschabtes.*    9) *i. e.* nanus *Diese und ff. gll. nicht in D.*

582, 15 ilium neisñ naen-
      sōod ¹)
     42 infundibulum tracter

*Abweichungen des Münsterer fragmentes.*
2ᵃ *inuisus. odibilis — infectio. insparsio iniunctio.*
Corpus gloss. II, 583, 7 inuidiosus sui inuidetur et qui
     mihi inuidet
      8 incessus Non flagellatus
     10 instultus. ex parte stultus innerecundus
     12 infestus est. qui infert malum et cum infertur
     13 incommodus inutilis
     14 incęnatus Non adhuc cenans
     16 iniucundus inmitis
     17 intestatus moriturus qui testamentum non facit
     22 insitius filius suspectibus. uus
     23 intubus genus herbę
     28 incendiarius incensor ignis
     31 inprecatio prex
     32 inceptio ab incipiendo
     34 incussatio e f a t  r e ō f ²) *Ampl.* incusatio c̄ f a t  r c̄ o f
     36 infectio insparsio iniunctio
2ᵇ *inscriptio — interribilis*
     41 intermisio. dimisio mortuorum consultatio .g. nicromantia
     42 interpunctio distinctio
     47 infrunitas boní et malí notitia
584, 3 infenditur unius causę. cum alio conpar
      9 ineluctabilis lucta inuictibilis
     10 intercalaris annus longior .grc̄ embolismus
2ᶜ  16 *iuuenalis quod uenale non est — itiner*
     17 inanimus exanimus.
     18 inpotestis inpotens
     32 infitians dissimulans promisa conplere
     35 inguen lešca hregrẽsi ³) *Ampl.* inguen lešca hre-
         grẽsi

---
1) *Verstehe ich nicht*; ist newe seōðan Lchdm. 2, 231, *zu vergleichen?*
2) *s.* 035 *anm.* 5.        3) *l.* reghresi; *Steinmeyer will lesen* hegdresi.

37 inpuges uerbum est
„inmisa materies, introducta materie [1])
39 iteratiuum .iterum quasi sed nomen de adverbio
2ᵈ  46 *iter uia — laberna*
47 iuba seetes [2]) porci et leonis cabalique. manu. biri-
stet̄ *Ampl.* manu. brȳstae
52 iugumentum iunctura bouum.
53 ius ordinarium legitima quęstio [3])
55 iuniperum genus palmę
57 Jurisperitus lege doctus
585, 2 iubentas adoliscentia
3 iusor hortator clamando in opere
5 iupiter [4]) iouis
8 lapicina sector cessor lapidum
9 lactantia beōstt̄ *Ampl.* lantantia beōst
13 lanna angulus auris lāppa* *Ampl.* lāppa
14 labpsina lapsus

5ᵃ      *picens peccator* (589, 49) — *pollinctor* [5])
pinguamen pinguido rien renes
plaga zona cęlestis (589, 50 plaga bona celestis)
plagula r&iaculum (589, 51)
5 plebiscitum a populo ordinatum.
plebeius publicus popularis (589, 52)
plumbarius faber plumbi (589, 53)
plautus graues auriculas habens
plantarius plantator
10 plagiarius qui seruum s. alterius suadendo furatur
plustrarius carrarius
planctio planctus (589, 54)
plangor placator (589, 55)
plauster carrum (589, 56)
15 postilena posteriora sed specialiter dicitur instructura
caballa

---

1) *Hiernach folgen* iocolaris, iteratiuum, *danach* inpugus, *und zwischen* inpugus *und* iocosus *dasselbe verweisungzeichen „ das vor* inmisa *steht.*
2) *oder* sectes.        3) *Diese gl. steht nach* 54.
4) *Steinm.* iupii; iupī *ist aber deutlich.*
5) *Diese und ff. gll. nicht in Amplon. und nur zum teil in cod. Cantab.*

popa mactator
posca ac&um cum aqua mixtum (590, 35)
portella biuium
portula porta diminutiuum
20 popula pupilla oculi (589, 57)
posticum porta minor in maiore
pomentum pomarium (589, 58)
portiorium uectigal
pocentatus potestas
25 postumus postigena (589, 59)
porcellus porcus diminutiuum
porcinus diriuatur a porco
pomarius pomarum uenditor (589, 60)
ponderosus grauis
30 porrigio furfures (589, 62)
pollinctor mortuus mundus (589, 63)

5b    *portitor tollinarius — proportio*
propinator propinator (589, 64)
possiter adiutor (589, 65)
35 pollis farina subtilissima que aere spargitur ut fumus
postes columnę circa domum (590, 1)    [(589, 66)
polix digitorum fortissimus
poples h a m * [1])
polline subtilissima farinę pars (590, 2)
40 pronuba qui sponsam alio ducit aut nuptis interest
promacella .prumptuaria. h o r d r e n †
proxeneta negotium nuptiale
proserpina soror liberis dea
prostituta meretrix
prohibitorium inpedimentum
promentarium, prumptuarium
promotum motio cuiuslib& in maiorem dignitatem
probrum inputatio malj
prodigiosus festinali uultu
probrosus uirgosus (590, 8)
procus sponsata
profectus reuersus

---

1) *Leid. gl.* publite hamme; *vgl. Bosw. Toller. i. v*

predigus dapsilis largus
prognatus ante natus
propensus pensus incurbatus (590, 13)
prolatio productio
procuratio imperium (590, 15)
profligatio uicissitudo (590, 16)
proscriptio cuiuscunque rej
prorigo desiderium scalpendi (590, 17)
promulgatio legis positio (590, 19)
proportio analogia pars sibi similis et a ceteris disiunctus

5ᶜ prouerbo prouerbium
proximitas adfinitas
prof&or pretor contra alterius exercitus pretorem distinatus
profector iter agens
promulgator predictor (590, 23)
probellator pugnator
proquestor secundus a rege (590, 26)
proeder adiutor (590, 27)
proneptis neptis
prouincialis ex prima prouinciarum
proles natus
prorognes prignata
prolubies inmunditia (590, 29)
pronepus priuignus. s t e u p s ū n u †
proconsul qui prouincias mittitur (590, 30)
protextum prouisum precuratum
pretorium domus in qua iudicatur
preclauum g a n g r ē n †
precinctorium caballi cingulum (590, 5)
presorium prelum (590, 6)
pressicium m a l s c r ū n g \*
pretextatus purpuratus (590, 10)
presidiarius auxiliator
prefectio precisio membrorum
prelatio a magis elegendo
prestolatio studium (590, 18)
preditio a preditando
prelusio a ludendo

precantatio diuinatio (590, 20)
prequi exercitui preest
presignator qui adulterum numisma | cutit uel epistolas sigillauerit non accepto a rege sigillo [1]). (590, 24)
pregustator qui ante tempus gustat,
prestigiatur mimarius (590, 25)
prefensior cupiens ditior esse
pregrandis Nimis grandis
prefectus classis qui clasi preest
preiudex qui preiudicat (590, 28)
prerex precatio
precepsi pronus
predico talminus uel mon recte scriptum [2])
pres fideilusus
preceps precipitium
prinicula ornatus uestimentorum. borda*.
primilegium (590, 4) priuilegium mun ᵈ byrd †
priuigenius primo genitus
primipilarius primarius ioculatorum pile (590, 9)
pridiarius hesternus
primipilus primipilarius (590, 12)
puellula puella diminutiuum
pustula scabies
priuigenus steupsunn [1])
purpurilla deorsum in terra. nidre.* (vgl. 590, 36)
pulpita gradus ecclesiarum
pulpitium puppis. (590, 38)
puerarius puerorum corruptor
puderatus sapiens (590, 40)
pussillatus breuis stature (590, 41)
pugillarius pugillarum opifex (590, 42)
publicanus tollinarius
puerarius puerorum amator
pupus paruulus onegt [3]) (vgl. 590, 43)
puerorus puerilis (590, 44)
puluinus plumarius.

---

[1] quer am rande nachgetragen.  [2] l. predictal mius uel non recte scriptum.
[3] l. enegt.

# ERRATA ET ADDENDA.

s. XI. z. 22 überbleibsel, l. überbleibsel der bibliothek.
s. XVI. anm. 3 *vita Willehradi*, l. *Willehadi*.
s. XVII. anm. 2 vergl. hierzu E. Mühlbacher *Neues Archiv d. Ges. f. ä. d. G.* XVIII, 282, ff.
s. XX. z. 19 *ellero*, l. *allero*.
s. XXI. z. 4 v. u. *helagan*, l. *helagon*.
s. XXII. zu den Heiligen tagen vergl. *Erhard Reg.* I, 180.
„ „ statt 2 März, l. 28 Februar.
s. XXIII. z. 3 *abhebbian*, l. *ahebbian*.
s. XXV. z. 12 v. u. l. *bikeran*. In der Sachsenlanden, l. in den *S.*
s. XXVI. z. 4 die durch eine mischung, l. die zu stande kamen durch eine mischung.
s. LI. Der Altsache, l. Der Altsachse.
s. 22. z. 5 v. u. (18725) l. (18723).
s. 25. z. 3 hinzu zu fügen: nom. pl. *hliunningos*, *honidbandos*; acc. sg. *mi*.
„ „ z. 12 v. u. zu streichen: *gibeldure*.
„ „ z. 2 v. u. *lit* in *nicht* neben *ft*, l. *lit* in *nicht*; *ht* (für *ft*) neben *fl*.
s. 29. II, 16 et it timore, l. et ita timore.
s. 30. z. 8 v. u. delicias, l. delicies.
„ „ giuuer | herid, l. giuuer | therid.
s. 31. z. 3 v. u. egrotationis, l. egrotationes.
s. 32. z. 8 v. u. peresecutionem, l. persecutionem.
s. 34. z. 2 et hic ad monemur, l. et hic admonemur.
s. 36. z. 14 contra iussu, l. contra iussum. favere, l. facere.
s. 37. z. 11 v. u. contumeliau, l. contumeliam.
s. 38. z. 9 uestamento, l. uestimento.
„ „ z. 11 v. u. grauiore, l. grauiora.

s. 40. z. 9 v. u. dimitteratur, l. dimitteretur.
s. 43. z. 8, 100ᵇ l. persecutione.
„   „  z. 22 eum Pilato, l. cum Pilato.
s. 44. z. 6 ex patriam, l. extra patriam.
s. 46. z. 12, 120ᵇ l. rectitudinis.
„   „  z. 10 v. u. l. impleuerit.
s. 48. z. 16 v. u. manducam, l. manducem.
„   „  z. 5 v. u. qui, l. quis.
s. 113. z. 5 v. u. anm. 7 *stellen*, l. *stelle*.
s. 115. z. 9 v. u. l. und im dativ sg. von eigennamen; ó im gen.
s. 121. z. 8 v. u. l. Die sitte nach solchem formular zu beichten.
s. 128. z. 17 l. die züge einer hand *b*.
s. 130. z. 10 v. u. *vuichman* (51ᵇ), in 37ᵃ, l. *vuichman* (51ᵇ), *g* im anlaut in 37ᵃ.
s. 132. H. Mat. 81 uiuhta, anm. l. uinhta.
s. 140. 63ᶜ, l. 56ᶜ.
s. 160. z. 7 plimatium, l. plumatium.
s. 164. 174ᵃ esserunt, l. cesserunt.
s. 165. baexuuegun, l. baecuuegun.
s. 183. anm. 1 *hs*. l. *l*.
s. 188. z. 12 v. u. themo, l. themmo.
s. 192. ff. passim. Korvey, l. Corvey.
s. 239. anm. 9 uuerdun, l. uuerdin.
s. 271. z. 11 v. u. *niuoldaran*, *caldondion*, l. *niuoldaran* steht *caldondion*.
„   „  z. 10 v. u. aber *umbiuérbi*, l. neben *umbiuérbi*.
s. 275. 65 hettaruurtio, l. samun hettaruurtio.
s. 276. addendum: „instar bestiae te thero uuis" hinter umbiuérbi.
„   „  in anm. 2 ist *nicht* hineinzufügen
s. 307. z. 8 v. u. Pimia, l. pinna.
s. 323. anm. 3 scifatin, l. scifattin.
„   „  86ᵇ statt a42, l. 242.

# COLLATION.

*S.* 29 Essen-Evangeliar. 32ª, II, 16 (nec ante nec post etc. — it *l.* ita. II, 18 — te samna gimerkte. *l.* te samna gimerkta. *id.* addendum *l.* credendum. *S.* 30 Rachel plorans *l.* Rachel plorat. 32ᵇ III, 4 humane *l.* humanę. locuste *l.* locustę. bone *l.* bonę. deciduunt sed *l.* deciduunt que in maritimis solent manere, sed. 33ᵇ IV, 22 giuuer herid *l.* giuuertherid (*oder* giuuerderid). 34ª V, 2 doctrine *l*. doctrene. *S.* 31 Ueni *l.* Veni. et ea predicare que *l.* et ea predicarem quę. *Zu* V, 18 apex *steht eine rundglosse* littera I quę minima litterarum et apex (strikko) que est summitas *etc.* 38ª VIII, 12 eterne *l.* ęternę. VIII, 17 egrotationis *l.* egrotationes. *S.* 32 X, 16 foramen petre *l.* foramen petrę. Uitam ueteris hominis *l.* Vitam ueteris hominis. X, 25 ut *l.* vt. gloriam *l.* perfectionis gloriam. X, 26 uirtus (guddi) *l.* virtus (guodi). X, 27 quod *l.* quia. *S.* 33 X, 29 veneunt *l.* ueniunt. 41ᵇ X, 37 min uuirthig *l.* min vuirtheg. X, 38 eterne *l.* ęternę. X, 42 vitium *l.* uitium. 43ª XII, 18 servilem *l.* seruilem. XIII, 28 ut gedan, *das zweite mal* vt gedan. *S.* 34 hic admomenur *l.* hic admonemur. fiat *l.* fiant. te godes dŏma *l.* te godes dŏ′ma. 46ᵇ XIII, 53 evangelio *l.* euuangelio. 47ª XIV, 7 prepararet *l.* prępararet. XV, 6 haec *l.* hęc. *S.* 35 XV, 11 alie *l.* alię. comesserat *l.* comederet. XVI, 5ę *in* suę, uitę; 23 Mee *l.* Męę. uoluntatem non vis granum *l.* voluntatem non uis me granum. *ut l.* ut. XVI, 24 Xristi crux *l.* crux Xristi. XVI, 26 commutationem *l.* commutacionem. XVII, 3 de celo *l.* de cęlo. XVII, 4 huttia *l.* huttia. *S.* 36 XVII, 12 Herodes *l.* Heródes. XVII, 17 contra iussu *l.* contra iussum. favere *l.* facere. conservet *l.* conserves. XVII, 23 noten *l.* notén. XVIII, 15 gibeterodan *l.* gibéterodan. XVIII, 16 vinces *l.* uinces.

XVIII, 17 si me condemnis *l.* si me despexeris et ego te despexero, si me condemnis. *id.* presumat *l.* pręsumat. vel *l.* uel. in celo *l.* in cęlo. *S.* 37 XXI, 10 that alla thia burg *darauf folgt noch:* commota est universa ciuitas. XXI, 12 et vendebant *l.* et uendebant. de longinquo *hs.* lonquinquo. sacrificabant simul pecunia *hs.* sacrificabatur simul pecuniam. XX, 17. *Die randglosse fängt erst an bei:* erat tam pauper. *id.* civitate *l.* ciuitate. XXI, 29 contumeliau *l.* contumeliam. XXI, 33 locavit *l.* locauit. XXI, 33[b] g i s c e r i d, *hinter* d *ist a ausradirt. S.* 38 XXII, 1 *vor* Postquam *ist* R *einzufügen.* sectatoribus *l.* secutoribus. XXIII, R cum circumcisione ita et in uestamento *l.* cum circumcisione ceteris dissimiles essent ita et in uestimento. XXIII, 15 u u e r t h i d *l.* v u e r t h i d. gehenne *l.* gehennę. revertitur *l.* reuertitur. poene *l.* poenę. XXIII, 16 si quis iurasset in auro *l.* si quis iurasset in templo vel in altare periurii reus non esset sin autem iurasset in auro. *id.* h é h i s u o r, *es steht* h é b i s u o r, *wie* Steinmeyer Anz. 40 *angab.* XXIII, 23 graviore *l.* grauiora; 26 que *l.* quę. XXIII, 31 s i n d o n *l.* s i n d u n. *S.* 39. XXIV, 6 que *l.* quę. XXIV, 19 h a b t a *vielleicht stand am ende noch ein* u. opere virtutum *l.* opere uirtutum. XXIV, 32 u t s p r u t i t *l.* vt s p r u t i t. XXVI, 9 locuti, si *l.* locuti sunt, si. *id.* avariciam *l.* auariciam. g i t h i á u o d í *l.* g i t h í a u o d í. *S.* 40 si negarit *l.* si negaret. XXVI, 39 ut *l.* vt. noluit *l.* uoluit. XXVI, 65 vestimenta *l.* uestimenta. *id.* 73 valet, quamvis *l.* ualet, quamuis. XXVII, 14 dimitteratur *l.* dimitteretur. differetur *l.* differretur. *id.* 15 vinctum *l.* uinctum. *S.* 41 Marcus IV, 26 u u i l l i e n d i *l.* u u i l l i n d i. (R asth) *l.* (R afth). IV, 31 videtur *l.* uidetur. uite *l.* uitę. *S.* 43 Lucas I, 17 u n g i o f d a *l.* v n g i o f d a. persecutionis regis *l.* persecutionem regis et reginę. I, 27 g i z a m u n *l.* g i z á m u n. I, 46. Quod me *l.* Qui me. sublimavit *l.* sublimauit. III, 1 anno autem (t h o). tho *steht mehr über das folgende* quinto decimo imperii. III, 2 venerat que *l.* uenerat quę. in se *l.* in se ipsum. riki *l.* ríki. g i u u r ó h t i d *l.* g í v u r ó h t i d. Iudea *l.* Iudeam. eum *l.* cum. regnavit *l.* regnauit. III, 7 *Die randgl.* s i t h u n *gehört wohl zu* Dico enim uobis *oder zu* quia. III, 15 virtutibus *l.* uirtutibus. ipso *l.* ipso etiam. credere *l.* crederunt. III, 18 exhortans *hs.* exortans. *S.* 44 IV, 23 sinagoge *l.* sinagoga. V, 20 voluit *l.* uoluit. VI, 19 h e r i d u o m *l.* h e r d u o m. VII, 12 archisinagogi, que *hs.* archisigagogi quę. vidue *l.* viduę. civitatis *l.* ciuitatis. putriuit *l.* putruit. voluntatem *l.* uoluntatem. perficit *l.* perfecit. *S.* 45 juvenis vero *l.* juuenis uero. qui cogitatione *l.* quę cogitatur. peccatoris *l.* peccator. ut *l.* vt. anime *l.* animę. alium vero *l.* alium uero. VII, 15 upsitti *des weitere abgerissen.* videtur *l.* uidetur. reviviscit *l.* reuixerit. IX, 51 firmavit *l.* firmauit. XI, 8 ungimak *l.* vngimak. XI, 22 superavit *l.* superauit. XII, 3 Palestine provincie *l.* Palestinę prouincię. equalia *l.* ęqualia. up *l.* vp. ala emnia *l.* alaemnia. XII, 7 debetur *l.* debet. *S.* 46 dicta eius *l.* dicta nostra eius. XIII, 6 que *l.* quę. servat *l.* seruat. rectitudins *l.* rectitudinis. XIII, 15 solvit *l.* soluit. vincant *l.* uincant. satani *l.* seculi. XV, 17 et *per* temporalem. XV, 14 virtutibus *l.* uirtutibus. XV, 21 ik *l.* Ik. XV, 26 impleveritun *l.* impleverit. XV, 31 he proprie essent Iudeis de lege… et *l.* hę proprię essent Iudeorum si de lege et. *S.* 47 XVII, 8 que *l.* quę. XVII, 10 a seruo *l.* a seruo suo. XVII, 22 eterne *l.* ęternę. XX, 32 qui *l.* qua. veritatem *l.* ueritatem. XXI, 9 inuuardes *l.* invuardes. *S.* 48 XXI, 9 dominice *l.* dominicę. XXI, 11 terre motus magni per loca (erdon uuagi uar endi uar) *l.* terre motus magni per loca (… magni uar endi uar). historiám *l.* historiam. inveniat *l.* inueniat. XXI, 23 gremi *l.* grēmi. XXI, 23 civitas *l.* ciuitas. XXII, 6 ģilesti *l.* gilesti. XXII, 24 qui eorum *l.* quis eorum. endi thia furista *l.* … furista. XXII, 26 vobis *l.* uobis. *S.* 49 XXII, 31 vos *l.* uos. *id.* R. froon *ist nicht ganz deutlich.* XXII, 36 victui *l.* uictui, euangelizandi *l.* euuangelizandi. XXII, 37 nohio *es scheint mir* nohuó. XXII, 42 voluntas *l.* uoluntas. XXII, 53 mid *ist glosse zu* qua. *S.* 50 XXII, 58 lucikeru, *o oder* e? en man *l.* en mann. XXII, 64 R. farodun *ist gehört zu* interrogabant. XXIII, 9 *oben in der ecke steht noch* o thes vuas. Pilato pauca respondere *es folyt* quia inuitus eum iudicabat. *Nach* uidere *folyt* et dominus iactantiam declinabat *S.* 51 XXIII, 17 thero. e *oder* o? XXIII, 28 Vos ipsas vestramque *l.* Uos ipsas uestramque. mce *l.* meę. Virorum *l.* Uirorum. adversus *l.* aduersus. XXIII, 29 beatae steriles *l.* beatę stereles. XXIII, 41 uuerthid angeldid *l.* uuerthid angeldid, d *und* i *undeutlich.* XXIV, 11 deliramenta *l.* deliramentum. *S.* 52 Joh. I, 13 femine *l.* feminę. eterne *l.* ęternę. I, 42 columbe *l.* columbę. preterite *l.* preteritę. *S.* 53 III, 8 videre *l.* uidere. novi *l.* noui. III, 29 qui audiebat *l.* quia audiebat. docentes *l.* docete. IV, 7 posite *l.* positę. fuerunt *l.* fuerant. IV, 18 peruenit, *es folgt* quem non habuit. S. 54 VI, 65 gibaroda, o *aus* a. VIII, 6 vel accusare *l.* uel accusare. S. 55 VIII, 11 uuerthan -- qui *l.* uuerthan — debere, qui. S. 56 XIII, 18 *l.* ęternam. farśculda *l.* farsculda. S. 57 XIV, 2 eterna *l.* ęterna. XVIII, 28 alienigene *l.* alienigenę. S. 58 pascha *l.* per pascha XIX, 7 ne uuethar *l.* nie uuethar. XIX, 16 uuarun *l.* vuarun. XIX, 20 Πe *l.* Hę. hebrea. Hebrea *l.* hębrea Hębrea. XIX, 29 in cruce *l.* in crucem. arundine *l.* arundini. ut in spongia telis potus ad sublima *l.* et sic in spongia talis potus ad sublimia. XIX, 37 ubi (mid thius) *etc. l.* R. ubi (mid thíus) *etc.*

S. 59 *statt* 31ª *l.* 29ᵇ. *Vor* II, 13 *l.* 32ª. Egyptum *l.* Egyptum. *Vor* II, 21 *zu fügen* 32ᵇ. II, 22 pullulat *hs.* pollulat. S. 60 reserabit *l.* reserabat. III, 10 abscindit *l.* abscidit. III, 11 remissionem *l.* remissione. III, 16 debuit tunc *l.* debuit ut tunc. S. 61, p. 33ᵇ *fängt bei* IV, 17 *an.* in carcere *l.* in carcerem. V, 43 nequebant *l.* nequibant. V, 45 vel *l.* uel. dietae *l.* dietę. 36ª *l.* 35ᵇ. VI, 9 nominemur — quo *l.* nominemur secundum bonis operibus in nobis ostendatur quo. in caele *l.* in cęlo. S. 62 verbum *l.* uerbum. temptationem *l.* temptacionem. VIII, 7 servum visitare *l.* seruum uisitare. VIII, 9 servis *l.* seruis. valeo *l.* ualeo. Cesaris *l.* Cęsaris. *Zu* VIII, 10 *l.* 38ª. VIII, 11 venient *l.* uenient. VIII, 12 R *l.* Per fletum et stridorem designatur. VIII, 19 salvatorem *l.* saluatorem. voluerat *l.* uoluerat. suum caput *l.* caput suum. S. 63 nis sequi *l.* vis sequi. tante *l.* tantę. ut *l.* vt. malignos *l.* maligni. qui cor *l.* qui cor iudeorum. VIII, 22 Evangelium *l.* Euuangelium. inane est hoc quod *l.* maius est hoc quam quod. IX, 12 vocat *l.* uocat. sue *l.* suę. pęnitendo. IX, 13 *l.* pręstare. S. 64 IX, 13 falso *l.* falsó. IX, 35 videlicet *l.* uidelicet. evvangelium *l.* euuangelium. X, 23 euangelii *l.* evangelii. X, 34 uidelicet *l.* videlicet. S. 65, 43ᵇ *l.* 44ᵇ; 44ᵇ *l.* 45ᵇ. XIII, 28 ut *l.* vt. 45ª *l.* 46ª, 47ª. XIV, 19 carnis *l.* carnis et. *Vor* XV *ist ausgefallen:* 48ᵇ. XV, 21 vocare *l.* invocare. XV, 22 uexaturas *l.* nexaturas, quę, creatorem nescientes, adorabant lapides et coluerunt. S. 66 *Vor* XV, 23—27 *zu fügen* R. 50ª. XVI, 23 meac *l.* meę. 51ᵇ XVIII, 1 quis colorum *l.* quis eorum. XIX, 27 uel *l.* vel. S. 67 XX, 34 turbas *l.* turbas. et perpetrata *hs.* peccata, cogitationes *l.* cognationes. accipiamus *l.* accipiant. eternam *l.* ęternam. corporali *l.* corporalium. eterno *l.* ęterno. nostra in domini uirtute perficiatur, *hs.* nostram in dominum vitam proficiat. XXI, 12 *l.* 55ª XXI, 12. avariciam *l.* auariciam. *S.* 68 XXIV, 29 vere *l.* verę. *id* R² multitudine *l.* multitudines. terrebuntur *l.* terrebantur. XXIV, 31 surge *l.* surgite. XXV, 46 prevalet *l.* preualet. *Vor* redimenda *steht* sunt. peccarunt *l.* peccarent. celorum *l.* cęlorum. in Gehenna *l.* in Gehennam. 63ᵇ *l.* 63ª. XXVI, 17 pascha *l.* pascha (agnum). *Vor* XXVI, 23 *l.* 63ᵇ. *S.* 69 *hinter* prophetia *l.* etiam. que *l.* quę. 66ª non mirum *hs.* ni mirum. patria *l.* a patria. carcere *l.* carcerem. si *l.* sicut.

Marcus III, 14 ut *l.* vt. verbo *l.* uerbo. sancte *l.* sanctę. 76ª *l.* 76ᵇ uiderunt *l.* uiderant. VII, 5 Cesari *l.* Cęsari. *S.* 70 IX, 33 celorum *l.* cęlorum. XIV, 13 gratie *l.* gratię.

Lucae I, 10 septime *l.* septimi. decimo *l.* decima. sanctum *l.* sancta. *Die randgl.* Beelzebub uir muscarum siue muscas habens *steht* 117ª. *id.* II, 4 descripta est, *danach folgt:* ut suamquisque patri iuberetur redire non tantum propter misterium sed etiam. *Nach* habere** *folgt* suspectam. *S.* 71 IV, 18 spiritus *l.* spiritus sanctus. columbe *l.* columbę. IV, 19 admittere *l.* admitterem. VII, 37 inscrutantur *l.* inscrutari. voluta *l.* uoluta. IX, 16 fregit *l.* frégit. illa *hs.* illi. *Vor* XI, 21 *l.* 117ᵇ. XI, 33 hec *l.* hęc. nature *l.* naturę. súe *l.* suę. credéntibus *l.* credentibus. candelabro *l.* candelabrum. *S.* 72 nostris in *l.* nostris sue *l.* suę.

XII, 11 loquetur *l.* loquitur. XII, 15 vivit *l.* uiuit. auaritie *l.* auaricię. XIII, 7 ecclesie *l.* ęcclęsie. vince *l.* uincę. XIII, 9 *l.* 9. R. inditium *l.* iuditium. eterne *l.* ęternę. XIV, 12 vetat *l.* uetat. XIV, 13 inuitauit *l.* inuitat. XVI, 19 uite *l.* uitę. 126ᵇ *l.* 126ª. *S.* 73 XIX, 3, *l.* XIX, 3, R. XX, 27 uel *l.* vel. XX, 36 nuptiis *l.* nupciis. *Vor* XXII, 48 *l.* 133ᵇ. *id.* 50—51 usque *l.* illŏm usque. *S.* 74 134ᵇ *l.* 135ª. XXIV, 44 *ist interlin. glosse.*

Johannes I, 32 columbe *l.* columbę. Johanne *l.* Johannis. eternam *l.* ęternam. *S.* 75 145ª *l.* 145ᵇ. Probata *l.* Probatos. est *l.* uerbum est. VII, 18 (*non?*) *l.* non est *hinter* domino. *S.* 76 R *ist zu streichen: nach:* VII, 21, 45, 50, 51; *ein zu fügen:* VIII, 14, 21 *und S.* 77, 22, 25, 28, IX, 3, 4, 6, 14, IX, 17. *S.* 76 VII, 46 Uerum *l.* Verum. 51 uel *l.* vel. VIII, 1 signat *l.* significat. *S.* 78 IX, 17 cecus erat *l.* cecus fuerat. IX, 31 *hinter* exaudiret *folgt:* publicanus de templo iusticatus non rediret. X, 22 *l.* ę *statt* e *in* edificatum hec. autumnali *l.* auctumnali. XI, 3 ause *l.* ausę. saluaret *hs.* salueret. *S.* 79 XI, 41 nobis *l.* nobis. XI, 44 Instite *l.* Institę. *hinter* inutilem *l.* quo mens carnalis semper impeditur. R *ist einzufügen:* XII, 1, 2, 7, 10, 13, 16, 25, 27, 30. *S.* 80 XII, 25 tantum *l.* tantus. XII, 28 eternum *l.* coeternum. que *l.* quę XII, 40 Tum *l.* tunc. *S.* 81 XIII, 3 perditorem *l.* proditorem. si *l.* sed. XIII, 4 nostre *l.* nostrę. XIV, 17 conducit *hs.* perducit. *S.* 82 XV, 13 complentione *l.* completione. amicie *l.* uis amicicie. 156ᵃ *l.* 165ᵃ. R *einzufügen in:* XVIII, 4, 5, 8, 9, 13. *zu streichen bei* XVIII, 11. *S.* 83 XVIII, 18. uite *l.* uitę. XVIII, 40 olim *l.* vel. impietate *l.* in impietate. *S.* 84 uel *l.* vel. XIX, 17 portasse *l.* portare (2 *mal).* XIX, 18 *hinter* hominis *l.* capitis dictus eo quod ibi rei decollebantur, etc. XIX, 20 *hinter* ciuitas *l.* ampliori. XIX, 25 que l. quę. uxor *l.* vxor. XIX, 34 uinorum *l.* virorum. illac *l.* illic. ecclesie *l.* ęcclęsie. uite *l.* uitę. eternam *l.* ęternam. *S.* 85 Hec p . . . *l.* Hec pigmenta. XIX, 41 sic *l.* sicut. Marie *l.* Marię. XX, 6 gentilis populus *l.* gentilem populum. prior *l.* qui prior. attamen *l.* et tamen. Synagogen *l.* Synagogam. surrectione *l.* resurrectione. audierat *l.* audierant. XX, 8 R. *zu* Uidit inane ubi iacebat: s. linteamina ibi iacere et credidit *u. s. w.* XX, 14 ac *l.* et. XX, 29 eciam *l.* etiam. XXI, 1 *l.* ę *in* suę, Marię Magalenę, eidem Marię, Cleopę, Galileę. tamen scimus quod *l.* tamen scimus quia. *Zwischen* eis *und* septimo *l.* sexto per dies octo eis apparuit quando Thomas erat cum eis. uiderunt *l.* viderunt. *S.* 86 *Nach* amare *folgt:* sed quasi diceret scio quia integro corde te diligo ignotum mihi est quantum te alii diligant. *S.* 116. Essener Heberolle. 150ᵇ Vehus *l.* Uehus. viar *l.* uiar. z. 13 geston *l.* gerston. z. 16 similitur *l.* similiter. z. 22 denarius *l.* denarios. z. 27 prope *l.* prepositure.

   *Hierzu folgen noch die zeilen in dem von Dr. Franz Arens in Essen wiedergefundenen Heberegister des Stiftes aus dem* 14. *jh. welche mit den hier verzeichneten übereinstimmen. Das ganze wird von Dr. Arens veröffentlicht werden.*

   Späteres Register der Einkünfte des Stift Essen.
   *S.* 5ᵃ. Isti sunt redditus antiqui domine Abbatisse Assendensis quos ipsa singulis annis tollit ad mensam suam de curte Veyhoff

conscripta de jussu venerabilis Domine Cunegundis quondam Abbatisse Assindensis Ecclesie Anno domini MCCCXXXII, *etc.*

5b Conuentui Assendensi soluuntur omni anno de curte Veyhoff ea que sequuntur, videlicet LXXXVIII maldra siliginis dicti beckerrogge magne mensure Assendensis, de quibus pistatur octo septimanis. Item LXXXVIII maldra boni brasii ordeatici eiusdem mensure facientes LVI dies. Et nota quod qualibet die quando braxatur braxantur IX maldra brasii magne mensure, quorum quatuor maldra et tres modii capiuntur de granario conuentus assendensis. Preposita assendensis contribuit tria maldra que canonice assendenses addunt tres modios. Item ad pistandum oblationes IIII maldra tritici in specialibus festis expressis. Item XXVIII plaustra lignorum ad pistrinum panis siliginis. Item eam in qualibet septimana tangente dabit ad coquinam conuentus in hieme XII porcos et in estate XXIIII oues dictos Hemele quorum tribus diebus in qualibet septimana qualibet die mactantur, videlicet Sabbato IIII porci vel octo oues, feria secunda sequente tantum et in feria quarta sequenti tantum. Et sic similiter facient cetere curtes integre. Quedam tamen curtes magne et quedam curtes medie minus dant, sicut de eis cauetur in suis locis. Et talis ordo seruatur ita quod curtis Eykenschede est prima in ordine istius dationis. Secunda Veyhoff; in tertia septimana dant curtes tres, videlicet Bortbeke, Nyenhusen, Uckynctorpe. Ita quod iste tres medie curtes representant vnam septimanam et vnam diem. In quarta septimana dat Ringelinctorpe. In quinta Hukerde, quamuis non tantum sicut integra curtis. In sexta septimana dat curtis Broychusen nec etiam tantum sicud integra curtis. Et tunc recipienda per curtem Eykenschede.

S. 118 Homilie Bedas. z. 1 thô *l.* tho. z. 11 sancte *l.* sancte. z. 19 november *l.* nouember. S. 119 z. 30 gefullen *l.* gefullon.

S. 122 (*der setzer hat 1 von 122 weyfallen lassen*). Z. 5 v. u. *ist* recens. von W. Crecelius *an unrichtiger stelle gekommen; es sollte stehen hinter* Heyne Altniederd. Denkm.

S. 123 Beichte. z. 6, 7 sive *l.* siue. 7 dimmittere *l.* dimittere. u *statt* v *zu lesen in:* 8 peccauerunt, 9 vester, 10 vestra, 18 saluemur, 20 iuuentus. z. 17 qs *l.* q̃s (*d. i.* queso *oder* quesumus). z. 25 PSALM.V. *l.* PSALMV. S. 124 z. 3 veniam *l.* ueniam. z. 5 praedictam *l.* perditam. publicam *l.* publicani.

precibus *hs.* preces. z. 15 uuihethon *l.* vuihethon. z. 16 sundjono *l.* sundiono. sundia uuerkjan *l.* sundia uuerkian. z. 17 christinhedi *l.* cristinhedi. z. 20 uuithar *l.* vuithar. z. 24 horuuilliono, manslahtono *l.* Horuuilliono, manslahtono. z. 25 ouardrankas *l.* ouerdrankes. untidion, *so die hs., Heyne u. a.* uuitidion. z. 35 heligon sunnumdag *l.* helagon sunnundag.
*S.* 125 minnia *l.* minniu. z. 9 gisihtio *Ich glaube dass die lesung* gisibtio, *wie Steinmeyer* ZsfdA. 40, Anz. 269 *angiebt, gegen* Denkm³. *S.* 237 *wo er noch hervorhob* „nicht gisibtio", *in der hs. steht.* z. 9 unrehtero uuordo *l.* unrehtoro uuordo. z. 10 *l.* unrehtoro legaro. z. 12 gilovian *l.* gilouian. z. 14 abolganhed *l.* Abolganhed. z. 18 mer *l.* Mer. z. 22 ôthra *l.* othra. z. 31 sinam *l.* sinan. z. 32 gebedas *l.* gibedas. z. 34 godes *l.* godas. z. 35 tui *hs.* tibi. *S.* 126 z. 3 et futura *l.* atque futura. z. 4 et semper *l.* nunc et in perpetuum. *zum letzten satz gehört noch* ut quos conscientię reatus accusat, indulgentia tuae miserationis absoluat.

Prudentius glossen. *S.* 131 *zur litteraturangabe gehört noch:* teilweise von Heyne herausgegeben im glossar seiner Denkmäler: vollständig von Steinmeyer Ahd. gl. II, 575. *Auf* s. 133 H. a. inc. luc. 142 *l.* himilizzi. H. Ieiun. 63 *l.* uuassero. *S.* 133 H. o. horae 54 huz cricta *l.* huz scricta. *Ausgefallen ist* *S.* 134. H. Epiph 104 Pusio busicho. — Apoth. Praef. II, 22 týngun *l.* týngvn, 24 *l.* gibógiándélícvn. 53 *l.* vvíndscúflún. *S.* 137 Symm. I, 117 stolon *l.* stolō. Rom. 239 *l.* spínnílvn. *S.* 138 Rom. 274 *l.* vvingódas 290 *l.* githiganámo. 383 *l.* míd hríthérinón. 415 *l.* thés is té. 452 hángóthión. *S.* 139 *Nach* 514, *vor* concide *l.* 517. 617 mvotá *l.* mvota. 659 *l.* kindvom. 762 *l.* gíuillia. *S.* 140 63ᶜ *l.* 56ᶜ. 969 gémeddan, *é oder* i. 1058 *l.* giscurftimo *abgeschnitten*. 1075 *l.* scérsáhsón. *S.* 141 Callag. 48 *l.* gíahtod. Vinc. 150 *l.* dógalnússi[5]). *S.* 142 244 bethýngun, *über* be *steht ein punkt.* 260. streidun *l.* stréidín. 298 vuithar *l.* vuíthar. *S.* 143 326 pretoria *l.* pretoris. 332 *l.* giláuod. 342 mid *l.* míd. 380 *l.* sía. 406 positor *l.* portitor. 407 *l.* thía. 420 *l.* vvárdas. 445 *l.* ludónthíon. 447 *l.* dogalnussion. 547 *l.* sníumí. *S.* 144, 67 *l.* tréuuua. 72 *l.* kierzíun. 73 *l.* thán. 115 *l.* vuelono. 127 *l.* érnvstlícor, *über* v *steht ein punkt.* 208 *l.* ovarmódigo *und auf einer linie* úuilo giuuénnia *S.* 145, 243 *l.* naglon. 249 *l.* fikídóma. 254 *l.* kítilód. 258 *l.* kélachos. *Hinter* 302 *muss folgen:* 313 ridemur sindun, dun *ist deutlich.* 321 *l.* concinna. 322 tractara *l.* tractare. *S.* 146, 403 perlicum *l.* periculum. *Hinter* 432 *folgt:* 433 Xriste ó. 457 *l.* gíslos. 557 ik *l.* ík. 579 *l.* hélpánthivn. *S.* 147, 118 *hinter* fragosa *l.* aspera. 128 *l.* híabrámion. 193 *l.* perspicuo. 207 *l.* Sámnia. 232 *l.* ságíd. Cypr. 14 *l.* thémo. 31 *l.* regulam. *S.* 148, 43 *l.* míd thémo cópa. 62 gíuvíso, u *oder* v. Petr. et P. 40, *l.* gímúsídvn. Caes. Aug. 78, *l.* gípáphi. *S.* 149, Fruct. 40 *l.* thí. 90 *muss ausfallen.* 157, *l.* nóh. P. Quirini 4 sibi írv. 20 sí *l.* si. 36 *l.* hé. *Vor* virgulas *ist* 78 *ausgefallen.*

Vergil glossen. *S.* 153 z. 10 v. *u ist einzufügen hinter* 716: 724 *und* 725. *S.* 157, 69[b] uuahs blanc, *das* h *ist unsicher.* *S.* 158, Georg. 1, 173 stiua *ist unrichtig gedruckt: lat. wort.* *S.* 159, 92[b] drenon quod *l.* drenon quos. *S.* 160 z. 7 plimatium *l.* plumatium. z. 15 *l.* alaereucia. z. 28 *l.* brandereda. *S.* 161 z. 4 *l.* vadimonium. z. 18 *l.* uuegbreda. 108[a] *l.* lincis. foedare gihonen *steht* 112[b]. 113[a] Accernis *l.* acernis. *S.* 162 z. 1 murbraca (Ahd. gl. II, 716, 56 *hat* murlraca). *S.* 164, 174 esserunt *l.* cesserunt. *S.* 165. 189[a] baexuuegun *l.* baecuuegun.

Freckenhorster Heberolle *S.* 172 K. z. 6 *l.* ahte. z. 7 *l.* banano, kogii, *Fischer* kogu, *die hs. hatte wohl* kogii. z. 16 *l.* peninggo. M. z. 10 hove *l.* houe. *S.* 173 K. Scharezzchon *Fischer:* Scharezzchon. M. z. 4 *l.* natiuitate, z. 11 *l.* specsuin. *S.* 174 Van Graftthorpa *l.* van Grafthorpa, *so auch* Van Holonseton *und alle folgende* Van *dieser seite. Ausgefallen ist* z. 10 *hinter* thorpa: en malt rokkon. Ende Hemoko uan themo seluon thorpa. *Hinter:* Tieziko tue malt rokkon *folgt noch:* Bernhard an themo seluon tharpa tuentich muddi rokkon. *anm.* 1 foro *l.* floro. *S.* 176 *anm.* 2 thin *l.* thiti. *S.* 177 z. 154 Eeungliuson *l.* Euenghuson. *S.* 178 z. 2 *v. u.* Vriling *l.* Uriling. *S.* 179 z. 1 endi *l.* Endi. z. 202 Suitthiko *l.* Suitthiko, 204 fif *l.* fif. *S.* 180, K. thria embar *l.* thru embar. z. 238 en suin thes is ehstein *l.* en suin the si sehstein. *S.* 181 K. Sihtinhouile *l.* Suihtinhouile. tuentich muddi *l.* tuentich mudi. *Von* gigimalena *ist das erste* gi *zu streichen.* z. 4 *v. o.* M. mallt *l.* malt. *S.* 182. z. 282 sanctae *l.* sancte. *S.* 183 *anm.*

1. *statt* „hs." *l.* „*l.*" anm. 3 *zusatz, l.* ad pisces *zusatz.* z. 4 *v. u.* fiertein *hierzu: anm.* 4 fiertein *corrigiert aus* fiertich. *S.* 188. z 496 uan themo ambehta Aningeralo *l.* themmo *statt* themo. *S.* 185 z. 1 *v. o.* fíftein *l.* fíftein. *S.* 187 z. 3 *v. o.* Wide *corrigiert aus* Widoe. z. 6 en *l.* ón; z. 15 *v. o.* en *l.* én; z. 17 eu *l.* ón; z. 4 *v. u.* en *l.* én. *S.* 188 z. 2 *v. o.* en *l.* én. z. 4 fíftein, fíf *l.* fíftein, fíf; z. 9 *v. o.* ende *l.* énde; z. 12 themo *l.* themmo. (510) natiuitatis *hs.* natiuitate. *S.* 189 *zu* Ekgon (538) *ist zu bemerken: gehört wohl bei* suegeron.

Namen von Hörigen. *S.* 195 z. 5 chrispinus *l.* christinus. z. 17 Adeluuart *l.* Adaluuart. *S.* 197 z. 1 Merkhelt *l.* Merehilt. *S.* 198 z. 5 Vnalbert *l.* Vualtbert. *S.* 199 z. 5 Bernsuith *hs.* Bernsuitd. z. 7 Rotheger *l.* Rŏtheger. *S.* 200 z. 24 Hazeca *l.* Hazeka. *S.* 201 z. 13 Gerbuch *l.* Gerburch. *Das obiit-zeichen steht noch S.* 198 z. 1 *v. u. bei*: Helmsuith *und* Vvlburg.

Beschwörungsformeln *S.* 208 *Von dem L in Spurihalz ist der untere strich stark abgeschliffen.*

Contra vermes. *statt* marge *l.* margę.

Hamburger glossen. *S.* 211. *Hinzuzufügen*: Herausgegeben von E. Steinmeyer Ahd. Glossen. II, 26, 352. 132ᶜ transturas *l.* tarensturas.

Lamspringer glossen. *S.* 215. z 10 *hinter* Ahd. gl. II, 351, 366 *muss hinzugefügt:* 741. *in der Passis Adalb.* 64ᵃ *steht* thaine testacia. 70ᵇ gihafdade uuerthath decapitabimini, saduleric canapário. *S.* 110ᵇ befinden sich noch nach angabe von Steinm. ZsfdA. l. c. Juv. 3, 241 Pharisęi farra *und* 118ᵇ Juv. 3, 648 ipsum percontant imuragant *oder* unuragant.

Fragmente einer Predigt. *S.* 221 z. 12 *steht* 44 *l.* 50, gethenked 48 *l.* githenked 54, 62, 64 *l.* 68, 70.

Merseburger glossen. *S.* 239, 103ᶜ dicunt. *hs.* dícunt, *l.* dvcunt. nuuardianun *ist glosse zu* in cauendis. acipiunt *l.* accipiunt. *S.* 241 praesumant *l.* praesúmant. humanae *l.* humanę. *von* admittat *steht* mittat *auf s.* 105ᵈ. inofficiose *l.* inofficióse. deducere *l.* dedúcere. *S.* 242 administrantes *ist ein wort. Zu anm.* 2 *muss hinzugefügt: Bezzenberger liest den letzten teil der glosse:* gsculun diuran | us..

*S.* 248 Abrenunciatio und Credo. z. 7, 8 *l.* alamehtigan. *S.* 272.

Strassburger glossen. *Eine vergleichung mit der collation von Mone in seinem Anzeiger* 4, 490 (*vgl. Steinm. ZfdA. Anz.* 4, 138) *ergab folgendes:* Lib. XII, c. 1, 29 struua *l.* strúua. *S.* 274, 58 sciep *l.* sciep. c. II, 34 uuegsceth *l.* uuegsceh, *so auch Waitz Archiv* 11, 510. c. VI, 59 giuuelid *l.* geuuelid. *S.* 275, 65 ueldhon *l.* ueldhón. hettaruurtio *l.* samun hettaruurtia (Mone). Graff: hettaruurtio. 22 hap *l.* háp. 81 calca. *Mone „*die hs. liest caloa für calca." *S.* 276 cucendula *l.* cicendula. 17 hamstra *l.* hamustra. vesicula blasa *und* displosa testotan *gehören, wie von Steinm. Anz.* 40, 277 *nachgewiesen ist, in* Lib. XIII, 8, 2, *also nach* gesuorkam. *Zu* Lib. XIII c. 7, 1 caldondion *hat die Edit.* congelantibus nubibus, *die hs. hatte aber wie Graff l. c. angiebt* gelantibus nubilis. c. 21, instar bestiae te thero uuis *ist hinzuzufügen.*

*S.* 284 Glossensammlung aus S. Peter. *S.* 285, 62ᵃ *l.* 62ᵈ naris *l.* navis. 63ᵃ comestrum *l.* comestum. *S.* 287 sirene *l.* sirenç. *Zu* Formella *war zu bemerken dass es zu* Regum I, 17, 18; *zu* alligaturis *dass es zu* Reg. II, 16, 1 *gehört. S.* 289 cabi *l.* caui. calaueria *l.* caluaria. z. 5 *v. u. l.* nezzilon. *S.* 291 z. 12 *l.* uuineuuere fetemes *und in der anm. Steinm. l.* nuintuuerefetomes. *S.* 291 excusat *l.* excusationes. Anm. 3 *statt* 28, 12 *l.* 38, 15. *S.* 293 Proselitis *l.* Proselitus. *S.* 295 scirpus *hs.* stirpus. Piscina (uuiheri) *l.* (uuihiri). *S.* 296 bisanct *l.* bisancter. *S.* 297 Bitalas simore *muss aneinandergeschrieben.* z. 18 *v. o.* asine *l.* asinç. z. 25 dumbe *l.* dumbç. z. 2 *v. u.* epheli *l.* ephili. *S.* 301 infatimire *l.* affatimire. *S.* 303 Fabrum *l.* Flabrum. anafeh(tende) *die hs. hat* anafehᵗᵉⁿᵈᵉ. sarculum, *für* getisan *l.* getisan. *S.* 304, z. 4 *l.* girigeten. z. 7 Pectitur, *Steinmeyer liest* Plectitur. *S.* 305 Specibus *l.* specubus. ahebent *gl. zu* exhalent *ist wohl mit Steinm.* als *lat. gl.* (*für* anhelent) *zu betrachten. S.* 307 scabra erugo (lahhantirost) *Steinm. liest* l. c. lahhahtirost. De Sedulio. Irretitus *l.* Irrecitus. 94ᵃ orbita *hs.* obrita. *S.* 308 z. 14 pedela *ist lat. gl.* z. 3 *v. u.* Librano *l.* Libranos. *S.* 309 ifuagonis *l. mit Steinm. S.* 275 kfubgpntf *d. i.* keuagonte.

Pariser Prudentius-glossen. 157ᵃ haurit achar *l.* haurit achar.

*S.* 322 Bruss. Prud. glossen 46ᵇ, 172 *l.* caffent *d. i.*

caffenter. 51ᵇ crapp *l.* crampp. 68ª holantere *l.* holant, *d. i.* holanter. *Das von Steinmeyer angezweifelte und von mir nicht verstandene* tillodon *steht so in der hs., nl.* tillodō; *das ganze steht aber auf einer linie mit* cippo, stoche. tillodon *ist über* ficulni *geschrieben. Es ist möglich dass die hs. wovon diese glosse abgeschrieben ist* ꝉ illo dō *hatte für* vel illo deo, *da* cippo *in dem commentar des Iso Magister auch durch* deo *glossirt ist.* 86ᵇ *statt* a42 *l.* 242.

Nachtrag *S.* 329 Rom. 878 *l.* ménfúllígó. *S.* 336 peculari scripti *l.* peculari scripto. Symm. II, 837 *l.* 937. *S.* 338 1ᶜ modia e *l.* modia c. *Zu* domuncula *l.* diminutivum *statt* dimidium. *S.* 339 1ᵈ elefantiacus *l.* elifantiacus. emorpbos *l.* emorphor. *Anm.* 4 *statt* Judith *l.* Judic. *S.* 344 z. 6 contre *l.* contra. z. 7 quedam *l.* quędam. 230 bulc uel *l.* bulę dicitur. *S.* 345, 250 hledrc *l.* hlędrę. 251 censori soluetur *hs.* censeri solueter. 261 *l. mit S.* triphinas g. mige. 264 *Steinm. l.* lęmnę; *richtig, denn ein streifen des* l *ist noch sichtbar; ob* e *oder* æ *ist unsicher.* 272 *l.* per quas ansa mittitur.

*S.* 357 *hinter* 567 *hineinzufügen*: arca funebris sarcofagum cest; *S.* 358 *zu* 570, 12 blata pigmentum hauiblæuum. *S.* 360. anm. 2. *statt* 035 *l.* 359. *s.* 363, 76 *l.* priuiginus. *S.* 364, 102 *l.* preduo; 107 priuigenius *hs.* priuigemus.

# INHALT.

Seite.

Einleitung . . . . . . . . . . . . . . . . . . . . 1—LI.
- I. Heliand-handschriften . . . . . . . . . . . . . 1.
- II. Essener und Lindauer handschriften . . . . . . . 15.
  - Essener Evangeliar . . . . . . . . . . . . . . . 17.
  - Lateinische glossen im Essener Evangeliar, welche sich nicht in dem Lindauer Evangeliar finden . . . . . . . . 59.
  - Lindauer Evangeliar . . . . . . . . . . . . . . . 86.
- III. Düsseldorfer handschriften . . . . . . . . . . 105.
  - Gregorii Magni Homiliae in Evangelia . . . . . . . 107.
  - Essener Heberolle . . . . . . . . . . . . . . . . 115.
  - Homilie Bedas . . . . . . . . . . . . . . . . . . 117.
  - Beichte . . . . . . . . . . . . . . . . . . . . . 120.
  - Prudentius-glossen . . . . . . . . . . . . . . . . 127.
- IV. Oxforder Vergil-handschrift . . . . . . . . . . 151.
  - Vergil-glossen . . . . . . . . . . . . . . . . . 153.
- V. Münsterer handschriften . . . . . . . . . . . . 167.
  - Die Freckenhorster Heberolle . . . . . . . . . . . 169.
  - Namen von hörigen von Corvey . . . . . . . . . . . 192.
- VI. Wiener handschrift. — Beschwörungsformeln . . . . 203.
- VII. Hamburger handschrift. — Glossen . . . . . . . . 209.
- VIII. Wolfenbüttler handschrift. — Lamspringer glossen . . 213.
- IX. Bernburg-Dessauer handschrift . . . . . . . . . 217.
  - Fragmente einer predigt über Ps. IV, 8—V, 11 . . . . 219.
- X. Merseburger handschrift. — Glossen . . . . . . . 233.
- XI. Vaticanische handschriften . . . . . . . . . . . 243.
  - Abrenunciatio und Credo . . . . . . . . . . . . . 245.
  - Indiculus superstitionum et paganiarum . . . . . . 249.
  - Runenalphabet und buchstabennamen . . . . . . . . . 256.
- XII. St. Galler handschrift. — ABCDarium Nordmannicum . 261.
- XIII. Strassburger glossen . . . . . . . . . . . . . . 267.
- XIV. Carlsruher handschrift. — Glossensammlung aus S. Peter . 281.
- XV. Pariser handschrift. — Prudentius-glossen . . . . 311.
- XVI. Brüsseler handschrift. — Prudentius-glossen . . . 317.
- Nachtrag: I. Zu den Heliand-handschriften . . . . . 325.
  - II. Düsseldorfer Prudentius-fragment . . . . 328.
  - III. Werdener fragmente . . . . . . . . . . . 330.

www.ingramcontent.com/pod-product-compliance
Ingram Content Group UK Ltd.
Pitfield, Milton Keynes, MK11 3LW, UK
UKHW030903050526